AG SPAK BÜCHER

PRODUKTIV-
GENOSSENSCHAFTEN

oder der Hindernislauf zur Selbstverwaltung

Theorie, Erfahrungen und Gründungshilfen zu einer demokratischen Unternehmensform

Herausgegeben von Burghard Flieger
unter Mitarbeit von Henry Kotek

IMPRESSUM

c   beim Herausgeber

1. Auflage 1984

Umschlaggestaltung: Rosi Bohle und Margit Türk

Druck: Druckladen Augsburg

Erscheinungsort: München

Dieser Band erscheint als M 61 in der Reihe
MATERIALIEN DER AG SPAK
(Träger: Verein zur Förderung der sozialpolitischen Arbeit e.V.)
bei AG SPAK PUBLIKATIONEN

Vertrieb: AG SPAK PUBLIKATIONEN
Kistlerstr. 1
8000 München 9o

sowie für
Berlin (West): Regenbogen-Buchvertrleb
Österreich: Winter OHG
Schweiz: Riklin & Candinas

Wir danken den·Verlagen, die uns freundlicherweise Abdruckgenehmigungen erteilt haben.

ISBN 3 - 923 126 - 26 - 3

INHALT

Statt einer Einleitung...

"Tatsächlich muß ja Traum nicht Flucht sein, sondern kann zum kritischen Maßstab werden."

Robert Jungk

Wir haben uns bemüht, die Arbeit produktiver zu gestalten, nicht aber, sie auch attraktiver zu machen, wie Charles Fourier vorgeschlagen hat, ohne auch nur das geringste Echo hervorzurufen. Die Arbeit wird gegenwärtig als der Preis betrachtet, den wir für das bezahlen müssen, was wir uns wünschen. Sie ist ein negativer Wert, von dem man sagt: Je weniger desto besser. Ist dies aber auch die Auffassung, die die Intellektuellen von ihrer Arbeit haben? Betrachten wir ängstlich die Uhr, um zu sehen, ob wir aufhören dürfen? Haben wir nicht das Gefühl, daß es unsere Arbeit ist, die unserem Leben Sinn verleiht? Arbeiten wir, um unsere Muße zu verdienen, oder betrachten wir die Muße nicht als Entspannung, um bessere Arbeit zu leisten? Unser Streben ist darauf gerichtet, "gute Arbeit" zu leisten, und das gleiche wünschen wir unseren besten Freunden. Warum sollte dann unsere Teilnahme an der Masse in gänzlich anderer Form auftreten, indem wir ihr nur "weniger Arbeit" wünschen? Der Grund hierfür liegt darin, daß wir wissen, wie unangenehm viele Arbeiten sind. Aber sollten wir es nicht als unser Problem ansehen, die Arbeitsorganisation so umzugestalten, daß jeder Mensch sich an seiner Arbeit ebenso erfreuen kann wie wir? Wir sollten es nicht als unabänderliche Tatsache hinnehmen, daß die Freude an der Arbeit das Privileg einiger weniger ist. Dies ist eine unmoralische Doktrin. Es sollte unsere Sorge sein, unsere Mitmenschen in die gleiche Lage zu bringen, die gegenwärtig, aber nicht zwangsläufig, noch ein Privileg ist.

Ich gebe zu, daß das Interesse, das dem "Problem der Muße" entgegengebracht wird, wohlgemeint ist, aber ich glaube, daß wir damit auf die falsche Spur gesetzt werden. Wir behandeln die Menschen wie Kinder und suchen nach harmlosen Zerstreuungsmöglichkeiten für sie. In der Tat empfinden es selbst Kinder als eine Auszeichnung, wenn sie etwas offenbar Bedeutsames tun dürfen. Man kann erwachsene Menschen nicht mit Zerstreuungen, sondern nur mit Leistungen zufriedenstellen. Wesentlich ist daher das "Problem der Arbeit". Man kann keine glückliche Gesellschaft haben, wenn man nicht jedem Erwachsenen eine seiner Bedeutung entsprechende Arbeit anbietet, eine Arbeit, an der er Freude hat, und auf die er stolz ist. Dies ist ein ungeheuer schwieriges, aber auch sehr wesentliches Problem.

Bertrand de Jouvenel

THEORIE DER PRODUKTIVGENOSSENSCHAFTEN

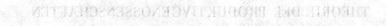

Texterläuterungen zum ersten Kapitel

Sinn der theoretischen Texte ist es, die Schwierigkeiten, mit denen Produktivgenossenschaften konfrontiert sind, zu verdeutlichen. Dabei dienen die beiden ersten Aufsätze als Überblick und Einstieg. Der dritte Text enthält die Überlegungen des Siedlungsgenossenschaftlers Franz Oppenheimer über das Scheitern bzw. die Umwandlung selbstverwalteter Betriebe in "normale" Unternehmen. Diese sind Ausgangspunkte aller neuen kritischen Betrachtungen der Produktivgenossenschaften. Obwohl seine Schrift bereits 1896 veröffentlicht wurde, bleiben die dort herausgearbeiteten Probleme auch für heutige erwerbswirtschaftliche Alternativprojekte aktuell.

Die weiteren Artikel enthalten Ergänzungen zum Oppenheimertext und gehen abgesehen von dem letzten Beitrag stärker auf Einzelprobleme ein. Dabei wird in dem Textauszug von Letschert über das Berufsinteresse ein ursprünglich zu wenig beachteter Aspekt herausgearbeitet, der als zentrales Motiv gerade bei der Gründung von Alternativbetrieben im Vordergrund steht: Die Verwirklichung des Einzelnen im Kollektiv über eine sinnvolle und interessante Arbeit. Der letzte Artikel des theoretischen Abschnittes faßt einige der zentralen Schwierigkeiten produktivgenossenschaftlicher Betriebe noch einmal systematisch zusammen und untermauert sie mit anschaulichen Beispielen.

Burghard Flieger
Die soziale und politische Bedeutung produktivgenossenschaftlicher Betriebe

"Alles Gescheite mag schon siebenmal gedacht worden sein. Aber wenn es wieder gedacht wird in anderer Zeit und Lage, ist es nicht dasselbe. Nicht nur sein Denker, sondern vor allem das zu Bedenkende hat sich unterdes geändert. Das Gescheite hat sich daran neu und selber als Neues zu bewähren."

Ernst Bloch

Zur Aktualität produktivgenossenschaftlicher Unternehmen

In diesem Sinne kann auch das heutige Wiederaufleben genossenschaftlichen, insbesondere produktivgenossenschaftlichen Gedankengutes gesehen werden. Es hat über die in gewissen Zeitabständen aufflackernde Diskussion betrieblicher Selbstverwaltung eine lange Tradition. Aber wechselnde historische Bedingungen, besonders auch die Entwicklung der Produktivkräfte, ergeben neue Schwerpunkte und Sichtweisen. Für die Aussicht einer Aktualisierung der Produktivgenossenschaften als wirtschaftliche Organisationsform sprechen besonders vier Aspekte, die seit den ersten Unternehmensgründungen dieser Art entscheidende Veränderungen erfahren haben:
— In den westlichen Industrieländern, vor allem aber in der Bundesrepublik, fand eine Verbesserung der materiellen Lebenslage aller Bevölkerungsschichten statt. Die Verbesserung der wirtschaftlichen Situation als Primärmotivation produktivgenossenschaftlicher Gründungen verliert deshalb an Bedeutung. Selbstverwaltetes Arbeiten hat so die Chance zur dominanten Zielsetzung zu werden — also statt Mittel Zweck zu sein. Dies setzt allerdings voraus, daß die gegenwärtigen wirtschaftlichen Krisenphänomene, insbesondere die Arbeitslosigkeit, keinen langfristig fortschreitenden Trend kennzeichnen.
— Das allgemeine Qualifikations- und Bildungsniveau ist trotz immer wieder beobachtbarer gegenläufiger Entwicklungen gestiegen. Insofern sind die Voraussetzungen für das Praktizieren realer Partizipation und damit für das Funktionieren produktivgenossenschaftlich organisierten Arbeitens günstiger geworden.
— Die Standardisierung und Massenfertigung aller grundlegenden Güter hat zur Bedarfsabdeckung und Sättigung in vielen Bereichen geführt. Eine hieraus resultierende Trendwende zu individuelleren, qualitativ besseren Produkten mit sonst ähnlicher Bedürfnisbefriedigungsfunktion ergibt neue Marktchancen für Einzelfertigung und Kleinserienproduktion. Beides bein-

haltet Aufgaben, bei denen kleine, überschaubare Betriebe mit gleichberechtigter Entscheidungs- und Verantwortungsverteilung konkurrenzfähig sind.

— Ähnlich der Verbilligung und Verkleinerung hochwertiger Konsumgüter durch die Mikroelektronik zeichnet sich eine vergleichbare Entwicklung für viele Produktionsmittel ab. Die Idee vom Aufbau unabhängiger, industrieller Kleinbetriebe produktivgenossenschaftlicher Art mit weitentwickelter, flexibler Technik und trotzdem erschwinglichen Betriebsanlagen gewinnt insofern an Realitätsbezug. Dies gilt umso mehr, wenn sich die zu bewältigenden Probleme und Kosten weiter von der Hardware, den Maschinen, auf die Software, die individuell angepaßte Programmierung, verlagern. Denn das Aufbringen des dafür notwendigen "Geisteskapitals" fällt Alternativbetrieben weniger schwer als die Beschaffung von Geldkapital größeren Umfanges.

Diese veränderten Umstände und das Entstehen erwerbswirtschaftlicher Alternativbetriebe mit Zielen wie Überschaubarkeit, gemeinsame Lebens- und Arbeitsgestaltung, verringerte Arbeitsteilung, handwerkliche Produktion usw. lassen die Aufarbeitung produktivgenossenschaftlicher Erfahrungen sinnvoll erscheinen. Dabei werden unter Produktivgenossenschaften Unternehmen verstanden, in denen die Beschäftigten Eigentümer und die Eigentümer Beschäftigte sind. 1) Im Idealfall besteht zwischen beiden Gruppen, also zwischen Kapital und Arbeit, personelle Identität. Neben diesem Identitätsprinzip können zwei weitere Charakteristika zur Abgrenzung gegenüber der kapitalistischen Firma herangezogen werden: das Förderungs- und das Demokratieprinzip. Ersteres bedeutet: nicht die Kapitalverwertung, sondern die Interessen und Bedürfnisse der Mitglieder stehen im Vordergrund, wobei ein besonderes Gewicht auf der adäquaten Verwertung ihrer Arbeitskraft liegt. Das Demokratieprinzip, ein Mensch eine Stimme, unabhängig von der Höhe der Kapitaleinlage sichert die Einhaltung des Förderungsprinzips.

Produktivgenossenschaften zur Lösung der "Sozialen Frage"

Zurückverfolgen läßt sich die Idee der betrieblichen Selbstverwaltung bis zu den französischen Frühsozialisten Buchez und Blanc 2), die meistens als Vorkämpfer für die Produktivgenossenschaft genannt werden. Trotz oder gerade wegen ihres utopischen Charakters taucht diese Idee gleich einem konkreten positiven Bild der Zukunft immer wieder auf. Als Kerngedanke vieler utopischer Entwürfe weist ein solches Bild weit über die Realität heutiger Betriebe hinaus. Gleichzeitig trägt es zur Verständigung darüber bei, wohin eine Entwicklung gehen kann und soll. So wirkt die Utopie der Produktivgenossenschaft wie eine Handlungsanweisung, die immer wieder Anstöße zu vielen kleinen und manchmal auch größeren Experimenten gibt. 3) Ohne solche

Experimente bliebe diese Utopie, selbst ausformuliert in umfassenden politischen Konzeptionen, eine leblose Hülse, eine träumerische Spinnerei, ein Phantasieprodukt, das bei einer permanenten Vertröstung auf die Zukunft seine Attraktivität verlieren würde.

Jean Joseph Charles Louis Blanc

geboren am 28. Oktober 1811 in Madrid
gestorben den 6. Dezember 1882 in Cannes
Französischer Sozialpolitiker und Historiker, der für Produktivgenossenschaften mit staatlicher Kredithilfe eintrat

Philippe Joseph Benjamin Buchez

geboren den 31. März 1796 in Matagne-la-Petite
gestorben am 12. August 1865 in Rhodez
Theoretischer Begründer der Produktivgenossenschaften

Nur dogmengeschichtlich interessant, ginge ihre handlungsleitende, energievermittelnde Ausstrahlung verloren und würde schließlich nur noch ein museumsreifes Dasein auf dem Haufen spinöser Ideen fristen.
Produktionsgenossenschaftliche Utopien und Experimente strahlen aber nicht nur eine große Faszination aus — darauf weist schon die hohe Emotionalität hin, mit der immer wieder mit beißender Kritik oder euphorischer Befürwortung über diese diskutiert wird —, vielmehr gaben sie in ihrer rund 150-jährigen Geschichte viele Anstöße und Anlässe zu politischen Auseinandersetzungen. Eine Aufarbeitung dieses teilweise bewußt unterschlagenen Erfahrungsschatzes könnte dazu beitragen, einseitige Einschätzungen und verhärtete Positionen zu revidieren.
Ursprünglich, Mitte des vorigen Jahrhunderts, wurden Produktivgenossenschaften als Mittel zur Lösung der Sozialen Frage diskutiert. 4) Darunter verstand man die positive Überwindung der auf die Lohnabhängigkeit zurückgeführten

wirtschaftlichen Verelendung der Arbeiterschaft. Zeitweise akzeptierten sie zu diesem Zweck in Deutschland Vertreter aller politischen Richtungen, beispielsweise auch Aime Huber, ein Konservativer, der die Monarchie befürwortete. Hermann Schulze-Delitzsch, Gründer der bürgerlichen Genossenschaftsbewegung, sah die Produktivgenossenschaften sogar als Gipfelpunkt eines umfassenden genossenschaftlichen Systems. 5) Nach seiner Ansicht setzten "die Produktivgenossenschaften die ihren in den Stand, ein Etablissement auf grossem Fuß, mit allen Vorteilen der neueren Betriebsweise zu errichten und so die unermeßliche Kluft auszufüllen, welche den Arbeiter und Kleinmeister bisher von der Klasse der großen Unternehmer schied." 6).

Schon sehr früh, 1863, begann eine Auseinandersetzung darüber, wie die Produktivgenossenschaften der ihnen zugedachten Aufgabe am besten gerecht werden könnten. Im Mittelpunkt der Kontroverse stand die heute ebenfalls wieder wichtige Diskussion der Förderung durch Staatsgelder. Besonders Ferdinand Lasalle, Sozialist und Gründer des "Allgemeinen deutschen Arbeitervereins", trat hierfür ein. Er glaubte zwar, daß die "Aufhebung des Unternehmergewinns in der friedlichsten, legalsten und einfachsten Weise" möglich sein, "indem sich der Arbeiterstand durch freiwillige Assoziation als sein eigener Unternehmer organisiert". Für verwirklichbar hielt er dies aber nur "durch die stützende und fördernde Hand des Staates", erzwungen über die Erkämpfung des allgemeinen und direkten Wahlrechtes durch den Arbeiterstand. 7) Er glaubte, daß die Arbeiter mit Hilfe des Wahlrechts über die von ihnen großteils selbst in Form von Steuern aufgebrachten staatlichen Gelder in ihrem Interesse — Förderung von Arbeiterproduktivgenossenschaften — entscheiden könnten und würden.

Demgegenüber vertrat Schulze-Delitzsch die Auffassung, es müßten "alle Beteiligten zum Wohl der arbeitenden Klasse auf die immer sittliche und wirtschaftliche Stärke derselben, auf die Erweckung und Hebung der eigenen Kraft, auf die Selbsthilfe der Beteiligten gegründet sein, wenn die Aufgabe" — Bewältigung der Sozialen Frage — "ernstlich der Lösung zugeführt werden soll." 8) Nur bei der reinen Selbsthilfe, gekoppelt mit Selbstverantwortung und Selbstverwaltung sah er gewährleistet, daß die Betroffenen ausreichend Eigeninitiative und aktiven Einsatz zur gemeinschaftlichen Verbesserung ihrer Situation aufbringen würden. Die heute im Mittelpunkt der Diskussion stehende Problematik der Unabhängigkeit, insbesondere der politischen Autonomie, spielte bei seinen Überlegungen keine Rolle. Für ihn war die völlige Integration in das bestehende Wirtschaftssystem ein nicht in Frage zu stellendes Ziel. Schon diese Auseinandersetzung zeigt, daß viele Themen ähnlich bis gleich geblieben sind, die Positionen und Begründungszusammenhänge aber grundlegende Veränderungen erfahren haben.

Geschichtlich interessant sind auch die wechselnden Stellungnahmen zu produktivgenossenschaftlichen Experimenten von parteisozialistischer Seite her. Noch 1866 steht in der auf dem Genfer Kongreß der Internationalen Arbeiter-Assoziation angenommenen Genossenschaftsresolution, deren erster Teil

Karl Marx zugeschrieben wird: "a. Wir anerkennen die Genossenschaftsbewegung als eine der Triebkräfte zur Umwandlung der gegenwärtigen Gesellschaft, welche auf Klassengegensätzen beruht. Ihr großer Verdienst besteht darin, praktisch zu zeigen, daß das bestehende pauperisierende und despotische System der Unterjochung der Arbeit unter das Kapital aufgehoben werden kann durch das Wohlstand erzeugende und republikanische System der Assoziation freier und gleicher Produzenten." "c. Wir empfehlen den Arbeitern, sich eher auf Produktivgenossenschaften als auf Konsumgenossenschaften einzulassen. Die letzteren berühren nur die Oberfläche des heutigen ökonomischen Systems, die ersteren greifen es in seinen Grundfesten an." 9) Der darauffolgende Kongreß empfahl sogar den Gewerkschaften ihre Fonds zur Bildung und Finanzierung von Produktivgenossenschaften zu verwenden, 10) eine heute wiederbelebenswerte Überlegung.

Die schlechten Erfahrungen mit dieser Genossenschaftsform — Scheitern oder Umwandlung in Kapitalgesellschaften — brachten aber recht bald die unterstützende Haltung ins Schwanken. Auf dem Berliner Parteitag der SPD, 1892, hieß es dann schließlich: "Im übrigen haben Parteigenossen der Gründung von Genossenschaften entgegenzutreten und namentlich den Glauben zu bekämpfen, daß Genossenschaften imstande seien, die kapitalistischen Produktionsverhältnisse zu beeinflussen, die Klassenlage der Arbeiter zu heben, den politischen und gewerkschaftlichen Klassenkampf der Arbeiter zu beseitigen oder auch nur zu mildern." 11) Sie paßt sich damit mehr oder weniger opportunistisch dem allgemein vorherrschenden Trend der Ablehnung von Produktivgenossenschaften an.

Das Transformationsgesetz

Ihren Höhepunkt und Abschluß fand die Lossagung von der produktivgenossenschaftlichen Unternehmensform in dem empirisch und theoretisch fundierten Verriß durch den Soziologen Franz Oppenheimer im Jahre 1896. Sein oft zitiertes Resümee lautete: "Nur äußerst selten gelangt eine Produktivgenossenschaft zu Blüte. Wo sie aber zur Blüte gelangt, hört sie auf eine Produktivgenossenschaft zu sein." 12) Innerbetrieblich konstatierte er Schwierigkeiten aufgrund von Mangel an Disziplin, Kapital und Absatz, die die Instabilität von Produktivgenossenschaften vorwiegend bedingen.
Die Hauptbegründung für sein sogenanntes Transformationsgesetz aber war volkswirtschaftlich ausgerichtet: Produktivgenossenschaften bezeichnete er als Verkäufergenossenschaften. 13) Das Interesse des einzelnen Verkäufers stehe aber im schärfsten Gegensatz zu dem anderer Verkäufer. 14) Bei sinkendem Preis sei das solidarische Interesse der Gesamtheit der Verkäufer, über die Verminderung des Angebotes den Preis zu halten. Das Interesse des einzelnen Verkäufers führe jedoch genau zu der entgegengesetzten Handlungsweise, der Vermehrung des Angebotes. 15) Da also das Interesse eines einzelnen Verkäu-

fers einer Ware nicht mit dem aller anderen Verkäufer der gleichen Ware identisch sei, lasse sich ein genossenschaftlicher Zusammenschluß aller Verkäufer einer Ware nicht organisieren.

Solange aber auf gesamtwirtschaftlicher Ebene die Konkurrenz nicht aufgehoben wird, hat dies innerbetrieblich für die drei Schwachpunkte der Produktivgenossenschaft — Mangel an Kapital, Absatz und Disziplin — entscheidende Folgen. Nimmt sie jeden eingestellten Arbeiter als gleichberechtigten Genossen auf, fehlen ihr die notwendigen Akkumulationsmöglichkeiten, da etwaige Überschüsse durch eine große Anzahl von Personen geteilt werden müssen. Zudem kann sie Konjunkturschwankungen nicht durch Einstellungen und Entlassungen ausgleichen und das Ausmaß und die Intensität von Konflikten steigt mit zunehmender Zahl entscheidungsberechtigter Mitglieder.16) Aufgrund dieser die Produktivgenossenschaft überfordernden Probleme hält Oppenheimer die schließlich erfolgende "Sperrung" der Aufnahme weiterer Mitglieder nicht für ein sittliches Verschulden, sondern für eine "eherne" Notwendigkeit. 17) Anders könne die angestrebte dauerhafte Besserstellung der Mitglieder nicht erreicht werden. Die Abschottung gegenüber Neubeschäftigten — ein empirisch immer wieder festzustellendes Phänomen — widerspricht aber dem Charakter einer Produktivgenossenschaft, dem Identitätsprinzip. Sie wird so zu einer normalen kapitalistischen Firma mit einem Kollektiv als Unternehmer. Außerdem: Nimmt "eine Produktivgenossenschaft ein neues Mitglied auf, so ist nichts anderes geschehen als die Aufnahme eines neuen Sozius in eine Unternehmerfirma. Dadurch ändert sich der Satz der allgemeinen Profit- und Lohnrate absolut nicht, es verändert sich nur der Divisor der Verteilung des in Spiel und Gegenspiel auf die Genossenschaftsfirma entfallenden zufälligen Profitteilchens." 18) Dies bedeutet aber: Produktivgenossenschaften können, was die volkswirtschaftliche Wirkung anbelangt, keinen Erfolg haben 19), denn sie "müßten sich massenhaft vermehren, um die Lohnrate zu heben. Diese massenhafte Vermehrung setzt aber Absatz für vermehrte Produktion voraus, und dieser vergrößerte Absatz ist nur möglich, wenn die Lohnrate gestiegen ist. Scharf gefaßt, um das Ziel erreichen zu können, muß es schon erreicht sein." 20) Seine Schlußfolgerung, daß über Produktivgenossenschaften die "Soziale Frage" nicht lösbar sei, sie somit der ihnen ursprünglich zugedachten Aufgabe nicht gerecht werden können, ist bis heute Konsens geblieben.

Genossenschaftliche Gründungswellen

Die Schwierigkeit, Produktivgenossenschaften gezielt im Rahmen wirtschaftspolitischer Konzeptionen als "Instrument" einzusetzen, sei es für systemstabilisierende oder systemüberwindende Zwecke, macht zumindest teilweise das bis heute andauernde Desinteresse und die überwiegend vorhandene Ignoranz gegenüber diesem Kernelement jeder demokratischen Gesellschaft erklärbar. Als Form der "individualistischen Genossenschaftsbewegung" 21) bezeichnet, enthält dieser Ausdruck Hinweise darauf, weshalb diese Unternehmensform auf so wenig Unterstützung stößt. Selbstverwaltung und veränderte Eigentumsformen sind zwar zentrale Momente gewerkschaftlicher und sozialistischer Bewegungen, sie können aber das individualistische Element nicht akzeptieren, das ihren gemeinwirtschaftlichen und zentralistischen Intentionen widerspricht. Dagegen entspricht die individualistische Ausrichtung zwar dem Leitbild der Liberalen; in den gewandelten Entscheidungs- und Eigentumsformen sehen sie jedoch, zumindest im Falle ihrer Ausbreitung, eine Gefährdung der auf Hierarchie und private Verfügung an Produktionsmitteln beruhenden kapitalistischen Wirtschaft.

Trotz der quantitativ nur geringen Bedeutung von Produktivgenossenschaften zumindest in Deutschland, der Erfahrung, daß die meisten Betriebe dieser Art nicht über mehrere Generationen ihren Charakter beibehalten und der Tatsache, daß bisher keine Wirtschaft produktivgenossenschaftlich organisiert ist, sind Produktivgenossenschaften wichtiger, als es vor diesem Hintergrund erscheint. Historisch haben sie mehr positive Auswirkungen erzielt, als dieser Unternehmensform in irgendwelchen Schriften explizit formuliert zugestanden wird.

Charakteristisch für die Gründung von Produktivgenossenschaften war und ist, daß sie verstärkt in Zeiten wirtschaftlicher Depression und infolge politischer Niederlagen und Resignation stattfindet. Indikator für diese Aussagen sind die Gründungswellen. 22) Sie lagen Mitte der 80-er bis Mitte der 90-er Jahre des vorigen Jahrhunderts, während des Ersten Weltkrieges und besonders zu Beginn der Weimarer Republik, als die Sozialisierungsdebatte erfolglos abgebrochen wurde. Damals wuchs die Zahl der Produktivgenossenschaften, besonders der Bauproduktivgenossenschaften mit der Hoffnung auf eine Sozialisierung von unten, nach offizieller Angabe des Genossenschaftsverbandes auf über 500 an. Inoffiziell wurden 1920 sogar 1159 gewerbliche Produktivgenossenschaften gezählt, 23) von denen aber der überwiegende Teil keine "reinen" Produktivgenossenschaften waren. Auch nach dem Zweiten Weltkrieg kam es in der Bundesrepublik Deutschland zur verstärkten Gründung von Produktivgenossenschaften, insbesondere durch Aussiedler und Kriegsversehrte. 24) Bis 1978 war aber ihre Gesamtanzahl nach Angaben des Genossenschaftsverbandes auf 13 zurückgegangen. Aufgrund der fehlenden getrennten Aufführung in der Verbandsstatistik dürfte die tatsächliche Zahl höher liegen, aber trotzdem die Zahl 30 nicht wesentlich überschreiten. Dies ergibt auch der aktuelle Überblick der Deutschen Genossenschaftsbank, Frankfurt, über die Genossenschaften in der Bundesrepublik von 1982. Hier wird eine Zahl von 28 Produktiv- und 17 Produktionsgenossenschaften genannt. 25) Anzumerken ist dazu, daß in keinem anderen westeuropäischen Industrieland diese Unternehmensform so selten vorkommt wie in der Bundesrepublik. Außer auf die vielen ideologischen und institutionellen Hindernisse kann dies sicherlich auch auf die lange "Wirtschaftswunderphase" zurückgeführt werden.
Die seit etwa 1975 verstärkt gegründeten erwerbswirtschaftlichen Alternativprojekte werden zwar nur selten in der Rechtsform der Genossenschaft geführt, haben aber produktivgenossenschaftlichen Charakter. Schlagworte wie "Betrieb in Selbstverwaltung" oder "Firma ohne Chef" weisen darauf hin. Sie finden sich in einem vergleichbaren Umfeld wie die früheren Gründungswellen: Erfolglosigkeit politischen Kampfes, zunehmende politische Repressionen z.B. in Form von Raumverweigerungen und Berufsverboten sowie Wirtschaftskrise, gekennzeichnet durch Firmenzusammenbrüche und steigende Arbeitslosigkeit. Dies weist auf ein wichtiges Moment hin, durch die alte und neue Produktivgenossenschaften ihre Berechtigung haben: Sie helfen zumindest eine Zeitlang die wirtschaftliche Existenz ihrer Mitglieder zu sichern. Auch wenn der Aufbau und Erhalt eines selbstverwalteten Betriebes viele Energien bindet, ist dies sicherlich der zermürbenden Isolation vieler Arbeitsloser vorzuziehen. Der vor allem bei den Produktivgenossenschaften des vorigen Jahrhunderts zur Diskussion stehende Gegensatz war also nicht Aufbau eines eigenen Betriebes kontra Partei- oder Gewerkschaftsarbeit, sondern Selbsthilfe oder Arbeitslosigkeit verbunden mit materieller Not.

Die Auffangfunktion von Produktivgenossenschaften

Schon allein als Kinder der Not erhalten Genossenschaften und besonders Produktivgenossenschaften ihren Sinn. Der — wichtige — politische Kampf gegen Arbeitslosigkeit kann kein Ersatz für die Grundlage jedes menschlichen Lebens sein, nämlich der Sicherung der Existenz durch eigene Arbeit. Diese Aufgabe hatten Produktivgenossenschaften vorrangig in Krisenzeiten. Hinweis darauf ist unter anderem die mit zunehmendem wirtschaftlichen Aufschwung sinkende Zahl der Produktivgenossenschaften bei gleichzeitig sinkender Tendenz zu Neugründungen. Dagegen werden sie bei zunehmender Arbeitslosigkeit, sobald sonstige wirtschaftspolitische Konzepte versagen, immer wieder aufs neue entdeckt. Daß im Zusammenhang mit der heutigen Dauerarbeitslosigkeit Produktivgenossenschaften auch wieder in der Bundesrepublik Deutschland und sogar auf EG-Ebene diskutiert werden, ist insofern kein Zufall. In Sitzungsdokumenten der EG heißt es: "Im Zusammenhang mit der Möglichkeit, neue Arbeitsplätze zu schaffen, dürfte den Arbeiter-Produktionsgenossenschaften eine besondere Bedeutung zukommen. Diese Genossenschaften, die im Bausektor, im Verkehrssektor, im Bereich der Dienstleistungen der verschiedensten Art und in allen Handwerkssparten, aber auch im Industriebereich anzutreffen sind, können hinsichtlich der Beschäftigung durchaus stabilisierenden Einfluß nehmen; dies gilt vor allem dann, wenn neue Genossenschaften gegründet werden, oder wenn es gelingt, bestehende Unternehmen, die sich in wirtschaftlichen Schwierigkeiten befinden, in der Form einer Genossenschaft weiterzuführen. Es kommt hinzu, daß im Dienstleistungsbereich, vorwiegend bei der Befriedigung sozialer Bedürfnisse noch Lücken offen sind, für die sich die genossenschaftliche Arbeitsform sehr gut eignet." 26)
Mit der in dem EG-Papier angesprochenen Aufgabe erhalten Genossenschaften eine zweifelhafte Doppelfunktion. Zum einen soll die Existenzsicherung von Arbeitslosen bzw. von potentiell durch Arbeitslosigkeit Bedrohten gesichert werden, zum anderen findet in wirtschaftlichen Krisenzeiten eine Verlagerung der Verantwortung auf die Betroffenen selbst statt. Sie müssen damit für die Folgen von Entscheidungen geradestehen, an deren Entstehung sie nicht beteiligt waren. Gleichzeitig ist mit dieser Art der Aufgabenüberantwortung auch ein "Scheitern" in zweifacher Weise mitangelegt: Sobald die Genossenschaften ihre Auffang- und Abfederungsfunktion erfüllt haben, sinkt das Interesse der Mitglieder und noch mehr die Unterstützung von seiten der Politiker. Von daher gehen solche Projekte meist im allgemeinen Aufwärtstrend unter oder genauer: sie gehen darin auf. D.h., Produktivgenossenschaften, in denen primär die Selbsthilfe im Vordergrund steht und nicht die Intention kollektiven Arbeitens, der Aufbau eines demokratischen Unternehmensmodells oder anderweitige ideelle Zielsetzungen, erfüllen zwar oftmals die ihnen zugedachte Aufgabe, sind aber gerade dadurch nicht auf Langfristigkeit ausgerichtet. Zum Teil kann das sogenannte Scheitern bzw. die Transformation von Produktivgenossenschaften damit erklärt werden. Hinzu kommt, daß ihnen diese Rolle in einer Situation zugedacht wird, in der andere Un-

ternehmensformen für diese Aufgabenstellung nicht mehr in Frage kommen. Selbst wenn Produktivgenossenschaften ihrer Aufgabe als "Lückenbüßer" häufig nicht gerecht werden können, zeigt das Wiederentdecken der Produktivgenossenschaften in Krisenzeiten, daß dieser Organisationsform einige Möglichkeiten zugetraut werden, die andere Unternehmensformen nicht aufweisen. Hierzu gehört sicherlich die Mobilisierung von Leistungsreserven der Beschäftigten durch Solidarität, kooperatives Arbeiten, gemeinschaftliche Verantwortungsübernahme und Kreativität; zumindest im Sinne von "Not macht erfinderisch".

Ebensoviel Bedeutung wie der materiellen Absicherung durch Produktivgenossenschaften kam und kommt der Sicherung der persönlichen und politischen Identität durch diese zu. Denn Produktivgenossenschaften stellen trotz aller gruppendynamischen Probleme für ihre Mitglieder ein Umfeld dar, in dem sie ihre politische Integrität, ihren "aufrechten Gang" und ihre soziale Reproduktion besser erhalten können als Arbeitslose oder vereinzelt als Beschäftigte in herkömmlichen Betrieben. Dabei hängt persönliche und politische Absicherung oftmals eng mit der Erfolglosigkeit politischer Kämpfe und staatlichen, aber auch privatwirtschaftlichen Repressionen zusammen. Die in etwa zeitgleich liegende gesetzliche Einführung von Berufsverboten, die Idee eines Unterstützungsfonds (Rotfonds) für davon Betroffene und zunehmende Projektgründungen im Druck- und Verlagsgewerbe kommen nicht von ungefähr.

Auch wenn die Schaffung individueller Freiräume erst einmal keine über den eigenen Betrieb hinausweisende gesellschaftliche Dimension hat, ist dies ein entscheidender Aspekt für die Mitglieder von Produktivgenossenschaften. Daß in der Forderung nach persönlichen Freiräumen auch allerdings darüber hinausgehende Momente liegen können, zeigt die offensive politische Arbeit, die gerade die Alternativprojekte in der Rechtsform der Genossenschaft geleistet haben und noch leisten. Auch bei der Gründung der Bäckereiproduktivgenossenschaft Vorwärts, 1895 in Hamburg, spielte das Motiv, aktiven Gewerkschaftern Schutz vor Repressionen der Bäckermeister zu bieten, eine wichtige Rolle. Dies macht deutlich, daß auch bei früheren selbstverwalteten Unternehmen vergleichbare Überlegungen relevant waren. 27) Neben der persönlichen Absicherung kommt als weiteres wichtiges Moment der Lern- und Experimentiercharakter von Produktivgenossenschaften hinzu. Wirtschaftsdemokratie, Sozialismus, humane Gesellschaft oder wie immer die Vision einer besseren Welt bezeichnet wird, schließt bestriebliche Selbstverwaltung mit ein, ist untrennbar mit dieser verknüpft. Beide Momente sind Voraussetzung und Folge für das jeweils andere. Betriebliche Selbstverwaltung als Teil eines umfasenderen gesellschaftlichen Konzeptes beinhaltet aber nicht allein formale Strukturen, die von heute auf morgen übergangslos eingeführt werden können, denn Selbstverwaltung ist nicht die Lösung von Problemen, sondern ein zu lösendes Problem. 28) Sie kann nur über einen längeren Zeitraum erprobt und erlernt werden. Insofern bedeutet es eine Illusion bzw. ein Unverständnis gegenüber den Schwierigkeiten des Erlernens, wenn die

Beschäftigung damit auf einen Zeitraum verschoben wird, in dem es die erhoffte bessere Gesellschaft schon gibt. 29) Produktivgenossenschaften können deshalb als Versuche interpretiert werden, betriebliche Selbstverwaltung zu erlernen und Erfahrungen mit dabei auftretenden Problemen zu sammeln. Daß solche Experimente in einer in dieser Hinsicht experimentierfeindlichen Umwelt vielen Fehlschlägen unterworfen sind, liegt nahe. Trotzdem ermöglichen solche Experimente neben dem Lernprozeß für die Beteiligten, auch die dort gemachten Erfahrungen aufzuarbeiten. So kann die Beschäftigung mit der Geschichte betrieblicher Selbstverwaltungsversuche helfen, früher gemachte Fehler zu vermeiden. Eine bewußte Verknüpfung von Utopie, Experiment, gedanklicher Aufarbeitung und Modifizierung produktivgenossenschaftlicher Ansätze kann darum als wichtiger Baustein für eine angestrebte "ideale" oder zumindest bessere Gesellschaft angesehen werden.

Produktivgenossenschaften als Modell einer humanen Arbeitswelt

Als letztes sei auf die Modell- und Vorreiterrolle von Produktivgenossenschaften hingewiesen. Die Existenz von Selbstverwaltungsbetrieben, auch in Form nur kleiner Modelle, gibt Agitations- und Lehrbeispiele an die Hand, mit deren Hilfe positiv verdeutlicht werden kann, daß eine andere Form betrieblicher Organisation möglich ist. 30) Das Vorzeigen konkret praktizierter Modelle wirkt wesentlich überzeugender als jede noch so fundierte Kritik vorhandener betrieblicher Wirklichkeit oder das gedankliche Entwerfen erstrebenswerter gesellschaftlicher Konzeptionen. Mit solchen Modellen kann aufgezeigt werden, daß demokratische Betriebe selbst in Konkurrenzwirtschaften mit den entsprechenden Kapitalverwertungszwängen funktionsfähig sind. Auch die Behauptung von der Unumgänglichkeit einzelunternehmerischer Verantwortung und Entscheidungsgewalt wird mit ihrer Hilfe widerlegt. Aus den genannten Gründen könnten Produktivgenossenschaften den Gewerkschaften als Agitationsbeispiel bei weitergehenden Mitbestimmungsforderungen auf Arbeitsplatz- und Unternehmensebene dienen, da sie die Verantwortungsfähigkeit vieler unterschiedlicher Menschen belegen. Dies gilt trotz der Nichterfüllung der eigenen Ansprüche in demokratischen Betrieben. Denn nimmt man als Maßstab die selbstgesteckten Ziele, waren und sind die Produktivgenossenschaften und erwerbswirtschaftlichen Alternativprojekte weit von diesen entfernt. Ist der Maßstab aber die Realität vergleichbarer Betriebe, so sind sie diesen hinsichtlich demokratischer Gestaltung, Verteilung der Entscheidungskompetenz und der Verantwortungsübernahme weit voraus. Obwohl hierin der entscheidende Ansatz von Produktivgenossenschaften liegt, wurde dieser Aspekt von Gewerkschaften und parteisozialistischer Seite nur in der Frühphase aufgegriffen. Heute wird dies negiert, da es dem Stellvertretergehabe und dem Alleinvertretungsanspruch der Funktionäre zuwiderläuft. In historischer Rückschau war dennoch die wechselseitige Stützung und

Ergänzung intensiver als es in der Geschichtsschreibung, selbst von genossen-
schaftlicher Seite, festgehalten wird. "Eine integrierte Geschichte aller drei
Organisationsebenen, die vor allem die Ungleichzeitigkeiten, die Spannungen,
aber auch die wechselseitige Abhängigkeit thematisiert, liegt nicht vor." 31)
Selbst ein Problembewußtsein von der einseitigen bis fehlenden genaueren
Geschichtsschreibung dieser Art, die auch die Produktivgenossenschaften mit-

einbezieht, ist nicht vorhanden. Zudem gibt es nur wenig leicht zugängliches Material, mit dessen Hilfe eine historische Problemekonstruktion fundiert versucht werden könnte. Viele Dokumente wurden von den Nazis verbrannt oder in den Weltkriegen zerstört. "Der Verschüttungsprozeß ist so vollkommen, daß das Ausgraben zur Hauptbeschäftigung zu werden droht – statt bloß Forschungsmittel zu sein." 32)

Zwei noch aus der Frühzeit der Genossenschaftsbewegung stammende Selbstdarstellungen von der Bäckereiproduktivgenossenschaft "Vorwärts" in Hamburg und einer Schuhmachereigenossenschaft in Zürich enthalten viele Hinweise für die vermutete ehemals enge Verknüpfung von Gewerkschafts-, Partei- und Genossenschaftsbewegung. 33) Beide Genossenschaften sind im Rahmen von Streikbewegungen um bessere Lohn- und Arbeitsbedingungen entstanden. In der Schuhmachergenossenschaft half eine eigene Ökonomie den Streik überhaupt durchzuhalten und erst die Konsolidierung der Produktivgenossenschaft führte zu dem Streikerfolg, während die Anstellung von aktiven Gewerkschaftlern in der Bäckereigenossenschaft nach dem Scheitern eines Streiks im Bäckergewerbe dazu beitrug, daß diese nicht den Sanktionen der Unternehmerseite ausgesetzt waren. Diese Genossenschaft rühmte sich, in vielen Fragen der Verbesserung der Lohn- und Arbeitsbedingungen für ihren Gewerbezweig nicht nur in Hamburg, sondern in ganz Deutschland Pionier gewesen zu sein. Beispielsweise wurde dort 1902 bereits der Achtstundentag eingeführt, was für die Gesamtheit dieses Berufsstandes erst 17 Jahre später geschah. Vorreiterfunktion übernahm sie ebenfalls bei der Beseitigung des Kost- und Logissystems, der Einführung von Urlaub, Lohnfortzahlung im Krankheitsfall usw.. Zusätzlich zeigt die in dieser Genossenschaft betonte personelle Verknüpfung mit aktiven Gewerkschaftlern, daß die Produktivgenossenschaften zu Unrecht aus der "vergessenen dritten Säule der Arbeiterbewegung" 34), der Genossenschaftsbewegung, ausgegrenzt werden.

Eine diffusionstheoretische Betrachtung produktivgenossenschaftlicher Unternehmen

Inwieweit die Gewerkschaften allerdings in ihren Tarifverhandlungen aktiv auf produktivgenossenschaftliche Pionierbetriebe zurückgegriffen haben, ist schwer herauszufinden. Zumindest aber wurden im Streikfall über sie indirekt Erfolge erzielt. Als geregelte Betriebe blieben sie unbehelligt, so daß den bestreikten Betrieben dauerhafte Verluste aufgrund einer eventuellen Abwanderung der Kundschaft drohten.

Ausschlaggebend für die jeweilige Wirkung ist allerdings auch nicht, ob die Einführung verbesserter Arbeits- und Lohnbedingungen oder von Sozialleistungen im weiteren Sinne in einzelnen Produktivgenossenschaften durch die organisierte Arbeitervertretung direkt aufgenommen wurde. Wichtig ist überhaupt deren Bekanntwerden, sei es durch gezielte Öffentlichkeitsarbeit oder durch nicht zu unterschätzende, sich schnell ausbreitende Mund-zu-Mund-Propaganda. Auf diese Weise helfen erste lebendige Beispiele der Verwirklichung sozialer Forderungen, gedankliche Barrieren und Zweifel an ihrer Durchführbarkeit aufzuheben. Daraus läßt sich die Behauptung aufstellen: Vieles, was heute als soziale Errungenschaften der Arbeiterbewegung bezeichnet wird, wie ein Teil des Versicherungswesens, Arbeitszeitverkürzungen, Kündigungsschutz, die Mitbestimmungsgesetze usw., aber auch nicht gesetzlich abgesicherte Veränderungen wie Gewinn- und Kapitalbeteiligungssysteme oder kooperative Führungsstile, hat durch die Genossenschaftsbewegung, gerade auch die Produktivgenossenschaften, entscheidende Impulse erhalten. 35) Ohne deren Anstöße und Vorreiterrolle wäre in diesem Bereich vieles noch langsamer gedacht und umgesetzt worden.

Ein vergleichbarer Prozeß läßt sich auch heute wieder am Beispiel von neuen Produktivgenossenschaften bzw. erwerbswirtschaftlichen Alternativprojekten aufzeigen. Joseph Huber betont zurecht, daß die neuen sozialen Bewegungen, verbal vereinheitlicht als Alternativbewegung, im Grunde nur zu fassen seien über die Vielfältigkeit ihrer selbstorganisierten Projekte. 36) Sie sind der Dreh- und Angelpunkt der vielen Einzelpersonen, Menschengruppen, Sympathisanten oder gedanklichen Nachläufer. In ihnen findet das breite Spektrum an Utopien, Wünschen und Ideen, aber auch an veränderten Verhaltensweisen und Lebensstilen seinen prägnantesten Ausdruck.

Nicht zufällig treffen von den Projekten die produktiv- und vollgenossenschaftlichen (Kommunen) auf das größte Interesse. Sie werden in Medien jeder Art, in Zeitungen, Rundfunk, Fernsehen, besonders aber in Aufsätzen oder Büchern ausführlichst dargestellt. Auf Veranstaltungen und Seminaren zum Thema "Alternativbewegung" erhalten ihre Mitglieder die größte Aufmerksamkeit, da von ihnen authentische Beschreibungen über Umsetzungen und Erfahrungen mit neuen Wertmustern erhofft werden. Ideale der alternativen Bewegungen wie Arbeiten ohne Chef, gemeinschaftliches oder neutralisiertes Eigentum, Verknüpfung von Hand- und Kopfarbeit, Aufhebung geschlechtsspezifischer Arbeitsteilung, angstfreie und kooperative Umgangsformen, schonender Umgang mit den natürlichen Ressourcen usw. haben so über die Projekte eine intensive Ausbreitung erlangt. Ihre Publizität erschloß dem alternativen Gedankengut ein breites Umfeld. Insofern gehen ihre qualitativen Auswirkungen um ein Vielfaches über ihre quantitative Bedeutung hinaus, die eher gering ist. Ein Nachdenken über Umweltschutz, neue Selbständigkeit, Qualität der Arbeit und die Fragwürdigkeit vorwiegend materiell ausgerichteten Denkens und Handelns fand nicht zuletzt durch die indirekte Vermittlung genossenschaftlicher Projekte bei fast allen gesellschaftlichen Gruppierungen statt. Eindeutig beweisbar ist dies allerdings nicht, da die die Denkanstöße auslösenden Faktoren nicht voneinander trennbar sind und sich ihr Bedeutungsgewicht nicht über statistische Erhebungen herauskristallisieren läßt. Trotzdem spricht einiges dafür, Produktivgenossenschaften — früher und heute – weniger unter dem Gesichtspunkt der Transformation als unter dem Gesichtspunkt der Diffusion, also der Verbreitung sozialer Innovationen, zu diskutieren. In diesem Sinne wären sie als Träger von Veränderungen anzusehen, denen für "die Hervorhebung, Durchsetzung, Übernahme und Anwendung neuer Ideen und Techniken bisher unbekannter Produkte oder Rollen in einem System oder Subsystem" 37) entscheidende Bedeutung zukommt, unabhängig davon, wie lange sie selbst innerhalb eines solchen Veränderungsprozesses existent bleiben.

Der Eigenwert von Produktivgenossenschaften

Aufgrund des aufgeführten hohen gesellschaftlichen Wirkungsgrades, den die Produktivgenossenschaften gewollt oder nicht gewollt, aber in unterschiedlichem Maße je nach politischer Aktivität haben, ist es unverständlich, daß nicht mehr Energien auf die Verwirklichung solcher Modelle verwendet werden, sondern diese teilweise sogar bekämpft werden. Dies sei gesagt an die Adresse der Gewerkschaften, aber auch die verschiedenen politischen Parteien. Erklärbar ist dies aus einem aus der Sicht von Funktionären grundlegenden Dilemma. Die in den Projekten und Betrieben arbeitenden Menschen wollen, gerade weil sie sich als politisch verstehen und in einen entsprechenden Rahmen einordnen, selbstdefinierte Interessen und Bedürfnisse verwirklichen. Die darüber in den Alternativbetrieben geführte Diskussion gibt den Mitgliedern ein eigenes Selbstbewußtsein, formt eine eigene Gegenidentität, die nicht beliebig für parteipolitische Zwecke einsetzbar ist. Insofern kann den pathetischen Worten des Genossenschaftstheoretikers W.P. Watkins nur zugestimmt werden, wenn er schreibt: "Der Kardinalfehler einiger Staatsmänner, vieler Bürokraten und fast aller Politiker ist es, das Genossenschaftswesen als eine Art Werkzeug zu betrachten, das sie gebrauchen können, um spezifische wirtschaftliche Probleme zu lösen oder die soziale Wohlfahrt zu erhöhen. Wenn das Genossenschaftswesen überhaupt ein Werkzeug ist, ist es ein Werkzeug nicht für sie, sondern für das Volk, wenn das Volk gelernt hat, sich zu vereinigen und für gemeinsame Ziele zusammenzuarbeiten." 38) In diesem Sinne kommt solchen Experimenten ein Eigenwert zu, der sich nicht in politische Strategien einpassen läßt, es sei denn durch die Akzeptanz, Befürwortung und Unterstützung kollektiver, aber gruppenindividueller Arbeits- und Lebensweisen, ohne diesen den eigenen Stempel aufzudrücken oder sie für eigene Ziele zu benutzen.

Anmerkungen

1) Zu unterschiedlichen Definitionen von Produktivgenossenschaften siehe Engelhardt, Werner W.: Prinzipielle und aktuelle Aspekte der Produktivgenossenschaften. In: Festschrift für Gerhard Weisser, hrsg. von Karrenberg, Friedrich/Albert, Hans, Berlin 1963 S. 439-460, insbes. S. 439f. (wiederabgedruckt in diesem Buch), Albrecht, Gerhard: Produktivgenossenschaften, in: Zur Reform des Genossenschaftsrechts. Referate und Materialien 3. Band hrsg. vom Bundesjustizministerium, Bonn 1959 S. 309-369, insbes. S. 368 sowie Velasquez, Rogelio Villegas: Die Funktionsfähigkeit von Produktivgenossenschaften, Tübingen 1975 S. 2ff. Die drei genannten Literaturhinweise sind für einen Überblick und Einstieg in das Thema Produktivgenossenschaften in der aufgeführten Reihenfolge am geeignetsten. Ebenfalls verwendbar Münkner, Hans-H.: The Position of Workers Produktive Co-operative Societies in Federal Republic of Germany. Reprinted from "Review of International Co-operation" Volume 72 No. 3 1979, Marburg/Lahn 1981 (bestellbar über Institut für Kooperation in Entwicklungsländern, Am Plan 2, 3550 Marburg)

2) Eine wörtliche deutsche Übersetzung der Vorschläge von Buchez gibt Bertrand, Louis: Phillippe Buchez. In: Anthologie des Genossenschaftswesens zusammengestellt von Vachan Fomic Totomianc, Berlin 1922, S. 26-28. Zu Blanc, Louis siehe derselbe: Organisation der Arbeit, Nordhausen 1847

3) Hierzu: Engelhardt, Werner W.: Utopie und Genossenschaft. Die Entstehung gesellschaftlicher Gefüge und Konzeptionen unter dem Einfluß von Leitbildern. Unveröffentlichte Habilitationsschrift an der Wirtschafts- und Sozialwissenschaftlichen Fakultät der Universität Köln 1968, sowie derselbe: Die Bedeutung von Utopien und Leitbildern für sozialpolitische Konzeptionen und soziale Reformen, in: Sozialer Fortschritt. Unabhängige Zeitschrift für Sozialpolitik 24. Jg.Heft 8/1975 S. 169-173

4) Beispielsweise Fläxl, August: Die Produktivgenossenschaft und die soziale Frage, München 1872. Hier knüpft auch an Oppenheimer, Franz: Die Siedlungsgenossenschaft. Versuch einer positiven Überwindung des Kommunismus durch Lösung des Genossenschaftsproblems und der Agrarfrage, Leipzig 1896, insbes. S. 2ff.

5) Schulze-Delitzsch, Hermann: Die arbeitenden Klassen und das Assoziationswesen in Deutschland, Leipzig 1858 S. 56. Schulze-Delitzsch und Lasalle waren in Deutschland die wichtigsten Befürworter von Produktivgenossenschaften.

6) Ebenda

7) Lasalle, Ferdinand: Offenes Antwortschreiben an das Zentralkomitee zur Berufung eines allgemeinen deutschen Arbeiterkongresses zu Leipzig, in: derselbe: Reden und Schriften, hrsg. von Friedrich Jenaczek, München 1970 S. 188, 199 u. 200

8) Schulze-Delitzsch, H.: a.a.O. S. 50

9) David, Gertrud: Sozialismus und Genossenschaftsbewegung, Berlin 1910 S. 12f.

10) Ebenda S. 13

11) Ebenda S. 14

12) Oppenheimer, F.: a.a.O. S. 45

13) Ebenda S. 126

14) Ebenda S. 134

15) Ebenda S. 129

16) Ebenda S. 136

17) Ebenda S. 145

18) Ebenda S. 140

19) Ebenda S. 143

20) Ebenda S. 142

21) Beispielsweise Webb, Sidney: Die britische Genossenschaftsbewegung, Leipzig 1893, S. 102 passim. Ebenda S. 102-148 steht aufbauend auf den britischen Erfahrungen eine der ersten fundierten Kritiken der Produktivgenossenschaften.

22) Novy, Klaus: Genossenschaftsbewegung und Arbeiterbewegung. In: Geschichte der Arbeiterbewegung hrsg. von der Friedrich Ebert Stiftung, Bonn 1983

23) König, Friedrich Wilhelm: Die gewerbliche Produktivgenossenschaft in Deutschland. (Ein Beitrag zur Theorie der Genossenschaft), Diss. Giessen 1924 S. 41ff. insbes. S. 43, vgl. auch Albrecht, G.: a.a.O. S. 321ff.

24) Siehe auch Weisser, Gerhard: Produktive Eingliederung. Unternehmenstypen für die Eingliederung der Vertriebenen und anderer Eingliederungsbedürftiger, Göttingen 1956

25) Deutsche Genossenschaftsbank (Hrsg.): Die Genossenschaften in der Bundesrepublik Deutschland 1983, Frankfurt 1983 S. 11. Die Zahlenangaben sind durchweg unterschiedlich. Vgl. beispielsweise Münkner, Hans-H.: Entwicklungspotential von Produktivgenossenschaften und produktivgenossenschaftsähnlichen Unternehmen in der Bundesrepublik Deutschland. Unveröffentlichtes Manuskript (Institut für Kooperation in Entwicklungsländern, Am Plan 2, 3550 Marburg) Marburg 1983 S. 11f. sowie Deutsch-Französisches Institut: Produktivgenossenschaften in der Bundesrepublik Deutschland. Unveröffentlichtes Manuskript (Asperger Str. 34/38, 7140 Ludwigsburg) S. 27. Die letzte veröffentlichte Untersuchung über Produktivgenossenschaften in Deutschland ist von Diederich, Erich H.: Produktivgenossenschaften. In: Zur Reform des Genossenschaftsrechts. Referate und Materialien. 3. Band hrsg. vom Bundesjustizministerium, Bonn 1956 S. 369-396. Eine unveröffentlichte Untersuchung stammt von Sidau, Claudia Irene: Zur Theorie und Realität der Produktivgenossenschaften in der Bundesrepublik. Unveröffentlichte Hausarbeit zur Ersten Staatsprüfung für das Lehramt an berufsbildenden Schulen, Handelslehramt, Hamburg 3. Juli 1979

26) Mihr, K-H.: Bericht im Namen des Ausschusses für Wirtschaft und Währung über die Genossenschaftsbewegung in der Europäischen Gemeinschaft. Europäisches Parlament, Sitzungsdokumente 1982-1983, Dokument 1-849/82 (PE 74 500/endg.) vom 15. Nov. 1982 S. 19

27) Siehe hierzu den Text aus der Festschrift der Bäckereiproduktivgenossenschaft Vorwärts in diesem Buch

28) Crozier, Michael/Friedberg, Erhard: Macht und Organisation. Die Zwänge kollektiven Handelns, Königstein/Ts. S. 281ff. (Teilabdruck in diesem Buch)

29) Zu diesen Schwierigkeiten siehe auch Flieger, Burghard: Betriebliche Reformversuche - Wege zur Selbstverwaltung oder Sackgasse? Diskussion anhand ausgewählter Beispiele. In: Bertels, Lothar/Nottenbohm, Hans Gerd: ... außer: man tut es! Beiträge zu wirtschaftlichen und sozialen Alternativen, Bochum 1983 S. 55-90, insbes. S. 82ff.

30) Ebenda S. 84ff. Ähnliche Aspekte arbeitet auch Besemer, Christoph: Zurück zur Zukunft? Utopische Kommunen - Anspruch und Wirklichkeit. Auswertung histori-

scher Erfahrungen, Berlin 1981 insbes. S. 95ff. für Vollgenossenschaften heraus.

31) Novy, K.: a.a.O.

32) Novy, Klaus/Uhlig, Günther: "Wirtschaftsarchäologische" Bemühungen zur Vielfalt verschütteter Formen der Gegenökonomie, in: Wagner, Hans-Jürgen (Hrsg.): Demokratisierung der Wirtschaft. Möglichkeiten und Grenzen im Kapitalismus, Frankfurt a.M., New York 1980 S. 167

33) Siehe die entsprechenden Texte in diesem Buch

34) Novy, K.: a.a.O.

35) Kaufmann, Heinrich: Die Lohn- und Arbeitsverhältnisse genossenschaftlicher Angestellter und Beamter, Hamburg 1906 sowie Elm, Adolph von: Gewerkschaften und Genossenschaften, Hamburg 1911

36) Huber, Joseph: Wer soll das alles ändern. Die Alternativen der Alternativbewegung, Berlin 1980 S. 27

37) Wittig, E.: Innovation, in: Fuchs, Werner u.a. (Hrsg.) Lexikon zur Soziologie, 2. Auflage Opladen 1978 S. 343, siehe auch Kiefer, Klaus: Die Diffusion von Neuerungen, Tübingen 1969, Alvarado, Manuel Leon: Die Genossenschaften als Träger der Diffusion von Innovationen, Tübingen 1980 und Schmidt-Grohe, Jochen: Innovation, Diffusion von Neuerungen im sozialen Bereich, Hamburg 1976

38) Watkins, W.P.: Genossenschaftswesen und Staat. Zwei Machtsysteme und ihre gegenseitigen Beziehungen, in: Weisser, Gerhard (Hrsg.): Genossenschaften und Genossenschaftsforschung, Göttingen 1968 S. 286

Genossenschaft.

Von Robert Seidel.

Genossenschaft! Genossenschaft!
Du gibst dem Schwachen Mut und Kraft
Und auch dem Kleinsten Stärke;
Wir preisen deinen festen Bund
Und loben dich mit Herz und Mund,
Denn groß sind deine Werke.

Genossenschaft: das ist der Wald,
Der trotzt des Sturmes Allgewalt
Mit treuvereinten Kräften;
Er ist des Menschen Heil und Hort
Und stillen Friedens sichrer Port,
Ein Schrein voll Wunderkräften.

Genossenschaft: das Aehrenfeld,
Wo Halm an Halm sich schmiegt und hält,
Und all einander stützen,
Damit sie für des Menschen Not
Vereint erschaffen Frucht und Brot
Und allem Volke nützen.

Genossenschaft: der Bienenstaat,
Wo's Reiche nicht und Arme hat
Und doch so reiche Habe,
Die für des Kindes Gaumenlust
Und für des Kranken schwache Brust
Noch spendet süße Labe.

Der Bienenstaat, der Wald, das Feld,
Sie rufen laut der ganzen Welt:
Seid einig! Seid Genossen!
Denn nur in der Genossenschaft,
Da ruht das Heil, da liegt die Kraft,
Die goldne Zeit umschlossen.

Genossenschaftliches Liederbuch (zus.gestellt und hg.v.Heinrich Kaufmann)Hamburg 1910

Werner Wilhelm Engelhardt
Prinzipielle und aktuelle Aspekte der Produktivgenossenschaften

Aus: Karrenberg, Friedrich/Albert, Hans (Hrsg.): Sozialwissenschaft und Gesellschafts-
gestaltung. Festschrift für Gerhard Weisser, Berlin 1963 (S. 439-460)

I. Begriff der Produktivgenossenschaft

Produktivgenossenschaften sind nach einer einprägsamen und leicht anwend-
baren Formulierung Unternehmen, in denen jeder Beschäftigte Teilhaber und
jeder Teilhaber beschäftigt ist. 1) Für die Zwecke dieser Abhandlung wollen
wir in Anknüpfung an diese Begriffsbestimmung indessen von einem merkmals-
reicheren Begriff ausgehen, der stärker auf den ursprünglich gewollten Sinn
derartiger Einzelwirtschaften Bezug nimmt. Es seien unter dem Terminus
"Produktivgenossenschaften" solche freiwillig gebildeten Gruppenunternehmen zusammengefaßt, an denen die Genossenschaftsmitglieder durch Aufbrin-
gung von Kapitalbeträgen und durch demokratisch geordnete Mitwirkung an
den Dispositionen beteiligt sind, in deren Betrieben sie aber auch alle ausfüh-
rende Arbeit verrichten, deren Resultate die wirtschaftlichen Fundamente für
ihre gemeinsame Selbständigkeit und zum Teil auch für gemeinschaftliches
Gruppenleben in zugehörigen Haushaltungen schaffen.

Die Mitte dieses Begriffs liegt zweifellos in Merkmalen metaökonomischer
Art. Entscheidend ist dabei nicht, daß die Mitglieder von Produktivgenossenschaften auf diese Weise mehr Wohlstand, als ihnen sonst möglich wäre, erreichen oder, in Zusammenhang damit, für sich größere Sicherheit realisieren,
so groß die Bedeutung dieser (und weiterer) Ziele auch sein mag. Vielmehr
geht es in erster Linie darum, den Mitgliedern auf demokratische Weise zusammen Selbständigkeit im Wirtschaftsleben, d.h. in autonomen Gebilden (Unternehmen) Unabhängigkeit, zu verschaffen. Bezüglich des Grades der erreichba-
ren Selbständigkeit wird davon ausgegangen, daß unter den Bedingungen der
interdependenten Industriegesellschaft "Verantwortung...nur als Mitverantwor-
tung oder gemeinsame Verantwortung verwirklicht werden und Dispositions-
freiheit ... nur als Teilnahme an gemeinsam zu verantwortenden Dispositionen
erreicht werden (kann)". 2) Neben dem außerökonomischen Ziel der Selbständigkeit (Unabhängigkeit) kann auch Mitgliederverbundenheit im Sinne des Vorhandenseins von Elementen diesseitig oder jenseitig orientierter Lebensgemeinschaft eine Rolle spielen. 3)

Obwohl diese metaökonomischen Merkmale nur unter Schwierigkeiten erfaßt
werden können und sie die Anwendbarkeit des Begriffs daher beeinträchtigen,
sollte auf sie jedenfalls beim Beginn von Betrachtungen dieser Gebilde nicht
verzichtet werden. Die mit Produktivgenossenschaften verfolgten ideellen An-

liegen haben, wie es bei kaum einer anderen Art Einzelwirtschaften der Fall ist, Bedeutung für ihre Besonderheit. Die wirtschaftliche Tätigkeit in ihnen ist eigentlich nur dann und insoweit sinnvoll als "produktiv" ansprechbar, als das Merkmal der gemeinsamen Selbständigkeit der Mitglieder und gegebenenfalls dasjenige gemeinschaftlichen Lebens erfüllt sind. 4)

II. Arten

Dieser Begriff hilft bei der Identifizierung einer Fülle von möglichen oder tatsächlichen Erscheinungsformen (Arten) von Produktivgenossenschaften, die sich bei morphologischer Betrachtung nach (von unterschiedlichen Gesichtspunkten her erfolgender) Einführung zusätzlicher Merkmale ergibt.

Wenn wir im folgenden Mischfälle nicht in Betracht ziehen, so lassen sich nach der Entstehungsart von Produktivgenossenschaften neue Gebilde (bisheriger Regelfall) von solchen unterscheiden, die durch Umwandlung bereits bestehender Einzelträger- oder Gruppenwirtschaften gebildet werden (als landwirtschaftliche Gebilde heute z.B. in Indien; als industrielle Einzelwirtschaften nach dem letzten Kriege auch in Deutschland, so die Friedrichshafener Zeppelinwerft). 5) Nach der Art der Beteiligten gibt es reine Selbsthilfegenossenschaften (in Deutschland) und durch Mitwirkung privater oder staatlicher Fremdhilfe gekennzeichnete Produktivgenossenschaften (staatliche Hilfen besonders in den romanischen und den Entwicklungsländern verbreitet). Unter dem Gesichtspunkt der verwendeten Rechtsformen kann nach Produktivgenossenschaften im Rechtssinne (in der Bundesrepublik nach § 1 GenG), solchen in anderen Rechtsformen (nicht selten z.B. als OHG) und weiteren ohne feste rechtliche Regelungen gegliedert werden. Ein anderes juristisches Kriterium, die Art der Mitgliedschaft betreffend, erlaubt die Unterscheidung von Produktivgenossenschaften mit nur natürlichen Personen ("Produktivgenossenschaften ersten Grades") und solchen mit nur juristischen Personen ("Produktivgenossenschaften zweiten Grades", wie heute z.B. die sozialen Baubetriebe). 6) Interessiert der Zusammenhalt der Mitgliedergruppen, so lassen sich im Sinne der früheren Bemerkungen über Gemeinschaft gesellschaftlich verbundene Mitglieder (den Regelfall darstellend) von solchen unterscheiden, zwischen denen mehr oder weniger zahlreiche Elemente gemeinschaftlicher Verbundenheit lebendig sind (manche Klöster, "Hutterische Gemein", Unternehmen der Jugendbewegung, 7) israelische "Kibbuzim", "Kwuzoth" 8) usw.) Bei näherer Betrachtung der neben bzw. hinter den Selbständigkeits- und Gemeinschaftszielen wirksamen Mitgliederinteressen können religiöse, areligiös weltanschauliche, sozialreformatische (Regel) und auf Wohlstandsmehrung zielende Interessen unterschieden werden. Unter dem Aspekt der Mitgliederberufe gibt es Produktivgenossenschaften der Handwerker und Industriearbeiter (die klassischen europäischen Fälle; z.T. auch schon im Mittelalter), der Landarbeiter und Landwirte (in Israel, Indien, Mexiko und anderen Entwicklungsländern) sowie der

Fischer und Schiffer. Nach Art und Umfang der wahrgenommenen Funktionen lassen sich schließlich Produktivgenossenschaften im engeren Sinne (meist, wie die deutsche "gewerbliche" Produktivgenossenschaft, gleichzeitig Beschaffungs- und Verwertungsfunktionen ausübend) von Genossenschaften mit Erzeugungs- und Haushaltsfunktionen unterscheiden ("Siedlungsgenossenschaften" und andere "Vollgenossenschaften" seit dem achtzehnten Jahrhundert; neben den israelischen Kibbuzim, Kwuzoth und "Moshawim" auch die französischen "communautes"). 9)

III. Schicksal

Bekanntlich haben sich Produktivgenossenschaften in der wirtschaftlichen Praxis des vergangenen und dieses Jahrhunderts trotz zeitweise sehr intensiver Bemühungen um sie nicht durchsetzen können. Gewiß befaßten sich immer wieder bedeutende Geister unterschiedlicher Einstellung mit diesen Gebilden und wurden, wie Fuchs bemerkt, besonders die Gemüter der Menschen von der scheinbaren Einfachheit derartiger Unternehmen gefangengenommen. Zweifellos haben sie auch in vielfältiger Weise gewirkt. Jedoch ist zunächst festzustellen, daß die verschiedenen Versuche mit dieser neuen Unternehmensform seit Gründung der ersten Produktivgenossenschaften des neunzehnten Jahrhunderts, die bekanntlich auf Betreiben von Robert Owen und des Anhängers von Saint-Simon, Philippe Buchez, um 1830 erfolgten, nicht den hochgespannten eigentlichen Erwartungen entsprach.

Wo eine Produktivgenossenschaft im Sinne ihrer Ziele erfolgreich war, lagen regelmäßig außergewöhnliche Umweltverhältnisse — wie Notlagen nach Kriegszeiten, besondere Schutzmaßnahmen — oder aber seltener antreffbare persönliche Bedingungen bei den Gründern bzw. späteren Mitgliedern — vor allem besonders starke religiöse Bindungen — vor. 10) Meistens jedoch überstanden Gebilde dieser Art schon nicht die regelmäßig großen Anlaufschwierigkeiten, besonders den Mangel an Kapital, Disziplinschwierigkeiten und das Fehlen von Absatzmöglichkeiten für ihre Erzeugnisse. Wenn diese Probleme indessen gemeistert werden konnten, trat bekanntlich fast immer sehr schnell ein Transformationsvorgang ein, der die zunächst gewollte und im Ansatz auch realisierte Struktur dieser Gebilde entscheidend veränderte und zu deren völliger Anpassung an die umgebende Wirtschaftsordnung, statt zu einer entscheidenden Veränderung derselben, führte.

Wo Gebilde von einer kapitalistischen Ordnung umgeben waren, was zunächst die Regel darstellte, kam es bald zur Beschäftigung "bloßer" Lohnarbeiter oder zur Bestätigung der zunächst auch manuell mitarbeitenden Teilhaber als ausschließliche Leiter bzw. Kapitalgeber oder zu Wandlungen in beiden Richtungen. Damit wurden die Produktivgenossenschaften den "kapitalistischen" Unternehmen gleichartig, mochten sie zum Teil auch die ursprüngliche genossenschaftliche Rechtsform beibehalten. Die Tatsache, daß auch in diesen Fällen wenigstens einer kleinen Anzahl bisher unselbständiger Teilnehmer des Wirtschaftslebens der Aufstieg in die Schicht der Selbständigen gelang und darüber hinaus durch die Versuche mit Produktivgenossenschaften andere strukturpolitische Lösungen angeregt wurden, kann das Scheitern der Konzeptionen, die auf "Befreiung" der gesamten unselbständigen Handwerker- und Arbeiterschaft aus der "Objektstellung" des Kapitalismus abzielten, nicht verbergen.

Wo hingegen später kommunistische Wirtschaftsordnungen errichtet wurden, unterlagen die bestehenden oder zunächst noch neu gegründeten Produktivgenossenschaften andersartiger Transformation. Hier ging ihr bisheriger metaökonomischer Sinn vor allem dadurch verloren, daß sie im Laufe der Zeit bewußt planwirtschaftlicher Reglementierung unterworfen wurden, die zum Verlust der Autonomie der Gebilde als Unternehmen geführt hat. Außerdem wurde die ursprüngliche Freiwilligkeit in der Begründung oder Aufhebung von Mitgliedschaftsrechten immer mehr ausgehöhlt. 11)

IV. Platz in der Lehrgeschichte

In bemerkenswertem Gegensatz zur faktischen Erfolglosigkeit der Produktivgenossenschaften steht, wie Robert Liefmann hervorhob, die große Rolle, die sie seit den Tagen der utopischen und christlichen Sozialisten Englands und Frankreichs und dem Wirken liberaler, konservativer und staatssozialistischer Reformer in Deutschland in der Genossenschaftsliteratur und in den Sozialwissenschaften ganz allgemein gespielt haben und, wie wir hinzufügen wollen, in bestimmten Ausprägungen noch heute spielen, wenn auch längst Ernüchterung eingetreten ist.

Viele der frühen französischen und englischen Sozialisten sahen in den Produktivgenossenschaften — etwa seit Charles Fouriers Eintreten für die "Phalansteres" — zunächst das Allheilmittel gegen die Schäden der damaligen Konkurrenzwirtschaft. Sie forderten seine Anwendung teilweise schematisch ohne Blick für die jeweiligen geschichtlichen Realitäten und suchten es zuweilen auch ohne Berücksichtigung der Erfordernisse des Weges praktisch durchzusetzen. Aus diesen, vor allem freilich aus ideologisch-taktischen Gründen wurden sie von Friedrich Engels und Karl Marx in einem abwertenden Sinne "Utopisten" genannt und begrifflich in einen Gegensatz zum "wissenschaftlichen Sozialismus" gebracht, der Produktivgenossenschaften nur als Nachweis für bestehende Produktionsmöglichkeiten außerhalb des Kapitalismus guthieß. Die bis heute nachwirkende negative Beurteilung der Frühsozialisten wird, wie hier kurz eingeflochten sei, ihrer Bedeutung jedoch nicht gerecht. Sie verkennt auch den Sinn ihrer Utopien und der Utopien im allgemeinen. Die Bedeutung dieser Autoren gipfelt kaum in der mehr oder weniger systematischen Entwicklung von Plänen. Sie dürfte vielmehr eher im begonnenen Nachdenken über Wirtschaftsordnungen und über deren Zusammenhänge mit einzelwirtschaftlichen Gebilden, vor allem aber in der Entwicklung und Erprobung von Leitbildern solcher Ordnungen zu suchen sein. 12) Manche der später in den Sozialwissenschaften nachgewiesenen Hypothesen wurden von ihnen genial antizipiert. Nicht zuletzt bahnten diese Männer auch der morphologisch (strukturell) orientierten Genossenschaftslehre und überhaupt wirtschaftsmorphologischen Fragestellungen 13) den Weg. In Abhebung von den mehr generalisierenden Lehren der klassischen Nationalökonomie widmeten sie hier ihre Aufmerksamkeit ungeachtet ihrer Vorliebe für genossenschaftliche Lösungen vielfach bereits unterschiedlichen psychischen Kräften und differenzierten Gebildeformen. 14) Wo sie die Produktivgenossenschaft als "das" Mittel gesellschaftlicher Neustrukturierung empfahlen, sollte doch der Umbau keineswegs immer "im Ganzen" 15), vielmehr in der Regel schrittweise erfolgen. In intensiver "Verwebung von Lehre und Aktion, Entwurf und Experiment" (Martin Buber) suchten sie die Gesellschaft organisch zu reformieren.

Die älteste Genossenschaft Deutschlands: die "Tischler-Association" zu Delitzsch, gegründet am 28.Oktober 1849

Das Gründungshaus der Tischler-Association zu Delitzsch

In Deutschland führte die gegenüber dem westlichen Europa nachhinkende Entwicklung dazu, daß an Stelle neuartiger sozialorganisatorischer Versuche vor allem Bildungsbestrebungen ausgelöst wurden. Diese fanden, wie Mannheim und Lukacs betont haben, in schöngeistigen sowie pädagogischen und philosophischen Werken einen wesentlichen Niederschlag. Sie sind aber auch in der wirtschafts- und sozialwissenschaftlichen Literatur und im Ansatz sogar in exakten Modellanalysen 16) feststellbar. Durch sie wurde auf eine Veränderung der Welt primär durch Wandel der Haltungen hinzuwirken versucht. Wo aber auch in unserem Lande Änderungen von Institutionen gefordert wurden, sollten die Reformen stärker als etwa in Frankreich die bestehenden Zustände respektieren und die Gegebenheiten lediglich in bestimmten Hinsichten ausgestalten. Besonders bei dem Liberalen Schulze-Delitzsch bedeutete so die frühsozialistische ideologische Formel von der Emanzipation der Arbeiter vom Kapital nicht schlechthin "Ausschaltung" der Kapitalisten. Vielmehr ging es bei ihm darum, auch den bisher unselbständig Schaffenden in Produktivgenossenschaften unternehmerische Selbständigkeit zu ermöglichen. Diese Genossenschaftsart, die als krönender Abschluß der gesamten Genossenschaftsentwicklung gedacht war, sollte dabei erst nach gründlichen Vorbereitungen eingeführt werden.

Hier bahnte sich bereits die heute vorherrschende distanziertere Beurteilung der Produktivgenossenschaften an, in der man von nun an bestenfalls ein Mittel neben anderen, wenn nicht sogar ein völlig untaugliches Rezept zur Lösung der "sozialen Frage" zu sehen lernte. Diese etwa bei Beatrice Webb-Potter erreichte Sicht der Gebilde, die gleichwohl der gedanklichen Beschäftigung mit ihnen keinen Abbruch tat, erhielt in der Folgezeit von vielen kritischen Untersuchungen der Formen und Ursachen ihres Scheiterns Auftrieb. Meist waren dabei freilich mit den explikativen Analysen Überlegungen darüber verbunden, wie künftig ein Scheitern der Gebilde verhindert werden solle bzw. welche Vorbedingungen ihr Funktionieren stellt. Glaubte man so zunächst noch, ihre strukturellen Schwächen durch mehr genossenschaftliche Erziehung und verstärkten sittlichen Einsatzwillen allgemein ausgleichen zu können, so schien auch diese Hoffnung zu entfallen, als Oppenheimer begründete, daß die Transformation jedenfalls im gewerblichen Bereich kapitalistischer Wirtschaftsordnungen infolge eines fundamentalen Gegensatzes zwischen den Profitinteressen der einzelnen Mitglieder als Verkäufer zu den Profitinteressen aller anderen Verkäufer ein "eherner", d.h. gesetzmäßiger Vorgang sei.

Dieses berühmte "Transformationsgesetz" Oppenheimers, das zweifellos die bislang strengste theoretische Behandlung der Produktivgenossenschaften enthält, dürfte gleichwohl die offenbar in Betracht zu ziehende größere Zahl von Ursachen ihres Scheiterns in den verschiedenen Wirtschaftsordnungen nicht ausreichend berücksichtigen. 17) Jedoch trug die Ableitung dieses Gesetzes, das zweifellos einen wichtigen Faktor in den Mittelpunkt stellt, zu einer vollends ernüchterten — ja teilweise zu einer übermäßig skeptischen — Betrachtung dieser Gebilde bei. In der Folgezeit ging Robert Liefmann so weit, Produktivgenossenschaften als Objekt der Genossenschaftslehre völlig fallenzulassen. Er argumentierte, daß es sich bei ihnen nicht um Genossenschaften, sondern um Gesellschaften handele, die die Mitglieder nicht nur fördern, wie die anderen Genossenschaftsarten, sondern die deren gemeinsame Erwerbswirtschaft bilden. 18) Hans Fuchs präzisierte, daß zwar Begriffsbestimmungen der Produktivgenossenschaften möglich seien, in Anbetracht der Transformation der lediglich in statu nascendi eine Besonderheit darstellenden Gebilde jedoch eine Theorie über sie unmöglich sei. 19) Peter Albrecht schließlich nannte schon seine Definition eine "reine", d.h. idealtypische, welche die in der Praxis regelmäßig vorkommenden Gebilde nicht zu erfassen erlaube. 20)

Aus dem wirtschafts- und gesellschaftspolitischen Ideal (Leitbild) bei den Frühsozialisten und vielen Reformern anderer Richtungen war so die begriffliche Konstruktion von etwas Irrealem geworden, das zwar nach wie vor akademisches Interesse erweckt, dessen Realisierung auch keinesfalls zu verbieten, aber auch nicht mehr in großem Maßstabe zu fordern ist. 21) Es ist aber die Frage, ob damit das letzte Wort über die Produktivgenossenschaften gesprochen ist.

V. Ursachen des Scheiterns

Bei einer Überprüfung der in der Literatur bisher mehr oder weniger präzise genannten Ursachen für die anfängliche Lebensuntüchtigkeit oder die Transformation von Produktivgenossenschaften würden beträchtlich viele zu berücksichtigen sein. Der nachfolgende Katalog, der eine Auswahl von möglicherweise besonders wichtigen Faktoren oder Faktorengruppen enthält, die sich jeweils einzeln oder zu mehreren ausgewirkt haben können, verfolgt bescheidenere Ziele. Er soll hauptsächlich die offenkundig zu schmale Ausgangsbasis für die Erklärung des Versagens dieser Gebilde bei Oppenheimer und anderen Forschern veranschaulichen.

Eine wesentliche Rolle können unserer Ansicht nach die folgenden (sich teilweise überschneidenden, mehr oder weniger "tief"greifenden) Ursachen bzw. Ursachenkomplexe gespielt haben: Ungenügende Vorbereitung vieler Gründungen; große psychische und andere Unterschiede zwischen den Gründern; zu große geistig-sittliche Anforderungen an sie; 22) Weltferne mancher von ihnen; späteres Aufbrechen individualistischer Motive; 23) fehlende Spareignungen; fehlende Sparmöglichkeiten infolge zu geringer Einkommenshöhe; unzureichend vorhandenes Fremdkapital; Solidarhaft versagt bei dieser Genossenschaftsart als Sicherungsbasis für Kredite (Schulze-Delitzsch); Abhängigkeit bei Gewährung finanzieller Hilfen durch den Staat; ungenügende natürliche Integration der Mitgliedergruppen; meist unvollständige Erfassung der zwischen den Mitgliedern bestehenden Beziehungen in den Genossenschaften; 24) künstliche Integration durch Erziehungsmaßnahmen fehlt oder ist ungenügend; es mangelt an "Genossenschaftsgeist"; Interessengegensätze zwischen den einzelnen Mitgliedern und den Genossenschaften als solchen; Gegensätze zwischen den Profitinteressen der Mitglieder als Verkäufer und den Profitinteressen anderer Verkäufer (Oppenheimer); Disziplinmängel infolge zu weitreichender Mitgliederrechte; den Rechten entsprechen nicht im gleichen Umfange Pflichten; Verkennung der auch für Produktivgenossenschaften unumgänglichen Leiterautorität; 25) die Funktionen der Arbeitgeber und Arbeitnehmer können nicht schlechthin von den gleichen Personen ausgeübt werden; zu wenig erstklassige Leiterpersönlichkeiten; größere Anforderungen an sie als in anderen Unternehmen; ihre materiellen und immateriellen Berufsinteressen sind weder im Gesetz noch faktisch ausreichend berücksichtigt; 26) die Genossenschaftsgesetze stellen mehr auf die Förderungs- als auf die Produktivgenossenschaften ab; 27) mangelnde Wettbewerbsfähigkeit beeinträchtigt den Absatz; fehlende betriebliche Konsolidierung der Produktivgenossenschaften; moderne betriebswirtschaftliche Grundsätze bleiben weithin unberücksichtigt; Fixkostenbela-

stungen und Erwartungen rückläufiger Konjunkturen bedingen die Abschlies-
sung (Einstellung kündbarer Lohnarbeiter); ungenügende Zusammenarbeit mit
Förderungsgenossenschaften; "befreundete" Organisationen, wie z.B. Gewerkschaften, setzen sich nicht oder ungenügend für diese Gebilde ein; die Idee
— das Leitbild — der Produktivgenossenschaften ist einfach nicht anziehend
genug; die Gebilde sind nach allen Seiten isoliert; verständliche Unsicherheit
der zunächst kleinen Ansätze innerhalb der umgebenden "fremden" Wirtschaftsordnung; hier dominierendes Gewinnstreben "steckt an" (schon Proudhon);
die Illoyalität konkurrierender kapitalistischer Unternehmen bedingt Absatzschwierigkeiten; die kapitalistische Wirtschaftsordnung wird in anderer Weise
reformiert und bietet weniger Angriffsflächen als vordem; jede Art prinzipiell
funktionsfähiger Wirtschaftsordnungen — einschließlich der kommunistischen —
erschwert ungewollt oder gewollt die Entwicklung von Ansätzen neuer Ordnungen.

VI. Die Produktivgenossenschaft als Ordnungs-Leitbild

Trotz der unzähligen Fehlschläge und enttäuschten Erwartungen hat die Produktivgenossenschaft unseres Erachtens auch heute als Ausdruck einer solchen
neuen Wirtschaftsordnungsidee gewisse Bedeutung. Sie stellt, besonders in der
Form der Siedlungsgenossenschaft, die klarste Ausprägung des Leitbildes einer
auf dem Consensus der Beteiligten beruhenden genossenschaftlichen Gesamt-
ordnung des Wirtschaftslebens dar. Als ein solches Leitbild kann man sie neben die Wirtschaftsordnungsideen der Markt-(Verkehrs-)wirtschaft und der
Plan-(Zentralverwaltungs-)wirtschaft stellen, in denen Elemente der Herrschaft
bzw. des Zwanges entweder in Kauf genommen oder gar erstrebt werden.
Nach den ursprünglichen Konzeptionen — etwa bei Fourier und Owen — handelt es sich um ein Ordnungssystem, das zwar wie die Marktwirtschaft auf
automonen, den Mitgliedern gehörenden Einzelwirtschaften beruht, aber die
Bedarfe der einzelnen Wirtschaftssubjekte nicht durch in Konkurrenz stehende, arbeitsteilig produzierende Gewinnunternehmen befriedigen will. Das Leitbild zielt vielmehr auf Arbeits- und Verbrauchsvereinigung der Beteiligten,
d.h. auf gegenseitige Hilfe (gemeinsame Selbsthilfe) innerhalb der zugleich
landwirtschaftlicher und gewerblicher Produktion sowie dem gemeinsamen
Konsum des Erzeugten dienenden Gebilde. Mit der Planwirtschaft haben die
Konzeptionen die Bevorzugung bedarfswirtschaftlichen an Stelle erwerbswirtschaftlichen Verhaltens gemeinsam. Jedoch suchen sie zentrale Lenkung, die
mit anonym-personenfernen Maßnahmen verbunden zu sein pflegt, durch den
dezentralisierten — ebenso demokratischen wie förderativen — Aufbau der Ge-
nossenschaftsorganisationen überflüssig zu machen. Auch nach späteren Lehren
des Kooperativismus — etwa seit Entstehung der Schule von Nimes — soll die
Ordnung der ganzen Volkswirtschaften in erster Linie auf Übereinkunft und
Zusammenarbeit der angeblich immerfort wachsenden genossenschaftlichen

Wirtschaft beruhen, die an Stelle des Staates sonst diesem obliegende Ordnungsfunktionen und andere Aufgaben wahrnimmt. Freilich werden jetzt oftmals bestimmte Gruppen der Förderungsgenossenschaften und der öffentlichen Unternehmen — vor allem Konsumgenossenschaften und Gemeindebetriebe — als dem Sektor der neuen Ordnungsformen zugehörig in die Überlegungen einbezogen oder gar in Rangfolgen statt der Produktivgenossenschaften an die erste Stelle gesetzt. 28)

Im Lichte dieser Erkenntnisse über die grundsätzliche Stellung der Produktivgenossenschaften erscheint jede ordnungspolitische Fragestellung als zu eng, die in ihren Begriffen davon ausgeht, daß Unternehmen — im Sinne autonomer, die Willensbildung und betriebliche Planungsaufgaben selbständig wahrnehmender Gebilde — nur in Verkehrswirtschaften möglich sind und nach der der Produktivgenossenschaft der Unternehmenscharakter insbesondere deshalb abzusprechen ist, weil die gemeinsame Tätigkeit der Mitglieder im Genossenschaftsbetrieb keinen Raum für ein solches unabhängiges Gebilde beläßt. 29) Ebenso unbefriedigend erscheint jede Gliederung der Produktivgenossenschaften, die sie unter Gesichtspunkten der Wirtschaftsordnung entweder global zu den "erwerbswirtschaftlichen", Marktverwertung ihrer Erzeugnisse anstrebenden Gebilden oder aber ähnlich summarisch zu den die Deckung von Bedarfen durch "Umgestaltung der Wirtschaftsordnung im Sinne des Sozialismus" vornehmenden Einzelwirtschaften rechnet. 30) Der gewollte Sinn dieser Gebilde ist zentral aber auch nicht mit den Begriffen markt- oder planwirtschaftlich zu erfassen, wie wir anzudeuten versuchten. Hingegen sind die morphologischen Sinnbegriffe "bedarfswirtschaftlich" und "freigemeinwirtschaftlich" geeigneter, da in den Produktivgenossenschaften offensichtlich das private Erwerbsstreben und ebenso weithin auch staatliches Handeln durch ein dem Wohl aller verpflichtetes Handeln ersetzt werden sollen. Am meisten dürfte jedoch die Bezeichnung "Selbstversorgungswirtschaft" die Intentionen der Verfechter dieser Ordnungsidee treffen, weil in dieser Kennzeichnung auf die gewollt autarken Züge der Gebilde als einer Art moderner Haus- oder Dorfwirtschaft besonderer Wert gelegt ist. 31)

Die Besonderheit der Produktivgenossenschaften als einer Hauptausprägung der dritten Wirtschaftsordnungsidee beachten, heißt nun freilich nicht, gegenüber ihrem bisherigen Versagen blind zu werden. Nach den früheren Ausführungen kann kein Zweifel darüber bestehen, daß die Produktivgenossenschaften bislang weder als einzelne Gebilde häufig gelungen noch erst recht irgendwo zur tragenden Säule einer ganzen Ordnung geworden sind, die die Konkurrenz oder die Gesamtplanung als volkswirtschaftliche Ordnungspfeiler zu ersetzen vermochten. 32) Der von ihren Gründern gewollte Gebildesinn blieb in aller Regel fixiertes Satzungsprogramm, das die Wirklichkeit jedenfalls in direkter Weise kaum zu verändern vermochte. Die erwähnte spätere Bevorzugung förderungswirtschaftlicher Genossenschaften und kommunaler — wie überhaupt öffentlicher — Unternehmen als Säulen des Kooperativismus bzw. einer gemeinwirtschaftlichen Ordnung der Wirtschaft zeigt, daß dieser Einsicht auch Rechnung getragen wurde.

An den üblichen Transformationen produktivgenossenschaftlicher Gebilde in aller Welt zeigte sich insbesondere, daß es sich bei ihnen um recht labile Ansätze eines Neuen handelte. Die These von der Unstabilität ihrer Strukturen scheint zumindest immer dann zu gelten, wenn einigermaßen funktionsfähige Wirtschaftsordnungen – die noch nicht einmal unbedingt wirtschaftlich und sozial voll funktionsfähig sein müssen – vorhanden sind und zur Auseinandersetzung zwingen. Aber auch die Erwartung, daß "die Verallgemeinerung der Produktivgenossenschaften ... auch die einzelne Produktivgenossenschaft lebensfähig machen (würde)", 33) dürfte kaum zutreffen, sofern es sich um Gebilde im bisherigen Sinne des Wortes handeln würde. Neben anderen Unsicherheitsfaktoren würde wohl besonders die übliche Verkennung der bereits erwähnten Notwendigkeit zu Strukturelementen herrschaftlich-autoritärer Art, die durch das dominierende metaökonomische Ziel gemeinsamer Selbständigkeit und die wirtschaftsdemokratischen Verfahrensweisen zu seiner Verwirklichung freilich nicht notwendig nahegelegt wird, auch bei massenhafter Gründung solcher Gebilde Bedeutung behalten. Die Unterschätzung der Erfordernisse zu klaren Anordnungsbefugnissen der Leiter und die Überbetonung des Gedankens der Übereinkunft, auch was die Zusammenarbeit zwischen den Produktivgenossenschaften und die Gestaltung der gesamten Volkswirtschaft angeht, betreffen sicherlich den Kern dessen, was an den meisten bisherigen Konzeptionen über Produktivgenossenschaften als "utopisch" (in dem Sinne von unrealistisch) gelten kann. 34)

Dennoch: Die Beschäftigung mit diesen Gebilden hat auch heute für die gesellschafts- und wirtschaftspolitische Diskussion Sinn. Letztlich kommt es bei Utopien ja nicht entscheidend darauf an, daß solche Leitbilder in bestimmten Zügen falsch gezeichnet und daher mindestens insoweit unrealisierbar sind. Ebenso ist es für sie nicht allzu wesentlich, daß sich antizipierte vorläufige Wahrheiten bei späterer exakter wissenschaftlicher Analyse als endgültig richtig erweisen. Jede Utopie, so wie wir sie verstehen, ist primär wertende Vororientierung und versuchsweise Erprobung künftigen Handelns. Sie geht in ihren schöngeistigen oder mehr exakten Formulierungen stets über das bloß Notwendige und das real Mögliche hinaus, soviel sie davon auch beachtet. Sie muß ein Ziel, einen Endzustand, als Orientierungspunkt hinstellen, 35) obwohl es in der Wirklichkeit niemals Ruhe gibt. Mit ihren optimistischen oder pessimistischen Perspektiven und den Resultaten ihrer Versuche kann sie trotzdem als fruchtbar für das praktische Leben gelten, wenn sie die Politik oder Pädagogik auf bestimmte Fragen lenkt. Ja selbst bei völlig unverwirklichbarem Gehalt ihrer Lehren und Experimente ist sie nützlich, wenn sie nur indirekt zu realisierbaren Lösungen anregt bzw. solchen mit zum Durchbruch verhilft.

In diesem Sinne war zweifellos auch die Produktivgenossenschaft als Leitbild der Wirtschaftsordnung fruchtbar und könnte sie auf manchen Gebieten auch künftig nützlich sein. Die erfolgreiche Entwicklung von Förderungsgenossenschaften verschiedener Art, die Einführung partnerschaftlicher Lösungen und zahlreiche andere Maßnahmen im Sinne einer Demokratisierung des Wirtschaftslebens wären ohne dieses Leitbild kaum denkbar gewesen. Nicht zuletzt verhalf es wenigstens einigen bislang unselbständigen Arbeitern und Handwerkern unmittelbar zur Selbständigkeit. 36) Selbst wenn es aber Produktivgenossenschaften nirgends gegeben hätte, heute nicht gäbe und niemals geben könnte, so vermöchte doch die gedankliche Beschäftigung mit ihnen dazu beizutragen, der immer wieder vorhandenen Gefahr einer allzu starken Verengung der wirtschafts- und gesellschaftspolitischen Diskussionen auf zwei Hauptfälle und wenige Unterfälle von Ordnungsformen vorzubeugen oder einer solchen Entwicklung entgegenzuwirken. Gerade der heutigen Politik, die allzu oft und allzu schnell bei der Erörterung erfolgssicherer Anpassungsmaßnahmen verharrt, würde eine gewisse Portion Mut zur Utopie (in dem zuletzt aufgezeigten Sinne des Wortes) durchaus anstehen und vielleicht zustatten kommen. 37) An dieser Stelle ist daran zu erinnern, daß in Zeiten wirtschaftlicher Not und beim Neubeginn des Aufbaus nach Kriegen regelmäßig auch bei uns in Deutschland das Interesse an den Produktivgenossenschaften tatsächlich zugenommen hat – und zwar bei Vertretern unterschiedlicher weltanschaulicher Richtungen. Offenbar begann in solchen geschichtlichen Momenten auch das Nachdenken der Menschen "von vorn", was das sonst durch dichotomische Begriffe von Ordnungsvorstellungen zwar übersichtlich kanalisierte, aber zugleich auch erschwerte Suchen nach "besseren" oder zumindest anderen Lösungen erleichtert. Freilich ließ dann ein erfolgreicher wirtschaftlicher Neubeginn begonnene Gespräche in ziemlicher Entsprechung zur jeweiligen Phase des Wiederaufbaus mehr und mehr zum Erliegen kommen – als ob die Produktionsverhältnisse das Ausmaß der Diskussionsspielräume bestimmen müßten. 38)

VII. Künftige Anwendungsmöglichkeiten

Auch bei konkreter, die tatsächlichen Chancen von Produktivgenossenschaften abschätzender Betrachtung ist die Möglichkeit nicht von der Hand zu weisen, daß Gebilde dieser Art künftig eine größere Rolle als in der Vergangenheit und Gegenwart spielen werden. Daß sie sich in den alten Industrieländern weder im gewerblich-industriellen noch im landwirtschaftlichen Bereich durchsetzten, besagt jedenfalls noch nichts Zwingendes darüber, ob dies auch in den kommenden Jahrzehnten überall auf der Welt und auf allen Gebieten der Wirtschaft so sein muß. Es liegt nahe, hier an die Produktivgenossenschaftsbewegungen in Israel anzuknüpfen, die – wenn sie auch keine dritte Wirtschaftsordnung zu begründen vermochten – auch für die Zukunft zu einigen Hoffnungen zu berechtigen scheinen. Jedoch stellt die Entwicklung dieses Landes in verschiedener Hinsicht einen Sonderfall dar, der sich nicht ohne weiteres als Ausgangspunkt für die Gewinnung realistischer Erwartungen über die Zukunft anderer Länder eignet. Es gibt aber auch sonst Anzeichen genug über eine veränderte Lage bezüglich dieser Genossenschaftsart.

Unschwer läßt sich erkennen, daß die Produktivgenossenschaften künftig am ehesten in der Landwirtschaft in größerem Umfange nützlich sein können, während für die Organisierung industrieller Arbeit in Gebilden dieser Art nach wie vor weniger Voraussetzungen gegeben sein dürften. In diesem Zusammenhange ist zunächst an die neuen Staaten Afrikas und Asiens sowie an die Länder Lateinamerikas zu denken, die in den Produktivgenossenschaften neben den Förderungsgenossenschaften heute zum Teil geradezu "Fundament und Triebkraft der Neuordnung" sehen. 39) Weil man an den Aufbau hier vielfach im Glauben an Möglichkeiten einer dritten Kraft zwischen der östlichen und der westlichen Welt auch auf wirtschaftlichem Gebiet herangegangen ist, lag es nahe, an die den Traditionen dieser Länder meist nicht entgegenstehende und zum Teil auch bereits aus der Kolonialzeit bekannte Form der Genossenschaften anzuknüpfen. Die Förderung solcher Gebilde und besonders der Aufbau landwirtschaftlicher Produktivgenossenschaften wurde hier zu einem ordnungspolitischen, ja manchmal sogar zu einem allgemeinpolitischen Ziel ersten Ranges, dessen Verwirklichung nicht nur neuartige Wirtschafts- und Gesellschaftsordnungen, sondern zum Teil auch veränderte Staatswesen schaffen helfen soll. 40)

Aber auch im nichtkommunistischen mittleren und westlichen Europa ist die künftige Bildung von landwirtschaftlichen Produktivgenossenschaften heute nicht mehr als völlig unwahrscheinlich anzusehen. Besonders die Fülle der in diesen Gebieten im Zeichen des Gemeinsamen Marktes fast auf einmal zur Lösung drängenden agrarstrukturellen Schwierigkeiten, die durch das gleichzeitige Streben der Landwirte nach Einkommensparität mit den Angehörigen anderer Wirtschaftszweige eine weitere Zuspitzung erfährt, könnte trotz heute noch zweifellos vorhandener großer Widerstände die Gründung solcher Gebilde nahelegen. 41) Hier – und ebenso in vielen Entwicklungsländern – würde es jedoch primär nicht um die Begründung gemeinsamer Selbständigkeit bei bislang Unselbständigen gehen, wie es bis zur Gegenwart in Produktivgenossenschaften fast ausschließlich der Fall war. Vielmehr wäre es jetzt vielfach darum zu tun, bereits individuell selbständige, wenn auch oft dahinkümmernde Landwirte in ihrem Unabhängigkeitsgrad soweit als möglich zu fördern. Die Bereitstellung von genügend Kapital dürfte dabei im ganzen gesehen weniger Schwierigkeiten bereiten als bei den bisherigen Produktivgenossenschaften.

Der Erfolg einer solchen neuen Welle von Produktivgenossenschaften wird freilich entscheidend davon abhängen, ob künftig anders als bisher in gewissem Umfange Anpassung der Gebilde an die jeweils vorgegebenen Bedingungen erlaubt sein soll und eine solche von den Beteiligten auch tatsächlich selbst auf die Gefahr hin gefördert und genutzt wird, sich so von den ursprünglichen Konzeptionen der Produktivgenossenschaft zu entfernen. Mit anderen Worten: es muß entschieden werden, ob der Erfolg solcher Unternehmen für immer an den "klassischen" Anforderungen an diese Gebilde (wie sie etwa in unserem anfangs entwickelten und bisher den Darlegungen zugrundegelegten Begriff dieser Gebilde zum Ausdruck kommen) beurteilt werden soll, oder aber ob nicht jetzt ein bestimmtes Maß an Transformation an andere Unternehmen verkehrswirtschaftlicher Ordnungen hinzunehmen bzw. als geradezu notwendige strukturelle Elastizität aktiv zu fordern und vorzubereiten ist, wenn man andere mögliche Entwicklungstendenzen, wie etwa Transformationen von Produktivgenossenschaften in Richtung völlig abhängiger planwirtschaftlicher Gebilde (in Entwicklungsländern mit Ansätzen planwirtschaftlicher Ordnungen) oder auch ausschließliche Konzentrationen der Agrarstruktur auf den größeren Familienbetrieb (in der Landwirtschaft West- und Mitteleuropas) verhindern möchte.

Bei Wahl der zweiten Alternative könnte z.B. die Beschäftigung von Lohnarbeitern bis zu einer bestimmten — etwa im Verhältnis zur Mitgliederzahl oder zu deren Bezügen festlegbaren — Anzahl solcher 42) jetzt anders zu beurteilen sein als bisher, wenn durch sie wichtige Unabhängigkeitsspielräume der Mitglieder gewährleistet werden und die wirtschaftliche Situation aller Beteiligten verbessert wird. An Stelle solcher Transformationen in Richtung auf erwerbswirtschaftliche Gebilde kann das zentrale Anliegen der Mitgliederselbständigkeit aber auch eine stärkere Anlehnung an die üblichen förderungsgenossenschaftlichen Lösungen bzw. die Entwicklung neuer Genossenschaftsarten "auf der Grenze" zwischen den Förderungs- und den Produktivgenossenschaften nahelegen. 43) In diesem wie in jenem Falle würden die Begrenzung der Mitgliederzahl und erst recht die qualitative Selektion von Mitgliedern — Maßnahmen, die mit dem demokratischen Charakter der Gebilde vereinbar sind — wahrscheinlich gleichfalls zu einer erfolgreichen genossenschaftlichen Arbeit beitragen. 44) Schließlich könnte — um ein letztes Beispiel zu nennen — auch eine gegenüber der bisherigen Praxis verstärkte Verwendung nichtgenossenschaftlicher und besonders kapitalgesellschaftlicher Rechtsformen sinnvoll sein, weil sich so die Kapitalbeschaffungs- und die Leitungsprobleme vielfach einfacher als bei Wahl der genossenschaftlichen Rechtsform regeln lassen. Solche "Agrargesellschaften" mit gleichwohl produktivgenossenschaftlichen Zügen könnten solange den Vorzug verdienen, als in den Genossenschaftsgesetzen die Erfordernisse der Produktivgenossenschaften nicht mehr als bisher berücksichtigt werden oder keine brauchbaren Sondergesetze vorliegen. 45)

VIII. Ausblick

Sieht man die Produktivgenossenschaft im Sinne der Ausführungen des vorletzten Abschnitts zunächst vorwiegend als ein in ihren Grenzen weithin unbestimmtes Ordnungsleitbild und nicht als eine festumrissene Kategorie der Einzelwirtschaftslehre oder des Rechts, so wird das vorstehend projektierte Umdenken vielleicht leichtfallen, weil die Unbestimmtheiten jeweils zeitgemäßer Ausfüllung zugänglich sind und auch bedürfen. Die Wahl dürfte den in ihrer Selbständigkeit gefährdeten Menschen westlicher und neutraler Staaten aber auch praktisch nicht allzu schwerfallen, falls man sie aufklären und dann befragen würde.

Auch wenn nämlich heute verbreitet die Förderung des Wohlstands als besonders dringliches Bedürfnis empfunden wird, so möchte man doch auch die bisherigen Selbständigkeitsspielräume erhalten und sie noch so weit wie möglich ausbauen. Gerade dies aber ist ein Interesse, dem in Verkehrswirtschaften Konzentrationsprozesse und in Zentralverwaltungswirtschaften enge Bindungen der vorhandenen Einzelwirtschaften an die Gesamtpläne entgegenstehen. Kann dabei die Konzentration auf den großen und leistungsstarken landwirtschaftlichen Familienbetrieb heute vielleicht noch weitgehend als bloße Möglichkeit abgetan werden, so ist in den Ostblockstaaten die Tendenz zur völligen Beseitigung autonomer Gebilde und zur juristischen (oder doch faktischen) Aufhebung der freiwilligen Mitgliedschaft selbst bei Einzelwirtschaften, die noch "Genossenschaften" genannt werden, längst offenkundige Tatsache, von der auch vorübergehende Zugeständnisse nicht ablenken können. 46) Müßte es deshalb nicht schon als Positivum gelten, wenn in der übrigen Welt mit Hilfe von Genossenschaften immerhin eine größere Anzahl Landwirte (oder entsprechend: Angehörige anderer Berufe) etwas mehr Unabhängigkeit behielte, als es ohne diese Gebilde der Fall sein würde? Verdienten nicht Genossenschaften trotz der heute in vieler Hinsicht geringer gewordenen Bedeutungsunterschiede zwischen sozialen Gebilden aller Art auch dann Beachtung, wenn die vollständige "gemeinsame" Selbständigkeit aller Mitglieder tatsächlich eine Illusion wäre oder doch (von bestimmten Ausprägungen des Selbständigkeitsinteresses her) als bloßes "Surrogat" erschiene? Wir glauben: ja. 47)

Anmerkungen

1) Die Definition geht auf Charles Gide zurück. Vgl. dazu Hans Fuchs: Der Begriff der Produktivgenossenschaft und ihre Ideologie. Kölner Dissertation 1927, S. 25.

2) Gerhard Weisser: Produktivere Eingliederung, Göttingen 1956, S. 87ff. — Über die Relevanz der drei Ziele Wohlstand, Sicherheit und Selbständigkeit äußert sich im Anschluß an Charles Gide in etwas anderer Akzentuierung, als sie hier vorgetragen wurde, Elfriede Kuhlmeyer. Vgl.: Von der Gewinnbeteiligung zum gemeinsamen Eigentum und zur gemeinsamen Verantwortung, Kölner Dissertation 1958, S. 8-15.

3) Über Fragen der Gemeinschaft im allgemeinen und bei Genossenschaften im besonderen siehe (in nur losem Anschluß an Ferdinand Tönnies und Max Weber) Gerhard Weisser: Form und Wesen der Einzelwirtschaften, 1.Bd., 2. Aufl., Göttingen 1949, S. 26ff.; ders.: Genossenschaft und Gemeinschaft, in: Gemeinnütziges Wohnungswesen, 1954/55. — Der Begriff Gemeinschaft ist bei Weisser im Sinne der Anforderungen moderner Soziologen (vgl. Rene König: Fischer-Lexikon über Soziologie, S.87f.) ohne "Ansprüche personalistisch-metaphysischer, geschichtsphilosophischer oder organistisch-substantieller Natur".

4) Auch Gerhard Albrecht betont mit Recht diesen zentralen Punkt der "selbständigen gemeinschaftlichen Trägerschaft" der Mitglieder, der hingegen in anderen Begriffen der Produktivgenossenschaft vielfach nicht oder unzureichend berücksichtigt worden ist — so z.B. bei Wilhelm Vleugels und bei Hans Fuchs. Vgl. Gerhard Albrecht: Produktivgenossenschaften, in: Zur Reform des Genossenschaftsrechts, 3.Bd., Bonn 1959, S. 347; Wilhelm Vleugels: Produktivgenossenschaft, in: Wörterbuch der Volkswirtschaft, 4. Aufl., Jena 1932; Hans Fuchs: Der Begriff ..., a.a.O., S. 8ff. und S. 34.

5) Dieter Bruns: Metallbearbeitung Friedrichshafen eGmbH und Sauerstoffwerk Friedrichshafen eGmbH als Beispiel für die Problematik industrieller Produktivgenossenschaften, unveröffentlichte Kölner Dissertation 1955; ders.: Zur Problematik industrieller Produktivgenossenschaften, in: Archiv für öffentliche und freigemeinwirtschaftliche Unternehmen, Bd. 2, Göttingen 1955, S. 323ff.

6) Ausdruck nach Peter Albrecht: Die Produktivgenossenschaften in der Schweiz, Basel 1953, S. 19 und 175ff. — Über die sozialen Baubetriebe in der Gegenwart siehe Werner Engelhardt: Die sozialen Baubetriebe im Wiederaufbau, in: Archiv für öffentliche und freigemeinwirtschaftliche Unternehmen, Bd. 2, Göttingen 1955, S. 138ff.; ders.: Neue Aufgaben für die sozialen Bauhütten, in: Gemeinnütziges Wohnungswesen, 1957, S. 381ff.: Benno Heinen: Freigemeinwirtschaftliche Unternehmen der deutschen Bauarbeiter, unveröffentlichte Kölner Diplomarbeit, 1956.

7) Manfred Fuchs: Probleme des Wirtschaftsstils von Lebensgemeinschaften — erörtert am Beispiel der Wirtschaftsunternehmen der deutschen Jugendbewegung, Göttingen 1957.

8) An neueren Veröffentlichungen über Fragen des Kibbuz und anderer Produktivgenossenschaften in Israel seien genannt: Joseph Shatil: Die Lebensform in einer Kollektivsiedlung, in: Archiv für öffentliche und freigemeinwirtschaftliche Unternehmen, Bd. 4, Göttingen, 1958, S. 161ff.: ders.: L'Economie collective du Kibboutz Israelien, Paris 1960; Walter Preuß: Das Genossenschaftswesen in der Welt und in Israel, Berlin 1958; Eckart Lau: Die Produktivgenossenschaften in Israel, ihre wirtschaftlichen und gesellschaftlichen Probleme, Marburg 1960; Henri Desroche: Au Pays du Kibboutz, Basel 1960. — Siehe auch den besonders zu Fragen des Gemeinschaftscharakters der Kibbuzim kritisch Stellung nehmenden Besprechungsaufsatz von Hermann Meier-Cronemeyer: Im Lande des Kibbuz, in: Archiv für öffentliche und freigemeinwirtschaftliche Unternehmen, Bd. 6, Göttingen 1962.

9) Zu neueren Arbeiten über diese Gebilde vgl. u.a. Otto Blume: Betriebswirtschaftliche und sozialpädagogische Probleme in der Communaute de Travail, in: Archiv für öffentliche und freigemeinwirtschaftliche Unternehmen, Bd. 1, Göttingen 1954, S. 336ff.; ders.: Von Boimondau zur Entente communautaire, unveröffentlichte Kölner Dissertation 1955; Otto Blume, Ingrid Heidermann, Elfriede Kuhlmeyer: Wirtschaftsorganisatorische Wege zum gemeinsamen Eigentum und zur gemeinsamen Verantwortung der Arbeitnehmer, Köln und Opladen 1959, S. 226ff.; Albert Meister: Les communautes du travail; bilan d'une experience de propriete et de gestion collectives, Paris 1958.

10) Von den etwa 250 Siedlungsgenossenschaften, die es im neunzehnten und teilweise bereits im achtzehnten Jahrhundert gab, sollen nach Desroche 90 vH der religiös fundierten gegenüber nur 50 vH der nicht religiös fundierten das erste Jahr überlebt haben. Das Alter von 25 Jahren erreichten 50 vH der religiös fundierten gegenüber nur 3 vH bei den nichtreligiösen. Von diesen erreichte keine einzige Produktivgenossenschaft ein Alter von über 50 Jahren, von den religiösen Siedlungen hingegen mehrere.

11) Siehe dazu interessante Ausführungen bei Otto Schiller: Entstehung und Entwicklung der "Produktivgenossenschaften" in den kommunistischen Ländern, in: Agrarwirtschaft. Zeitschrift für Betriebswirtschaft und Marktforschung, Sonderheft 13, Hannover 1961, S. 7ff.

12) "Die Vermittlung eines ... anschaulichen Gesamtbildes war durch Jahrtausende hindurch das Anliegen der 'Utopisten' unter den Sozialisten" (Gerhard Weisser: Politik als System aus normativen Urteilen, Göttingen 1951, S. 53).

13) Zum Begriff der Morphologie in der Betriebs- und Volkswirtschaftslehre und zum heutigen Inhalt morphologischer Lehren siehe Gerhard Weisser: Wirtschaft, in: Handbuch der Soziologie, Stuttgart 1956, passim und besonders S. 1010ff. – Vgl. auch den Beitrag von Hans Schüler in dieser Festschrift.

14) Eine umfassende Würdigung gibt Martin Buber: Pfade in Utopia, Heidelberg 1950. Siehe auch Elfriede Kuhlmeyer: Von der Gewinnbeteiligung ..., a.a.O., S. 135ff.

15) Wie man nach dem Gebrauch des Wortes "Utopie" bzw. "utopische Sozialtechnik" bei Popper vielleicht voreilig annehmen könnte. Vgl. Karl R. Popper: Die offene Gesellschaft und ihre Feinde, 1. Bd., Bern 1957, S. 213ff. Richtig urteilt Werner Hofmann: Ideengeschichte der sozialen Bewegung des 19. und 20. Jahrhunderts, Berlin 1962, S. 18f. und S. 52ff.

16) Vor allem bei dem sozial eingestellten Liberalen Johann Heinrich von Thünen, der seine berühmte Formel √ap unter Voraussetzungen ableitete, wie sie etwa in Siedlungsgenossenschaften bestehen. Das wirkliche Experiment wurde hier durch das Gedankenexperiment, die "Modellgemeinschaft" (O. Morgenstern) ersetzt. Thünen glaubte wohl durch Vermittlung streng logisch abgeleiteter Einsichten in die Zusammenhänge bei den Besitzenden soziales Verständnis zu wecken und bei den Arbeitern ein tatsächliches produktivgenossenschaftliches Handeln überflüssig zu machen. – Vgl. dazu W. Engelhardt: Elemente des Utopischen im Lebenswerk J.H. von Thünens, in: Zeitschrift für Agrargeschichte und Agrarsoziologie, Sonderheft Johann Heinrich von Thünen, Frankfurt 1958, S. 292ff.

17) Siehe dazu den folgenden Abschnitt V. – Immanente Kritik an dieser .

18) Robert Liefmann: Die Unternehmungsformen, 3. Aufl., Stuttgart 1923, S. 83. – In Frankreich bezog Bernard Lavergne eine ähnliche Position.

19) Hans Fuchs: Der Begriff ..., a.a.O., S. 34f.

20) Peter Albrecht: Die Produktivgenossenschaften ..., a.a.O., S. 18f.

21) Die Bedürfnisfrage erörterte in diesem Sinne zuletzt ausführlich Albrecht. Vgl. Gerhard Albrecht: Produktivgenossenschaften, a.a.O., S. 337ff.

22) Vgl. dazu – und zu mehreren andern der genannten Ursachen – Georg Draheim: Die Genossenschaft als Unternehmungstyp, Göttingen 1951, S. 174ff.

23) Dies ist seit einiger Zeit auch in den Kibbuzim der Fall. – Siehe dazu die detaillierten Darlegungen bei Hermann Meier-Cronemeyer: Kibbuzim – zwischen Hoffnung und Resignation, in: Archiv für öffentliche und freigemeinwirtschaftliche Unternehmen, Bd. 5, S. 149ff.

24) Dieses schon früher antreffbare Argument vertritt in der Gegenwart besonders Henrik F. Infield: Utopia und Experiment, Göttingen 1956, S. 172f.

25) "Unabhängig von betriebs- und wirtschaftspolitischen Wertvorstellungen ist die hierarchische Autoritätsstruktur eine Grundbedingung des Funktionierens kooperativer Systeme" (Ralf Dahrendorf: Industrie- und Betriebssoziologie, Berlin 1956, S. 64). – Diese wichtige Ursache des Scheiterns von Produktivgenossenschaften wurde sehr früh erkannt, so u.a. von Jevons, Schulze-Delitzsch und Webb-Potter, aber im ganzen doch wenig beherzigt.

26) Günther Letschert: Die Produktivgenossenschaft, Wiesbaden-Biebrich 1950, S.40ff.

27) Nachdem sich in dieser Richtung früher bereits Friedrich von Wieser und in der Gegenwart Letschert äußerten, hat neuerdings besonders Schultz die Vermutung

begründet, daß jedenfalls das deutsche Genossenschaftsgesetz zu einer Ursache für das Scheitern der Produktivgenossenschaften wurde. Vgl. Dietrich Schultz: Der Rechtsbegriff der Genossenschaft und die Methode seiner richtigen Bestimmung; entwickelt am Problem der Produktivgenossenschaft, Marburg 1958, besonders S. 126ff.

28) Den auf eine dritte Lösung des Ordnungsproblems hinzielenden zentralen Gehalt der Utopien von Saint-Simon, Fourier und Owen einerseits und von Proudhon, Kropotkin und Landauer andererseits, durch die die vollständige Entwicklung des menschlichen Individuums verbunden mit der höchstmöglichen Entwicklung der freiwilligen Gesellschaftsformen gefördert werden sollte, hat besonders Martin Buber herausgearbeitet. Vgl. Pfade in Utopia, a.a.O., passim — Einen knappen Überblick über die verschiedenen Strömungen des Kooperativismus im französischen Sprachraum seit den Anfängen bis in die Gegenwart gibt Paul Lambert in seiner Abhandlung: Begriffe, Theorien und Programme des Genossenschaftswesens in der französischsprachigen Literatur, in: Archiv für öffentliche und freigemeinwirtschaftliche Unternehmen, Bd. 5, Göttingen 1961, S. 287ff. — Mehr systematisch bedeutsam sind in diesem Zusammenhange u.a. Franz Oppenheimer: Die Siedlungsgenossenschaft, 3. Aufl., Jena 1929, S. 417-630; Paul Lambert: La Doctrine Cooperative, Brüssel und Paris 1959, passim.

29) Diese abzulehnende Konsequenz hat die sehr interessante Strukturanalyse Eberhard Dülfers, betitelt: Zur Frage des Unternehmungscharakters der Genossenschaft, in: Zeitschrift für das gesamte Genossenschaftswesen, Bd. VI, Göttingen 1956, S. 265ff.

30) Als ob es im Begriff der Produktivgenossenschaft liegen würde, daß sie auf den Markt gehen muß (Gerhard Weisser: Sind die Genossenschaften reformbedürftig, in: Zeitschrift für das gesamte Genossenschaftswesen, Bd. 5, Göttingen 1955, S. 204f.) bzw. als ob es nur eine wesentliche Spielart des Sozialismus gäbe. — Die kritisierte Position klingt an z.B. bei Gerhard Albrecht: Produktivgenossenschaften, a.a.O., S. 310ff. und 343f.

31) Diese stammt, ebenso wie die zuvor genannten, von Gerhard Weisser, der damit in seinen morphologischen Untersuchungen in Fortführung der Arbeiter früher Sozialisten und ihrer Nachfolger (wie Proudhon, Landauer, Buber) die Probleme der dritten — terminologisch "Wirtschaftssystem" genannten — Ordnungsidee explicite aufwirft und beantwortet. Vgl. vor allem: Form und Wesen der Einzelwirtschaften, a.a.O., S. 86-102. — Weissers (geschichtlich gesehen verhältnismäßig später) Klassifizierungs- und Registrierversuch von genossenschaftlichen und zahlreichen anderen Ausprägungen der dritten Ordnungsidee und der beiden anderen Wirtschaftssysteme ist in erster Linie als betriebswirtschaftlicher zu verstehen, der speziell die Frage beantwortet, wie die einzelnen Wirtschaftsgebilde sich am volkswirtschaftlichen Prozeß beteiligen, Ausgangspunkt ist die — heute auch von Befürwortern pluralistischer Ordnungsformen aus anderen Lagern geteilte — Sorge, daß die feststellbare Tendenz zur Angleichung gesellschaftlicher und wirtschaftlicher Strukturen aneinander zu Schäden besonders im kulturellen Bereich führen könne. Im Anschluß an seine explikativen Arbeiten macht er deshalb auch zahlreiche Vorschläge zur Strukturpolitik, auf die hier nur allgemein verwiesen werden kann.

32) Selbst Israel bietet kein Beispiel einer vollausgebauten neuen Wirtschaftsordnung ohne Konkurrenz und ohne Planung, obwohl nach Preuß im Jahre 1959 immerhin rund 200 000 Menschen, das sind etwa 10 vH der Gesamtbevölkerung des Landes, allein in den Kibbuzim und Moshawim lebten (vgl. Walter Preuß: Die Förderung des Genossenschaftswesens in Entwicklungsländern auf Grund der in Israel gemachten Erfahrungen, in: Zeitschrift für das gesamte Genossenschaftswesen, Bd. IX, Göttingen 1959, S. 623.

33) Wie sie bündig Erich Preiser formuliert; vgl.: Die Zukunft unserer Wirtschaftsordnung, 3. Aufl., Göttingen 1960, S. 73.

34) Vgl. dazu R. Dahrendorf: Gesellschaft und Freiheit, München 1961, S. 207ff. — Dahrendorf arbeiter hier utopische Züge (das Wort Utopie im gleichen Sinne wie oben gebraucht) in der letztlich auf Rousseau zurückgehenden Consensuslehre der gesellschaftlichen Integration heraus, die zweifellos auch die allgemeine Grundlage für alle Versuche darstellt, Demokratie und Wirtschaft institutionell zu verbinden.

35) Weil das Handeln Entscheidungen voraussetzt, die ihrerseits feste gedankliche Anknüpfungspunkte und einen gewissen Abschluß der explikativen Überlegungen be-

dingen. – Zum Begriff der Utopie vgl. u.a. Martin Buber: Pfade ..., a.a.O., S.9-32; Karl Mannheim: Ideologie und Utopie, 3. Aufl., Frankfurt 1952, S. 169ff.; Henrik F. Infield: Utopia ..., a.a.O., S. 7-22. Siehe auch den Beitrag von Erich Reigrotzki in dieser Festschrift (Abschnitte 10-12).

36) Auch für den gesellschaftlichen und wirtschaftlichen Bereich gilt offenbar, daß eine einmal von Menschen vertretene Idee niemals wieder ganz verloren geht. Wenn die "gemeinsame Selbständigkeit" eine Illusion ist, so doch zweifellos eine von Menschen geglaubte, die deshalb auch in Wirkungen ihren Ausdruck fand. Diese trugen wenigstens etwas dazu bei, daß das im neunzehnten Jahrhundert zunächst völlig starre Arbeitsangebot bis zur Gegenwart hin an Elastizität gewann. In dieser vergrößerten Elastizität, die in Hochkonjunkturen am stärksten spürbar wird, drückt sich das Wachstum eines ursprünglich die Größe Null betragenden Freiheitsspielraumes beim Arbeiter aus – ein Ergebnis, das trotz seiner Verschiedenheit vom ursprünglichen Ziel der "gemeinsamen Selbständigkeit" unleugbar doch mit diesem auch verwandte Züge hat.

37) Hingegen kann die empirische Forschung bei bewußtem oder unbewußtem Festhalten an Utopien auf die Dauer steril werden, wie Dahrendorf am Beispiel bestimmter Forschungen von Talcott Parsons wirkungsvoll demonstriert hat (vgl. Gesellschaft und Freiheit, a.a.O., S. 85ff.). So nützlich auch für sie die vorläufige Anknüpfung an aus Leitbildern zu gewinnende Einsicht sein kann – Dahrendorf selbst bedient sich eines solchen in den Ansätzen zu einer Theorie sozialer Konflikte (a.a.O., S. 199 und 207ff.) – so gilt es doch, diese Phase der Forschungen und ihrer Darstellung jeweils möglichst bald zu durchschreiten. Besondere Vorsicht ist bei empirischer Fragestellung bezüglich der – Konflikte und Wandlungen regelmäßig ausschaltenden – statischen (End-)Zustände und stationären Prozesse geboten, die bekanntlich nicht nur in der heutigen Soziologie, sondern auch in der Wirtschaftstheorie eine große Rolle spielen. Vgl. dazu Hans Albert: Nationalökonomie als Soziologie, in: Kyklos, Vol. XIII, 1960, besonders S. 25ff.

38) Beschäftigung mit den Produktivgenossenschaften unter ordnungspolitischen Aspekten, die wir also empfehlen möchten, sollte heute natürlich auch Erörterungen einbeziehen, in denen über "Mischungen" von Strukturelementen der Produktivgenossenschaften mit solchen der Markt- und Planwirtschaft gehandelt wird. Dabei ist selbstverständlich jedem wissenschaftlich arbeitenden Wirtschafts- und Gesellschaftspolitiker die Möglichkeit gegeben, an Stelle von (immer wertende Engagement voraussetzenden) Utopien und normative Aussagen bloße (wertfreie) Konstruktionen im Sinne von Ordnungsmodellen oder Idealtypen zu entwerfen und zu analysieren. Auch durch solche Untersuchungen kann eine Auflockerung und Belebung der Ordnungsdiskussion erreicht werden.

39) Georg Draheim: Die Genossenschaft als Forschungsgegenstand, in: Zeitschrift für das gesamte Genossenschaftswesen, Bd. 9, Göttingen 1959, S. 204.

40) Diese Entwicklung ist heute am deutlichsten in Indien erkennbar, im Ansatz aber auch in vielen anderen Ländern – z.B. einigen arabischen Staaten – vorhanden. In Mexiko, Bolivien, Kolumbien und Chile fungieren sie speziell als Werkzeuge der Agrarreform. – Hasselmann meint, daß das im Aufbau befindliche "Socialist Co-operative Commeonwealth" Indiens planwirtschaftliche Züge hat, die aber von unten – den Mitgliedern – her ausbalanciert werden sollen. Es gehe um eine demokratische, kooperative Grundlage für die staatlichen Direktiven, um eine "Demokratisierung der Planwirtschaft" (M.R. Bidhe). Vgl. Erwin Hasselmann: Staat und Genossenschaft in Entwicklungsländern, in: Zeitschrift für das gesamte Genossenschaftswesen, Bd. 12, Göttingen 1962, S. 89f. und 94ff. – Siehe auch den Beitrag von Otto Schiller in dieser Festschrift.

41) Weil auf diese Weise unter Umständen eine größere Zahl Landwirte die Einkommensparität annähernd erreichen und zugleich ihre Selbständigkeit (wenigstens als gemeinsame) erhalten könnte, während die ausschließliche Bejahung großer Familienbetriebe in der Zukunft nicht nur die landwirtschaftliche Bevölkerung als solche reduzieren würde (was in jedem Falle kaum zu umgehen sein dürfte), sondern auch die Zahl der selbständigen Landwirte noch mehr als bei Wahl der ersten Alternative vermindern müßte. – Im Seminar für Genossenschaftswesen der Universität Köln ist eine Untersuchung dieser Fragen im Gange, die von Alois Nienaber durchgeführt wird.

42) Der im Frühjahr 1962 bekanntgewordene "Referentenentwurf eines Genossenschafts-

gesetzes" sieht in diesem Sinne vor, daß Produktivgenossenschaften Nichtmitglieder nur beschäftigen dürfen, "soweit die im Geschäftsjahr an Nichtmitglieder gezahlten Arbeitsentgelte fünfzig von Hundert der gesamten, im vorangegangenen Geschäftsjahr gezahlten Arbeitsentgelte nicht übersteigen". Diese Einschränkung des erlaubten Umfangs der Beschäftigung von Nichtmitgliedern gegenüber dem jetzt geltenden Gesetz — das "Nichtmitgliedergeschäfte" in unbeschränktem Umfange erlaubt — würde der erörterten Linie einer künftigen Politik bezüglich dieser Gebilde nicht widersprechen. Sie könnte diese im Gegenteil stützen, wenn dafür gesorgt würde, daß auch die übrigen Bestimmungen des Gesetzes heutigen Erfordernissen produktivgenossenschaftlicher Arbeit Rechnung tragen.

43) Eine solche neue Genossenschaftsart, die das individuelle Privateigentum und selbst die eigene Bewirtschaftung des Landes durch die Mitglieder respektiert, im übrigen aber weit mehr Aufgaben übernimmt, als es selbst bei der herkömmlichen deutschen Universalgenossenschaft der Fall ist — insbesondere obliegen ihr auch Koordinierungsfunktionen — hat Otto Schiller vor einigen Jahren für Pakistan empfohlen. Vgl. Otto Schiller: Produktionsförderungs-Genossenschaften in Pakistan, in: Berichte über Landwirtschaft, Bd. 35, 1957, S. 658-687. — Auch für europäische Verhältnisse dürften nur Lösungen in Betracht kommen, die das individuelle Privateigentum erhalten. Soweit den Mitgliedern auch — mehr oder weniger große — Bereiche individueller Wirtschaftsführung verbleiben würden, denen die genossenschaftliche Arbeit zugute käme, wären die Genossenschaften mehr den herkömmlichen Förderungsgenossenschaften als den Produktivgenossenschaften verwandt.

44) Siehe dazu Hans Fuchs: Der Begriff ..., a.a.O., S. 21-25; Henrik F. Infield: Utopia..., a.a.O., S. 197ff. — Vgl. auch den Beitrag von Georg Draheim in dieser Festschrift.

45) Die Gründung "kapitalgesellschaftlicher Gruppenunternehmen" empfahl nachdrücklich Gerhard Weisser: Produktivere Eingliederung, a.a.O., S. 91ff. — Vorschläge für eine Ausgestaltung des geltenden Genossenschaftsrechts unter Gesichtspunkten der Produktivgenossenschaften bringt Erich H. Diederichs in seinem Beitrag: Produktivgenossenschaften, in: Zur Reform des Genossenschaftsrechts, 3. Bd., Bonn 1959, S. 388-396.

46) Entgegen Infield (Utopia ..., a.a.O., S. 23-43) und Preuss (Das Genossenschaftswesen in der Welt ..., a.a.O.) darf nicht bezweifelt werden, daß sich Produktivgenossenschaften und Kolchosen (und diesen entsprechend sowjetzonale "Produktivgenossenschaften" und chinesische "Volkskommungen") bisher jedenfalls sowohl in den Zielen als auch in vielen der zur Verwirklichung derselben angewandten Mittel wesentlich unterscheiden. Vgl. dazu Werner Engelhardt: Theoretische und praktische Probleme der Vollgenossenschaften, in: Archiv für öffentliche und freigemeinwirtschaftliche Unternehmen, Bd. 3, S. 27f.; Georg Weippert: Vollproduktivgenossenschaften als Lebensgemeinschaft, in: Zeitschrift für das gesamte Genossenschaftswesen, Bd. 19, Göttingen 1960, S. 245ff. — Autonome Gebilde, deren Träger ihnen freiwillig angehören, sind mit Zentralverwaltungswirtschaften scheinbar nicht vereinbar. Zwischenformen zur "echten" Genossenschaft werden höchstens "als unvermeidliche Entwicklungsstufe vorübergehend geduldet" (Otto Schiller). Dies scheint sogar für die Kolchosen selbst zu gelten, die allgemein nur ein Übergangsstadium zum staatlichen landwirtschaftlichen Betrieb, der Sowchose, darstellen sollen. Vgl. dazu Otto Schiller: Entstehung und Entwicklung der "Produktivgenossenschaften ...", a.a.O., S. 12 und 16. — Ob politische Beschlüsse der allerjüngsten Zeit hier wesentliche Änderungen veranlassen, läßt sich noch nicht absehen.

47) Dieses Bekenntnis am Schluß unserer explikativen Untersuchungen erfolgt in der Überzeugung, daß der Wirtschafts- und Sozialwissenschaftler unserer Zeit angesichts der weltweiten Bedrohung freiheitlicher Lebensformen die Verpflichtung hat, sich auch als politisch mitverantwortlicher Staats- und Wirtschaftsbürger zu äußern — sofern er es nicht sogar vorzieht, im Sinne Weissers normativ-wissenschaftliche Aussagen zu erarbeiten. — Wir sehen in der Genossenschaft den Prototyp von Wirtschaftsgebilden einer "offenen Gesellschaft", d.h. einer Gesellschaftsform, in der im Unterschied zu "geschlossenen Gesellschaften" u.a. frei diskutiert werden darf, die Individuen sich auf allen Gebieten persönlichen Entscheidungen gegenübersehen und in permanenter, schrittweiser Reform als "Mißstände" empfundene Gegebenheiten nach erfahrungswissenschaftlichen Erkenntnissen geändert werden. — Vgl. zu den hier berührten genossenschaftlichen Grundproblemen Karl R. Popper: Die offene Gesellschaft..., a.a.O., 1. und 2. Bd., passim. Siehe auch die Schrift von Peter Heintz: Die Autoritätsproblematik bei Proudhon, Köln 1956, besonders S. 134-216.

Aus: Faust, Helmut: Genossenschaftliches Lesebuch, Frankfurt a.M. 1967, S.128/129

Franz Oppenheimer
Das Transformationsgesetz

Aus: Oppenheimer, Franz: Die Siedlungsgenossenschaft. Versuch einer positiven Überwindung des Kommunismus durch Lösung des Genossenschaftsproblems und der Agrarfrage. Leipzig 1896 (Die hier wiedergegebenen Textstellen sind den Seiten 52-147 entnommen.)

Das Ergebnis ist also überall das gleiche. Wie der Konsumverein ü b e r -
a l l zu großer Bedeutung kommt, so kommt die Produktivgenossenschaft
n i r g e n d s zu irgend welcher Bedeutung, und d i e F e h l s c h l ä -
g e s i n d d i e R e g e l.
Was für Ursachen hat diese Erscheinung?
. . . .
Mangel an Kapital!
Die Produktivgenossenschaft ist nicht entfernt so kreditfähig, wie die "di-
stributiven" Genossenschaften. Das hat Schulze-Delitzsch, der überhaupt in
allen privatwirtschaftlichen Fragen einen scharfen Blick hatte, schon in aller
Klarheit erkannt.
"Die Mitglieder der Vorschuß-, Rohstoff- und Konsumvereine stehen sämtlich bereits in einem gesicherten Erwerbsverhältnis, besitzen entweder ein
eigenes Geschäft oder arbeiten in einem fremden um Lohn. Und gerade darin liegt die Gewähr ihrer Solidarhaft für den Fall des Mißerfolges ..., indem
ihr eigener Erwerbszweig dadurch nicht unmittelbar betroffen wird, sie also
durch ihren Verdienst daraus die Mittel erhalten, welche zur Deckung der Ge-
nossenschaftsschulden herangezogen werden können.
Anders bei der Produktivgenossenschaft. Hier geben die Mitglieder (kleine
Meister wie Lohnarbeiter) ihre bisherige Erwerbsquelle auf, um aus dem gemeinsamen Geschäft selbst ihren Unterhalt zu ziehen. Die Insolvenz des Ge-
nossenschaftsgeschäftes ist demnach der Regel nach zugleich ihre eigene, und
der Gläubiger hat nicht, wie bei den anderen Arten der Genossenschaft, in
den Privatgeschäften von deren Mitgliedern einen Anhalt, welcher diese fähig
macht, für die Verbindlichkeiten der Genossenschaft in solchen Fällen aufzu-
kommen". —
Darum ist der Anfang der Produktivgenossenschaften stets ein äußerst küm-
merlicher, sofern sie nicht durch Staatssubvention oder private Unterstützung
gegründet worden sind. Ein zugleich rührendes und ergreifendes Bild ist die
durch Huber und Engländer bekannt gewordene Erzählung von den Piano-
forte-Arbeitern in Paris, die nach Monate langem, unglaublichem Darben pro
Mann 6 Frcs. 51 Cm. einnahmen, und den Überschuß über 5 Frcs. verwand-
ten, um damit ein brüderliches Mahl zu feiern. "Man umarmte sich gegensei-

tig, man fühlte sich von den heiligen Gefühlen eines Priestertums der Arbeit
beseelt."

. . . .

Der M a n g e l a n A b s a t z ist eine Gefahr, die die Produktivgenossenschaften nicht weniger stark bedroht, als die Unternehmergeschäfte. Und
auch von diesen ist ja bekannt, daß auf hundert Gründungen immer nur ganz
wenige zu wirklichem Gedeihen kommen.

Die Produktivgenossenschaft steht, wie das Unternehmergeschäft, unter den
Gesetzen der K o n j u n k t u r. Sie wird bedrängt, wie das Unternehmergeschäft, von "allgemeinen Handelskonjunkturen, unter denen zeitweise aus irgend welcher Veranlassung (politische Verhältnisse, Zollgesetze, Steuern usw.)
einzelne Industriezweige zu leiden haben". Einer solchen Konjunktur (Kriegs-
jahr) wird z.B. von einer Seite der Untergang der Chemnitzer Maschinenbauer
zugeschrieben.

Und die Produktivgenossenschaften stehen unter dem Gesetze der K o n-
k u r r e n z. Die Genossenschaft ist c e t e r i s p a r i b u s dem Unternehmergeschäft wirtschaftlich überlegen. Aber nicht die kapital s c h w a -
c h e Genossenschaft dem kapital s t a r k e n Unternehmer! . . . . .

Die Konkurrenz sperrt der Produktivgenossenschaft nach Möglichkeit den
Markt und sucht ihn ihr nach Möglichkeit wieder zu entreißen, wenn sie ihn
einmal gewonnen hat. Sie greift sie mit überlegenen Mitteln an, und verschmäht
auch kein Mittel. Die Furcht der Bourgeoisie vor dem verborgenen Keime einer
werdenden Weltordnung, der in der Produktivgenossenschaft gewittert wird,
hat diese Konkurrenz noch durch eine Beimischung von wildem Haß über die
Feindschaft zur Todfeindschaft gesteigert. Die französischen Associationen
hatten lange Zeit keine andere Kundschaft, als die Arbeiter anderer Gewerbe
und namentlich die Mitglieder anderer Associationen: kein Angehöriger der
Bourgeoisie mochte sich dadurch kompromittieren, daß er ihr Arbeit gab
(Engländer); und um nur ein Beispiel aus vielen anzuführen, so "wurde die
Auflösung der Leipziger Vereinsbuchdruckerei, Elisenstraße 28, beschlossen,
da die Buchhändler im allgemeinen sich wenig geneigt zeigten, mit der G e-
h i l f e n-Buchdruckerei geschäftliche Verbindungen anzuknüpfen".

Wer die Frage der Produktivgenossenschaft zur Lösung bringen will, der muß
das Mittel finden, ihr gleich bei ihrem Entstehen Absatz zu sichern und dauernd
zu erhalten. Das heißt, er muß die Konkurrenz auszuschalten verstehen. Dies
Problem haben die englischen Konsumvereine glänzend gelöst, — für ihre
U n t e r n e h m e r - P r o d u k t i o n! Eine ähnliche Lösung muß gefunden werden für die wirkliche, g e n o s s e n s c h a f t l i c h e P r o d u k-
t i o n.

Der Kampf um die Arbeitsform.

Aber auch diese Übelstände wären nicht ausreichend, um die ungeheure Anzahl von Mißerfolgen zu erklären. Die unzweifelhafte, theoretische Überlegenheit der Produktivgenossenschaften hätte doch in der Konkurrenz auch mit
dem kapitalstärkeren Unternehmertum mehr Erfolge erstritten, wenn nicht

die dritte Klippe gewesen wäre, nämlich der M a n g e l   a n   D i s z i - -
p l i n.

Aber diese Klippe ist die gefährlichste, und bis jetzt hat sich noch kein Lotse gefunden, der das Fahrzeug der Produktivgenossenschaft sicher daran vorbeigeführt hätte; mit einem Worte: e s   i s t   n o c h   n i c h t   g e l u n g e n, d i e   F r a g e   d e r   O r g a n i s a t i o n   d i e s e r   F o r m   z u   l ö - s e n.

Der vielfach hervorgetretene Mangel an   k a u f m ä n n i s c h e r   D i s - z i p l i n   ist freilich von nicht allzu großer Bedeutung. Es kann den Genossenschaften der Zukunft nicht allzu schwer fallen, sich entweder ohne Kosten sachverständigen kaufmännischen Beirat zu sichern, indem sie an das appellieren, was Huber "die aristokratische Mithilfe" nennt; oder einzusehen, daß ein kaufmännischer Leiter genau so gut ein "Arbeiter" ist, wie die am Schraubstock oder der Hobelbank thätigen Genossen, und ihn als "Arbeiter" an ihrem Geschäft zu beteiligen.

. . . .

Da ballen sich allerlei Elemente unter dem Einflusse begeisternder, aber unklarer politischer und ökonomischer Lehren oder vielmehr Schlagworte zusammen: der ruhige Arbeiter, der seine privatwirtschaftliche Lage zu verbessern wünscht, der schwärmerische Idealist, der das Ziel wohl sieht, aber nicht den Weg zum Ziele, der Kleon der Bierbank "mit dem schwülen Kopfe und dem kalten Herzen", der die ungeschulten Intelligenzen mit seinen unaufhörlich niedertropfenden, fanatischen Phrasen höhlt, wie der Tropfen den Stein, der Ehrgeizling, der Neider, und die große Masse der beeinflußbaren Unselbständigen, die jedem Antriebe willig folgt.

Das alles ballt sich zusammen, um Funktionen auszuüben, denen nur ein g e w a c h s e n e r   O r g a n i s m u s   gerecht werden kann, nicht so locker verbundenes Haufwerk einander fremder Atome.   D a s   soll zusammenbleiben im Elend, ohne Kapital, ohne Absatz, im Kampf mit einer feindseligen Konkurrenz, der kein Mittel zu schlecht ist, soll Eigenschaften entwickeln, welche sich kaum in den ruhigsten Zeiten, in einer auserlesenen Schar der höchstentwickelten Bürger finden lassen können, die mit einander eingelebt sind!

Wer das bedenkt, wird sich nicht wundern, daß so   w e n i g   Produktivgenossenschaften gediehen sind, sondern daß   ü b e r h a u p t   einige zur Blüte gelangt sind.

Die größte von den mannigfachen Schwierigkeiten in der Organisation der Produktivgenossenschaften ist die Form der   L e i t u n g.

An sich nämlich ist, wie wir schon sahen, diese, wie jede andere Form der Genossenschaften eine   d e m o k r a t i s c h e   Einrichtung. Kein größerer Betrieb aber kann gedeihen ohne eine   A u t o r i t ä t. Eine solche läßt sich t h e o r e t i s c h   mit der demokratischen Selbstverwaltung wohl in Einklang setzen, aber   p r a k t i s c h   ist noch nicht einmal der Anfang des Weges bekannt, der zu dieser höchsten Form der Gemeinschaft führt, wo eine freiwillige Unterordnung unter den als Fähigsten erkannten, selbstgewählten

Leiter reibungslos erfolgt. Ehe diese Art von genossenschaftlicher Erziehung (die einzige, deren Notwendigkeit wir zugeben) nicht vollzogen ist, wird die Lösung des äußerst verwickelten Verhältnisses kaum möglich sein. Sollen sich doch die H e r r e n des Geschäftes, die Genossen, einem Leiter unterordnen, der zugleich ihr D i e n e r ist.

"Die Folgen davon, Wechsel in der Leitung, beständige Agitationen, Uneinigkeiten unter den Genossen veranlassen fortwährend Störungen im ruhigen Gang der Unternehmung. Da jeder Arbeiter sich als selbständig aufspielen will, so hat der Gerant mehr Energie zu entfalten, als ein Fabrikherr; er muß genug Autorität besitzen, um die Agitationen seiner Genossen niederzuhalten; er darf sich nicht entmutigen lassen durch das Mißtrauen und die Undankbarkeit der Genossen, die geneigt sind, einen unverschuldeten Geschäftsstillstand seiner Ungeschicklichkeit zur Last zu legen."

. . . .

So finden wir denn, daß eine große Anzahl von Produktivgenossenschaften aus Mangel an Disziplin, aus innerer Reibung zusammenbrach.

. . . .

Und von den untergegangenen d e u t s c h e n Genossenschaften sagt Häntschke: "U n e i n i g k e i t u n d S t r e i t i g k e i t e n, i n n e r e U n z u f r i e d e n h e i t, — auch dies wird als Ursache für Auflösungen ... angegeben: diese Genossenschaften konnten natürlich, auch bei sonst guter Fundierung und sachgemäßer Leitung ... nicht bestehen. Besonders gefährlich mußte Uneinigkeit und Streit denjenigen Genossenschaften werden, deren sämtliche Mitglieder in den eigenen Werkstätten . . . tätig waren. Hier konnten Mißtrauen, Streit und Uneinigkeit viel verhängnisvoller wirken als bei den Genossenschaften, deren Genossen zum größeren Teil in anderen Werkstätten, anderen Berufsstellungen beschäftigt waren, die objektiver zu urteilen, auszugleichen, zu beruhigen vermochten."

Die Auswahl des Passendsten.

So sehen wir uns denn allmählich zu einer Fragestellung gedrängt, welche der ursprünglichen gerade entgegengesetzt ist. Wir fragen nicht mehr nach der Ursache des M i ß l i n g e n s von Produktivassociationen, sondern umgekehrt nach der Ursache des G e l i n g e n s.

Mangel an Kapital, Mangel an Absatz, Mangel an Disziplin lernten wir als die Klippen kennen, an denen die Produktivgenossenschaften scheiterten. Eine

Umschau wird uns lehren, daß fast ausnahmslos nur solche Genossenschaften aufkamen, bei denen die Natur ihres Gewerbes oder glückliche Umstände der Organisation eine oder mehrere dieser Gefahren beseitigt hatten.

Einen Fingerzeig gibt uns Webb-Potter: "Daher die bedeutsame Tatsache, daß echte Genossenschaften von Produzenten, welche das Kapital ihres Unternehmens ihr eigen nennen und dieses leiten, nur in solchen Gewerben vorkommen, welche von der gewerblichen Revolution unberührt geblieben sind, und daß diese Genossenschaften in der Mehrzahl winzig sind."

Die "von der gewerblichen Revolution unberührten Gewerbe" sind wesentlich die Kunstgewerbe im weitesten Sinne, alle Gewerbe, die nicht Massenprodukte herstellen, die maschinenmäßig gemacht werden können: Tischler, Schneider, Kunstdrechsler, Setzer usw.

. . . .

Genossenschaften solcher Handwerker brauchen wenig K a p i t a l, da kostspielige Maschinen nicht erforderlich sind; haben die Konkurrenz des Großbetriebs nicht zu fürchten, der ihr Gewerbe noch nicht revolutionieren konnte und infolgedessen ihren A b s a t z nicht durch seine billigere Produktion an sich gerissen hat; und sie haben eine verhältnismäßig einfache G e s c h ä f t s - o r d n u n g, so daß auch die Organisation der Arbeit zu wenig Reibung Veranlassung gibt, zumal sie auch mit einer relativ geringen Anzahl von Mitgliedern betriebsfähig sind. Man vergleiche die Betriebsordnung einer Schneiderwerkstatt mit der einer Maschinenfabrik. Dort arbeiten die Zuschneider, die Rock-, Hosen- und Westenschneider verhältnismäßig unabhängig von einander, k o o r - d i n i e r t, jeder an seinem Stück. Ein exaktes Hand- in Handarbeiten ist nur in sehr bescheidenen Grenzen nötig. In der Maschinenfabrik aber muß die Arbeiterschaft selbst wie eine Maschine arbeiten, wo Rad in Rad und Welle in Rad greift, wo "ein Schlag tausend Verbindungen schlägt". Hier ist ein straffes s u b o r d i n i e r t e s Ineinanderwirken notwendig und das fordert eine starke Autorität und setzt Reibung.

So findet sich denn das von Webb für England festgestellte Gesetz auch in Frankreich bestätigt. Von den 31 französischen Produktivgenossenschaften, welche Häntschke anführt, gehören nicht weniger als 26 zu solchen Handwerken höchster Ordnung: Feilenhauer, Schneider, Instrumentenmacher, Lithographen, Klempner, Buchdrucker, Juweliere, Zimmerleute, Parkettarbeiter, Kunsttischler, Rohrleger, Maler, Wagenbauer, Tischler, Tapeziere, Schiffszimmerer, Stuccateure, Schlosser, Vergolder, Steinmetzen.

. . . .

Der ausgebildete Parasitismus. (Altersform)

Die äußere Form des Parasitismus.
Verlust der Organisation.
Wir haben gesehen, wie wenige der uns beschäftigenden Genossenschaften in dem Kampfe ums Dasein als passendste auserlesen wurden, und welche Eigen-

schaften es waren, welche diese "Selektion" ermöglichten.

Sehen wir nun zu, was in diesem Entwicklungsgange aus der "Jugendform" geworden ist.

Mit allen Organen eines höheren Wirtschaftswesens bewaffnet, trat sie ins Leben; sie sollten ihr neue Wege bahnen zu neuem Fortschritt: und es stellte sich heraus, daß ihr alle diese vollkommeneren Organe nicht nur nutzlos, sondern verderblich waren – und sie warf sie von sich, um zu überdauern. So sank sie bis auf die Stufe der Organisation herab, die zu überwinden sie ausgezogen war – und sank vielfach noch darunter. Verkümmerte, verkrüppelte Lebewesen, wahre Zerrbilder genossenschaftlicher Organisation, das sind die "Passendsten", die hier der Daseinskampf auserlesen hat.

Auf der Grundlage freier Demokratie, selbstherrlicher Selbstverwaltung traten sie in den Kampf: und sie treten heraus als autokratisch regierte Wirtschaftswesen. Alle Formen finden sich hier, die brutale Tyrannei des Emporkömmlings, das patriarchalische Regiment des ererbten Herrschers, die eiserne Zucht des in höchster Not selbsterwählten Diktators, und darüber hinaus die schlimmsten Formen der Herrschaft: die Plutokratie des skrupellosen Kapitalbesitzers und der heuchlerische Scheinkonstitutionalismus. Nur eins suchen wir vergebens, die echte, freie Demokratie, die erfolgreiche Selbstzucht freier Männer.

Und jene Formen sind deswegen um so niedriger, den niedersten Formen, die unsere geltende Ordnung hervorgebracht hat, um so näherstehend, weil die Männer, die hier zu Arbeitsherren aufgestiegen sind, keine Überlieferung haben. Die Hörigkeit, in welche die Arbeit in einem Teile dieser "Genossenschaften" versunken ist, ist "patriarchalisch noch weniger gemildert", als unter der Herrschaft der sozusagen legitimen Bourgeoisie, und wird noch verschlimmert durch die Jämmerlichkeit dieser Zwergbetriebe, in denen eine hartgesottene Pfennigfuchserei die oberste Geschäftsweisheit sein muß, in der sich natürlich kein Zug findet von der doch nicht allzu seltenen, zuweilen großartigen Liberalität großer, reicher Betriebe.

Sehen wir, was Frau Webb aus England berichtet: "Sogenannte Arbeitergenossenschaften verwandeln sich unausgesetzt in Genossenschaften kleiner Meister, d.h. sie nehmen eine Form gewerblicher Unternehmung an, die dem Schweißtreibersystem der Mittelsleute gefährlich nahe kommt, wenn sie nicht schon wirklich dazu zu rechnen ist. Oder wir entdecken Arbeitergenossenschaften, welche die Vorteile, die sie als Arbeitgeber bieten, so gering achten, daß ihre Mitglieder lieber Beschäftigung in anderen privaten Unternehmungen suchen und die Genossenschaftswerkstatt Mietlingen überlassen. – Oder wiederum, wir beobachten Genossenschaften, wie z.B. die Weber von Healy-Royd, die mit glühendem Eifer und mit Erfolg begonnen hatten, aber sich nach zwei Jahren einem Direktor auf Gnade und Ungnade ergaben. – Oder wir gewahren weitsehende Gründer, welche sich ihre Stellung als lebenslängliche Direktoren sorgfältig sichern. In dieser Weise verschwinden die 54 Genossenschaften mit einem Umsatz von 449 228 Pfund bei näherem Zusehen nach allen Richtungen, und wir bleiben zurück mit unserem Mikroskop, das in diesem gewerblichen System acht winzige Punkte aufweist." Wir erfahren im einzelnen, daß ein Arbeiter lieber Aktionär von jeder anderen beliebigen Fabrik sei, als von der, in welcher er arbeite, da er fühle, er habe alsdann größere Freiheit in der Ausübung seiner Rechte als Aktionär.

Und das Schlußresultat ist folgendes: "Vierzig Jahre beharrlicher, selbstaufopfernder Anstrengungen, die Einrichtung mehrerer Hunderte von Produktivgenossenschaften, haben uns acht Unternehmungen übrig gelassen, deren Verfassungen mehr oder weniger der selbstregierenden Musterwerkstatt gleichen, von denen vier winzig sind und die sich sämtlich im allerersten Kindesalter oder in der Kindheit befinden. Die übrigen 46, welche als orthodoxe Exponenten der Genossenschaftsproduktion aufgeführt werden, zeigen eine erstaunliche Mannigfaltigkeit autokratischer, aristokratischer, plutokratischer und monarchischer Konstitutionen, welche der wissenschaftlichen Klassifizierung spotten. Da haben wir ... die erbliche Monarchie ..., die konstitutionelle Diktatorschaft ..., die genossenschaftlichen Bauhandwerker, deren Mitgliedschaft ein beträchtliches Vermögen und lange Dienstzeit voraussetzt, und die außerdem noch durch das Vorhandensein eines selbstgesetzten Hauses von Lords ... geschützt sind. Demnächst gewahren wir eine wahre kleine Armee von Oligarchien, – Genossenschaften kleiner Meister, welche Schuhe und Stiefel, Eimer, Feuergatter, Nägel, Schlösser und Shawls anfertigen. Endlich aber haben wir die wohlwollende Selbsttäuschung der "Beteiligung an der Verwaltung", welche damit anfängt, daß sie die Mitglieder dieser Werkstattdemokratie für unfähig erklärt, ihre eigenen Vertreter zu werden. Diese Untauglichkeitserklä rung ist, von dem Standpunkt der Werkstatt als einer sich selbst – regierenden Demokratie aus betrachtet, einfach unsinnig.
. . . .

Das innere Wesen des Parasitismus.
"Ausbeutung" fremder Arbeit.

Wir haben im vorigen Abschnitte lediglich die ä u ß e r e F o r m betrachtet, zu welcher die überdauernden Produktivgenossenschaften mit der Zeit sämtlich gelangen. Richten wir jetzt unsere Blicke auf den I n h a l t dieser Form.

Ist nur der Inhalt geblieben, was er ursprünglich war, das genossenschaftliche Prinzip, so werden wir uns mit der Verkleidung in kapitalistische Formen leicht abfinden können.

Worin wird sich uns das Wesen einer sogenannten Produktivgenossenschaft mit Sicherheit enthüllen?

In ihrem Prinzip der G e w i n n v e r t e i l u n g. Denn die Produktivgenossenschaft ist gegründet worden, um die Lohnrate durch die Gewinnverteilung zu ersetzen. Und zweitens, was im Grunde dasselbe sagen will, in ihren A u f n a h m e b e d i n g u n g e n. Denn die Produktivgenossenschaft ist begründet worden, um das Herrschaftsverhältnis zwischen Meister und Gehilfen, bzw. zwischen Fabrikherren und Lohnarbeiter zu ersetzen durch die freie Gemeinarbeit Gleichberechtigter.

Erstes Kriterium des Parasitismus:
D i e V e r t e i l u n g d e s R e i n g e w i n n s.
Die volle Gewinnverteilung.

Die einzige Form des Kapitalgewinns, welche das Princip der Produktivgenossenschaft in voller R e i n h e i t bestehen läßt, ist offenbar diejenige, in welcher die Geschäftsanteile mit einem festen Zinse abgefunden werden, der natürlich außer dem landesüblichen Mindestzinse für sichere Anlagen eine angemessene Risikoprämie enthalten darf. In diesem System werden dann die Geschäftsanteile als einfache Gläubiger der Genossenschaft betrachtet, und der ihnen zu zahlende Zins wird billigerweise zu den Betriebsunkosten gerechnet, die vom Rohertrage abgezogen werden, um den eigentlichen Reinertrag zu berechnen. Über diesen haben die Arbeiter-Genossen dann freie Verfügung.

Eine solche Einrichtung ist nur denkbar:

1. bei solchen Genossenschaften, die imstande sind, das für den Anfang nötige Grundkapital in dem Kreise derjenigen aufzubringen, welche mit in die Werkstatt eintreten; da der Arbeiter keine bedeutenden Ersparnisse besitzen kann, wird es sich hier also nur um Genossenschaften handeln können ohne größere maschinelle Anlagen, also um kleine Handwerkergruppen des Kunstgewerbes (im weitesten Sinne).

2. bei solchen Genossenschaften, deren Gewerbe zwar noch nicht so weit revolutioniert ist, daß der Arbeiter Hilfswerkzeug der Maschine geworden ist, die aber doch schon die Maschine als Hilfswerkzeug gebrauchen, ist das Kapital aus den eigenen Mitteln der Beteiligten nicht aufzubringen. Dann werden sich gewöhnliche Kapitalisten, in Ansehung der großen Verlustchance, nur mit ihren Mitteln einsetzen, wenn sie auch Teil haben an den Gewinnchancen — was ihnen im übrigen nicht verdacht werden soll. Damit ist das Princip der einfachen Verzinsung der Geschäftsanteile schon durchbrochen.

. . . .

Die Gewinnbeteiligung in den Produktivgenossenschaften.

Um die Frage noch einmal scharf zu prägen: Es handelt sich jetzt um die Feststellung, inwieweit die sogenannten Produktivgenossenschaften die in ihren Werkstätten beschäftigten Genossen und Nichtgenossen über ihren Zeitlohn hinaus am Reingewinn beteiligen und wie hoch sich deren Gesamteinnahme über den üblichen Tagelohn hinaus beläuft?

. . . .

Für D e u t s c h l a n d sind wir aller Zweifel überhoben. Von allen deutschen "Produktivgenossenschaften" hat n i c h t e i n e e i n z i g e auch nur das Princip der Arbeitsdividende eingeführt, geschweige denn ihre Lohnarbeiter beteiligt.

. . . .

In dieser Weise haben die "Produktivgenossenschaften" der ganzen Kulturwelt vor ihrer ersten Aufgabe versagt. "die Lohnrate durch die Gewinnverteilung zu ersetzen". Sehen wir nun zu, wie weit sie ihrer zweiten Aufgabe gerecht werden konnten, "das Herrschaftsverhältnis zwischen Meister und Ge-

sellen bzw. Fabrikherr und Lohnarbeiter zu ersetzen durch die freie Gemeinarbeit Gleichberechtigter".

Zweites Kriterium des ausgebildeten Parasitismus.
D i e   A u f n a h m e b e d i n g u n g e n   d e r   P r o d u k t i v -
g e n o s s e n s c h a f t.

Offenbar wäre der Ausschluß der Lohnarbeiter vom Gewinn der Betriebe etwas ziemlich harmloses, wenn ihnen die Möglichkeit offen gehalten wäre, der
Genossenschaft unter gewissen, leicht erfüllbaren Bedingungen beizutreten
und so als Anteilhaber einen   K a p i t a l gewinn zu beziehen; sie könnten
dann darin irgendwie einen Ersatz für die Verweigerung des   A r b e i t s -
Gewinnes finden.

Die Thatsache, daß in fast allen Produktivgenossenschaften Lohnarbeiter
v o r h a n d e n   sind, haben wir schon bei Gelegenheit der Organisation
der Arbeit festgestellt. Aber wir werden das Verhältnis erst dann voll verstanden haben, wenn wir untersucht haben werden, ob sie etwa aus   e i g e n e m,
f r e i e n   W i l l e n   in ihrer Stellung als Lohnarbeiter verharren und aus
irgend einem Grunde es verschmähen, der Genossenschaft beizutreten; –
oder ob man sie   v e r h i n d e r t, dem Geschäft als Teilhaber anzugehören.

Nun, um das Ergebnis vorwegzunehmen: A l l e   G e n o s s e n s c h a f -
t e n,   d e r e n   M i t g l i e d   z u   w e r d e n   e i n   V o r t e i l   s e i n
w ü r d e,   s i n d   p r a k t i s c h   g e s p e r r t.

Das Genossenschaftsgesetz verlangt, wenigstens in Deutschland, daß alle Genossenschaften offen sein sollen, allen zugänglich, welche gewisse Bedingungen erfüllen.

Diese Bestimmung des Gesetzes hat in Deutschland von 213 als solche ver-
schwundenen Produktivgenossenschaften 23 in andere gesetzliche Formen
verwandelt: 14 zur Einzelunternehmung, 5 zu Aktiengesellschaften, 3 zu offenen Handelsgesellschaften, 1 zur Genossenschaft mit beschränkter Haftung.
Wir möchten diese Verwandlung als die "offene Transformation" bezeichnen.

Diejenigen Produktivgenossenschaften, welche es für nützlich fanden, sich
gleichfalls zu "sperren", den Zuzug neuer Mitglieder abzuwehren; aber aus
irgend welchen Gründen den   N a m e n   einer Produktivgenossenschaft oder
die U n t e r s t e l l u n g   u n t e r   d a s   G e n o s s e n s c h a f t s -
g e s e t z   sich bewahren wollten, umgingen die Bestimmung des Gesetzes,
indem sie sich nicht formell, aber   t a t s ä c h l i c h   sperrten.
Wir bezeichnen diese Veränderung als "versteckte Transformation".

Wir unterscheiden oben zwei Formen, unter denen die desorganisierte Genossenschaft erscheint: die Form des Unternehmergeschäftes und die der Aktiengesellschaft. Dort beschäftigen wenige "Genossen" viele Lohnarbeiter, hier
viele Genossen wenige Lohnarbeiter. Die Profitrate, die auf den einzelnen
"Genossen" entfällt, ist darum in der ersten Gruppe aus der doppelten Ursache viel größer, weil sich ein großer Profit in wenige Teile teilt.

Infolge dessen wird die Neigung, sich abzusperren, um so größer sein, je
ausgeprägter die Genossenschaft die Form des Unternehmergeschäftes ange-

nommen hat; um so kleiner, je mehr sie sich der Form der Aktiengesellschaft nähert. Wir werden drakonische Maßregeln der versteckten Transformation nur in der ersten Gruppe zu suchen haben.

Ferner werden wir die Sperrung um so ausgeprägter finden, je älter die Genossenschaft ist, weil die Vorteile der Neueintretenden immer größer werden, je länger ein Geschäft blüht.

Sehen wir, wie sich die Dinge in Deutschland gestaltet haben.

I. Die Aufnahmebedingungen der deutschen Produktivgenossenschaften, welche die Form des Unternehmergeschäftes haben.
Zu dieser Gruppe rechneten wir 8 der Genossenschaften mit Sicherheit und 3 mit Wahrscheinlichkeit.

1. Landeshut i. Schl., Tischlerei 1868. Von 6 auf 3 Mitglieder gesunken. Über die Aufnahmebedingungen und Geschäftsanteil keine Mitteilungen.

2. Dresden, Vereinsparkettfabrik 1875. 2/3 Majorität, Anteil 24 000 Mark, sofort bar zahlbar.

3. Freiburg i. Schl., "Viktoria" 1889. Zustimmung sämtlicher Genossen, Anteil 350 Mark, 200 sofort.

4.} Lauterbach, Kammmachergenossenschaften 1877 und 1881.
5.}　　　　Keine Mitteilung.

6. Memel, Schiffszimmerer 1876. Einfache Majorität. Anteil 1000 Mark, 100 bar.

7. Burg, Bauverein 1876. Keine Mitteilung.

8. Freiburg i. Schl., "Germania" 1871. Einfache Majorität. Anteil 5000 Mark, 1000 bar.

9. Freiburg i. Schl., "Konkordia" 1881. Einfache Majorität. Anteil 600 Mark sofort bar.

10. Freiburg i. Schl., "Borussia" 1888. Einfache Majorität. Anteil 450 Mark sofort bar.
Bei Neuaufnahme *"werden die Zeit des Bestehens und das Guthaben, bzw. die Einzahlungen der älteren Mitglieder in Betracht gezogen"* und danach die Bedingungen festgestellt.

11. Schneidergenossenschaft in Berlin. Keine Mitteilung.

II. Die Aufnahmebedingungen der deutschen Produktivgenossenschaften, welche die Form der Aktiengesellschaft haben:
12. Dresden, Schneider 1891. Anteil 25 Mk., monatlich 5 Mk.

13. Breslau, Drucker 1870. Anteil 750 Mk., 1 Mk. monatlich.

14. Hannover, Drucker 1873. Anteil 100 Mk., 2 Mk. monatlich.

15. Berlin, Bäcker 1892. Anteil 10 Mk., sofort zahlbar.

16. Hamburg, Tabakarbeiter 1891. Anteil 25 Mk., binnen Jahresfrist zahlbar.

17. Barmstedt, Schuhmacher 1891. Anteil 50 Mk., binnen 14 Monaten zahl-

bar.

18. Burg, Goldleisten 1879. Anteil 1000 Mk., 30 Mk.beim Eintritt, monatlich 1 Mk.

Der Unterschied ist in die Augen springend. Zunächst ist es charakteristisch, daß die "Aktiengesellschaften" sämtlich ihre Bestimmungen über Anteilshöhe und Zahlungsbedingungen angeben, während von den 11 Unternehmergeschäften 5 keine Mitteilungen machen.

Zweitens sieht man, daß die hohen Geschäftsanteile und harten Zahlungsbedingungen sich nur in der ersten Gruppe finden, welche es einem wenig bemittelten Handarbeiter unmöglich machen, die Mitgliedschaft zu erwerben.

Für beide Gruppen gilt, daß die Anteile um so höher werden, je älter die Genossenschaft, also je blühender sie ist. Das ist am charakteristischsten bei den drei gleichartigen Uhrenfabriken in Freiburg. Die älteste verlangt 5000 Mark Eintrittsgeld, davon 1000 Mark bar, die zweite, 10 Jahr jüngere, 600 Mark sofort bar, die dritte und jüngste 450 Mark bar. Und die vierte in Freiburg bestehende Genossenschaft (welche Uhrgehäuse verfertigt) ist noch ein Jahr jünger und fordert 100 Mark weniger, 350 Mark mit einer Anzahlung von nur 200 Mark.

Dasselbe Verhältnis obwaltet bei den "Aktiengesellschaften". Von 7 dieser Genossenschaften stammen 3 aus den 70er Jahren: Anteilhöhe 1000, 750, 100 Mark. 4 stammen aus den 90er Jahren: Anteilhöhe 25, 10, 25, 50 Mark. — Wer sich wundert, daß die Breslauer Drucker einen so weit größeren Anteil beanspruchen als die Hannoveraner, der vergleiche das Verhältnis der Zahl der Genossen zu derjenigen der Arbeiter. Dort teilen sich 112 Genossen in die Profitrate am Ertrage von 30 Arbeitern, hier 134 Genossen in die Profitrate von nur ca. 12 Arbeitern. Infolge dessen muß natürlich eine Breslauer Aktie höher im Kurse stehen, als eine Hannoversche.

Knittel ist "n i c h t e i n e i n z i g e r , s o g ü n s t i g e r F a l l b e k a n n t", daß die Produktivgenossenschaften, "einmal zur Blüte gelangt, sich nicht absperren".

In anderen Ländern ist es nicht anders.

. . . .

Wo die Produktivgenossenschaft offen ist, dem wirklichen Arbeiter leicht zugänglich, da ist es stets ein gefährliches Wagestück, fast immer sicherer Ruin, ihr als Mitglied beizutreten.

Wo aber die Erlangung der Mitgliedschaft einen Vorteil bedeutet, muß dieser Vorteil mindestens so teuer bezahlt werden, wie er es wert ist. In der Höhe der geforderten Eintrittsgelder drückt sich mit vollster Genauigkeit — von Betrügereien abgesehen — w i e a n d e r B ö r s e der Marktwert der Mitgliedschaft aus.

Es geht mit den Anteilscheinen solcher Genossenschaften nicht anders, als mit anderen "Aktien", und kann nicht anders gehen. Sie unterliegen dem Börsenspiele.

. . . .

Genau dasselbe findet statt in wirklichen Produktivgenossenschaften: "In einer Produktivgenossenschaft ... oder in einem Unternehmen mit Gewinnbeteiligung steigt oder sinkt der Kurs der Anteile im Verhältnis zur Größe des erzielten Gewinnes. Daher finden wir, daß sowohl in Anteilen der "Hebden Bridge Fustian Society", als auch in denen der Arbeiter-Aktiengesellschaften von Oldham gespielt wird".

Bei florierenden Produktivgenossenschaften ist dieser Marktwert für wirkliche Arbeiter u n e r s c h w i n g l i c h. Die Betriebe sind praktisch gesperrt.

In dieser Weise haben die "Produktivgenossenschaften" der ganzen Kulturwelt vor ihrer zweiten Aufgabe versagt, "das Herrschaftsverhältnis zwischen Meister und Gesellen zu ersetzen durch die freie Gemeinarbeit Gleichberechtigter".

Die sogenannten "Produktivgenossenschaften" der ganzen Kulturwelt haben also nicht nur die äußere Form, sondern auch das i n n e r e W e s e n des Parasitismus angenommen. S i e s e h e n n i c h t n u r a u s, w i e k a p i t a l i s t i s c h e W i r t s c h a f t s g e b i l d e, s o n d e r n s i e s i n d e s. Sind es der Gestalt und dem Wesen nach. Das Herrschaftsverhältnis in der Werkstatt und die Lohnrate sind in den sogenannten Produktivgenossenschaften, wo sie verändert sind, zum schlimmern verändert.

Das Gesetz der Transformation

Wir möchten den Beweis antreten, daß die im vorigen Abschnitte geschilderte Verwandlung der Verkäufer-Genossenschaften eine nicht willkürliche, sondern notwendige ist, die Folge eines G e s e t z e s der Wirtschaft, das wir als "Gesetz der Transformation" bezeichnen wollen.

. . . .

Diese Frage wurde zuerst heftig diskutiert infolge eines Ereignisses, welches viele Jahre zurückliegt. Es gewann eine so große Bedeutung, daß es noch heute in allen Büchern über Genossenschaftswesen angeführt wird aus dem Grunde, weil eine dem "genossenschaftlichen Geiste" schnurstracks zuwiderlaufende Handlung gerade von einer Gruppe ausging, deren "genossenschaftlicher Geist" den Stolz aller am Genossenschaftswesen interessierten Kreise ausmachte, nämlich von den Pionieren von Rochdale.

Hier hatte eine abgesonderte Gruppe mit einem Aufwande von 50 000 Pfund eine große Dampfspinnerei und -Weberei erbaut. "In den Statuten hatten die a l t e n Pioniere den streng kooperativen Grundsatz der Gleichbeteiligung des Kapitals und der Arbeit an dem Geschäftsgewinn zur Geltung gebracht; dagegen trat sehr bald eine entschiedene Opposition derjenigen Arbeiter auf, welche zugleich Aktionäre waren. Sie verlangten: die Arbeit solle mit ihrem L o h n abgefunden und der G e w i n n ausschließlich auf die Aktionäre verteilt werden, als Unternehmer und Eigentümer des Geschäfts. Schließlich wurde mit 3/4 Majorität die Aufhebung jenes Paragraphen beschlossen." (V.A. Huber)

Huber geht noch sehr glimpflich mit den Übelthätern um, wenn er sie damit verteidigt, "daß die Reife und Selbständigkeit der politischen Bildung im Gegensatz zu den herrschenden Thatsachen, die dazu gehört hätte, hier dem genossenschaftlichen Princip treu zu bleiben, billigerweise noch nicht irgendwie allgemein vorausgesetzt werden konnte."

Crüger geht schon schärfer vor, wenn er schreibt: "Freilich haben wir auch Gelegenheit gehabt, auf die Tendenz der Genossenschaften hinzuweisen, ihre Abstammung zu verleugnen und sich als Kapitalsgesellschaft zu führen, doch wir leiten dies auf die natürliche Folge einer Übergangszeit zurück."

Am schlimmsten geht Holyoake, ihr Geschichtschreiber, mit den Pionieren ins Gericht. Er "bricht da, wo er die endgültige Beseitigung der Gewinnbeteiligung der Arbeit in der Mitchell-Hey-Spinnerei bespricht, auf einer Anzahl von Seiten in rhetorisches Schimpfen aus, welches in folgender Phrase gipfelt: Die Pyramide des Gewinns, welche sich nicht auf Gerechtigkeitsgefühl gründet, ist nur ein schurkischer Aufbau, den ein ehrlicher Mann zu berühren sich scheut."

Fabrikgenossenschaft Mitchell Hey.

Es herrscht also überall die gleiche Meinung, daß hier eine V e r s c h u l -
d u n g vorliege, daß eine entgegengesetzte Handlungsweise nicht nur möglich, sondern geboten und in letzter Linie auch nützlich gewesen wäre, und
daß eine bessere Erziehung zu "genossenschaftlichem Geiste" es noch erreichen werde, daß der Arbeiter der kapitalistischen Versuchung nicht mehr erliegen werde.

. . . .

B e h a u p t u n g : Der Übergang der Produktivgenossenschaft zur Unter-
nehmergenossenschaft ist nicht die Folge einer mangelnden Erziehung oder
mangelnden Sittlichkeit, sondern Folge eines wirtschaftlichen Gesetzes, des
Gesetzes der Transformation.

. . . .

Die Konsum-, Kredit-, Rohstoff-, Werk- und Baugenossenschaften sind Genossenschaften von Personen in ihrer Eigenschaft als K ä u f e r , als K o n -
s u m e n t e n ; die Produktiv- und Magazingenossenschaften aber sind Genossenschaften von Personen in ihrer Eigenschaft als V e r k ä u f e r , als
P r o d u z e n t e n .
Dieser Unterschied bedingt einen tiefen G e g e n s a t z . Denn nichts in
der Wirtschaft steht sich schroffer gegenüber, als das Interesse des Käufers
und das des Verkäufers. Ist doch das Widerspiel dieser beiden Interessen die
bewegende Kraft, die durch Angebot und Nachfrage die Preise bestimmt, die
Produktion regelt und die Verteilung der Produkte ausführt.
Der erste Gegensatz liegt auf der Hand. Vulgär ausgedrückt: der K ä u f e r
will möglichst b i l l i g einkaufen, der V e r k ä u f e r möglichst t e u e r
verkaufen. Wissenschaftlich ausgedrückt: der Käufer will dem Verkäufer einen
möglichst geringen Profit b e w i l l i g e n ; der Verkäufer vom Käufer einen
möglichst hohen Profit e r h a l t e n .
Damit aber ist der Gegensatz nicht erschöpft:
Des Käufers Interesse ist mit dem Preise einer s e h r g r o ß e n Anzahl
von Warenarten verknüpft, die er zur Befriedigung seiner verschiedenen Bedürfnisse eintauschen muß.
Des Verkäufers Interesse ist mit dem Preise nur e i n e r einzigen Warenart verknüpft, derjenigen, welche er herstellt, um sie gegen die Befriedigungsmittel seiner Bedürfnisse zu vertauschen.
Weil des Käufers Interesse mit sehr vielen verschiedenen Waren verknüpft
ist, ist es mit dem Preise der e i n z e l n e n Ware nur sehr lose verknüpft.
Ja, brauchte der Käufer gleiche Wertmengen von a l l e n Warenarten, so
würde ihm der Preis der e i n z e l n e n Ware sehr gleichgültig sein; denn
ein Steigen des Preises der einen Ware, weil die Nachfrage das Angebot übersteigt, kann nur möglich sein, weil in einer anderen Ware das Angebot über-
wiegt, also dort der Preis sinkt. – Da aber der einzelne Käufer (Konsument)
nicht von allen Warenarten und nicht gleiche Wertmengen braucht, so kann
ihn ein starkes Sinken der Preise für s e i n e hauptsächlichen Befriedigungsmittel in einen höheren Komfort, das Steigen derselben Preise in einen niedrigeren Komfort versetzen. Sinkt der Preis für unentbehrliche Befriedigungs-

mittel, so wird er sekundäre Befürfnisse befriedigen, steigt der Preis, so wird er sekundäre unbefriedigt lassen. Steigt Wolle im Preise, so wird er sich in Leinwand oder Baumwolle kleiden, steigt Korn im Preise, so wird er sich mit Kartoffeln sättigen. So kann er entbehren, vielleicht hart entbehren, wenn er gewohnte Bedürfnisse gar nicht oder nur mit ungewohnten Mitteln befriedigen kann; aber er beherrscht, so weit seine Kaufkraft reicht, den ganzen Warenmarkt, und seine Existenz ist unter gewöhnlichen Umständen nicht bedroht, so lange es noch ein Ersatzmittel für die ihm durch die Preissteigerung unzugänglich gewordenen Befriedigungsmittel gibt.

Des Verkäufers Interesse ist ein ganz verschiedenes. Es ist mit dem Preise einer e i n z i g e n Ware, und darum unlösbar verknüpft. Steigt dieser Preis, so gleicht kein Sinken eines anderen Warenpreises seinen Vorteil aus, denn er ist mit den anderen Preisen durch sein Interesse als Verkäufer nicht verknüpft. Im Gegenteil, dieser Preissturz der anderen Waren kommt ihm in doppelter Beziehung zu gute, als V e r k ä u f e r, weil dadurch die allgemeine Kaufkraft für seine eigenen Waren größer wird, und als K ä u f e r, weil er sein Bedürfnis nach jenen anderen Waren billiger decken kann.

Fällt aber der Preis seiner eigenen Ware, so ist nicht sein K o m f o r t, sondern seine E x i s t e n z in Frage. Für ihn giebt es kein Ersatzmittel. Er beherrscht den Warenmarkt einzig und allein mit seinem Produkt, das seine Kaufkraft bedingt.

Und der dritte Gegensatz ist folgender:

Der Profit, den der Käufer möglichst vermindern und der Profit, den der Verkäufer möglichst vermehren will, sind zwei ganz verschiedene Dinge.

Dem Käufer liegt nur daran, die auf die Wareneinheit entfallende R a t e d e s P r o f i t s herabzudrücken. Damit ist sein Vorteil erschöpft. Er kann nicht mehr Einheiten einer bestimmten Ware kaufen, als das Verhältnis seiner Bedürfnisse zu seiner Kaufkraft bestimmt. Beides ist i n d i v i d u e l l eng begrenzt, und damit der Vorteil, den er am Einkauf einer bestimmten Ware erringen kann.

Dem Verkäufer aber liegt am G e s a m t p r o f i t, d.h. es liegt ihm nicht nur daran, die auf die Wareneinheit entfallende Rate des Profits zu erhöhen: damit ist sein Vorteil nicht erschöpft. Sondern er will auch s o v i e l w i e m ö g l i c h v o n d i e s e n P r o f i t r a t e n für sich gewinnen. Er strebt danach, so viel Einheiten seiner Ware zu verkaufen, als die g e s a m t e n Käufer aufnehmen können. Das ist zwar auch eine Begrenzung, aber eine g e s e l l s c h a f t l i c h e und ungeheuer weite, ist für den einzelnen praktisch unbegrenzt.

Dieser Gegensatz bedingt einen anderen von größter Bedeutung:

Die Stellung des e i n z e l n e n K ä u f e r s zu der G e s a m t h e i t der Käufer ist himmelweit verschieden von der Stellung des e i n z e l n e n V e r k ä u f e r s zu der G e s a m t h e i t der Verkäufer.

Wir sprechen hier nicht von der Gesamtheit der Käufer resp. Verkäufer ü b e r h a u p t. Diese beiden sind nicht nur identisch, sondern auch jede für sich betrachtet an der Höhe der Profitrate gar nicht interessiert. Denn unter gegebenen wirtschaftlichen und politischen Grundeinrichtungen ist auch die d u r c h s c h n i t t l i c h e Höhe der Profitrate eine gegebene. Als Verkäufer können alle zusammen unter keinen Umständen mehr Profit erhalten, als sie in ihrer Eigenschaft als Käufer alle zusammen bezahlen.

Wir sprechen also, wenn wir von Gesamtheit reden, nur von den gesamten Käufern resp. Verkäufern e i n e r b e s t i m m t e n W a r e n a r t.

Auch hier kann der durchschnittliche Profit a u f d i e D a u e r weder über den allgemeinen Durchschnitt steigen, noch unter ihn sinken. Aber in e i n e m g e g e b e n e n M o m e n t e kann die Profitrate an der Einheit der bestimmten Ware größer oder kleiner sein als der allgemeine Durchschnitt.

Ist die Profitrate g r ö ß e r, so ist es das solidarische Interesse der Gesamtheit der K ä u f e r (dieser Ware), den Preis zu drücken. Dazu verfügen sie nur über e i n Mittel: die Verminderung der Nachfrage.

Und genau zu der entsprechenden Handlungsweise führt den einzelnen Käufer sein eigenes Interesse: seine eigene, individuelle Nachfrage einzuschränken, indem er seine Bedürfnisse nach Möglichkeit durch Ersatzmittel deckt.

Ist die Profitrate, die in einem gegebenen Momente an einer bestimmten Warenart gewonnen wird, aber k l e i n e r, als der allgemeine Durchschnitt, so ist das solidarische Interesse der Gesamtheit der V e r k ä u f e r (dieser Ware), den Preis zu treiben. Dazu verfügen sie nur über e i n Mittel: V e r - m i n d e r u n g des Angebots.

Aber genau zu der e n t g e g e n g e s e t z t e n Handlungsweise führt den einzelnen Verkäufer sein eigenes Interesse: V e r m e h r u n g des Angebotes. Der Profit, den er erstrebt, ist nicht die Profitrate an der Wareneinheit, sondern die Summe von vielen, möglichst hohen Profitraten von möglichst vielen Wareneinheiten; und er muß danach streben, den durch das Sinken des Preises bedrohten Gesamtprofit dadurch auf der Höhe zu erhalten, daß er von mehr Einheiten als bisher die verkürzte Profitrate einzieht.

So ist also der Vorteil des einzelnen Käufers mit dem der Käufergesamtheit identisch.

Und so ist auf der anderen Seite der Vorteil des einzelnen Verkäufers dem der Verkäufergesamtheit gerade entgegengesetzt.

. . . .

Und weil die Verkäufer sich schon unter gewöhnlichen Umständen in derselben Lage befinden, daß ihre Existenz von der Preisbildung einer einzigen Ware zu Glück und Unglück bestimmt wird, deswegen herrscht unter ihnen auch unter gewöhnlichen Umständen nicht der leidenschaftslose Verkauf, sondern der leidenschaftliche Wettbewerb um das unentbehrliche: die Nachfrage, die Kundschaft.

. . . .

Die einzige von allen Schriftstellern über das Genossenschaftswesen, die, so weit wir sehen können, diesen Gegensatz g e a h n t hat, ist Frau Webb-Potter:

"Es leuchtet von selbst ein, daß alle Produktivgenossenschaften, ... in ihren

Interessen den Interessen der Gesamtheit direkt entgegengesetzt sind. Diesem fundamentalen Gegensatz kann nur durch ihren Wettbewerb mit einander um die Kundschaft entgegengewirkt werden. Sie sind Profitsucher und müssen es bleiben – immer darauf bedacht, sich einen breiten Spielraum zwischen den Erzeugungskosten und dem bezahlten Preis zu sichern. Als Profitsucher stehen sie unausgesetzt zwei widerstreitenden Geistern gegenüber – dem Geiste der Konkurrenz und dem Geiste der Vereinigung."

Was in diesen Sätzen einzig fehlt, ist die letzte Unterscheidung zwischen Gesamtprofit und Profitrate. Es ist nicht klar getrennt – und wahrscheinlich also auch nicht klar erkannt –, daß der Verkäufer einen Kampf nach zwei Seiten hin kämpft: einen – sozusagen auswärtigen – Krieg als Mitglied des Heeres der sämtlichen Verkäufer gegen sämtliche Käufer um die P r o f i t - r a t e , und einen zweiten – einen Bürgerkrieg – gegen die anderen Verkäufer um den G e s a m t p r o f i t .

Nur so kann man erkennen, daß der Kampf um die P r o f i t r a t e – der "Spielraum zwischen den Erzeugungskosten und dem bezahlten Preise" – ein verhältnismäßig harmloser ist, weil diese auf die Dauer gesellschaftlich bestimmt ist; daß es im Gegenteil das "Springen von dem Spielgewinn der Konkurrenz zur Plünderung des Monopols" ist, was r e g e l m ä ß i g das Schicksal der Produktivgenossenschaften bedingt, daß es eben der Kampf um den G e s a m t p r o f i t ist, der sie unausgesetzt vor "die zwei Geister der Konkurrenz und der Vereinigung stellt".

Manchester-Centrale: Hauptkontor, Verkaufs- und Speisesäle, Schuhwaren- und Möbel-lager.

Weil die Interessen des einzelnen Käufers einer Ware mit denen aller anderen Käufer derselben Ware identisch sind, lassen sich Menschen, soweit sie nur Käufer sind, auf das leichteste zusammenschließen und im Zusammenhang erhalten.

Deswegen gedeihen Käufergenossenschaften unter allen Völkern der Kulturwelt, romanischen, germanischen, slavischen, unter allen Regierungsformen, bei jeder zufälligen, nationalen Gestaltung des Arbeitsmarktes: Konsumverein, Kreditgenossenschaften, land and building societies.

Weil das Interesse des einzelnen Verkäufers zu dem aller anderen Verkäufer im schärfsten Gegensatz steht, gedeihen Verkäufergenossenschaften nirgends.
. . . .

Denn sie hat zwei Interessen:

Erstens bei sinkender Konjunktur das a l l g e m e i n e Angebot ihrer Ware v e r m i n d e r t zu sehen. Dazu ist die Aufnahme neuer Mitglieder ein wenig geeignetes Mittel.

Zweitens, bei j e d e r Preisgestaltung, und namentlich auf die Dauer (da auf die Dauer die Profitrate gesellschaftlich bestimmt ist), den G e s a m t-p r o f i t des Geschäfts unter möglichst wenige Mitglieder zu verteilen.

Der Gesamtprofit steigt und fällt fast ganz unabhängig von der Tatsache, ob die lebenden Maschinen in der Genossenschaftswerkstatt Lohnarbeiter oder Genossen sind. Die Ersparnisse am Einkauf und den übrigen Produktionskosten, die Gewinne am Verkauf sind von der Art der Arbeitsorganisation fast vollkommen unabhängig. Mag immerhin die Arbeitsleistung gleichberechtigter Genossen wirksamer und sparsamer sein, als die von Lohnarbeitern, so wird sie doch nur g a n z a u s n a h m s w e i s e d e n D i v i d e n d u s (G e s a m t p r o f i t) s t ä r k e r v e r m e h r e n, a l s d e n D i v i-s o r (M i t g l i e d e r z a h l).

Aber noch schlimmer als das; das Anwachsen der Mitgliederzahl verstärkt den "Kampf um's Dasein" der Verkäufergenossenschaft in allen drei Richtungen. Selbst wenn sie nur b e i s t e i g e n d e m A b s a t z neue Mitglieder aufnimmt, wird ihr Kampf um den nötigen Erweiterungskredit härter. Denn eine Societät weniger, gut gestellter, durch den Besitz eigenen, ersparten Vermögens gesicherter Inhaber ist trotz Fläxl kreditfähiger, als eine Genossenschaft vieler Arbeiter, die aus der geringen, stets wieder auf die Arbeitseinheit verteilten Profitrate nicht viel eigenes haben zurücklegen können, zumal diese Profitrate auf die Dauer nur sehr langsam steigen kann, je nachdem die Produktivität der einzelnen Arbeitskraft durch vervollkommnete Arbeitsteilung und technische Ausrüstung wächst.

Die Aufnahme neuer Mitglieder verstärkt aber noch mehr den "Kampf um den Absatz" sobald die Konjunktur zu sinken beginnt. Dann kann nämlich die Unternehmersocietät erstens Lohnarbeiter entlassen und ihre Produktion vermindern, um im Notfalle der Aufnahmefähigkeit des Marktes sich anzupassen. Dieses Mittel aber steht der echten Produktivgenossenschaft nicht zu Gebote. Und zweitens ist die niedere Konjunktur die Winterzeit der Produktion. Der Unternehmer kann sozusagen im Winterschlaf überdauern, indem er wie der Bär vom sommerlichen Feiste zehrt: aber die Mitglieder der idealen Genossenschaft haben so viele Überschüsse nicht anhäufen können. Der Unternehmer hat noch ein "Ersatzmittel", das er im Notfalle für seine Bedürfnisse vertauschen kann, seine ersparten Rücklagen. Der Arbeiter-Genosse hat nichts als seine Produktion, die den Tauschwert verloren hat.

Und drittens und schlimmstens vermehrt jedes neue Mitglied den "Kampf um die Disziplin". Je mehr Köpfe, je mehr Sinne.

Die Aufnahme neuer Mitglieder in die Verkäufergenossenschaft vermindert also nicht nur die Vorteile jedes einzelnen der älteren Mitglieder (bis auf 0), sondern erhöht auch noch, j a v e r e w i g t die Gefahren, die die Gesamtheit bedrohen (bis auf ∞). Darum muß die Verkäufergenossenschaft überall und stets das Bestreben haben, sich abzuschließen.

Diesen beiden, so polar e n t g e g e n g e s e t z t e n Organismen stellt nun das genossenschaftliche Princip d i e s e l b e A u f g a b e .

Denn wozu sind die Genossenschaften begründet worden?

Die Käufergenossenschaften, um dem Unternehmer die Profitrate möglichst ganz zu entreißen, welche er von den Käufern einzieht.

Die Verkäufergenossenschaften, um dem Unternehmer die Profitrate möglichst ganz zu entreißen, welche er dem Arbeiter abgewinnt.

Sie sind also beide ausgesandt in denselben Kampf um denselben Preis. Denn die Profitrate ist offenbar dieselbe, ob man sie nun in dem Zeitpunkt betrachtet, in welchem der Wert e n t s t e h t oder in dem anderen Zeitpunkte, wo der Wert gegen einen anderen e i n g e t a u s c h t wird.

Diese Aufgabe weist die Käufergenossenschaften auf denselben Weg, den ihr Interesse sie führt. Denn ihr privatwirtschaftliches Interesse ist die V e r - m i n d e r u n g der Profitrate.

Aber den Produktivgenossenschaften gebietet das privatwirtschaftliche Interesse die E r h ö h u n g der Profitrate; ihre volkswirtschaftliche Aufgabe läuft also ihren Lebensinteressen entgegen.

Daß sie für diesen unlösbaren Zwiespalt keine Lösung finden, das ist das "sittliche Verschulden", der Mangel an "genossenschaftlichem Geist", die Schuld "mangelhafter Erziehung" der Produktivgenossenschaften, für welche man Working Men's Colleges ausstattet.

. . . .

Was verlangen die Verfechter des genossenschaftlichen Princips?

G e w i n n b e t e i l i g u n g d e r A r b e i t u n d Z u l a s s u n g d e r z u r E r w e i t e r u n g d e s B e t r i e b e s d a u e r n d n o t w e n d i g e n A r b e i t e r z u r M i t g l i e d s c h a f t .

Sie bewilligen also schon zwei Dinge, die der Jugendform, der i d e a l e n Form der Produktivgenossenschaft schon schwach den Stempel des "Kapitalismus" aufdrücken: Gewinnbeteiligung des K a p i t a l s und vorübergehende Beschäftigung von L o h n a r b e i t e r n . Sie müssen sie bewilligen, weil ohne diese Zugeständnisse eine Produktivgenossenschaft überhaupt nicht denkbar wäre, auch nicht als privatwirtschaftlicher Organismus. Die Gründe dafür kennen wir. Und ohne als privatwirtschaftlicher Organismus zu bestehen, kann sie ja unmöglich nationalwirtschaftlich Wirksamkeit entfalten.

. . . .

Daß unter solchem System, wie wir zeigten, das privatwirtschaftliche Gedeihen der Genossenschaft gefährdet und das ihrer Mitglieder selbst für den Fall des Gesamtgedeihens zurückgehalten wird, kann gar keine Rolle spielen, wenn diese Opfer geeignet sind, das große Ziel aller genossenschaftlichen Tätigkeit näher zu rücken.

Ist die Möglichkeit dafür vorhanden? Das ist die letzte Frage, deren Lösung und das volle Verständnis des Gesetzes der Transformation ermöglichen wird.

Beide Anforderungen an die jetzigen Produktivgenossenschaften haben den gleichen Inhalt: Sie sollen ihren Profit nicht für sich behalten, sondern mit ihren Arbeitern teilen.

Zu Grunde liegt dieser Forderung augenscheinlich die Vorstellung, daß der Profit eines Geschäftes ausschließlich die Summe der Profitraten sei, welche der Unternehmer seinen e i g e n e n Arbeitern abgewinnt.

Diese Vorstellung verwechselt das allgemeine mit dem besonderen.

Der Gesamtprofit a l l e r Unternehmer ist zweifellos die Summe sämtlicher Profitraten an dem Ertrage s ä m t l i c h e r Arbeiter.

Aber der Einzelprofit eines e i n z e l n e n Unternehmers ist durchaus nicht gleich der Summe der Profitraten, welche er seinen e i g e n e n Arbeitern abgewinnt. Sein Profit kann größer und kleiner sein, je nach Kapitalbewaffnung, Geschick, Gesinnungsart und vor allem – Glück.

Denn zwar ist die Gesamtsumme, in welche die sämtlichen Unternehmer sich zu teilen haben (der Gesamtprofit), eine gesellschaftlich bestimmte Größe. Aber um die Größe der T e i l e geht unaufhörlich der Kampf oder – das Spiel zwischen ihnen.

Dieses Spiel ist durchaus eine innere Angelegenheit des Unternehmerstandes. Die Lage der Arbeiter wird dadurch so wenig berührt, wie die der Kundschaft. Die Kundschaft muß für alle Waren im Durchschnitt jeder Zeit – und sogar für die einzelnen Waren auf die Dauer die gesellschaftlich bestimmte Profitrate b e w i l l i g e n ; und die Arbeiterschaft muß in allen Werkstätten im Durchschnitt jeder Zeit und in der einzelnen Werkstatt auf die Dauer die gesellschaftlich bestimmte Profitrate a b t r e t e n , ganz gleichgültig, ob Unternehmer Paul oder Unternehmer Peter einen größeren Teil der Profitsumme erspielt oder verspielt hat, als pro rata auf sein Teil fallen würde.

Die Produktivgenossenschaft, wenn man sie nicht auf die Zukunftsabsichten hin ansieht, unterscheidet sich in jedem Augenblicke weder nach der Zusammensetzung noch nach den wirtschaftlichen Absichten von einer Societät mehrerer Unternehmer. Ist sie ja doch ausdrücklich begründet worden, den Arbeiter zum Unternehmer zu machen.

Nimmt also eine Produktivgenossenschaft ein neues Mitglied auf, so ist nichts anderes geschehen, als die Aufnahme eines neuen Socius in eine Unternehmerfirma. Dadurch ändert sich der Satz der allgemeinen Profit- und Lohnrate absolut nicht, es ändert sich nur der Divisor der Verteilung des in Spiel und Gegenspiel auf die Genossenschaftsfirma entfallenden zufälligen Profitteilchens.

. . . .

Nur auf eine einzige Weise könnten die Produktivgenossenschaften, so lange sie wenigstens noch den ehrlichen Willen haben, Genossenschaften zu b l e i - b e n , die Lohnrate in einer der ganzen Arbeiterschaft günstigen Weise verändern, wenn sie einen b e t r ä c h t l i c h e n T e i l des Angebotes von Arbeit aufnehmen könnten, wenn sie also sehr groß oder sehr zahlreich wären. Sie müßten mindestens den größeren Teil der "industriellen Reservearmee" aufnehmen können. Dann freilich würde eintreten, was Fläxl entwickelt:

"Da Ricardos Gesetz die Konkurrenz unter den Arbeitern zur Grundlage hat, so muß es sich in einer für die Arbeiterverhältnisse günstigen Weise äußern, wenn die Konkurrenzverhältnisse selbst für dieselben günstig sind, d.h. wenn das Angebot von Arbeit sich vermindert. Die Produktivgenossenschaft äußert diese Wirkung auf den Arbeitsmarkt: durch den Abgang der Arbeiter, welche der Association zuströmen, mindert sich das Angebot von Arbeit und steigt deshalb der Lohn der außerhalb der Association stehenden über das Durchschnittsniveau des notwendigen Lebensunterhaltes.

... Sind aber die Produktivgenossenschaften einer andauernden Ausdehnung fähig, so werden auch die Konkurrenzverhältnisse andauernd günstig sich gestalten. Die Arbeitgeber werden dadurch notwendig gezwungen sein, den Arbeitern bessere Bedingungen zuzugestehen..."

Die Produktivgenossenschaften sind aber keiner andauernden Ausdehnung fähig. Diese T h a t s a c h e beweist ihre Geschichte. Die U r s a c h e ergiebt eine einfache Überlegung:

Schon unter unseren jetzigen Verhältnissen, wo eine ungeheure Menge von Arbeitskraft durch "unnütze Reibung" verloren geht, wo eine immer wachsende Schar unbeschäftigter Arbeiter von Almosen und Diebstahl lebt – und stirbt, ist die Produktivität der Völker viel zu groß für ihre Konsumtions- oder vielmehr Kaufkraft, ist der Markt mit unverkäuflichen Produkten je länger, je mehr überfüllt. Fläxl übersieht, daß in den supponierten, Arbeitsangebot im großen Stile aufsaugenden Produktivgenossenschaften, an deren Entwicklung er glaubt, die jetzt beschäftigungslosen Arbeiter unproduktive Produktion treiben würden, d.h. Produktion, die keiner Kaufkraft begegnet; oder daß, wenn sie selbst durch irgend welche Überlegenheit der Arbeitsorganisation sich Kundschaft verschaffen würden, die Folge nur die sein könnte, ebensoviele oder mehr bisher beschäftigte Arbeiter brotlos zu machen. Eine einseitige Vermehrung der Produktion ohne gleichzeitige, entsprechende Vermehrung der Kaufkraft, wäre, wenn überhaupt möglich, eine Verschlimmerung unserer Übel.

Es enthält Fläxl's Deduktion einen versteckten circulus vitiosus:

Die Produktivgenossenschaften sollen sich massenhaft vermehren können, um die Lohnrate zu heben. Diese massenhafte Vermehrung setzt aber Absatz für vermehrte Produktion voraus, und dieser vergrößerte Absatz ist nur möglich, wenn die Lohnrate gestiegen ist. Scharf gefaßt, um das Ziel erreichen zu können, muß es schon erreicht sein.

. . . .

Die Produktivgenossenschaft in der jetzigen Form h a t nicht nur keinen

Erfolg gehabt: sie k a n n auch keinen Erfolg haben, soweit volkswirtschaftliche Wirkung in Frage kommt.
Die p r i v a t w i r t s c h a f t l i c h e Wirksamkeit aber interessiert uns
hier durchaus nicht.
. . . .
Wir stehen am Schlusse unserer Untersuchung:
Weil die Produktivgenossenschaften durch Aufnahme neuer Mitglieder und
wirksame Gewinnbeteiligung ihrer Lohnarbeiter nicht nur ihre Vorteile wesentlich beschränken, sondern auch ihr Gedeihen ernstlich in Frage stellen würden,
ja sogar mit absoluter Notwendigkeit zu Grunde gehen müßten; — weil diese
ungeheuren Opfer privatwirtschaftlicher Art dennoch nicht das geringste würden leisten können zur Lösung der Arbeiterfrage:
ist ihre "Sperrung" kein sittliches Verschulden, sondern eine "eherne" Notwendigkeit.
Die Transformation der Genossenschaft ist die naturnotwendige Folge eines
G e s e t z e s , d e s G e s e t z e s d e r T r a n s f o r m a t i o n .
Das Gesetz der Transformation sperrt jede gedeihende Genossenschaft. Jede
gesperrte Produktiv-Genossenschaft hört auf Genossenschaft zu sein.
F o l g l i c h g i e b t e s k e i n e i n d u s t r i e l l e P r o d u k t i v-
g e n o s s e n s c h a f t — u n d k a n n e s k e i n e g e b e n , wenn
nicht eine von Grund auf neue Organisation gefunden wird.

Rogelio Villegas Velasquez
Instabilitätsprobleme bei der produktivgenossenschaftlichen Kooperation

Aus: Villegas Velasquez, Rogelio: Die Funktionsfähigkeit von Produktivgenossenschaften. Tübingen 1975. (Schriften zur Kooperationsforschung A 11; Graphik S. 23 und Text S. 25 - 28, ohne Anmerkungen.)

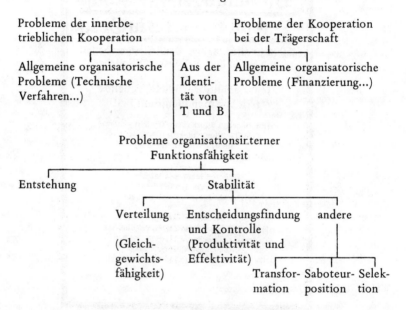

Problemstellung

Probleme der innerbetrieblichen Kooperation

Probleme der Kooperation bei der Trägerschaft

Allgemeine organisatorische Probleme (Technische Verfahren...)

Aus der Identität von T und B

Allgemeine organisatorische Probleme (Finanzierung...)

Probleme organisationsir.terner Funktionsfähigkeit

Entstehung

Stabilität

Verteilung (Gleichgewichtsfähigkeit)

Entscheidungsfindung und Kontrolle (Produktivität und Effektivität)

andere

Transformation

Saboteurposition

Selektion

Organisatorische Probleme der Gesellschaftsunternehmung PG

Bei der Darstellung der Instabilitätsthese und bei der Abgrenzung des Begriffes der Stabilität/Instabilität sind die wichtigsten Probleme, die den Bestand der PG-Kooperation gefährden können, berührt worden. Es handelt sich um das Verteilungsproblem, um das Entscheidungs- und Anweisungsproblem und um das Saboteurproblem. Bei der Lösung solcher Probleme handelt es sich nämlich um die Erfüllung wichtiger Bedingungen der Funktionsfähigkeit einer Organisation: Nämlich um die Organisationsbedingungen der Gleichgewichtsfähigkeit, der Effektivität und der Stabilitätsbedingung (im e.S.).

Das *Verteilungsproblem* stellt sich in der PG-Kooperation, im Gegensatz z.B. zur kapitalistischen Gesellschaftsunternehmung, weil heterogene Kooperationsbeiträge von den Mitgliedern geleistet werden, und zwar in zweierlei Hinsicht. Erstens wird in der PG nicht nur Kapital, sondern auch Arbeit in die Kooperation eingesetzt. Zweitens ergeben sich beim Arbeitseinsatz selbst unterschiedliche Leistungsbeiträge aufgrund der Arbeitsteilung, wie wir oben gesehen haben. Die unterschiedlichen Leistungsbeiträge erschweren die Verteilung des Kooperationsergebnisses. Es gilt das Problem zu lösen, die Verteilung des Kooperationsergebnisses so zu gestalten, daß es für die Mitglieder vorteilhafter ist, in der Kooperation zu verbleiben als sie zu verlassen. Wird dies erreicht, so spricht man von einer gleichgewichtsfähigen Kooperation. Ob und unter welchen Bedingungen die Herstellung einer solchen Gleichgewichtsfähigkeit möglich ist, dies ist eine schwierige Frage. Wir werden hier nur die wichtigsten Faktoren darstellen, die bei dem Verteilungsproblem eine Rolle spielen.

Auch das *Entscheidungs-* und *Anweisungsproblem* stellt ein besonderes organisatorisches Problem bei der PG-Kooperation dar, dessen Lösung den Bestand der PG sicherstellt. Es stellt sich in dieser Kooperationsform in besonderer Weise, weil die gleichen Wirtschaftssubjekte als Träger und Beschäftigte in derselben Unternehmung gleichzeitig die Entscheidungstreffenden und die Ausführenden von getroffenen Entscheidungen sind. Die meisten Kritiker der PG haben geglaubt, in dieser Tatsache einen Widerspruch entdeckt zu haben, der ihrer Meinung nach unweigerlich zur Instabilität der Unternehmungskonstruktion führe. Die Gegenposition wird von Anhängern der Rätedemokratie vertreten, die fest davon überzeugt sind, daß direkte Entscheidungsfindung durch die Mitglieder in der PG-Konstruktion verwirklichbar ist, so daß die oben aufgezeichnete Spannung überhaupt nicht auftreten würde. Eine Entscheidungsfindung durch alle Mitglieder ist jedoch nur in der Kleingruppen-PG möglich. In der Großgruppen-PG gefährden die hohen Kosten, die bei direkter Demokratie entstehen, die Vorteilhaftigkeit der Kooperation. Dieser Gefahr versucht man, durch Entscheidungsdelegation zu entgehen. Aus Produktivitätsgesichtspunkten ist eine solche Delegation bei der Großgruppen-PG unerläßlich. Das zentrale Problem für die Großgruppen-PG, zu der sie im Verlauf des Wachstums ja werden soll, ist die Herstellung einer angemessenen Organisationsstruktur. Es ist das zugleich die entscheidende Aufgabe, damit die PG nicht an ihrem eigenen Erfolg zugrunde geht.

Werden aber Entscheidungen an ein ständiges Führungsorgan delegiert, dann entsteht zugleich und zusätzlich das *Kontrollproblem*. Denn es könnte die Gefahr bestehen, daß die Führung entweder trotz eines großen Entscheidungsspielraumes nicht leistungsfähig ist oder wegen des großen Entscheidungsspielraumes für eigene Interessen und gegen Mitgliederinteressen tätig wird. So könnten — unterstellt man beiden Seiten eigennütziges Handeln — Mitgliederinteressen in diesem doppelten Sinne verletzt werden, wenn seitens der Mitglieder der PG gegen die Mitglieder im Führungsorgan keine wirksamen Sanktionen wegen deren Interessenverletzung zu erwarten sind. Durch die Kontrolle soll also die Leitung im Hinblick auf ihren Erfolg nach außen (Produktivität) überwacht werden und die Wahrung der Mitgliederinteressen (Effektivität) gesichert werden. Das Problem, das sich hierbei aber stellt, ist immer wieder dieses, daß sich die Position des Managements bald als sehr stark erweist. Es stellt sich dann die Frage, unter welchen Bedingungen und in welchem Maße gegen die überlegene Position des Managements eine wirksame Kontrolle erreichbar ist. Nur wenn sie erreichbar ist, kann die PG auch tatsächlich ein demokratisches Gebilde bleiben, weil dann, trotz Delegation, das Management wirksam überwacht werden kann. Ohne eine wirksame Kontrolle hätten wir es dann auch nicht mehr mit einer PG zu tun. Die Möglichkeit eines Verlustes ihrer demokratischen Struktur bildet das zweite Gefahrenmoment. In diesem Falle würde nicht die Unternehmung in ihrem äußeren Erfolg gefährdet, es würde aber die PG in eine andere Unternehmungsform umgewandelt. Die PG ist also in ihrer Entwicklung zwischen diesen Gefahrenmomenten hindurchzuführen. Einerseits droht ihr bei Wachstum der Mitgliederzahl oder überhaupt bei differenzierten Entscheidungserfordernissen durch Wachstum, daß der Entscheidungsprozeß in direkter Demokratie nicht leistungsadäquat wird. Der Mangel kann dann durch Delegierung von Entscheidungen an ein eigenständiges Führungsorgan geheilt werden. Dann aber droht andererseits, daß dies eigenständige Führungsorgan zu viel Eigengewicht gegenüber den Mitgliedern bekommt. Dieser Mangel wiederum ist nur durch Aufbau effizienter Kontrollorgane heilbar.

Neben diesen wichtigen Problemkomplexen, die wir ausführlicher behandelt haben, weil sie eine besondere Bedeutung für die Stabilität bzw. Instabilität der PG-Konstruktion besitzen, sind noch folgende Probleme, die eine gewisse Bedeutung für den Bestand der PG-Kooperation haben, zu nennen: Das "Saboteurproblem", das "Problem der Mitgliederselektion" und, was vorhin nur angeklungen war, das "Problem der möglichen Transformation der PG in eine kapitalistische Gesellschaftsunternehmung". Dazu ein paar genauere Bemerkungen.

1. Die *Saboteurposition* droht in der PG ständig eingenommen zu werden. Erfüllt nämlich der einzelne Kooperierende sein Versprechen nicht, diesen oder jenen Kooperationsbeitrag zu leisten, so kann gegebenenfalls dadurch kein positives Kooperationsergebnis erzielt werden. Die Einnahme der Saboteurposition, die in einer Großgruppen-PG möglich ist, gefährdet dann auch die Stabilität der PG. Wir meinen, daß dieses Problem nicht typisch für die PG-Unternehmungskonstruktion ist. Die Einnahme der Saboteurposition, vor allem bezogen auf den Einsatz von Arbeitsleistungen (beim Kapitaleinsatz wird sie kaum möglich sein, weil Einzahlungen von Geschäftsanteilen leicht kontrollierbar sind), ist in anderen Produktionsunternehmungen genauso möglich. Es wird auf die Organisation der Anreize und Sanktionen und auf die Bildung von kleinen Untergruppen zur Stabilisierung (was die Verhinderung der Saboteurposition anbetrifft) der PG ankommen, um eine solche Gefahr zu vermeiden.

2. Das Problem der *Mitgliederselektion* stellt sich zwar auch bei Konjunktur-

schwankungen, wenn es notwendig wird, daß einige Mitglieder nicht mehr oder nur noch für kurze Zeit beschäftigt werden können. Vor allem aber stellt sich dieses Problem bei Strukturänderungen. Die ständige Anpassung der PG an sich ändernde Bedürfnisse der Konsumenten und sich ändernde Produktionsverfahren sind für sie lebensnotwendig, um im Wettbewerb bestehen zu können. Der Umgang z.B. mit neuen Techniken und Maschinen macht Anpassungen notwendig, bei denen auch Arbeitskräfte freigesetzt werden können, für die es in der PG keine weiteren Beschäftigungsmöglichkeiten mehr gibt. Die Frage ist nur, ob die Mitglieder sich diesem Prozeß gegenüber aufgeschlossen zeigen und gegebenenfalls die notwendige Selektion hinnehmen werden. Ist dies nicht der Fall, ist die PG in ihrer Existenz gefährdet.

3. Das schließliche Problem stellt die mögliche *Transformation* der PG in eine kapitalistische Gesellschaftsunternehmung dar, wenn Lohnarbeiter, die keine Träger werden und/oder nur Kapitalisten, die keine Beschäftigten werden, in die PG aufgenommen werden (Absperrung der Mitglieder) und wenn ein vollständig autonomes Management die PG führt. Es taucht dann die Frage auf, ob damit der erste Schritt zur Transformation getan ist. Unseres Erachtens kann man Absperrungstendenzen durch organisatorische Maßnahmen, durch Verbot, durch Entzug von Vorteilen — z.B. von Subventionen bzw. Steuererleichterungen — wirksam begegnen. Auch autoritäre Führung kann, wie später gezeigt wird, durch wirksame Kontrolle verhindert werden.

Gundolf Kliemt
Konflikte zwischen gesamtgesellschaftlichen und genossenschafts-spezifischen Normen

Aus: Kliemt, Gundolf, Mitbestimmung als Mittel der Konfliktregulierung in Genossenschaften. In: Weisser, Gerhard (Hg.), Genossenschaften und Genossenschaftsforschung. Göttingen 1968 (S. 84 - 96 auszugsweise.)

Ausschlaggebend für das Scheitern der meisten Produktivgenossenschaften sind Ursachen, die von der sozialen Herkunft der Genossenschaftsmitglieder, vom Grad der Akzeptierung bestimmter Normen, von der Intensität der Konflikte zwischen gesamtgesellschaftlichen und genossenschaftsspezifischen Normen sowie von Konflikten innerhalb der Genossenschaften abhängen.

Die gelernten Verhaltensweisen widersprechen in vielen Gesellschaften dem Wert- und Normensystem, das in einer Produktivgenossenschaft gilt. Diese Genossenschaften können daher nur dann funktionieren, wenn die gesellschaftlichen Verhaltenserwartungen mit denen der Genossenschaft übereinstimmen. Diese Erfahrung konnte vor allem in den sogenannten Entwicklungsländern beim Aufbau von Produktivgenossenschaften bestätigt werden.

Wie groß allerdings der Unterschied der Verhaltenserwartungen und des tatsächlichen Verhaltens zwischen Mitgliedern verschiedener Gesellschaftssysteme ist, wird von Peter R. H o f s t ä t t e r eingehend dargestellt. Die Zuniindianer in Neu-Mexiko z.B. "gehen in einer Kultur auf, deren Leitmotiv die selbstlose Teilnahme an den Belangen der Gemeinschaft ist". Auf privates Eigentum wird wenig Wert gelegt, so daß es eine untergeordnete Rolle spielt, im Gegensatz etwa zum Gesellschaftssystem der Kwakiutlindianer (Vancouver, Kanada), wo der einzelne in dauerndem Konkurrenzkampf mit seinen Stammesgenossen lebt. "Seinen Rivalen zu beschämen, sich aber von diesem um keinen Preis beschämen zu lassen, ist das Leitmotiv dieses Lebens." Auf Reichtum wird größter Wert gelegt. Kann der Kwakiutlindianer auf keine Weise der Beschämung durch einen Stammesgenossen entgehen, so wählt er sogar den Selbstmord, um dadurch seine Ehre wiederherzustellen.

Es ist einleuchtend, daß das Prinzip der Produktivgenossenschaften in einem Gesellschaftssystem wie dem der Zuniindianer funktionieren würde, weil die gesamtgesellschaftlichen Verhaltenserwartungen mit den Erwartungen, die seitens der Produktivgenossenschaft gestellt werden, übereinstimmen. Werden Produktivgenossenschaften hingegen in einem Gesellschaftssystem gegründet, in dem Privatbesitz, Gewinnstreben und Konkurrenzprinzip anerkannte Normen sind, so ist es wahrscheinlich, daß diese Normen mit denen der Genossenschaft nicht oder nur teilweise übereinstimmen und daß es bei den Personen zu Konflikten kommt, die die Genossenschaftsnormen einhalten wollen oder sollen.

Die Genossenschaftsmitglieder gelten als Minoritäten, denen von der Gesellschaft entsprechend negative soziale Vorurteile entgegengebracht werden. Das kann dazu führen, daß die Kommunikation zwischen dem Gesellschaftssystem und der Produktivgenossenschaft als Subsystem sehr gering ist. Gänzlich wird sie in der Regel nicht unterbrochen. Je intensiver aber der gesellschaftliche Informationsfluß die Mitglieder von Produktivgenossenschaften erreicht, umso eher werden Konflikte auftreten.

Hierbei spielt ein Phänomen eine Rolle, das in der Sozialpsychologie unter der Bezeichnung kognitive Dissonanz bekannt geworden ist. (Vgl. zur Theorie der kognitiven Dissonanz: L. Festinger, A Theory of Cognitive Dissonance, Stanford 1957, bes. S. 123ff. L. Festinger und E. Aronson, The Arousal and Reduction of Dissonance in Social Contexts, in: Dorwin Cartwright und Alvin Zander (Hrsg.), Group Dynamics, New York/Evanston/London 1960, S. 214ff.) Kognitive Dissonanz bedeutet, daß zwei nicht miteinander in Einklang stehende Erkenntnisse bei einer Person psychisches Unbehagen hervorrufen, so daß die Person versucht, dieses Ungleichgewicht zu beseitigen. In unserem

Zusammenhang wird eine kognitive Dissonanz immer dann auftreten, wenn eine Person Mitglied einer Produktivgenossenschaft wird in der Hoffnung, ihren Lebensstandard zu verbessern, und die Informationen erhält, wonach Vergleichsgruppen, die nicht in die Produktivgenossenschaft eingetreten sind, einen höheren Lebensstandard erreicht haben als sie selbst. Umgekehrt gibt es aber auch die kognitive Konsonanz, wenn zwei Erkenntnisse in Einklang miteinander stehen. Dies wäre der Fall, wenn die Information besagte, daß die Vergleichsgruppen einen niedrigeren Lebensstandard als sie selbst haben. Die Erkenntnis, Mitglied der Genossenschaft zu sein, und die Erkenntnis, daß dadurch der Lebensstandard höher ist als bei anderen Personen, führen also zur kognitiven Konsonanz.

Die Mitglieder einer Produktivgenossenschaft werden, solange sie von der Richtigkeit ihres Verhaltens überzeugt sind, bemüht sein, nur solche Informationen aufzunehmen, die sie in ihrem Wertsystem und in ihrer Einstellung bestätigen. Sollten trotzdem Informationen zu den Mitgliedern gelangen, die geeignet sind, eine Dissonanz hervorzurufen, so werden sie bemüht sein, sich solche Informationen zu beschaffen, welche die Dissonanz beseitigen oder reduzieren.

Dieser Filtervorgang hat zwei Funktionen: a) soll keine Dissonanz zwischen zwei kognitiven Elementen entstehen, und b) soll das Anspruchsniveau der Genossenschaftsmitglieder gleichbleiben. Wird nämlich das subjektive Anspruchsniveau der Genossenschaftsmitglieder heraufgesetzt, besteht eine hohe Wahrscheinlichkeit, daß strukturelle Konflikte entstehen. Die Änderung des Anspruchsniveaus wird sich, wenn sie auf Informationen beruht, die von außen kommen und nicht mit denen übereinstimmen, die innerhalb einer Produktivgenossenschaft vorhanden sind, vor allem in dem Versuch äußern, eine subjektiv empfundene Verbesserung der eigenen Lage zu erreichen. Die Erwartungen im Hinblick auf die Bedingungen, unter denen gearbeitet werden soll und hinsichtlich der Ertragsverteilung werden infolgedessen gesteigert.

Wenn der Vorgang der Informationsfilterung nicht mehr einwandfrei funktioniert, wenn also entweder zufällig oder bewußt die Mitglieder über Informationen verfügen, die mit den bestehenden Vorstellungen nicht übereinstimmen, treten "kognitive Dissonanzen" auf. Die Mitglieder werden bemüht sein, diese Dissonanzen zunächst durch Suche nach anderen Informationen zu verringern. Gelingt dies nicht, so können sie versuchen, beispielsweise durch zusätzliche Forderungen gegenüber der Genossenschaftsleitung Dissonanzen zu verringern. Bei einem negativen Ergebnis dieses Prozesses werden die Dissonanzen wachsen, jedoch nicht beliebig, denn "there is a limit to the magnitude of dissonance which can exist in a system. If two cognitive elements exist in a dissonant relationship, the maximum magnitude this dissonance can have is equal to the resistance to change of the less resistant element of the pair." (L. Festinger, A Theory of Cognitive Dissonance, a.a.O., S. 128.) Von einer bestimmten Dissonanzstärke an besteht kein Interesse mehr daran, Informationen zu suchen, die die Dissonanz verringern könnten, weil sie schon zu groß ist. Im Gegenteil wird nun versucht, solche Informationen zu erhalten, die dissonanzverstärkend wirken, bis der Punkt erreicht ist, wo nicht mehr die Dissonanz, sondern ihre Ursache aufgehoben werden soll. Für das Mitglied der Produktivgenossenschaft bedeutet dies der Austritt, es kann aber auch schließlich die Auflösung der Genossenschaft sein.

Wann dieser Vorgang einsetzt, hängt wiederum davon ab, welche Sanktionen seitens der Leitung und der übrigen Mitglieder mit einem solchen Schritt verbunden sind. Dementsprechend wird das Genossenschaftsmitglied versuchen, den Zeitpunkt, an dem es aufhört, sich um eine Dissonanzverringerung zu bemühen, hinauszuschieben. Je negativer die Sanktionen sind, umso länger wird das Mitglied auch versuchen, sich gegen dissonanzsteigernde Informationen abzuschirmen.

Wenn eine Produktivgenossenschaft alle Lebensbereiche des Mitglieds erfaßt und ein Austritt die Vernichtung der eigenen Existenz zur Folge hätte, dann wird auch eine relativ große Dissonanz nicht dazu führen, daß das Mitglied die Genossenschaft verläßt. Aus diesem Grund konnten religiös geprägte Produktivgenossenschaften oder solche, die in einem ständigen Abwehrkampf gegen ihre Umwelt standen, solange funktionieren, wie einmal der Informationsfluß von außen nach innen spärlich war und zum zweiten die Sanktionen, die beim Verlassen der Genossenschaft drohten, die Existenz des Individuums betrafen. Ein wichtiges Kriterium für das Funktionieren einer Produktivgenossenschaft ist also die Isolation nach außen, die nur dann gegeben ist, wenn die Genossenschaften in noch zu erschließenden Gebieten gegründet werden, in denen kaum Menschen bisher leben, oder wenn bestimmte religiöse oder andere Normen den Kontakt mit der Außenwelt verbieten. Besteht hingegen die berechtigte Erwartung, daß ein Ausscheiden zu einer Steigerung des eigenen Lebensstandards führt oder eine Konformität mit gesamtgesellschaftlich wirksamen Normen zu erwarten ist, dann ist es wahrscheinlich, daß das Genossenschaftsmitglied austreten wird. Erhöht sich also durch Informationen der durch religiöse Vorschriften eng begrenzte Grad der Informiertheit oder läßt eine äußere Bedrohung nach, dann führen gesamtgesellschaftliche Normen zu Konflikten innerhalb der Genossenschaft.

Kehren wir zur Ausgangsfrage zurück. Nach diesen Überlegungen müssen wir feststellen, daß solche Konfliktarten nicht durch Mitbestimmung geregelt werden können. Denn sie entstehen aus der konträren Stellung gesamtgesellschaftlicher und genossenschaftlicher Normen. Zwar können die Genossenschaftsmitglieder auf die Inhalte der genossenschaftlichen Normen Einfluß nehmen, nicht aber auf die Inhalte gesamtgesellschaftlicher Normen. Es bestünde nur die Möglichkeit, aufgrund einer demokratischen Entscheidung die Genossenschaftsnormen den gesamtgesellschaftlichen Normen anzupassen. Damit wäre aber zwangsläufig das Ende der Produktivgenossenschaft verbunden; der Konflikt wäre nicht reguliert, sondern seine Ursachen wären beseitigt worden.

Günther Letschert
Die Berücksichtigung des Berufsinteresses

Aus: Letschert, Günther, Die Produktivgenossenschaft. Ein rechtswissenschaftlicher
Beitrag zu ihrer Fortentwicklung. Wiesbaden-Biebrich 1950. (S. 40-64 auszugsweise.)

Der Zwiespalt zwischen den Anforderungen an die Mitglieder und deren Interessen

Die Produktivgenossenschaft soll ihre sozialpolitische Aufgabe dadurch erfüllen, daß sie eine Vielzahl von Personen als Kollektivunternehmer, zunächst
ganz allgemein ausgedrückt, zu gemeinsamem wirtschaftlichem Vorgehen zu-
sammenschließt. Jedes wirtschaftliche Vorgehen nun bedingt Einsatz von
Wirtschaftskraft, die in eingelegtem Kapital, persönlichem Kredit (in Form
einer Haftung) und Arbeitskraft bestehen kann. Will eine Personen*mehrheit*
wirtschaftlich tätig werden, muß also eine Vereinigung von Wirtschaftskraft
der beteiligten Personen stattfinden.

Die Berücksichtigung der Einzelinteressen in der Gemeinschaft

Hat jemand die Gelegenheit, als Einzelunternehmer die ihm zu Gebote stehende Wirtschaftskraft seinen Interessen gemäß einzusetzen, ist kein Raum
für einen Zwiespalt zwischen dem Einsatz von Wirtschaftskraft und Interessen,
die deren Inhaber mit ihrem Einsatz verbindet. Anders ist dies aber, wenn es
sich um den Einsatz von Wirtschaftskraft handelt, die von verschiedenen Personen zu einem gemeinsamen wirtschaftlichen Unternehmen beigesteuert wird.
Hier kann der Einzelne seinen Willen nicht für sich allein durchsetzen, sondern
muß stets auf den Willen der anderen Rücksicht nehmen. In diesem Falle sind
also Regeln dafür nötig, wie über den Einsatz der vereinigten Wirtschaftskraft
bestimmt werden soll, um für alle Beteiligten klare Verhältnisse zu schaffen.
Der Einzelne kann darum die Interessen, die ihn zum Einsatz von Wirtschaftskraft in der Gemeinschaft veranlassen, immer nur im Rahmen dieser Regeln
befriedigen. Deren Erfolg für ein gedeihliches Zusammenwirken der Beteiligten hängt also wesentlich davon ab, daß dem Einzelnen ein genügender Spielraum bleibt, diese Interessen auch in der Gemeinschaft verfolgen zu können.
Dies gilt vor allem für die Interessen, die eine Person mit dem Einsatz von
Kapital oder Arbeitskraft verknüpft. Das Interesse, das hinter dem Einsatz
des persönlichen Kredits steht, tritt demgegenüber in den Hintergrund und
kann deshalb unberücksichtigt bleiben, weil das Einbringen des persönlichen
Kredits in Form von Haftung im Gegensatz zu einem Beitrag von Kapital und
Arbeitskraft zunächst keine persönliche Leistung des einzelnen Mitglieds er-
fordert.

Das Berufsinteresse

Der materielle Bestandteil

Mit dem Einsatz von Arbeitskraft sind Interessen verknüpft, die man unter der Bezeichnung "Berufsinteresse" zusammenfassen kann. Auch hier spielen einerseits materielle Interessen eine Rolle. Das Interesse der Mitglieder ist nämlich darauf gerichtet, die Arbeitskraft gut anzulegen, d.h. möglichst hoch-bezahlte Arbeit zu leisten. Dies wird sich — entweder für alle Mitglieder gleichermaßen — dadurch verwirklichen lassen, daß das gemeinsame Unternehmen möglichst großen wirtschaftlichen Erfolg erzielt, oder aber — nur für einige Mitglieder — dadurch, daß einzelne Träger von Arbeitskraft auf Grund von wachsender Leistung und, weil sie in der Lage sind, mit der Zeit mehr Verantwortung zu übernehmen, in besser bezahlte Stellungen, also von ausführender Arbeit mehr und mehr in leitende Arbeit hineinwachsen.

Der persönlichkeitsbedingte Bestandteil

Gerade bei dieser Entfaltung der Arbeitskraft zeigt sich andererseits aber in besonders hohem Maße der Persönlichkeitsgehalt der Arbeit. Dieser bedingt bei dem Einsatz von Arbeitskraft nicht nur ein materielles Interesse, sondern ein Interesse, das man als "Persönlichkeitsinteresse" bezeichnen kann. Es wird nämlich von den Wünschen bestimmt, die der einzelne Träger von Arbeitskraft zur jeweiligen Entfaltung seiner Persönlichkeit erfüllt sehen möchte. Der eine ist hier damit zufrieden, daß er seine Arbeitskraft unter Bedingungen einsetzen kann, die ihm bei ausreichendem materiellen Lohn ein Mindestmaß an Garantien für eine menschenwürdige Verwertung seiner Arbeitskraft bieten. Der andere aber strebt danach, immer verantwortungsvollere Arbeit zu verrichten, soweit er nicht von vornherein in leitender Stellung tätig ist. Derartige Personen sind bemüht, in bezug auf den Einsatz ihrer Arbeitskraft immer unabhängiger zu werden, und empfinden eine starke Abhängigkeit von der Gemeinschaft desto drückender, je länger diese Abhängigkeit dauert. Begeben sie sich mit ihrer Arbeitskraft in das Unternehmen einer Personenmehrheit, erwarten sie also, daß ihnen Gelegenheit zur Entfaltung ihrer Persönlichkeit, d.h. zu Freiheit und Verantwortlichkeit gegeben wird.

Dieses Persönlichkeitsinteresse wird meistens desto nachdrücklicher nach Berücksichtigung verlangen, je mehr Kapital der Betreffende innerhalb oder ausserhalb der Gemeinschaft in seiner Hand vereinigen kann. Damit rückt nämlich die Möglichkeit immer näher, die Arbeitskraft ausschließlich zur Nutzung des eigenen Kapitals einzusetzen, also völlig unabhängiger Einzelunternehmer zu werden, der auch bei aller fühlbaren Enge des Lebenszuschnittes etwa als Handwerker alleiniger Herr des Arbeitsprozesses ist und in Gewinn und Verlust Verantwortung fühlt. Der Hang, sich in die Gemeinschaft zu begeben und dort zu verbleiben, hängt also bei dem Träger einer durch Kapital verstärkten Arbeitskraft in besonders hohem Maße davon ab, daß man seinem Persönlichkeitsinteresse in der Gemeinschaft Raum gibt. Der Betreffende wird nur solange zur Gemeinschaft drängen, als er hoffen darf, dort seine Persönlichkeit besser entfalten zu können, als ihm dies außerhalb der Gemeinschaft möglich wäre.

Bei dem Einsatz von Arbeitskraft waltet also nicht nur ein materielles Interesse, sondern stets auch noch ein mehr oder weniger stark ausgeprägtes Persönlichkeitsinteresse ob. *Die Organisation eines Kollektivunternehmens, dessen Wirtschaftskraft sich zum Teil oder ganz aus der Arbeitskraft der Mitglieder zusammensetzt, darf also nicht nur auf größtmöglichen wirtschaftlichen Erfolg abgestellt sein. Sie muß darüber hinaus vielmehr noch dem einzelnen Mitglied die Gelegenheit zur vollen Entfaltung seiner Persönlichkeit geben.*

Ein derartiges Kollektivunternehmen bedarf demnach erheblich umfangreicherer organisatorischer Maßnahmen, als sie für ein Kollektivunternehmen nötig sind, das seine Wirtschaftskraft lediglich durch eine Vereinigung von Kapitalanteilen der Mitglieder erhält.

Warum arbeiten die Menschen eigentlich?

Freund, Du hast recht, wenn Du glaubst, daß ich viel arbeite. Ich tue es, um zu leben denn nichts hat mehr Ähnlichkeit mit dem Tode als der Müßiggang.

Arbeit ist des Bürgers Zierde, Segen ist der Mühe Preis; Ehrt den König seine Würde, Ehret uns der Hände Fleiß.

Tätigkeit, etwas treiben, womöglich etwas machen, wenigstens aber etwas lernen, ist zum Glück des Menschen unerläßlich; seine Kräfte verlangen nach ihrem Gebrauch, und er möchte den Erfolg desselben irgendwie wahrnehmen. Die größte Befriedigung jedoch in dieser Hinsicht gewährt es, etwas zu machen, etwas zu verfertigen, sei es ein Korb, sei es ein Buch. Daß man ein Werk unter seinen Händen täglich wachsen und endlich seine Vollendung erreichen sehe, beglückt unmittelbar.

Friedrich II von Preußen
(Aus: DDR Geschichtsbuch 7)

Friedrich Schiller
(Dichter)
(Aus: rororo Lexikon, Bd. 8, Reinbek 1969)

Arthur Schopenhauer
(Philosoph)

Die Besonderheit der Produktivgenossenschaft durch das in ihr wirksame Berufsinteresse der Mitglieder

Die Produktivgenossenschaft stellt also die einzige Unternehmensform dar, die ihre Wirtschaftskraft nicht nur aus Kapitalbeiträgen und dem persönlichen Kredit ihrer Mitglieder gewinnt, sondern darüber hinaus noch deren Arbeitskraft in dem weiten Feld zwischen ausführender und leitender Arbeit in Anspruch nimmt. Die Produktivgenossenschaft hat darum zwar wie die Hilfsgenossenschaft und die Erwerbsgesellschaften mit einem *Kapitalinteresse* ihrer Mitglieder zu rechnen. Außerdem ist aber in ihr das *Berufsinteresse* der Mitglieder wirksam, das neben einem materiellen Bestandteil stets ein mehr oder weniger stark ausgeprägtes *Persönlichkeitsinteresse* enthält.

Es ist also nicht so, wie Oppenheimer meint, daß in der Produktivgenossenschaft ausschließlich materielle Interessen der Mitglieder als Verkäufer von Waren eine Rolle spielen. Auch Schulze-Delitzsch erfaßte die Besonderheit der Produktivgenossenschaft nicht, weil er glaubte, für die Wahrung der Persönlichkeit der wirtschaftlich schwachen Kräfte stets dann schon genug getan zu haben, wenn er ihre *materiellen* Interessen befriedige. Bei der Hilfsgenossenschaft trifft dies zu, nicht aber bei der Produktivgenossenschaft. Soll sie erfolgreich wirken, muß zwar ihre wirtschaftliche Wendigkeit genau wie bei anderen Kollektivunternehmen sichergestellt werden, die sich mit Produktion befassen. Darüber hinaus aber ist es erforderlich, daß die rechtliche Regelung der Entfaltung der Persönlichkeit der Mitglieder in der Produktivgenossenschaft Raum gibt, also auch das Berufsinteresse in *vollem Umfang* berücksichtigt. Sowohl Schulze-Delitzsch als auch Oppenheimer waren noch zu sehr befangen in der Beurteilung aller Lebensverhältnisse vom Materiellen her. Sie standen damit noch ganz in ihrer Zeit, die durch den Materialismus ihr entscheidendes Gepräge erhielt, als daß sie das in der Produktivgenossenschaft wirksame Persönlichkeitsinteresse der Mitglieder hätten erkennen und richtig bewerten können.

Ob die Ansicht über den Grund für die bisherige Fehlentwicklung, wie sie sich aus Oppenheimers und Schulze-Delitzsch's Kritik ergibt, richtig ist, darf man daher schon deshalb bezweifeln, weil bisher stets nur von einer Mißachtung *materieller* Interessen der Mitglieder die Rede war, während niemand erkannte, daß es die Besonderheit der Produktivgenossenschaft ist, mit einem *Persönlichkeits*interesse ihrer Mitglieder rechnen zu müssen. Schulze-Delitzsch war seiner Zeit zwar insofern voraus, als er von der Forderung ausging, daß die Persönlichkeit aller am Wirtschaftsprozeß Beteiligten gewahrt und daher das Verhältnis zwischen Großkapital und den wirtschaftlich schwachen Kräften der ethischen Formel von Freiheit und Verantwortlichkeit unterstellt werden müsse. Bei den Folgerungen aus diesem Gedanken drang auch er aber nicht in die wahren Zusammenhänge ein, weil er nicht nur in der Hilfsgenossenschaft, sondern auch in der Produktivgenossenschaft ein rein wirtschaftliches Problem sah, dessen Lösung mit der Wahrung der Persönlichkeit der Mitglieder identisch sei. Er glaubte, daß es den Mitgliedern einer Produktivgenossenschaft nur darum zu tun sei, ihre Arbeitskraft in einem Unternehmen zu verwerten, das ihnen einen sicheren Arbeitsplatz und lohnende Beschäftigung biete. Er sah also nur den *materiellen* Bestandteil des Berufsinteresses.

Die mangelhafte Befriedigung des Berufsinteresses als Grund für die bisherige Fehlentwicklung

Derzeitige Verwendung der Produktivgenossenschaft daher lediglich als Hilfsgenossenschaft

Schon aus der Tatsache, daß also das GenG keine Vorsorge für eine Sicherung des Berufsinteresses, insbesondere des darin enthaltenen Persönlichkeitsinteresses der Mitglieder innerhalb der Produktivgenossenschaft getroffen hat, darf man schließen, daß das der Grund für deren bisherige Fehlentwicklung ist. Diese Annahme findet außerdem ihre Bestätigung in dem Lebenslauf der Produktivgenossenschaft. Durchdenkt man nämlich den Lebenslauf der Produktivgenossenschaft unter diesem Gesichtspunkt, so wird deutlich, daß sie sich dann gar nicht anders verhalten kann, als sie es bisher mit einer an Gesetzmäßigkeit grenzenden Regelmäßigkeit getan hat.

Wenn es richtig ist, daß die Umwandlungstendenz der Produktivgenossenschaft in der Mißachtung des Persönlichkeitsinteresses der Mitglieder begründet ist, müßte die jetzige rechtliche Regelung bewirken, daß die Mitglieder das Interesse an einer Entfaltung ihrer Persönlichkeit auf die Dauer *nicht innerhalb,* sondern *außerhalb* der Produktivgenossenschaft zu befriedigen trachten. Die Mitglieder müßten also die Produktivgenossenschaft nicht als Selbstzweck, sondern als Mittel zum Zweck benutzen, sich mit ihrer Hilfe *nur die Voraussetzungen* für eine Entfaltung ihrer Persönlichkeit zu schaffen. Es müßte mit anderen Worten die Folge der jetzigen rechtlichen Regelung sein, daß die als Vollgenossenschaft gedachte Produktivgenossenschaft unter den Händen ihrer Mitglieder den Charakter einer Hilfsgenossenschaft annimmt, weil sie dazu benutzt wird, ein letztlich *außerhalb* ihres Geschäftsbereiches liegendes Interesse zu befriedigen, das mit dem Einsatz von Wirtschaftskraft in Form von Arbeitskraft zusammenhängt. Genau dem entspricht aber das bisherige Wirken der Produktivgenossenschaft.

Da sie nicht nur Kapital und den persönlichen Kredit ihrer Mitglieder, sondern auch deren Arbeitskraft in Anspruch nimmt, kann sie dabei allerdings nicht in der gleichen Weise tätig sein wie die typischen Hilfsgenossenschaften. Auch die gewerblichen Hilfsgenossenschaften (mit Einschluß der Kreditgenossenschaft), an die man hier insbesondere zu denken hätte, sind zwar dazu da, der Arbeitskraft ihrer Mitglieder außerhalb ihres eigenen Geschäftsbereiches ein genügendes Betätigungsfeld zu schaffen. Sie suchen dieses Ziel aber schon dadurch zu erreichen, daß sie lediglich Kapital und den persönlichen Kredit ihrer Mitglieder einsetzen. Deren Arbeitskraft aber lassen sie aus dem genossenschaftlichen Unternehmen heraus, so daß den Mitgliedern *von vornherein* die Möglichkeit zu gewerblicher Selbständigkeit verbleibt. Man kann also sagen, daß die Produktivgenossenschaft bei der Beschränkung auf die Ziele einer Hilfsgenossenschaft weiter ausholt als die typischen Hilfsgenossenschaften, weil sie auch die Arbeitskraft ihrer Mitglieder beansprucht und jedem Mitglied darum erst auf dem Umweg einer Verfügungs*beschränkung* über die Arbeitskraft schließlich ganz nach eigenen Wünschen einzusetzen.

Die Produktivgenossenschaft als Erwerbsquelle nur ein Durchgangsstadium

Dieser Umstand muß einerseits bewirken, daß die Produktivgenossenschaft am Anfang einer auf Hilfstätigkeit beschränkten Wirksamkeit nichts anderes darstellt als eine gemeinsame Erwerbsquelle ihrer Mitglieder. Dagegen wahren die typischen Hilfsgenossenschaften von vornherein den Charakter der Subsidiarität, weil sie die wirtschaftlichen Einzelbemühungen ihrer Mitglieder *nur ergänzen*.

Die Funktion als Erwerbsquelle kann jedoch nur ein Durchgangsstadium, niemals aber der auf die Dauer berechnete Endzustand für eine auf das Wirken als Hilfsgenossenschaft beschränkte Produktivgenossenschaft sein, weil sie sonst nie dazu käme, jedem Mitglied die volle Verfügungsgewalt über seine Arbeitskraft selbst zu überlassen. Sie darf diese Funktion also nur eine mehr oder weniger lange Zeit übernehmen.

Auf dieser Stufe muß es ihr Betreben sein, nicht nur die Mittel für den Lebensunterhalt ihrer Mitglieder abzuwerfen, sondern einen darüber hinausgehenden Betrag auszuschütten oder in ihrem Unternehmen anzusammeln, weil zu dem Einsatz der Arbeitskraft ganz nach den eigenen Wünschen der Mitglieder Kapital gehört. In diesem Stadium waltet also ein vorwiegend *materielles* Interesse der Mitglieder ob, so daß ein rechtliches Gewand, das den *wirtschaftlichen* Erfolg der Produktivgenossenschaft ermöglicht, die Interessen der Mitglieder weitgehend befriedigt und bewirkt, daß sie beieinander bleiben.

Gerade diesem Streben nach wirtschaftlichen Erfolgen innerhalb der Produktivgenossenschaft entspricht dann aber auch die Tendenz der Mitglieder, den Neuzugang weiterer Mitglieder sehr zu erschweren. Je eher die Produktivgenossenschaft ihre hilfsgenossenschaftliche Aufgabe erfüllt, desto besser tut sie dies auch. Daher können nur solche Mitglieder, die zugleich auch einen wertvollen Kraftzuwachs für die Genossenschaft bedeuten, willkommen sein. Sonst würde nämlich der Kraftzuwachs durch den Zugang einer weiteren Arbeitskraft in keinem Verhältnis stehen zu *dem,* was die Genossenschaft nun für das hinzugekommene Mitglied aufwenden müßte, um auch an ihm die Hilfsaufgabe zu erfüllen. Bei den gewerblichen Hilfsgenossenschaften dagegen kommt es nicht darauf an, in möglichst kurzer Zeit einen möglichst hohen Betrag zu erzielen, sondern die Unkosten der selbständigen Einzelbetriebe zu senken. Hier wirkt sich der Neuzugang von Mitgliedern daher nicht hemmend, sondern im Gegenteil günstig aus, weil damit die Basis der Hilfsgenossenschaft verbreitert und ihre Leistungsfähigkeit vergrößert wird.

Die Umwandlung oder Auflösung der Produktivgenossenschaft als notwendige Folge ihrer Beschränkung auf Hilfstätigkeit

Je mehr es nun einer lediglich als Hilfsgenossenschaft benutzten Produktivgenossenschaft gelingt, wirtschaftlichen Erfolg zu erzielen, desto näher muß das Ende dieses Durchgangsstadiums rücken und der Weg frei werden, den einzelnen Mitgliedern *außerhalb* der Genossenschaft wirtschaftliche Vorteile zukommen zu lassen. Haben wir doch die Hilfsgenossenschaft als eine wirtschaftliche Förderungsgesellschaft erkannt, deren Nutzen dem einzelnen Mitglied *außerhalb* der Genossenschaft zugute kommen soll.

Solange nun aber die Mitglieder mit ihrer Arbeitskraft in der Produktivgenossenschaft gebunden sind, kann bei ihnen von einem Einzelerwerb keine Rede sein, dem die Produktivgenossenschaft dienen könnte. Eine derartige Förderung läßt sich nur dann verwirklichen, wenn die Mitglieder Verwendung für sie, d.h. die Gelegenheit zu wirtschaftlicher Eigenständigkeit haben. Hierzu gehört in erster Linie die Verfügungsmacht über die eigene Arbeitskraft. Die Produktivgenossenschaft muß also die Arbeitskraft ihrer Mitglieder *freigeben*, wenn sie lediglich der Funktion einer Hilfsgenossenschaft gerecht werden soll. Da aber die Produktivgenossenschaft gerade zu einem wesentlichen Teil auf der Vereinigung von Arbeitskraft ihrer Mitglieder beruht, fällt in der Auflösung oder Umwandlung der Genossenschaft mit der umfassenden Erfüllung einer nur hilfsgenossenschaftlichen Förderungsaufgabe zugleich die Schaffung der Voraussetzung dazu zusammen. Es kann also *die* Produktivgenossenschaft, die Erfolg hat, gerade *nicht* am Leben bleiben, sondern *muß* untergehen, wenn sie lediglich als Hilfsgenossenschaft verwendet wird.

. . . .

Es gehören also für die Wirksamkeit der Produktivgenossenschaft als Hilfsgenossenschaft Leben und Sterben unzertrennbar zusammen. Die Auflösung beendet nicht die Funktion der Produktivgenossenschaft, sondern ist notwendiger Teil davon, weil sie erst die Tätigkeit der Produktivgenossenschaft als Erwerbsquelle mit *dem* Sinngehalt erfüllt, der dem Wesen einer auf die Funktionen als Hilfsgenossenschaft beschränkten Produktivgenossenschaft entspricht.

Erwin Weissel
Gründe für das Scheitern der Produktivgenossenschaften

Aus: Arbeiterselbstverwaltung. Neue Ansätze zu einem alten Vorhaben. Ein Tätigkeits-
bericht der Österreichischen Studien- und Beratungsgesellschaft: Alternativ- und Sanie-
rungskonzepte für Regionen und Betriebe. Wien 1983 S. 38-46

Empirische Beispiele der Ersten und Zweiten Republik

Ich möchte davon ausgehen, daß ein Scheitern der Genossenschaft, der Begriff des Scheiterns zweierlei Bedeutung haben kann.

Erstens einmal: Die Genossenschaft scheitert als wirtschaftliche Einheit, das
heißt sie bricht zusammen, sie kann sich nicht behaupten. Das ist die übliche
Bedeutung, es kann aber auch eine zweite Bedeutung unterlegt werden: Der
genossenschaftliche Gedanke scheitert, das heißt, die Unternehmung besteht
weiter, aber sie hat erhebliche Abstriche machen müssen von dem, was ausdrücklich oder stillschweigend in dem Genossenschaftsgedanken steckt. Das
kommt sehr klar in den Äußerungen von Oppenheimer zum Ausdruck; er
war übrigens nicht der erste, genau dasselbe findet sich schon vorher bei Ro-
bertus, Genossenschaften werden sich entweder anpassen müssen an die kapitalistische Umgebung oder sie werden untergehen. Was ich meine, sind diese
beiden Begriffe Untergang: Wirtschaftlich untergehen oder als Genossenschaft
untergehen, sich anpassen an die kapitalistische Umgebung. Ich möchte mit
der zweiten Bedeutung beginnen.

Abkehr von genossenschaftlichen Prinzipien

Genossenschaften werden sehr häufig wirtschaftlich durchaus passable Gebilde, weil sie von der zugrundeliegenden Idee Abstriche gemacht haben. Es gibt
etliche Schwerpunkte dieser Abstriche und ich möchte sie kurz durchgehen.

Lohnarbeiter

Erstens einmal gibt es das berühmte Problem der Deckung von Mitgliedern
und Arbeitenden. Es ist ein Gedanke, wie er schon in der ersten Version des
Genossenschaftsprinzips bei Buchez auftaucht: Alle Mitglieder arbeiten, alle
die arbeiten sind Mitglieder. Das führt zu einem Mangel an Flexibilität. In
einer Expansionsphase, wenn die Konjunkturlage gut ist, wäre es für die Genossenschaft günstig, Arbeitskräfte aufzunehmen, es müßten aber Mitglieder
sein. Und wenn es dann wieder bergab geht, kann ein kapitalistisches Unternehmen die Arbeiter ganz einfach rausschmeißen, aber die Genossenschaft
kann die Mitglieder nicht hinausschmeißen. Sie schleppt in den schlechten

Zeiten als Ballast das mit, was in guten Zeiten durchaus günstig für die Genossenschaft gewesen ist. Das heißt also, Genossenschaften gehen zugrunde an einem Mangel an Flexibilität.

Um diese Flexibilität wieder herzustellen, finden wir sehr deutliche Versuche der Genossenschaften, mit Lohnarbeitern zu operieren, das heißt, die Deckung von Mitgliedern und Arbeitenden wird aufgegeben. Das wird oft auf eine sehr raffinierte Art und Weise getan; ich möchte als Beispiel eine ziemlich gut florierende Genossenschaft in Matrei *(Gerätebaugenossenschaft)* erwähnen, die hat in ihren Statuten den Kniff, daß sie hineinschreibt *"Die Mitgliedschaft steht allen Österreichern offen"*, das Prinzip der offenen Tür — Konsequenz ist, daß die Gastarbeiter die Lohnarbeiter werden, denn die sind ja nicht Österreicher. Man hat also den Genossenschaftsgedanken hochgehalten und hat ihn trotzdem unterlaufen durch diesen Trick.

Das können wir wahrscheinlich bei etlichen Genossenschaften auch beobachten, ganz sicher ja in den agrarischen Genossenschaften. In den Molkereigenossenschaften, im milchwirtschaftlichen Bereich, arbeiten die Mitglieder nicht in der Genossenschaft und jene, die in der Genossenschaft arbeiten, sind nicht Mitglieder. Das sind schon rein kapitalistische Gebilde, die sich von einer Aktiengesellschaft nur durch die egalitäre Anteilsverteilung unterscheiden, aber sonst besteht kein Unterschied mehr.

Das "eherne Gesetz der Oligarchie"

Dazu kommt sehr häufig der zweite Faktor oder eine Tatsache: Das Entscheidende an der Genossenschaft wäre die Willensbildung unten an der Basis. Es ist dieses Problem der bürokratischen Apparate angeklungen, wo die Willensbildung an der Basis unten durch die Existenz des Apparates ziemlich deutlich abgewürgt wird. In Mondragon ist es das Problem der Bank: Diese stützt die Produktionsbetriebe, in kapitalistischen Konstruktionen stützen die Produktionsbetriebe die Bank, das heißt, die Bank steht an der Spitze und nicht der Produktionsbetrieb. Das Entscheidende sind dann die Wahlmechanismen, ob bestimmte Funktionäre in bestimmten Positionen ohne weiters abwählbar sind, und wir beobachten dann immer wieder in Genossenschaften, daß sich wie in vielen anderen Organisationen die Spitzenfunktionäre von der Basis abkapseln, sich gegenüber der Basis verselbständigen können. Denken wir an die berühmte Formulierung von Robert Michels, an das eherne Gesetz der Oligarchie: Es ist die Herrschaft der Mandatare über die Mandanten, der Delegierten über die Delegierenden.

Das finden wir auch in den Genossenschaften. Ein österreichisches Beispiel wäre der *Raiffeisenverband,* wo genau im Bankenbereich völlig unkontrollierte Funktionäre tätig sind, Manager, die Vollprofis sind, die ihr Handwerk aus dem FF verstehen. Nur ist es eben das kapitalistische, und nicht das genossenschaftliche Handwerk.

Und die sitzen sehr fest im Sattel und können ganz einfach nicht mehr heruntergeholt werden. Ich glaube, daß das auch ein Scheitern der Genossenschaftsidee ist, weil im Grunde genommen Kontrolle durch die Basis der entscheidende Gedanke der Genossenschaft ist.

"Einzweck"- und "Mehrzweck"-Genossenschaften

Ein dritter Fall des Scheiterns liegt in der Tatsache, daß in der ursprünglichen Fassung des Genossenschaftgedankens der Zweck der Genossenschaft sehr eng abgegrenzt ist. Das typische Beispiel sind die Wohnbaugenossenschaften, die nichts anderes als Wohnungen bauen. Warum? Weil ja die Genossenschaft eine Gesellschaftskonstruktion ist, bei der eben nicht das Kapital, sondern die Arbeit die entscheidende Rolle spielt. Wenn nun Menschen sich zu gemeinsamer Arbeit zusammenfinden, um ein bestimmtes Ziel zu erreichen, dann muß es sich um eine sehr definierte Tätigkeit handeln, denn sonst wird das Gebilde viel zu komplex. Daher waren von allem Anfang an diese Genossenschaften sehr eng vom Vereinszweck her definiert.

Das klassische Beispiel dafür sind die *Schneider von Clichy,* eine Genossenschaft, die von Louis Blanc geschaffen wurde: Das waren ganz einfache Schneider und die haben nichts anderes gemacht als Schneiderarbeiten; sie haben es, nebenbei bemerkt, nicht lange gemacht. Sie hatten einen einzigen Großauftrag ergattert, den haben sie erfüllt und damit war die Genossenschaft wieder aufgelöst. Da ist also der Zweck offensichtlich zu eng definiert worden.

Die Genossenschaften im alten Sinn sind also Einzweckgenossenschaften. So auch die klassische Genossenschaft von Buchez, eine Genossenschaft von Möbeltischlern, die nur Möbeltischlerei betrieben haben und sonst gar nichts. Wir können beobachten, daß die modernen Genossenschaften, soweit sie sich eben behaupten können, hinüberwechseln zu Mehrzweckorganisationen, zu Mehrzweckgenossenschaften. Dafür dürften zwei Gründe maßgebend sein.

Erstens einmal ökonomische Überlegungen: Die Wirtschaftlichkeit der Organisation kann natürlich wesentlich gesteigert werden, wenn ich ein und dieselbe Organisation nicht nur für einen eng definierten Zweck einsetze, sondern gleich zwei, drei Ziele damit verfolge, weil ganz einfach die Unkosten auf einen größeren Umsatz umgelegt werden können. Das Ganze wird also wirtschaftlicher. Ein typisches Beispiel dafür wäre die *Lagerhausgenossenschaft* in *Gänserndorf,* die wirklich als Lagerhausgenossenschaft begonnen hat, lange Zeit als Lagerhausgenossenschaft geführt wurde und dann allmählich begonnen hat, für ihre Mitglieder andere Vorteile zu ergattern. Sie wurde zu einer Einkaufsgenossenschaft, sie wurde zu einer Verkaufsgenossenschaft und das alles immer noch unter dem Titel *"Lagerhausgenossenschaft Gänserndorf".* Die Tätigkeit hat also sehr, sehr deutlich expandiert.

Der zweite Grund könnte darin liegen, daß nach einigen Ergebnissen der Bürokratieforschung bürokratische Apparate immer zu einer Überproduktion tendieren. Rational wäre eine Produktion, die in einem vernünftigen Verhältnis zum Einsatz steht. Das ist dann der Fall, wenn der Betreffende, der die Entscheidung zu fällen hat, für diese Differenz verantwortlich gemacht wird: Er muß immer dafür sorgen, daß der Output wertmäßig größer ist, als der Input. Das ist ja der Witz der kapitalistischen Unternehmungen, daß jeder Unternehmer in seinem eigenen Interesse darauf achten wird, daß die Differenz so groß wie möglich ist, denn er zahlt den Input und er bekommt für den Output bezahlt. In bürokratischen Apparaten werden sehr häufig die Entscheidungen im mittleren Bereich der Bürokratie, in den mittleren Hierarchieebenen getroffen. Dort ist der Betreffende zwar für den Output verantwortlich (von dem Renommee lebt er), aber für den Input wird nicht er direkt verantwortlich gemacht. Daher orientieren sich diese mittleren bürokratischen Hierarchieebenen eher am Output und produzieren um der Produktion willen und sonst gar nichts.

Was das kostet ist also völlig uninteressant für den Bürokraten und dann kommt es eben zu völlig sinnlosen Aktivitäten, wie wir sie ja in den staatlichen Machtapparaten immer wieder beobachten können, wo dem Staatsbürger höchst zweifelhafte Wohltaten erwiesen werden, da höchstwahrscheinlich die Kosten höher sind als das, was der Staatsbürger herausholt. Und es kann sehr wohl vermutet werden, daß der selbe Prozeß sich in den Genossenschaften zeigt, weil ja jeder, der in einer leitenden Position tätig ist, irgendwelche Erfolgsnachweise braucht, nicht zuletzt deshalb, weil er selbst Erfolgserlebnisse braucht. Und dann werden Aktivitäten, die ökonomisch betrachtet nicht unbedingt sinnvoll sind, von den genossenschaftlichen Apparaten ganz einfach aufgenommen. Sehen wir uns meinetwegen die *Molkereigenossenschaft Schärding* an, die lange Zeit hindurch eine reine Molkereigenossenschaft gewesen ist. Allmählich hat sie von nur Milch ausgedehnt auf Käse, auf Topfen, hat also begonnen, das Angebot ein bißchen zu diversifizieren und auf einmal sind die Leiter auf die Idee gekommen, Eier könnten wir auch verkaufen. Dann sind sie auf die Idee gekommen, Honig könnten wir auch verkaufen, und ungefähr 1979 oder 1980 haben sie auf einmal begonnen, Fruchtsäfte zu erzeugen. Einen Apfelsaft lasse ich mir ja noch einreden, aber warum die ausgerechnet Orangensaft erzeugen, ist mir völlig unklar. Hier scheint also dieser Drang nicht ökonomisch begründet zu sein (der Wettbewerb auf dem Obstsaft-Sektor ist ja beinhart), sondern es geht nur darum, den Mitgliedern zu zeigen, jetzt machen wir das auch noch, und das auch noch, und das auch noch. Das betrachte ich aber als ein Scheitern der Genossenschaftsidee, denn die Genossenschaft produziert nicht um der Produktion willen, sondern die Mitglieder sollen daraus einen Nutzen ziehen und nicht die Funktionäre, die sich selbst bestätigen können. .

Gleichheitsgrundsatz

Der nächste Grund, warum eine Genossenschaft von der Idee her scheitert, liegt darin, daß die ursprüngliche Vorstellung der Genossenschaft ja darin gelegen ist, daß jedes Mitglied aus der Existenz der Genossenschaft gleichen Nutzen zieht. "Gleich" ist hier sehr problematisch. Nehmen wir etwa die Konsumvereine her, da ist Gleichheit zu verstehen als "proportional der Inanspruchnahme der Verkaufsaktivität der Genossenschaft". Das ist der Rückvergütungsgrundsatz, wie er erstmals von den *Pionieren von Rochdale* formuliert worden ist und der sich ja ungeheuer bewährt hat. Im wesentlichen soll der Konsumverein die Waren nicht an alle billiger abgeben, sondern nur an die Genossenschaftsmitglieder, das heißt, er hat die selben Preise wie die anderen Unternehmen, aber er gibt die Rückvergütung an die Mitglieder.

In Produktivgenossenschaften müßte ein anderer Verteilungsschlüssel gefunden werden, aber er müßte immer an die arbeitende Person anknüpfen, also irgendwie an deren Arbeitstätigkeit. Wir können jedoch Genossenschaften beobachten, in denen es möglich ist, mehrere Anteile zu erwerben. Der ursprüngliche Gedanke war ein Kopf, ein Anteil, eine Stimme. Es gibt Genossenschaften, Gänserndorf ist ein Beispiel dafür, wo das einzelne Mitglied mehrere Anteile erwerben kann. Damit bekommt es zwar nicht mehr Stimmrecht, denn das Stimmrecht ist mit der Person gekoppelt, aber der Anteil am Geschäftserfolg ist mit dem Anteil an der Genossenschaft gekoppelt, das heißt, drei Anteile bedeuten dreimal so viel Anteil am Geschäftsergebnis.

Es gibt (soviel ich gehört habe, aber ich weiß keine exakten Daten) Genossenschaften, die das Stimmrecht mit dem Anteil koppeln, und den Erwerb mehrerer Anteile zulassen, was also dann ganz klar von einem Urgedanken der Genossenschaft abweicht und hinüberführt in die reinen Kapitalgesellschaften, weil jetzt das Kapital das Stimmrecht vermittelt und nicht der Beitrag des Arbeitenden zur Genossenschaft. Auf jeden Fall ist die ursprüngliche Grundvorstellung gleicher Nutzen, gleiches Stimmrecht für jedes Mitglied von etlichen Genossenschaften aufgegeben worden und auch das betrachte ich als ein Scheitern der ursprünglichen Genossenschaftsidee. Die Genossenschaft selber funktioniert tadellos.

Die Genossenschaft als "Risikopuffer"

Schließlich noch ein letzter Punkt. Die Produktivgenossenschaften wurden doch gegründet, um die Erwerbsquelle der Genossenschaftsmitglieder zu sein, wobei implizit hinter dem Ganzen nach meiner Einschätzung die Idee gestanden hat, daß es die einzige Erwerbsquelle ist, die der Betreffende hat. Natürlich wäre ein Nebenerwerb durchaus denkbar, aber es ist die einzige oder die hauptsächliche Erwerbsquelle des Mitgliedes. Bei verschiedenen Produktivgenossenschaften oder vielleicht allgemeiner, Produktionsgenossenschaften zeigt sich nun die Tendenz, diese einzige oder hauptsächliche Erwerbsquelle zur alternativen Erwerbsquelle zu machen, vor allem die Genossenschaft in einen Risikoträger umzufunktionieren. Ich möchte erläutern, was ich meine. Beobachtungen bei den Winzergenossenschaften zeigen, daß die einzelnen Mitglieder, wenn der Weinpreis hoch ist, selber verkaufen, ohne über die Genossenschaft zu gehen, und wenn der Weinpreis niedrig ist, drehen sie ihre Ernte der Genossenschaft an. Das heißt, ihr Risiko bei den Preisbewegungen halsen sie der Genossenschaft auf, was zu beträchtlichen Schwierigkeiten bei diesen Genossenschaften führt. Es gibt keine genauen Schätzungen, wieviel das ausmacht, aber es dürfte sich um ganz erhebliche Quantitäten handeln. In Wirklichkeit müßten alle ihre gesamten Ernten, ihre Weinproduktion über die Genossenschaft laufen lassen, um gemeinsam das Risiko zu übernehmen und es nicht der Genossenschaft und damit der Allgemeinheit aufzupelzen.

Es gibt ein weiteres interessantes Beispiel dafür, die *Werkzeuggenossenschaft Stubai,* wo die Produzenten gemeinsam Geräte, Werkzeuge benützen und auch die gesamte Produktion über die Genossenschaft laufen sollte. In Wirklichkeit wird ein Gutteil von den Produkten dann eben nicht über die Genossenschaft, sondern selbständig vermarktet. Es gibt dort keine genauen Berechnungen, aber Schätzungen weisen auf eine Größenordnung von 10 bis 20 Prozent des Gesamtoutputs der Mitglieder hin und das ist ziemlich viel, weil man sich unschwer ausrechnen kann, daß das gerade die rentabelsten Geschäfte sind, die der Genossenschaft entgehen, denn sonst würde das Mitglied es ja nicht selbständig machen, sondern ohne weiters über die Genossenschaft laufen lassen.

Die enge Bindung des einzelnen Mitglieds an die Genossenschaft ist offensichtlich in diesen Fällen verlorengegangen, die Genossenschaft ist, wenn wir wollen, zu einer Verlegenheitslösung geworden, der Gedanke ist auch hier ausgesprochen denaturiert worden gegenüber seiner ursprünglichen Fassung.

Das sind also Fälle, typische Fälle, wo die Idee ganz einfach nicht mehr verwirklicht wird, weil sich die Genossenschaft an die sehr egoistisch denkende kapitalistische Umgebung angepaßt hat, weil beispielsweise der Solidaritätsgedanke verlorengegangen ist.

Ökonomisches Scheitern

Ich komme nun zu den Gründen, wo die Genossenschaft wirtschaftlich scheitert. Damit meine ich, daß sie entweder innerhalb kürzester Frist zusammenbricht oder, daß sie sich langfristig nicht behaupten kann, obwohl sie kurzfristig immer noch existiert.

Mangel an innovativen Fähigkeiten

Dabei möchte ich an die Spitze einen sehr wesentlichen Punkt stellen, den Mangel an innovativen Fähigkeiten (er ist kurz angedeutet worden). Das Management hat ja unter anderem auch die Aufgabe, innovatorisch tätig zu sein, das heißt also, neue Produkte, neue Produktionsverfahren gezielt zu suchen und dann rentabel einzusetzen. Das ist bei den Genossenschaften meistens dann nicht der Fall, wenn nicht in den Leitungsgremien irgendwelche Leute sitzen, die das gewissermaßen gelernt haben.

Ein Beispiel dafür, wie wenig die Genossenschaften verstehen, eine Chance zu packen, ist eine inzwischen schon aus anderen Gründen eingegangene Genossenschaft in Tirol, *Häring.* Das war eine Kohlenbergbaugenossenschaft und dieses Kohlenbergwerk war schon seit drei oder vier Jahrhunderten in Betrieb und jedermann hat ganz genau gewußt, daß innerhalb einiger Zeit, einiger Jahre, alles ausgekohlt sein wird. Die Mitglieder konnten dort nicht weiter produzieren, mußten sich nach etwas anderem umschauen und weil sie versucht haben, noch bei ihrem alten Arbeitsgebiet zu bleiben, haben sie Versuchsbohrungen gemacht, ob es nicht doch irgendwo in der Umgebung Kohle gebe. Plötzlich haben sie eine Heilquelle angebohrt, waren aber nicht imstande das auszunützen, sondern die Gemeinde hat sich die Quelle unter den Nagel gerissen und die Genossenschafter sind leer ausgegangen. Dann sind sie auf die Idee gekommen, beim Bergbau zu bleiben und in Kitzbühl, wo es einmal einen Kupferbergbau gab, einen Neubeginn zu setzen. Die Genossenschaft hat Millionen investiert, bis sie dann plötzlich daraufgekommen ist, daß das die Kitzbühler nie zulassen werden, weil in einem Fremdenverkehrsort will niemand ein Bergwerk haben — schon damit sich die Touristen das anschauen, aber doch nicht um zu produzieren und die Gegend zu verdrecken.

Das heißt also, die Genossenschafter waren nicht in der Lage das zu tun, was man heute in der Managementschulung als Chancenmanagement bezeichnet. Heute ist *Häring* umbenannt in Bad Häring und ein Kurort geworden, und die Genossenschafter stehen da mit leeren Händen, obwohl eigentlich sie das Fundament gelegt haben. Das ist ein wichtiger Punkt, Mangel an innovatorischen Fähigkeiten, Chancen herauszuarbeiten und diese Chancen zu realisieren, und ich komme nochmals darauf zu sprechen, im Zusammenhang mit dem Marktzugang.

Mangel an Rationalität

Das zweite, und das ist auch ein ganz entscheidender Punkt, ist ein Mangel an Rationalität. Genossenschafter sind, das ist wesentlich, auch emotional mit ihrer Genossenschaft verbunden, und das ist auch gut so. Nur wird diese Bindung dann zu einem Hemmschuh, wenn sie jede Rationalität der Entscheidungen beiseiteschiebt.

Es geht nämlich schlicht und einfach um den effizienten Faktoreinsatz, um das Effizienzproblem. Genossenschafter können beispielsweise finanzielle Mittel in die Genossenschaft hineinpumpen und müßten eigentlich nach der Rendite fragen; wenn in der Genossenschaft die Rendite des Kapitaleinsatzes null ist, während sie auf der Sparkasse drei, vier Prozent Zinsen bekommen, dann müßten sie das Geld auf die Sparkasse legen und nicht in die Genossenschaft stecken. Die Wirklichkeit zeigt etwas ganz anderes, daß nämlich echte Genossenschafter ihre eigene Genossenschaft durch unterdurchschnittliche Rentabilität im Kapitaleinsatz de facto subventionieren. Das stellen sie aber meist nicht in Rechnung, im Gegenteil, sie versuchen diese Tatsache zu verdecken, zu kaschieren, sie belügen sich selbst.

Wieder ein Beispiel: *Häring* hat, so lange es existierte – und das war bis in die 50er Jahre hinein – einen sehr beachtlichen Gewinnanteil pro Arbeiter ausgewiesen. Wenn man sich dann anschaut, wie dieser Gewinn errechnet wurde, kommt man darauf, daß die Genossenschafter einen Lohn in Rechnung gestellt haben, der weit unter dem lag, was sonst im Kohlenbergbau zu verdienen war. Würde man also dort in die Kalkulation die Löhne so hineinnehmen, wie es im Kohlenbergbau üblich ist, dann bleibt von dem Gewinn verdammt wenig übrig und in manchen Jahren hätte man sogar einen Verlust. Das heißt also, der Faktor Kapital ist dort fehl am Platz gewesen, er hätte nicht dort eingesetzt werden sollen.

Die Genossenschafter haben es getan, sie werden ihre Gründe gehabt haben, aber auf längere Sicht läßt sich sowas nicht halten, weil Eigenkapital nur in begrenzten Mengen vorhanden ist und kein anderer Kapitalgeber würde dort Kapital hineinstecken bei diesen fingiert hohen Renditen.

Das gilt übrigens auch für den komplementären Produktionsfaktor Arbeit: Er dürfte ja in Genossenschaften nur eingesetzt werden, wenn es rentabel ist. Freilich müssen wir natürlich in Rechnung stellen, daß es nicht nur um den finanziellen Ertrag geht, sondern auch dieses Bewußtsein, in einer Genossenschaft zu arbeiten und im eigenen Betrieb zu arbeiten, ist in Rechnung zu stellen. Das ist eine intrinsische Belohnung und wird einkalkuliert. Innerhalb vernünftiger Grenzen ist es durchaus in Ordnung und vertretbar. Aber diese Grenzen werden nun manchmal von Genossenschaften überschritten.

Da haben wir es mit dem berühmten Problem der Selbstausbeutung der Mitglieder zu tun, die sich selber zu Leistungen anpeitschen, die ein Manager in einem kapitalistischen Unternehmen niemals von ihnen verlangen könnte. Wiederum als Beispiel *Häring*, das ja unter anderem auch dadurch gekennzeichnet war, daß dort seit ungefähr 400 Jahren die Kohle brennt – ein Stollenbrand, der niemals gelöscht werden konnte. Daher ist dort die Temperatur im Bergwerk entsprechend hoch gewesen, sogar der Boden hat gedampft an der Oberfläche, so warm ist die Geschichte gewesen. Die Arbeiter dort in der Genossenschaft haben versucht, bis zum letzten Moment Kohle zu fördern und haben dort unten gearbeitet bei Temperaturen an die 50 Grad, sie haben sich selbst gequält, nur um noch Kohle fördern zu können. Und da meines Erachtens die Grenze der Rationalität bei weitem überschritten, denn das sind Arbeitsbedingungen, die schlicht und einfach abnormal sind. Natürlich hält das ein Fanatiker aus, das gebe ich gerne zu, aber Fanatismus führt hier zur Vergeudung von Arbeitskraft, zur Vergeudung von Gesundheit, von Dingen, die offensichtlich von diesen Leuten überhaupt nicht in Rechnung gestellt worden sind. Das beschränkt sich bei Gott nicht auf die Genossenschaften, das gebe ich ohne weiters zu. Wir finden die gleiche Haltung bei Kleinbauern, die sich auch selbst ausbeuten, nur um sich auf der Scholle halten zu können; schon zu Beginn der 20er Jahre hat Otto Bauer einmal einen schönen Satz geprägt: *"Der kleine Landwirt hält sich nur durch Überarbeit und Unterernährung"*. Das gilt also auch für Selbständige, aber diese Mentalität reicht auch in die Genossenschaften hinüber und ich glaube, daß das ein wirtschaftliches Scheitern in längerer Sicht nach sich ziehen muß, weil entweder die Leute sich kaputtarbeiten oder der Kapitalzustrom ganz einfach abgedreht wird, weil keine Rentabilität mehr gegeben ist.

Mangelnde Reservebildung

Ein weiterer Punkt, wo es auf längere Sicht zu einem Scheitern kommen kann, liegt in der Tatsache, daß eine Genossenschaft nicht über Reserven verfügt: Mißerfolge können nur sehr schwer abgefangen werden. Ein Privatunternehmen, eine Aktiengesellschaft hat ein bestimmtes Stammkapital und wenn es einige Zeit hindurch schief geht, dann wird halt von dem Stammkapital heruntergeschrieben, aber es geht immer noch weiter (in der Erwartung, daß es wieder besser gehen wird). Genossenschaften müssen irgendwie einen anderen Mechanismus finden. In Mondragon zum Beispiel, gibt es verschiedene Konstruktionen, um diesen Polster bereitzustellen. Aber im wesentlichen ist die Startschwierigkeit für die Genossenschaften sehr groß, denn sie haben keine Reserven, um erste Verluste abfangen zu können.

Die Erfahrung hat beispielsweise gezeigt, daß bei selbstverwalteten Unternehmungen, die sogenannte Auffangunternehmungen sind – das heißt, ein privates Unternehmen machte pleite und die Arbeiter übernahmen es und versuchen es weiterzuführen –, die ersten drei Jahre ungeheuer kritisch sind. Wenn dieses Unternehmen über die ersten drei Jahre kommt, dann kann es weiterhin bestehen (es gibt beispielsweise schwedische Untersuchungen auf diesem Gebiet), aber wenn sich dann noch immer kein Lichtstreifen am Horizont zeigt, dann kann man das Kreuz darüber machen, dann ist nichts mehr zu retten. Es ist also sehr wesentlich, daß hier Reserven fehlen, so daß das Unternehmen kurzfristig immer noch besteht, aber sich auf lange Frist nicht behaupten kann.

Schwieriger Marktzugang

Diese drei kritischen Jahre sind darauf zurückzuführen, daß die Genossenschaften ihren grundlegenden strategischen Charakter weitgehend geändert haben, ja sogar ändern mußten. Das hängt damit zusammen – ich versuche das jetzt überspitzt zu formulieren –, daß die alten Genossenschaften, wie wir sie aus der Zeit vor dem Ersten Weltkrieg und der Zwischenkriegszeit kennen, eher defensiver Natur gewesen sind. Sie haben versucht, Arbeiter unter Eigentumsbedingungen, die für den Arbeiter günstig sind, produzieren zu lassen für das, was man in der heutigen Terminologie Marktnischen nennen würde. Das heißt also, diese Genossenschaften haben sich nicht im direkten Wettbewerb der Industrie gestellt, aus dem einfachen Grund, weil sie genau gewußt haben, sie werden niedergekämpft, das können sie nicht aushalten. Sie haben also für örtliche, für lokale Märkte produziert oder sie haben Produkte hergestellt, an denen die Großunternehmen nicht interessiert waren. Die typische Kleinserienproduktion war also das Gebiet der Genossenschaft, weil Kleinserien für einen Großbetrieb uninteressant sind.

In den letzten Jahren zeigt sich, daß die Produktivgenossenschaften oder die selbstverwalteten Unternehmungen zunehmend einen offensiven Charakter angenommen haben: Sie verstecken sich nicht mehr in den Marktnischen, sondern sie kommen in direkte Konfrontation mit der Privatindustrie. Damit sind aber die Kampfbedingungen völlig anders geworden. Am Beispiel der Genossenschaftsbank in Mondragon kann das demonstriert werden: Am Anfang war die Bank eine ganz kleine Genossenschaft und die Privatbanken haben sich nicht um sie gekümmert; jetzt ist diese Genossenschaftsbank groß geworden und schon fangen die Abblockmanöver der privaten Banken an.

Das ist also der springende Punkt, daß einerseits sich Mängel im Marktzugang sehr, sehr stark bemerkbar machen: Wenn das Unternehmen nicht Zugang zu den großen Märkten hat, ist nichts zu holen, womit wiederum die Fachkräfte sehr wichtig werden für die Genossenschaften. Und Genossenschaften scheitern sehr häufig daran, daß es ihnen nicht gelingt, die entsprechenden Fachkräfte in ihre Reihen hinüberzuziehen. Das erfordert andererseits auch eine Diversifikation der Produkte, weil die Risikostreuung dann sehr wesentlich wird: Man muß auf mehreren Märkten mit mehreren Produkten vertreten sein, irgendwo klingelt dann die Kasse, damit kann man Rückschläge auf anderen Märkten abdecken. Damit erlangt schließlich auch die Expansionsfähigkeit des Unternehmens ganz entscheidende Bedeutung und gerade bei der Expansionsfähigkeit haben sich die Genossenschaften im Regelfall nicht als besonders wirkungsvoll erwiesen.

Das Problem ist der reinvestierte Gewinn. Wenn eine Genossenschaft expandiert, müssen die Mitglieder auf ihre Gewinnanteile verzichten, die sie in die Genossenschaft hineinpumpen, und dann taucht sofort das Problem auf: Wenn jemand ausscheidet, was passiert dann mit seinem Gewinnanteil, der im Unternehmen steckt? Nicht nur das Ausscheiden, sondern umgekehrt auch der Neueintritt führt zu Schwierigkeiten: Was muß der Neue einbringen, ist eine Ablöse vorgesehen, daß also der Eintretende dem Ausscheidenden den Anteil am Gewinn abgilt, der im Unternehmen eingefroren ist? Das sind also riesige Komplikationen, deren Bedeutung erst in letzter Zeit so richtig klargeworden ist, seitdem sich einige Autoren auf theoretischer Ebene damit auseinandergesetzt haben; ich denke da vor allem an Meade und an die Vertreter der Auffassung, daß Genossenschaften nie Gleichheit schaffen können, weil dies durch die Altersunterschiede, die Seniorität in den Genossenschaften und ähnliches mehr verhindert wird.

Kapitalmangel

Es kann ohne Zweifel gesagt werden, daß neben Mangel an Reserven und Mangel an Marktzugang auch – und das ist ein alter Punkt – Mangel an Kapital zu Schwierigkeiten führt. Denn Mangel an Kapital bedeutet, daß das Unternehmen, wenn es überhaupt bestehen will, Kapital von Außenstehenden hereinziehen muß. Das können nur direkte Beteiligungen sein, und in dem Augenblick ist nicht mehr zu verhindern, daß diese Außenstehenden aufgrund ihrer Kapitalbeteiligung auf die Gestion der Genossenschaft Einfluß nehmen, denn wer sein Kapital eingebracht hat, möchte mitreden. Oder aber die Zufuhr erfolgt über Kredite. In dem Augenblick ist aber wieder der Einfluß der Banken nicht mehr abzuschirmen, weil sie ja Wert darauf legen, ihre kreditierten Summen wieder zurückzubekommen. Eine eigene Bank der Genossenschaften ist ganz entscheidend dafür, daß die Genossenschaftsidee erhalten bleiben kann.

Wir finden oft diese Beteiligung von Außenstehenden sehr geschickt gemacht. Manchmal ist an die Gemeinde, an die Gemeindemitglieder appelliert worden. Wir haben das erlebt in Irland bei einer Genossenschaft: Als wir die Genossenschafter gefragt haben, wie sie das Startkapital aufgebracht haben, haben sie uns gesagt, teils hätten sie es selbst aufgebracht, teils aber seien sie ganz einfach auf die Straße gegangen und hätten den Leuten gesagt, "Wir haben da eine Genossenschaft, beteiligt euch!" Sie haben interessanterweise gerade beim Kleinbürgertum sehr starkes Echo gefunden aus einem einfachen Grund: Das sind die kleinen Geschäftsleute, und die sind interessiert daran, daß die Arbeiter etwas verdienen, weil sie in ihren Geschäften einkaufen. Mit dieser Art Symbiose kann man die Leute hereinbekommen. Aber das geht natürlich nur auf kleiner Grundlage. Wenn das im großen Umfang erforderlich ist, dann ist es schon sehr, sehr schwierig, diese Summe von Leuten aufzutreiben, die zwar Kapital zur Verfügung stellen, aber gleichzeitig auf jede Einflußnahme auf das Unternehmen verzichten.

Auf einer Tagung in Mexiko-City ist ein Beispiel erwähnt worden; eine Fabrik von General Motors mit glaube ich 2.000 Beschäftigten, wo dann die Kleinstadtbürger des Fabrikortes einige Millionen Dollar aufgebracht haben, damit diese Fabrik weitergeführt werden konnte. (General Motors wollte zusperren, es war ein zu unrationeller Betrieb im Vergleich zu anderen Werken.)

Selbstausbeutung

Es gibt also eine ganze Reihe von Faktoren, die in die Richtung hinwirken, daß Genossenschaften sich zwar kurzfristig behaupten können, aber längerfristig scheitern, sei es aus Kapitalmangel, weil der Marktzugang unvollkommen ist, sei es weil Marktnischen nicht mehr bestehen. Die erwähnte irische Genossenschaft ist eine Möbelbaugenossenschaft und stellt Möbel her, die man in Österreich bestenfalls in die Grottenbahn hineinstellen würde. Solange diese Marktnische besteht, funktioniert die Genossenschaft wunderbar. Aber wenn die Engländer endlich einen guten Geschmack bekommen, kann die Genossenschaft zusperren, weil die Möbel dann unverkäuflich sind. Wir waren entsetzt, als wir die Möbel gesehen haben. Abgesehen davon hat sich dort die Selbstausbeutung gezeigt. Die Arbeiter haben Möbel gespritzt ohne Gesichtsmasken und ähnliches; unsere Kollegen von der Sozialakademie haben gemeint, das sei ein Skandal, sie würden da nicht arbeiten, das dürfte es doch nicht geben, aber die Arbeiter haben abgewunken — das spiele ja keine Rolle, und haben weiter ohne Maske gespritzt. Sie behaupten sich vorläufig, aber sie werden ungeheure Schwierigkeiten haben, wenn einmal die Arbeiterschutzbestimmungen dort wirklich eingehalten werden (die werden sehr häufig unterlaufen) oder wenn die Marktnische nicht mehr existiert.

Das ist mein grober Überblick. Ich glaube, damit sind auch einige der Gründe klargestellt, warum die Gewerkschaft derartigen Selbstverwaltungsprojekten und Produktivgenossenschaften sehr kritisch gegenübersteht: Weil sie immer Angst hat, ein Unterlaufen jener Bedingungen herbeizuführen oder zu begünstigen, die von den Gewerkschaften selbst mit Unternehmern ausgehandelt worden sind. Das heißt also, daß Kollektivvertragsbestimmungen plötzlich in diesen Genossenschaften keine Geltung mehr haben. Durch sie wird der Kollektivvertrag durchlöchert und das ist furchtbar unangenehm für die Gewerkschaften. Ich will sie nicht verteidigen, aber ich möchte nur darauf aufmerksam machen, daß die Gewerkschaft auch sehr gewichtige Interessen in der Privatindustrie zu vertreten hat und da könnte sich von den Selbstverwaltungskörpern her ein für die Gewerkschaft unangenehmer Einfluß bemerkbar machen. Das war auch der Grund, warum seinerzeit die sozialdemokratische Partei sehr dagegen gewesen ist.

DARSTELLUNG
EINZELNER PRODUKTIVGENOSSENSCHAFTEN

Kurzüberblick zu Teil II

Die Darstellung einzelner Produktivgenossenschaften wurde in zwei Abschnitte untergliedert. Mit dem ersten Teil soll die politische Tradition der Produktivgenossenschaften und das heutige Anwendungsspektrum dieser Rechtsform in der herkömmlichen Wirtschaft ansatzweise verdeutlicht werden. Dagegen enthält der zweite Teil einen Überblick über die bisherige Verwendung der genossenschaftlichen Rechtsform durch Kollektive. Er soll Kontaktmöglichkeiten aufzeigen und zur Nachahmung anregen.

Die Bäckereiproduktivgenossenschaft Vorwärts und die Zürcher Schuhmachergenossenschaft sind mit die interessantesten Beispiele für den politischen Charakter der ersten Generation selbstverwalteter Betriebe. Sie gingen den Weg vieler Produktivgenossenschaften, indem sie sich durch Zusammenschluß mit konsumgenossenschaftlichen Betrieben in diesen auflösten. Über die Erste Wiener Produktiv-Genossenschaft für Frauenhandarbeit konnten, abgesehen von der Satzung, keine weiteren Dokumente aufgefunden werden. Auszüge daraus wurden in das Buch aufgenommen, da sie das seltene Beispiel einer Kooperative darstellt, in der nur Frauen Mitglieder werden konnten.
Im vierten Text ist die Transformationstendenz der dort dargestellten industriellen Produktivgenossenschaften trotz erst kurzer Existenz schon erkennbar. Beide Betriebe bestehen nicht mehr in der Rechtsform der Genossenschaft, obwohl sie erst nach dem Zweiten Weltkrieg gegründet wurden.
Insofern sind die Glaswerke Warmensteinach e.G. – dargestellt im fünften Text – als älteste noch bestehende Produktivgenossenschaft in Deutschland eine interessante Ausnahme. Die AGU wiederum dient als Beispiel dafür, daß es zumindest auch im Dienstleistungssektor bei hochqualifizierten Arbeitsaufgaben auch in der herkömmlichen Wirtschaft noch zu produktivgenossenschaftlichen Neugründungen kommt.

In die Darstellung alternativer Ansätze wurde die Handwerker Genossenschaft "Johann Georg Elser" miteinbezogen, obwohl eine juristische Anerkennung als Genossenschaft nicht erfolgte. An ihrem Beispiel wird deutlich, welche Schwierigkeiten bei der Gründung einer Genossenschaft auftreten können. Sie produziert in einer anderen Rechtsform weiter. Die Darstellungen der anerkannten alternativen Genossenschaften sind so angeordnet, daß die Betriebe mit vollproduktivgenossenschaftlichem Charakter zuletzt beschrieben werden. Die Schäfereigenossenschaft Finkhof — wohl der bekannteste Alternativbetrieb in Deutschland in der Rechtsform der Genossenschaft — und die WIR e.G. organisieren auch den Konsum und den Wohnzusammenhang gemeinschaftlich. Auch als Kommunen bezeichnet, unterscheiden sie sich von Betrieben der herkömmlichen Wirtschaft am deutlichsten.

Im Vergleich zu den anderen dargestellten Projekten ist der produktivgenossenschaftliche Charakter der Arbeitslosen-Selbsthilfe Genossenschaft Rems-Murr begrenzt. Die Mitglieder haben nur einen geringen Gruppenzusammenhalt und als wichtige Unterstützung im Hintergrund steht das Katholische Bildungswerk. Die Bezeichnung Wohlfahrtsgenossenschaft trifft deshalb genauer. Auch für die Blätterwald e.G. ist die Bezeichnung Produktivgenossenschaft problematisch. Zwar steht die Selbstverwaltung der in dem Betrieb beschäftigten Genossen und Genossinnen im Vordergrund, da aber auch viele Kunden und Freunde den Genossenstatus haben, ist dieses Projekt mehr eine Konsum- bzw. Handelsgenossenschaft mit produktivgenossenschaftlichem Einschlag. Die Kreuzberger Taxigenossenschaft, die Stattwerk e.G. und die Mannheimer Handwerker-Genossenschaft können als "reine" Produktivgenossenschaften bezeichnet werden, wobei sich allerdings bei der Taxigenossenschaft der produktivgenossenschaftliche Charakter aufgrund der speziellen Bedingungen des Taxifahrens, nämlich Einzelarbeit, relativiert.

TRADITIONELLE BEISPIELE

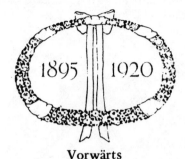

Vorwärts
Produktivgenossenschaft der Bäckereiarbeiter, e.G.m.b.H., Hamburg

Festschrift zum fünfundzwanzigjährigen Bestehen

Fotos und Textauszüge mit freundlicher Genehmigung der Friedrich-Ebert-Stiftung, Bonn

Manchem von der Arbeiterschaft gegründeten Unternehmen ist nicht an der Wiege vorgesungen worden, daß es dereinst zu großer Bedeutung und großem geschäftlichen Umfange kommen würde. So erging es auch unserer Genossenschaft bei ihrer Gründung im Jahre 1895: Von einer kleinen Anzahl wagemutiger Bäckergesellen – die zu den Ärmsten der Amren gehörten und kein anderes Vermögen besaßen als ihre Arbeitskraft und ihr Vertrauen in die eigene Kraft und Selbsthilfe – wurde das Kind zu einer Zeit aus der Taufe gehoben, wo es noch nicht so außerordentlich "modern" war, daß sich Arbeiter Genossenschafter nannten!

Der Sozialdemokratische Parteitag vom Jahre 1892 hatte, gestützt auf nicht sehr erfreuliche Erfahrungen mit den Produktivgenossenschaften, die durch Arbeiter errichtet worden waren, eine diesen Genossenschaften gegenüber mehr als kühle Entschließung angenommen. Nun gehörte es in weiten Kreisen der Parteigenossen zum guten Tone, sich von den Genossenschaften loszusagen, soweit man sich vorher schon dazu aufgeschwungen hatte, Interesse für sie zu zeigen und ihnen Unterstützung angedeihen zu lassen.

Die im Jahre 1888 seitens der organisierten Arbeiterschaft von Hamburg-

Altona mit dem edlen Bestreben, den geknechteten und entrechteten und in ihrem heldenmütig geführten langwierigen Streik von 1886 unterlegenen Bäckergesellen in ihrem Kampf um Erringung menschenwürdiger Lohn- und Arbeitsbedingungen zu helfen, gegründete **Vereinsbäckerei zu Hamburg,e.G.m.b.H.** rang in dem Jahre 1894 mit dem Tode und verfiel schließlich dem Konkurs. Dieses Unternehmen hatte schon bessere Tage gesehen und stand besonders in den Jahren 1890 bis Anfang 1892 in hoher Blüte. Aber innere Streitigkeiten, wozu die oben gekennzeichnete, fast genossenschaftsfeindliche Stimmung in Arbeiterkreisen kam, drückten das einstmals blühende Unternehmen nieder. Es ging dann immer weiter abwärts, und 1894 wurde der Konkurs erklärt.

Gründung des Vorwärts

In dieser Zeit waren es einige junge gewerkschaftlich organisierte Bäckergesellen und Führer der Gewerkschaftsbewegung dieses Berufes, die trotzdem nicht an dem genossenschaftlichen Gedanken verzweifelten und in kleinerem Kreis ihrer Gewerkschaftsgenossen Propaganda dafür trieben, eine solche Genossenschaft der Bäckereiarbeiter zu errichten, falls, wie leider vorauszusehen war, die Genossenschaft Vereinsbäckerei nicht wieder gefunden würde. An der Spitze dieser Kollegen stand der damalige Vorsitzende der Zahlstelle Hamburg des Deutschen Bäckereiverbandes, D. Ullmann, der unermüdlich den Gedanken propagierte, schon deshalb die Neuerrichtung einer Bäckereigenossenschaft zu betreiben, um den organisierten Kollegen eine sichere Zuflucht vor den Maßregelungsgelüsten der durch den für die Gesellen so unglücklich verlaufenen Streik von 1886 übermütig gewordenen Arbeitgeber zu schaffen.

Die Propaganda für diesen Gedanken hatte unter den Berufsangehörigen so weit Wurzel geschlagen, daß man es im Februar 1895 wagen konnte, eine öffentliche Gewerkschaftsversammlung einzuberufen mit dem Thema: "Gründen wir eine Produktivgenossenschaft der Bäckereiarbeiter?" Der in der Arbeiterschaft angesehene Geschäftsführer der Tabakarbeiter-Genossenschaft, Adolf v. Elm, hatte zu dieser Versammlung zugesagt, das Referat über dieses Thema zu übernehmen, sagte aber im letzten Augenblicke wieder ab, und nun blieb nichts anderes übrig, als daß Ullmann das Referat übernahm. Er schilderte nicht nur die guten Aussichten einer solchen Gründung, schilderte nicht nur, wie notwendig ein solches Unternehmen als Schutzwaffe der organisierten Bäckereiarbeiter sei, sondern verwies auch eindringlich auf die schlechten Erfahrungen, die mit der Gründung derartiger Unternehmen in Berlin, Magdeburg, Hannover, München und mehreren anderen Städten gemacht waren.

Der Erfolg der Versammlung war, daß sich 23 Genossen einzeichneten, die Mitglieder der neuen Genossenschaft werden wollten. Natürlich gab es wie immer auch Schwarzseher genug in der Gewerkschaft, die der neuen Gründung keine gute Zukunft voraussagten. Ihrem Einflusse war es zuzuschreiben, daß schließlich schon in den Vorberatungen über das Statut der Genossenschaft, die nun begannen, verschiedene Kollegen wieder absprangen, so daß in der ersten Generalversammlung, am 3. März 1895, nur noch zehn Genossen übrig blieben, die das Statut als Gründer des

Vorwärts
Produktivgenossenschaft der Bäckereiarbeiter
e.G.m.b.H.

unterzeichneten. Jeder der zehn Gründer verpflichtete sich, je 1 bis 3 Anteile zu 10 Mark zu nehmen. Mit diesem geringen Kapital war nun allerdings gar nichts anzufangen. Aber auf der anderen Seite drängte die Lage immer mehr zur Verwirklichung des Zweckes der gegründeten Genossenschaft, nämlich der Errichtung einer Bäckerei, denn die Vereinsbäckerei wollte die Produktion von Backwaren ganz einstellen. Man war sich darin einig, daß man die bisher diesem Unternehmen treugebliebene Kundschaft nicht erst wieder an die Bäckermeister zurückfallen lassen dürfe, sonst wäre sehr vieles verloren. Weiter drängte noch zur Verwirklichung der Gründung der Umstand, daß der Zentralvorstand der Gewerkschaft nach Hamburg verlegt worden war und für die Kollegen des Zentralvorstandes sichere Stellung geschaffen werden mußte. Mit welchen bescheidenen Mitteln derzeitig noch die Gewerkschaften arbeiten mußten, geht aus dem Umstande hervor, daß Ullmann, der zum Vorsitzenden ernannt worden war, in den ersten zwei Jahren auf die ihm zugebilligte monatliche Entschädigung von 50 Mark verzichtete, um der Gewerkschaft nicht die geringen Mittel zur Agitation zu entziehen.

Übernahme der Bäckerei

Am 8. März kam eine Vereinbarung der Genossen Ullmann und Pevestorf mit den Genossen Friedrich Ehlers (Aufsichtsratsmitglied) und Adolf Beinsen (Kassierer der Vereinsbäckerei) zustande, daß am Sonntag, dem 10. März, die neu zu errichtende Genossenschaft den Betrieb der bisherigen Vereinsbäckerei übernehmen sollte. Mit dem Konkursverwalter wurden sich diese Genossen einig, daß sie zum Preise von 4822 Mark das lebende und tote Inventar der Vereinsbäckerei übernehmen sollten. Nun hieß es, schnell die Summe zusammenzubringen, um die ersten 1500 Mark dieses Kaufgeldes bezahlen zu können. Jeder der zehn Gründer der Genossenschaft gab sein bißchen Erdarbtes und Ersparates her, der eine 20 Mark, der andere 100 Mark, der dritte 200 Mark und so weiter, einer sogar 800 Mark, der neuen Genossenschaft als Darlehen. Damit wurde am Sonntag, dem 10. März 1895, die Bäckerei in Betrieb übernommen und in der Nacht auf Montag, den 11. März, zum ersten Male mit sechs Grobbäckern Brot gebacken.

Die Generalversammlung am Sonntag, den 10. März, die als die eigentlich konstituierende bezeichnet werden muß, wählte die Genossen D. Ullmann zum Geschäftsführer, Wilhelm Pevestorf zum Kassierer und zu Mitgliedern des Aufsichtsrats Johannes Martens (Vorsitzender), Georg Friedmann (Schriftführer), Carl Kesting, Bernhard Liesker, Franz Passarge.

Gerichtliche Eintragung der Genossenschaft

Beim Amtsgericht als Aufsichtsbehörde für Genossenschaften ging es indessen mit der beantragten Eintragung der neuen Genossenschaft nicht so schnell, und so wurde es notwendig, weil der Genosse Ullmann persönlich einen Gewerbeschein zum Betriebe einer Bäckerei besaß, zunächst das Unternehmen auf dessen Namen zu führen. Etwa vier Wochen schleppte sich dieses Provisorium hin, ehe die Eintragung der Genossenschaft erfolgt war und diese nun auch den Geschäftsbetrieb übernehmen konnte. Endlich, am 2. April 1895, erfolgte die Eintragung der Genossenschaft in das Handelsregister des Landgerichts Hamburg.

Nachfolgende zehn Mitglieder waren als Gründer der Genossenschaft eingetragen:

Oskar Ullmann, Hamburg	Franz Passarge, Hamburg
Wilhelm Pevestorf, Hamburg	Georg Friedmann, Altona
	(† 1901)
Bernhard Liesker, Hamburg	Heinrich Behre, Hamburg
	(† 1918)
Carl Kesting, Hamburg	Otto Zülk, Hamburg
Johannes Martens, Hamburg	Carl Neumann, Hamburg

Das Statut lautete:

Statut des Vorwärts
Produktivgenossenschaft der Bäckereiarbeiter. Eingetragene Genossenschaft mit beschränkter Haftpflicht.

Firma, Sitz und Gegenstand des Unternehmens.

§ 1. Unter dem Namen: Vorwärts. Produktivgenossenschaft der Bäckereiarbeiter. Eingetragene Genossenschaft mit beschränkter Haftpflicht, bildet sich ein Verein mit dem Sitze in Hamburg, welcher auf gemeinsame Rechnung die Herstellung von Backwaren und den Verkauf derselben sowohl an Mitglieder der Genossenschaft, als auch an andere Personen bezweckt.

Betriebsmittel.

§ 2. Die Betriebsmittel setzen sich zusammen aus den Geschäftsguthaben der Genossen und dem Reservefonds. Zur Vermehrung der Betriebsmittel können erforderlichenfalles Baaranleihen beschafft werden.

Leitung der Genossenschaft

§ 3. Die Geschäfte der Genossenschaft werden geleitet durch:
        a) den Vorstand,
        b) den Aufsichtsrath,
        c) die Generalversammlung.

a. Der Vorstand.

§ 4. Der Vorstand besteht aus einem Geschäftsführer und einem Kassierer, welche aus der Mitte der Genossen durch die Generalversammlung in getrennten Wahlgängen auf ein Jahr mit absoluter Stimmenmehrheit gewählt werden.

§ 5. Die Vorstandsmitglieder legitimieren sich bei den zuständigen Gerichten durch einen Auszug aus dem Protokoll derjenigen Generalversammlung, welche sie gewählt hat.

§ 6. Der Vorstand vertritt die Genossenschaft gerichtlich und außergerichtlich und zeichnet für dieselbe. Die Zeichnung geschieht dadurch, daß die Zeichnenden zu der Firma der Genossenschaft ihre Namensunterschriften hinzufügen. Rechtsverbindlichkeit Dritten gegenüber hat die Zeichnung nur, wenn sie von beiden Vorstandsmitgliedern gemeinschaftlich geschehen ist.

§ 7. Der Vorstand führt die Geschäfte der Genossenschaft selbstständig, soweit er nicht durch das Statut, oder durch besondere, von der Generalversammlung genehmigte Vorschriften darin beschränkt ist, unter Berücksichtigung der Vorschriften des § 27 des Genossenschaftsgesetzes.

§ 8. Für den Fall der Verhinderung eines Vorstandsmitgliedes hat der Aufsichtsrath bis zur Entscheidung der ohne Verzug einzuberufenden Generalversammlung sofort einen Stellvertreter zu ernennen.

b. Der Aufsichtsrath.

§ 9. Der Aufsichtsrath besteht aus fünf Mitgliedern und ist beschlußfähig, wenn in der Sitzung vier derselben, unter denen sich der Vorsitzende oder dessen Stellvertreter befinden muß, anwesend sind.

§ 10. Der Genehmigung des Aufsichtsraths unterliegen, unbeschadet der Bestimmung des § 27 Abs. 2 des Genossenschaftsgesetzes vom 1. Mai 1889:

    a. Abschlüsse von Mieths- und anderen Contrakten,
    b. Anschaffungen von Inventar,
    c. Einkäufe von Rohmaterial,
    d. die Verkaufspreise der Waaren,
    e. Aufnahme von Anleihen,
    f. Veräußerung von Inventar, sowie
    g. die den einzelnen Abnehmern zu gewährenden Kredite.

Zur Erledigung dieser Sachen hat mindestens monatlich einmal eine gemeinsame Sitzung von Aufsichtsrath und Vorstand stattzufinden.

c. Die Generalversammlung.

§ 11. Der Vorstand beruft die Generalversammlung durch einmalige Anzeige in der im § 29 des Statuts bestimmten Zeitung und in der dort für Bekanntmachungen der Genossenschaft festgesetzten Form. Die Berufung hat mindestens acht Tage vor dem für die Generalversammlung festgesetzten Termin zu geschehen.

In der Einladung sind die zur Verhandlung kommenden Anträge und Gegenstände bekannt zu geben.

§ 12. Den Vorsitz in der Generalversammlung führt der Vorsitzende des Aufsichtsraths, welch letzterer auch den Schriftführer ernennt, doch kann die Generalversammlung auch jeden anderen Genossen zur Leitung der Verhandlungen bestimmen.

§ 13. Anträge, welche von Mitgliedern mindestens sechs Tage vor der Generalversammlung beim Vorstande schriftlich eingereicht sind, muß derselbe mit auf die Tagesordnung setzen.

§ 14. Die ordentliche Generalversammlung findet spätestens sechs Wochen nach Schluß eines jeden Vierteljahres statt.

§ 15. Der Genehmigung der Generalversammlung unterliegen:
1. Abänderungen und Ergänzung des Status,
2. Auflösung und Liquidation der Genossenschaft,
3. etwaige Enthebung von Mitgliedern des Vorstandes und Aufsichtsraths von ihren Aemtern,
4. Anerkennung oder Richtigsprechen der Jahresrechnung,
5. etwaige Entschädigung der Aufsichtsrathsmitglieder,
6. Wahl der Vorstands- und Aufsichtsrathsmitglieder,
7. Erwerb, Veräußerung und Belastung von Grundeigenthum,
8. Festsetzung des Lohnes der Betriebsarbeiter und der Vorstandsmitglieder,
9. Vorschriften, welche die Geschäftsführung des Vorstandes und Aufsichtsraths regeln,
10. Entscheidung über Verwendung des Geschäftsgewinnes,
11. Ausschluß von Genossen, und
12. Entscheidung über alle gegen Vorstand und Aufsichtsrath vorgebrachten Beschwerden.

Die erste geschäftliche Betätigung der Genossenschaft

Nachdem nun die Eintragung der Genossenschaft in das Handelsregister erfolgt und der gewählte Vorstand beglaubigt war, konnte ohne besondere Formalitäten die Geschäftsübergabe vom nominellen Geschäftsinhaber Ullmann an die Genossenschaft glatt vollzogen werden.

In der Versammlung am 10. März wurde noch der Beschluß auf Antrag Ullmanns gefaßt, im Betrieb einen Einheitslohn von 24 Mark wöchentlich für alle beschäftigten Angestellten und Arbeiter festzusetzen, der Geschäftsführer, ebenso der Kassierer, hatten denselben Lohn wie jeder Bäcker und jeder Kutscher. Nach Verlauf von zwei Jahren mußte eine Änderung eintreten; Ullmann schied aus dem Vorstande des Unternehmens aus, weil er von der Gewerkschaft voll in Anspruch genommen wurde.

Im neuen Unternehmen gab es nun Arbeit in Hülle und Fülle, das heißt nicht massenhaft Arbeit, weil etwa Aufträge aus der Bevölkerung und den Händlerkreisen massenhaft gekommen wären, sondern für den Geschäftsführer neben seiner Tätigkeit in der Gewerkschaft eine rührige Agitation für das Unternehmen. Fast jede Woche fuhr er mit jedem der vier beschäftigten Kutscher je einen Tag dessen Tour mit, um neue Kunden unter den Händlern zu werben. Der Kassierer mußte zugleich die Funktionen als Backmeister versehen, mußte an den umsatzreichsten Tagen der Woche in der Bäckerei tüchtig mitarbeiten, um dann nach anstrengender Nachtarbeit am Tage seine Funktionen in der Geschäftsleitung versehen zu können.

Doch allmählich kam das Vertrauen der alten Kundschaft der früheren Vereinsbäckerei wieder, und eine vom Geschäftsführer einberufene Versammlung der Händler gelobte, daß sie das neue Unternehmen mit allen Mitteln und mit aller Kraft unterstützen wolle, wenn — nur stets tadellose Backware geliefert würde. Damit klappte es allerdings nicht immer nach Wunsch. "Brauen und Backen gelingt nicht jeden Tag", eine Entschuldigung, mit welcher mitunter versucht wird, nicht ganz einwandfreies Mehl und noch öfter manches Versehen sowie manche Gleichgültigkeit einzelner Arbeiter in der Bäckerei zu vertuschen. Jedoch nach fünf Wochen Bestehen konnte der Betrieb dahin erweitert werden, daß wieder die Brötchenbäckerei in Angriff genommen wurde, in der zunächst noch drei Bäcker beschäftigt werden konnten. Als Kutscher für die neuerrichtete Weißbäckerei wurde der bewährte Gewerkschaftsgenosse Ernst Kretschmer eingestellt, der arbeitslos in Leipzig gewesen und jetzt nach Hamburg gekommen war, um hier eine bleibende Existenz zu suchen und zu finden.

Wer die ersten Jahre des Bestehens der Genossenschaft und besonders deren erste Wochen nicht an führender Stelle mit erlebt hat, der kann sich keinen Begriff machen von den finanziellen Schwierigkeiten, die es zu überwinden galt.

Von den ersten Mitgliedern waren 2000 Mark an Mitgliederanteilen und Darlehen eingezahlt; davon mußte der Vorstand an den Besitzer der gemieteten Räume in der Idastraße 15 - 17 (als bevorrechtigter Gläubiger der in Konkurs geratenen Vereinsbäckerei) sofort bei der Übernahme des Inventars 1500 Mark zahlen, weiter am 1. Juli 1895 300 Mark, am 1. Oktober 1895 300 Mark, am 1. Dezember 1895 500 Mark und am 1. März 1896 400 Mark. Die Restkaufsumme des Inventars, 1822 Mark, mußte auch baldigst an den Konkursverwalter, Herrn Winterfeld, bezahlt werden; allerdings hatte dieser Herr Verständnis für die finanziellen Schwierigkeiten des neuen Unternehmens. Deshalb war es dem Geschäftsführer nicht schwer, mit dem Herrn die Zahlungsbedingungen etwas bequemer zu gestalten. Daneben mußten Mehl und anderes Rohmaterial, Heizungsmaterial und Pferdefutter beschafft werden, aber alles gegen Barzahlung! Kein Wunder, daß der Kassierer oft nicht wußte, wo er das nötige Geld herschaffen sollte.

Erreichung von Kreditgewährung

In den ersten Monaten des Bestehens unserer Genossenschaft besuchte uns kein Mühlenvertreter und kein Mehlmakler. Alle diese guten Leutchen, die uns später fast überliefen, hatten in der ersten Zeit eine förmliche Scheu, mit uns Geschäfte zu machen. Das Mehl, das wir gebrauchten, mußten wir in den kleinen Mühlen (Hinsch - Spaldingstraße, Grabbert - Barmbeck) gegen Vorausbezahlung selbst holen. Natürlich wurden da stets kleine Mengen, 5 Sack, geholt.

Durch die dem Vorstande befreundete Leitung der Vereinsbäckerei in Kiel-Gaarden wurden wir mit dem Vertreter der Sonderburger Mühle bekannt, und nachdem dieser Herr durch Einsichtnahme in unsere Bücher Vertrauen zu unserem jungen Unternehmen gewonnen hatte, erwirkte er uns bei seiner Mühle einen dreimonatigen Kredit. Da jubelten unsere Bäcker, als die erste Schute mit 400 Sack Mehl ankam. Zeitweilig hatten wir von dieser Mühle annähernd 12000 Mark Kredit in Anspruch genommen. Doch das sollte nicht lange so weiter gehen! Am 5. Juli 1896 kam ein Schreiben von der Direktion der Mühle mit der Erklärung ihres Konkurses und der Aufforderung unsere 11860 Mark Verbindlichkeiten sofort zu regeln. Dieses Verlangen hätte auch unsere Genossenschaft in den Konkurs gezogen, was der Geschäftsführer den Herren brieflich

ausführlich klar machte, und sie um eine mündliche Auseinandersetzung bat.
Am 12. Juli 1896 erwarteten sieben Personen vom Vorstand und Aufsichtsrat
der Mühle in Wietzels Hotel am Stintfang in St. Pauli unseren Vorstand. Ullmann kam und legte den Herren klar, daß ihnen nichts verlorengehen würde;
sie sollten nur Geduld haben. Genosse Kretschmer war als Vorsitzender des Ge-
werkschaftskartells mit zugegen und versicherte ihnen, daß das Kartell eventuell
helfend eingreifen würde. Nach stundenlangen Verhandlungen kam folgende
Vereinbarung zustande: Die Genossenschaft Vorwärts zahlt sofort 3000 Mark,
stellt dann vier Wechsel a 1500 Mark aus, fällig am 1. Oktober, 1. Dezember
1896, 1. Februar und 1. April 1897. Wir waren glücklich, 2860 Mark abgehan-
delt zu haben, wenn es uns auch nicht so leicht fiel, nun anderweitig Kredit zu
verlangen.

Die Buchführung der Genossenschaft

Bei Errichtung unserer Genossenschaft versuchte der Geschäftsführer, den be-
währten Buchhalter Würfel von der Tabakarbeitergenossenschaft zur Anlegung
unserer Geschäftsbücher zu bewegen. Dieser sagte erst zu, schrieb aber dann
wieder ab. Nun blieb unserem Vorstand nichts weiter übrig, als sich daran zu
machen, die Bücher selbst einzurichten. Das erregte Mißtrauen unter den Mitgliedern! Dieselben konnten sich nicht denken, daß ein Bäcker auch dazu fähig
sei, eine Buchführung anzulegen, wie sie das Genossenschaftsgesetz erforderte.
Auf deren Verlangen beschloß eine Mitgliederversammlung im Juli 1895, einen
tüchtigen Buchhalter zur Überprüfung der Bücher heranzuholen; das geschah,
und dieser Buchhalter erklärte bald dem Aufsichtsrat, daß seine weiteren Prüfungen überflüssig seien, denn die angelegten Bücher genügten vollständig, und
die Buchführung des Vorstandes sei tadellos. Dasselbe Urteil gab auch der auf
Antrag der Genossenschaft vom Landgericht Hamburg ernannte beeidigte Bü-
cherrevisor, Herr Fedor Winterfeld, ab, als er am 1. April 1897 die Buchführung
geprüft hatte. Nun war alles Mißtrauen der Mitglieder gegen die Buchführung
des Vorstandes mit einem Male verschwunden. Später, als das Geschäft größer
wurde, beschäftigte die Genossenschaft tageweise einen Buchhalter. Alsdann
wurde die Buchführung wieder vom Vorstand mit Unterstützung einer Konto-
ristin übernommen. Die Berichte über die Revisionen, die im Auftrage des Revi-
sionsverbandes nordwestdeutscher Konsumvereine bis heute in unserer Genossenschaft vorgenommen werden, legen Zeugnis davon ab, daß der Verbandsre-
visor an der Buch- und Geschäftsführung nichts auszusetzen hatte.

Der geschäftliche Abschluß des ersten Quartals und des ersten Geschäftsjahrs

Bei verhältnismäßig riesigen Unkosten (viel zu hohe Miete), im Vergleich zu
dem noch geringen Umsatze, konnte das Geschäft natürlich zunächst keine
Überschüsse abwerfen.
War das Ergebnis des ersten Geschäftsjahrs auch gerade kein glänzendes zu nennen, so war es doch einigermaßen annehmbar. Es waren für 108 136,52 Mark
Backwaren in 9 1/2 Monaten hergestellt und verkauft, also pro Monat für
11 382,78 Mark oder pro Tag (Monat zu 30 Tagen) 379,42 Mark. Durchschnittlich neun Bäcker pro Tag und Arbeitskraft 42,16 Mark.

Speicher und Bäckerei Frankenstraße von der Wasserseite (Mittelkanal)

Bäckerei Frankenstraße: Knetmaschine

Erwerb von Grund und Boden und Bebauung desselben

Bereits seit Gründung der Genossenschaft ging das Sehnen und Trachten der Verwaltung und aller vorwärtsstrebenden Mitglieder dahin, möglichst rasch die Vorbedingungen zu schaffen, um aus den unzulänglichen Kellerräumlichkeiten in der Idastraße 15 - 17 herauszukommen, einen eigenen Bauplatz erwerben und dort eine andere und maschinell eingerichtete Großbäckerei errichten zu können. Passende Grundstücke waren gar bald zu kaufen, aber die Finanzierung bereitete unserer noch armen Genossenschaft fast unüberwindliche Schwierigkeiten.

Endlich, am 1. Oktober 1899, konnte das Grundstück Frankenstraße 10 käuflich erworben werden, und zwar zum Preise von 140 000 Mark. Nun sollte ein Um- und Ausbau der auf diesem Grundstück befindlichen Gebäude sofort in Angriff genommen werden.

Die Generalversammlung wählte die Genossen Kretschmer, Ullmann und Liesker als Baukommission, die mit dem Architekten die Pläne ausarbeiten und die übrigen Vorbereitungen zum Bau treffen sollten. Ihnen sollte bald eine neue, weit schwierigere Aufgabe erwachsen: Ullmann und Kretschmer mußten die Runde machen bei den in Hamburg und Altona ansässigen Krankenkassen, auch bei verschiedenen Gewerkschaften, um die nötigen Baugelder auf Hypotheken anzuschaffen. Leicht wurde ihnen das nicht gemacht, denn allzu großes Vertrauen hatte man noch nicht zu dem neuen Unternehmen. Aus machem Bureau gingen sie unverrichteter Sache; desto glücklicher waren sie jedoch, wenn sie Erfolg gehabt hatten. Wir sind heute noch den verschiedenen Krankenkassen, ebenso dem Buchdrucker- wie auch dem Bäckerverband dafür dankbar, daß deren führende Genossen in dieser für uns so schweren Zeit zu unserem Unternehmen Vertrauen gewannen und uns die benötigten Mittel auf Hypothek bewilligten. Nun konnte es zum Um- und Ausbau der Gebäude des Grundstücks gehen. Es befand sich auf demselben an der Straßenfront ein Vordergebäude mit 26 Wohnungen älterer Bauart, an der Wasserseite ein neu erbauter Speicher. Mit erheblichen Umbauten und einem Kostenaufwand von 55 000 Mark wurde das Grundstück entsprechend hergerichtet.

Im Vordergrunde wurden Keller und Parterre (sechs Wohnungen) durchgebaut und zwei Läden und Kontor hergerichtet. Der größere Laden wurde an den Konsum-, Bau- und Sparverein "Produktion" vermietet, der zweite für unseren Bedarf in Benutzung genommen. Der Speicher wurde entsprechend umgebaut und in demselben die Grobbäckerei untergebracht; für die Weißbäckerei wurde ein Seitenflügel, bestehend aus Parterre, enthaltend Backraum für Weißbäckerei und Konditorei, erstem Stockwerk, enthaltend die Arbeitsräume, und einem weiteren Stockwerk für Mehllager, neu erbaut. In den Räumen wurden zwei Doppeleinschießöfen für Weißbäckerei, zwei Doppelauszugöfen für Brotbäckerei und ein Ofen für Konditorei untergebracht, an Maschinen zunächst eine Teigknetmaschine für Schwarz- und Feinbrot, zwei Flachschüttelsiebmaschinen, je ein Aufzug zur Wasser- und Landseite, zum Antrieb der Maschinen ein acht Pferdekräfte leistender Elektromotor. Später folgten noch zwei Mehlmischmaschinen mit Lagerkammer für gemischtes Mehl, eine Teigknetmaschine für Weißgebäck, eine Teigbreche für braune Kuchen, eine Schneeschlagmaschine. Es wurde hierzu ein weiterer Motor von vier Pferdestärken erforderlich. Der erforderliche Kraftstrom wird von den Hamburger Elektrizitätswerken entnommen.

In sämtlichen Arbeitsräumen erhielten die Wände Kachelbekleidung, für den Fußboden im Parterre Sandstein, im ersten Geschoß und in der Konditorei Mettlacher Fliesen.

Im ersten Geschoß wurden auch die Aufenthalts- und Umkleideräume mit für jeden Arbeiter verschließbarem Schrank sowie ein Wasch- und Baderaum mit einer Wanne und zwei Brausebädern untergebracht. Die gesamte Anlage wurde von Sachkundigen als zweckentsprechend und mustergültig bezeichnet.

Herr Verbandsdirektor J. Heins, der am 6. Oktober 1904 die gesetzlich vorgeschriebene Revision vornahm, erklärte am Schluß seines Revisionsberichts: "Die Bäckerei ist nach modernen Grundsätzen mit maschinellem Betrieb eingerichtet und macht einen guten Eindruck. Dasselbe gilt in bezug auf die Einrichtung für Reinlichkeit und für die Wohlfahrt der Angestellten. Die im Neubau errichteten Mietwohnungen sind sehr praktisch und freundlich eingerichtet. Der gesamte Geschäftsbetrieb macht den Eindruck, daß die wünschenswerte Sorgfalt überall waltet. Es ist zu hoffen, daß bei fernerem sorgsamen Betriebe auf Grund sorgfältiger Kalkulation die Genossenschaft auch in Zukunft gedeihlich sich entwickeln wird."

1902 war das Nachbargrundstück Frankenstraße 12 - 14 käuflich. Um eine spätere Vergrößerung der Bäckerei zu ermöglichen und um uns nicht durch etwaige Bauten Licht nehmen zu lassen, entschlossen wir uns zum Erwerb desselben für den Preis von 78 506 Mark. Zwecks Ausnutzung des Grundstückes bebauten wir im Geschäftsjahr 1904 die Straßenfront mit zwei Wohnhäusern (Baukosten 128 348 Mark) und errichteten an der der Bäckerei gegenüberliegenden Seite einen Pferdestall für unseren eigenen Bedarf (Baukosten 13 584 Mark). An der Wasserfront wurde ein Fabrikgebäude aufgeführt, das im wesentlichen zur Vergrößerung des Betriebs diente.

Im Jahre 1905 konnte dann Frankenstraße 12 - 14 das neue große Fabrikgebäude errichtet werden.

Es sind zur Ausstellung gelangt zwei neue Auszug- und ein neuer Doppeleinschießofen; unsere beiden alten Doppelauszugöfen sind mit einem Kostenaufwand von etwa 6000 Mark umgebaut worden. Die Gesamtanlage, Gebäude sowohl wie innere Einrichtung, machte auf jeden Besucher den besten Eindruck.

Der Bau des Speichers kostete uns 123 000 Mark, der Bau der neuen Öfen 23 000 Mark, der Umbau der Öfen mit sonstigen baulichen Veränderungen (unter anderem wurde der Baderaum durch Glaswände in sieben Gelasse eingeteilt) kosteten uns etwa 11 000 Mark.

Wenn jedoch die Verwaltung, der Plackereien mit dem Bauen nun überdrüssig, im Geschäftsbericht 1905 sagen konnte: "Unsere Bautätigkeit dürfte nunmehr abgeschlossen sein. Auf lange Zeit hinaus werden unsere Einrichtungen allen an uns herantretenden Ansprüchen genügen, denn für 1 1/2 Millionen Mark Backwaren können jährlich hergestellt und expediert werden," so hatte sie sich — glücklicherweise — geirrt, denn die Entwicklung des Umsatzes war so daß schon bald wieder Vorbereitungen für neue Erweiterungen getroffen werden mußten. Einem lang gehegten Bedürfnisse wurde auch im Geschäftsjahr 1907 entsprochen, indem wir uns eine eigene Mühleneinrichtung anschafften. Bereits in dem vorangegangenen Jahre und namentlich 1907 kauften wir zu unserem Schwarzbrot Roggen und ließen ihn auf einer Mühle schroten. Die Qualität unseres Roggenschrotes war dadurch besser, als das anderweitig gekaufte. Doch dieses Schrotenlassen war mit vielen Unannehmlichkeiten (doppelten Fuhrlohn usw.) verbunden. Die Verwaltung entschloß sich deshalb, in unserem neuen Speicher eine eigene Mühleneinrichtung anzuschaffen, die Ende November fertig wurde. Sie besteht aus einem Mahlgang aus Feuerstein und Schmirgel mit einer Leistung von 4 Sack Roggen pro Stunde, aus einer Reinigung, Speicheraspirateur, Trieur, Zylinder zum Aussammeln von Unkraut, Magnetapparat, Schäl- und Spitzmaschine, den dazu gehörigen Elevatoren, Schnecken usw. Die Reinigung ist nach dem Urteile Sachverständiger in der besten Kunstmühle für Weizenvermahlung nicht besser. Die Qualität unseres Grobbrotes hat auch ersichtlicherweise durch unsere eigene Mühleneinrichtung gewonnen. Zum Betreiben der Mühle ist ein Elektromotor von 15 Pferdestärken aufgestellt. Die gesamten Kosten betrugen 7575 Mark.

In den nächsten Jahren gab es nun in beiden Betrieben wesentliche innere Umbauten und Verbesserungen durchzuführen, von denen die bedeutendsten 1914 vorgenommen wurden. Im Betriebe Frankenstraße mußte die veraltete Misch- und Siebeanlage einer modernen Anlage weichen. Im Barmbecker Betriebe wurde die Expedition zu klein, und die Pferdeställe reichten nicht mehr aus. Es erwies sich die Notwendigkeit, den oberen Pferdestall aufzugeben, den freigewordenen Raum zur Erweiterung der Expedition auszubauen und in der Nähe des Grundstücks einen Pferdestall zuzumieten. Im Barmbecker Betriebe wurde ausserdem eine moderne Abwiegemaschine mit Langroller und auf dem noch vorhandenen Platz ein weiterer Auszugofen aufgestellt.

Personenwechsel in der Geschäftsführung

Wie schon vordem erwähnt, legte der Geschäftsführer Ullmann in der Generalversammlung Anfang März 1897 seinen Posten nieder, da mittlerweile auch die Bäckergewerkschaft größer und seine Arbeiten als Vorsitzender, Kassierer und Redakteur des Fachblattes immer umfangreicher geworden waren. War er auch mehrere Jahre nicht Mitglied der Verwaltung, so ergab es sich von selbst, daß er mit dieser stets in recht enger Verbindung blieb. Johannes Martens, bisher Vorsitzender des Aufsichtsrats, wurde ab 1. April 1897 zum Geschäftsführer bestellt und bekleidete diesen Posten sehr erfolgreich bis 1. März 1900. In seine Geschäftsperiode fällt das Jahr 1898 mit dem großen, erbittert geführten Bäcker- und Konditorenstreik und Brotboykott. Die geforderten Lohnbedingungen hatte die Genossenschaft bisher schon gewährt und galt also als geregelter Betrieb. Während und nach dem Streik nahm besonders die Weißbäckerei einen ganz bedeutenden Aufschwung.

Stellung des Vorwärts zur allgemeinen Genossenschaftsbewegung

Am 12. August 1900 beschloß die Generalversammlung den Anschluß an den Revisionsverband "Nordwest" des "Allgemeinen Genossenschafts-Verbandes". Im Jahre 1902 fand der so berühmt gewordene Kreuznacher Verbandstag statt, auf dem zirka 100 Konsumvereine und Produktivgenossenschaften aus jenem Verband ausgeschlossen wurden. Unter den ausgeschlossenen Vereinen befand sich auch unsere Genossenschaft. Sofort war unsere Verwaltung sehr rührig, den neuen "Zentralverband deutscher Konsumvereine" mit zu gründen. Seit jener Zeit hat kein Genossenschaftstag stattgefunden, auf dem unsere Genossenschaft nicht vertreten war.

An allen genossenschaftlichen Veranstaltungen nahmen wir regen Anteil. Am 2. März 1902 beschloß unsere Generalversammlung den Anschluß an die Groß-einkaufsgesellschaft, der wir hinfort treue Abnehmer ihrer Waren geblieben sind. Bis zum Ausbruch des Krieges hat es Jahre gegeben, in denen wir für mehr als 600 000 Mark Mehl und andere Rohmaterialien von der Großeinkaufsgesellschaft bezogen haben. Leider ist von Kriegsbeginn an der Vertrieb der von uns hauptsächlich benötigten Rohmaterialien bei der Großeinkaufsgesellschaft ganz eingestellt worden.

Daß unsere Genossenschaft mit dem beschäftigten Personal auch der "Unterstützungskasse des Zentralverbandes deutscher Konsumvereine" sofort nach ihrer Gründung beigetreten ist und alle anderen genossenschaftlichen Verbandseinrichtungen mit benutzt und mit zu fördern sucht, ist selbstverständlich.

Die Lohn- und Arbeitsbedingungen im Betriebe

Die Selbstverständlichkeit braucht eigentlich gar nicht besonders betont zu werden, daß die Verwaltung der Genossenschaft stets alles daransetzte, soweit die Möglichkeit dazu vorhanden war, die besten Lohn- und Arbeitsbedingungen zu gewähren. Allerdings findet dieser gute Wille auch seine Grenzen! Solange der Genossenschaftsbetrieb in Hamburg der einzige modern eingerichtete Großbetrieb war und nur mit der geschäftlichen Konkurrenz der mittleren und kleineren Bäckereien zu rechnen hatte, fiel es der Verwaltung nicht schwer, stets mit kürzerer Arbeitszeit, als sie sonst im Gewerbe üblich war, auszukommen, und daneben stets etwas höhere Durchschnittslöhne zu zahlen, als sie in den Konkurrenzbetrieben gezahlt wurden. Diesen löblichen Willen aber auch noch in die Praxis umzusetzen, als eine Anzahl kapitalkräftiger, hochmodern eingerichteter · Großbäckereien der Genossenschaft schärfste Konkurrenz machten, wurde fast zur Unmöglichkeit! Trotzdem hat die Genossenschaft auch noch in dieser jüngsten Periode mindestens so gute Lohn- und Arbeitsbedingungen gewährt wie irgendein anderer Großbetrieb.

In vielen Fragen der Verbesserung der Lohn- und Arbeitsbedingungen ist nicht nur für den Bäckerei- und Konditoreiberuf des Städtegebiets Hamburg-Altona, sondern sogar für ganz Deutschland unsere Genossenschaft der Pionier gewesen, der jahrelang besondere Vergünstigungen für die Arbeiterschaft schon eingeführt hatte, ehe andere Bäckereien durch die Organisation gezwungen wurden, ein

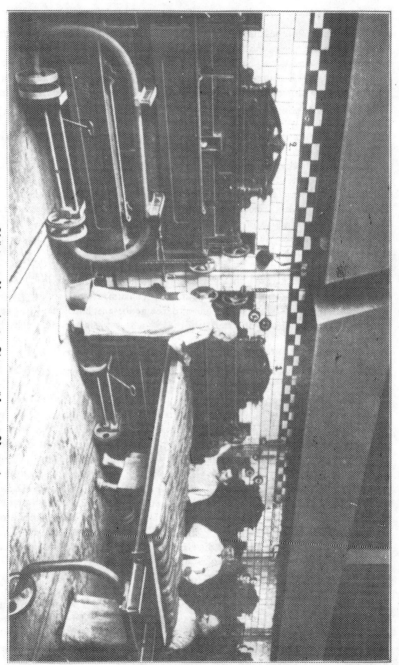

Bäckerei Barmbeck: Auszugsöfen in Betrieb

gleiches zu tun. – 1898 kämpften die Bäcker und Konditoren in unserem Städtegebiet ihren erbitterten Streik durch zur Beseitigung des Kost- und Logissystems beim Arbeitgeber, während die Genossenschaft seit ihrer Gründung als selbstverständlich dieser Forderung Rechnung getragen hatte. – Im Jahre 1901 wurde bereits dem Personal allgemein eine Woche Ferien zugestanden, während in den Konkurrenzbetrieben erst ein Jahrzehnt und noch später Ferien erzwungen werden mußten.

Im Sommer 1902 führte die Genossenschaft bereits den Achtstundentag in ihrem Betriebe ein, und erst 17 Jahre später konnte die Arbeiterschaft des Berufes allgemein den Achtstundentag als eine Errungenschaft der Revolution begrüßen. Der Jahresbericht 1902 sagt über die Erfolge mit dem Achtstundentag: "Im Anfang erforderte die Achtstundenschicht allerdings eine kleine Personalvermehrung um zwei Grobbäcker und einen Weißbäcker. Aber schon nach kurzer Zeit ist diese Vermehrung durch intensivere Leistungen und gesteigerten Absatz reichlich ausgeglichen worden, und da später dem Weißbäckerpersonal der dritte Expedient entnommen wurde ohne Neueinstellung, so ist eine eigentliche größere Belastung des Unkostenkontos nicht eingetreten, und wir können die bereits anderwärts gemachte Wahrnehmung, daß die Verkürzung der Arbeitszeit neben allen Vorteilen für den Arbeiter auch für den Betrieb nur nützlich ist, bestätigen." – Für das Jahr 1902 wurde auch erstmalig eine gewisse Gewinnbeteiligung der Arbeiter am Geschäft zur Anwendung gebracht. Es erhielt jeder Arbeiter pro Woche 1 Mark bis zum Höchstbetrage von 50 Mark im Jahre. In den folgenden Jahren wurde bei gutem Geschäftsabschluß in derselben Weise verfahren, die Vergütung für einzelne Jahre sogar auf 2 Mark pro Woche – höchstens 100 Mark im Jahre – erhöht. Erst dann, als sich immer mehr die Gefahr zeigte, daß auch bei ungünstigem Geschäftsabschluß die Generalversammlung bestimmt werden sollte, solche besondere Entschädigung zu gewähren, wandte sich die Verwaltung gegen Beibehaltung dieses Systems. – Im Geschäftsberichte von 1903 konnte die Verwaltung hervorheben, daß die Genossenschaft die höchsten Minimallöhne unter allen Konsumgenossenschaftsbetrieben Deutschlands zahle. Im Jahre 1903, als noch nirgends Unternehmungen im Beruf bewegt werden konnten, die Vergünstigungen nach § 616 BGB, einzuführen, fügte die Genossenschaft ihrer Arbeitsordnung ein: "Bei militärischen Dienstleistungen und in Krankheitsfällen wird der Lohn bei Arbeitern, die mindestens sechs Monate im 'Vorwärts' beschäftigt sind, auf die Dauer von 14 Tagen und für solche, die über ein Jahr in Stellung sind, auf die Dauer von vier Wochen bezahlt (unter Kürzung der empfangenen Unterstützung)." – Als am 1. August 1904 der Reichstarif des Bäckerverbandes mit dem Zentralverband deutscher Konsumvereine zum Abschluß gelangte, erfüllte die Genossenschaft bereits die darin festgelegten Bedingungen.

Seit dieser Zeit sind die Lohn- und Arbeitsbedingungen der Bäcker und Konditoren, desgleichen der Kutscher, durch Reichstarife geregelt. Diese Tarife wurden stets von unserer Genossenschaft anerkannt und durchgeführt. Für das Kontor- und Verkaufspersonal sind örtlich mit den zuständigen Gewerkschaften Tarife abgeschlossen.

*Unterstützungsfonds für Mitglieder der Genossenschaft sowie für Betriebsange-
stellte und Arbeiter*

Die Jahresgeneralversammlung 1900 beschloß, vom Reingewinn des Jahres 1899
1000 Mark als Grundstock zu einem Unterstützungsfonds zu bewilligen. Dieser
Fonds erhielt alsdann jährlich weitere Zuweisungen vom Reingewinn. Zunächst
erhielten Mitglieder und Betriebsangestellte, Arbeiter und Arbeiterinnen im
Krankheitsfalle 5 Mark per Woche Zuschuß, beim Tode der Ehefrau 30 Mark,
beim Tode eines Kindes 15 Mark, die Angehörigen erhielten beim Tode des Mitgliedes oder Arbeiters selbst 50 Mark.
Nachdem in den Kriegsjahren, in Voraussehung der Kriegsfolgen, dieser Fonds
mit bedeutenden Summen dotiert war, 1916 : 20 000 Mark, 1917: 30 000 Mark,
1918: 60 000 Mark, konnte die Verwaltung in Verhandlung mit dem Arbeiter-
ausschuß die Zwecke des Fonds wesentlich erweitern.

Schlußbetrachtungen

Hat auch schon mancher erfahrene Genossenschafter mit wegwerfender Gebärde
von den Produktivgenossenschaften die oft nur zu wahre Behauptung aufgestellt:
"Kommen Produktivgenossenschaften zu Kapital, dann sperren ihre zu vermö-
genden Leuten gewordenen paar Mitglieder die Mitgliederliste gegen Neuaufnah-
men, und folglich werden sie in Aktiengesellschaften umgewandelt. Oder aber
Betriebsarbeiter als Mitglieder haben die Majorität in den Generalversammlungen, nutzen diese ihre Macht in schmutziger, egoistischer Weise aus, verteilen
alljährlich die Gewinne unter sich, und daran gehen schließlich solche Genossenschaften zugrunde!" Vielfach sind leider in anderen Produktivgenossenschaften
diese Befürchtungen eingetroffen!
Wir befürchten für unsere Genossenschaft aber weder das eine noch das andere,
sondern haben das felsenfeste Vertrauen, daß der Vorwärts stets eine so klarse-
hende Verwaltung hat, die alle ihre geschäftlichen Maßnahmen nur zum Nutzen
des Unternehmens und der Abnehmer seiner Fabrikate, der Arbeiterfamilien,
einrichtet. Ein leistungsfähiger Betrieb einer Großbäckerei kann besonders in
der jetzigen schweren Zeit auch zur Überwindung oder doch Milderung der Er-
nährungsschwierigkeiten sehr viel beitragen.
Wir vertrauen aber auch der Mehrzahl unserer Betriebsarbeiter, daß sie sich
nicht dazu verleiten lassen, in kurzsichtiger, egoistischer Weise den Ast abzusä-
gen, auf dem sie sitzen! Wir erwarten bestimmt, daß sie stets eingedenk sind,
durch ihre Arbeit in der Genossenschaft auch der Allgemeinheit, vor allen Dingen der Arbeiterbewegung, nützen zu wollen!

Genossenschaftliches Trinklied

Mel.: O Tannenbaum

Genossenschaft, Genossenschaft!
Bist unser Ziel im Leben.
Als Kind beim ersten Gang und Lauf,
Da suchen wir Kam'raden auf.
Genossenschaft, Genossenschaft
Ist unser erstes Streben.

Genossenschaft, Genossenschaft!
Du bist der Trost des Armen,
Wenn er, verlassen in der Welt,
Ausbeutern in die Hände fällt:
Genossenschaft, Genossenschaft
Kann sich sein nur erbarmen.

Genossenschaft, Genossenschaft!
Dies gilt auch bei dem Becher.
Gar traurig trinkt es sich allein,
Zu zweien soll's schon besser sein.
Genossenschaft, Genossenschaft
Erzieht den wack'ren Zecher.

Genossenschaft, Genossenschaft!
Bist uns ins Herz geschrieben.
Dir weicht des Lebens Not und Qual,
Dir tönt das frohe Lied beim Mahl.
Genossenschaft, Genossenschaft!
Dich wollen stets wir lieben.

Aus: Genossenschaftliches Liederbuch, Hamburg 1910, S. 70f.

Zürcher Genossenschafts-Schuhmacherei

Kurze Geschichte einer erfolgreichen Arbeiter-Genossenschaft. Hrsg. von der Sektion Zürich des Schweiz. Lederarbeiter-Verbandes. Bern 1914 (S. 3-13 auszugsweise)

Einleitung

Bei dem großen Interesse, das die organisierte Arbeiterschaft dem Genossenschaftswesen entgegenbringt, dürfte es angebracht sein, auch einmal die Geschichte einer Arbeitergenossenschaft zu schreiben, welche in kurzer Zeit und unter den schwierigsten Verhältnissen eine sehr erfreuliche Entwicklung genommen hat. Früher überließ man solche Arbeiten den zünftigen Historikern, welche als gelehrte Leute mit den Arbeitern sehr wenig in Berührung kamen und die Sache schablonenhaft behandelten, so daß man von manchem Ereignis früherer Zeiten ein ganz schiefes Bild erhält. Die Arbeiterschaft von heute aber will ihr Geschick selber in die Hand nehmen und schreibt auch die Geschichte ihrer Bewegung selbst. Bei unserem Versuch leitet uns das Bestreben, nicht bloß Tatsachen und trockene Zahlen zu bringen, sondern wir wollen daraus den größtmöglichen Nutzen ziehen, indem wir auch begangene Fehler nicht verschweigen, sondern sie offen klarlegen, damit wir dieselben in Zukunft vermeiden können.

I. Die Gründung

Im März des Jahres 1905 hatten die Schuhmachergehilfen von Zürich eine Lohnbewegung eingeleitet, um einmal die allzu rückständigen Lohn- und Arbeitsbedingungen gründlich zu revidieren und einen tüchtigen Ruck nach vorwärts zu machen. Die Meister hatten vor der Lohnbewegung keine große Angst; streikt nur, hieß es, in drei Tagen habt ihr kein Geld mehr, und dann seid ihr froh, wenn ihr wieder schaffen dürft. Man dachte dabei an die Lohnbewegungen von früher, wo man am Sonntag den Streik erklärte, mit ein paar Fünfliber in der Tasche, dann die ganze Nacht und den Montag durchzechte, um am Dienstag den Rausch auszuschlafen. Am Mittwoch entdeckte man auf einmal, daß der Geldbeutel ein Loch hatte, denn alles Geld war weg und dann ging es so langsam wieder zum Meister, der dem Sünder wegen seines Leichtsinns eine gehörige Moralpredigt hielt, um ihm dann wieder ein Paar Schuhe in Arbeit zu geben...
Diese üblen Erfahrungen veranlaßten daher die Zürcher Schuhmachergehilfen, die im Jahre 1905 geplante Lohnbewegung sowohl in agitatorischer als auch in organisatorischer Weise gut vorzubereiten. Nachdem nun der vom "Schuhmacherfachverein" in Gemeinschaft mit der "Christlichen Gewerkschaft der Bekleidungsbranche" dem Meisterverein eingereichte Lohntarif vom letzteren abgelehnt worden war, wurden die Schuhmachermeister mit dem Streik überrascht. Während nun das Organ der Meister seinen Lesern erzählte, der Schweiz. Schuh-

macherverband habe bloß 200 Fr. in der Kasse und werde deshalb den Streik nach längstens 14 Tagen abbrechen müssen, brachte die Verbandsleitung durch Ausgabe von Sammellisten weitere Mittel zusammen, und da die Herren nicht nachgeben wollten, erfolgte in der zweiten Streikwoche die Gründung der Genossenschaftsschuhmacherei. Jeder Kollege hatte ja sein eigenes Werkzeug und meist auch ein oder mehrere Paare Leisten; befreundete Kleinmeister, die mit unserer Sache sympathisierten, nahmen uns in ihre Werkstätten auf und wir benutzten auch deren maschinellen Einrichtungen. Schon nach einer Woche konnten wir durch kräftige Unterstützung seitens der organisierten Arbeiterschaft zwölf Kollegen beschäftigen, die von ihrem Verdienst einen ganz ansehnlichen Betrag an die Streikkasse abführten. Die erste öffentliche Publikation der neuen Genossenschaft hatte folgenden Wortlaut:

An das tit. Publikum der Stadt Zürich!

"Schon seit drei Wochen stehen die Schuhmachergehilfen im Streik, ohne daß vorläufig ein Ende abzusehen ist. Um den Kampf erfolgreich zu beenden, beschlossen die streikenden Schuhmacher, vorläufig für die Dauer des Streiks, die Gründung einer Produktivgenossenschaft. Da gerade die Arbeiter erstklassiger Geschäfte noch im Streik stehen, verfügen wir über die besten Kräfte und können somit allen Anforderungen der Kundschaft genügen. Die Sympathie des Publikums und das Solidaritätsgefühl der organisierten Arbeiterschaft, die bisher den streikenden Schuhmachern bewiesen wurden, läßt uns auf eine tatkräftige Unterstützung unseres Unternehmens hoffen. Unsere Geschäftstelle befindet sich Neumarkt 23, Parterre. Eröffnung 17. April. Auf Wunsch wird die Arbeit abgeholt und wieder ins Haus gebracht. Einer tatkräftigen Unterstützung unseres Unternehmens, namentlich von seiten der organisierten Arbeiterschaft, entgegensehend, zeichnet

Namens der streikenden Schuhmacher:
Die Genossenschaftskommission."

Wie man aus dieser Anzeige ersehen kann, war die Genossenschaft nur für die Dauer des Streiks berechnet. Auch der Umstand, daß man in den ersten 14 Tagen auf Sitzplatz schaffen ließ, beweist, daß die Gründer es zuerst auf eine Probe ankommen ließen. Man glaubte, schon durch die Androhung einer solchen Maßnahme die Meister zur Bewilligung der aufgestellten Forderungen veranlassen zu können. Ferner war das Geschäft als reine Produktivgenossenschaft aufgebaut, wobei man die Konsumenten nur als Kundschaft gerne sah, ihnen aber keine Rechte einräumte. Viele Kollegen waren für eine Genossenschaft nicht allzu sehr eingenommen, weil sie als zukünftige Meister eher eine Konkurrenz als eine Hilfe in ihr erblickten. Diese widerstrebenden Elemente stimmten der Gründung nur deswegen zu, weil sie von ihr eine baldige Beendigung des Streiks erhofften. Die Führer der Bewegung waren freilich anderer Meinung, und als nach Verlauf der vierten Streikwoche noch immer kein Ende abzusehen war, wurde ein Lokal gemietet, um die Genossenschaft auch nach dem Streik weiter zu betreiben. In einem Hinterhause der Stüssihofstatt Nr. 6 war im ersten Stock ein leerer Raum, den man für eine Schuhmacherwerkstätte geeignet hielt. Daß der gewählte Ort eigentlich sehr ungünstig war, sah man erst später ein, als die

Kundschaft ausblieb. Vorläufig ging man frisch und fröhlich daran, die Werkstatt mit möglichst geringen Kosten einzurichten. Unsere Finanzen waren ja durch den Streik aufs äußerste in Anspruch genommen und weder die Zentral- noch die Lokalkasse konnte größere Summen beisteuern. Aber wir hatten ja auch einen Werkzeughandel, mit dem wir immer einige Franken verdienten, und so entnahm man der Werkzeugkasse 50 Fr., "um damit den Meistern eine vernichtende Konkurrenz zu bereiten"; so sagte nämlich unser optimistischer Präsident in einer Versammlung. Mit diesem Gründungskapital kauften wir vorerst einige alte Kisten und zimmerten sie als Stühle und Werkbänke zurecht, dann ging man zu einem Händler und bestellte eine Walze auf Abzahlung, während ein Kollege uns eine Nähmaschine leihweise zur Verfügung stellte. Selbstverständlich forderte auch der Hausherr den Mietzins für einen Monat im voraus, so daß wir schon am zweiten Tag unser Kapital los waren. Glücklicherweise konnte die Werkzeugkasse nochmals mit 50 Franken eingreifen, so daß wir die erste Lederhälfte bar bezahlen konnten, wodurch wir auch beim Lederhändler Kredit bekamen. Die neue Bude wurde sofort von etwa zehn Kollegen bezogen, dann wählten wir noch einen Geschäftsführer in der Person des damaligen Präsidenten, bestimmten sein Gehalt (6 Fr. pro Tag) und damit war die Gründung vollzogen.

II. Kinderjahre und Kinderkrankheiten

Unsere Gegner (die Herren vom Schuhmachermeisterverein) waren von dieser Wendung der Dinge nicht besonders erbaut. Wohl brachte ihr Organ ("Schweizerische Schuhmacher-Zeitung" Nr. 9) einen spöttischen Artikel des Inhalts: "Die Beurerschen Arbeiter hätten sich nun als Gewerkschaft aufgetan und werden nun den Meistern schwere Konkurrenz machen. Man hoffe, daß sie bei siebenstündiger Arbeitszeit und hohen Löhnen gut prosperieren, dann würden die Meister auch noch Genossenschafter." Wie man sieht, war damals das Meisterorgan über den Unterschied zwischen Gewerkschaft und Genossenschaft noch nicht im klaren, später kam es ihm freilich zum Bewußtsein. Die Meister selber aber waren auf einmal zu Unterhandlungen bereit, unsere meisten Forderungen wurden bewilligt und am 8. Mai konnte der Streik nach sechswöchiger Dauer beendigt werden. Die Erfolge waren ziemlich bedeutend. Lohnerhöhungen von 10 bis 25 Prozent und Einführung des Zehnstundentages waren die Haupterrungenschaften des neuen Tarifvertrages. Unverkennbar hatte die Gründung der Genossenschaft die Herren zu größerer Nachgiebigkeit veranlaßt, so daß unsere Opfer wenigstens nicht umsonst gebracht waren. Nachdem nun wieder der Friede geschlossen war, mußte man versuchen, das Unternehmen lebensfähig zu gestalten. Schon sehr bald erkannten einige Kollegen, daß es nötig sei, weitere Kreise für die Genossenschaft zu interessieren... Am 20. Mai wurde angeregt, im 3. Kreis eine Filiale zu errichten, da ein großer Teil unserer Kundschaft dort wohne, und vier Wochen später wurde ein kleiner Laden an der Langstraße Nr. 67 gemietet und am 1. Juli bezogen. Auch über Anteilscheine sprach man wieder, dieselben sollten für Einzelmitglieder 5 Fr. und für Kollektivmitglieder

(Vereine, Gewerkschaften) 20 Fr. betragen. Man glaubte, mit 1000 Fr. auskommen zu können, doch beschloß man, die Sache vorläufig zu vertagen und erst einmal eine Abrechnung vom Geschäftsführer zu verlangen. Diese Abrechnung wurde am 15. Juli verlesen, und lakonisch meldet das Protokoll, die Rechnung sei nicht günstig ausgefallen. Sofort setzte eine lebhafte Debatte ein; es zeigten sich schon Gegensätze, doch erkannte man als Hauptfehler den Mangel an Kapital. Nach außen hin ließ man sich allerdings nichts anmerken, man veröffentlichte lediglich die Umsatzziffer und ersuchte die Genossen um vermehrte Unterstützung durch Zuwendung von Arbeit. Die Meister rochen aber den Braten und ihr Organ bemerkte dazu folgendes (Nr. 16, vom 15. August 1905): "Die Genossenschaftsschuhmacherei, die anläßlich des Streiks in Zürich gegründet wurde, befriedigt die Unternehmer nach eigenem Geständnis, was den bisher erzielten Umsatz betrifft, nicht. Es wurde in den drei Monaten ihres Bestehens für 2700 Franken Arbeit geliefert." Man sieht, die Meister waren gut unterrichtet und verfolgten unser Geschäft mit liebevoller Aufmerksamkeit. Auch wir waren über den Rückgang orientiert und merkten bald, daß man mit Idealismus in Geschäftssachen nicht gut rechnen kann. Solange unser Streik dauerte, hatten die Genossen ein Interesse und brachten uns Arbeit in Hülle und Fülle; aber um die Produktivgenossenschaft des Schuhmacherfachvereins bekümmerten sie sich wenig, und eine Kundschaft um die andere ging verloren. Als unser Geschäftsführer sah, daß es nicht mehr so recht gehe, legte er sein Amt nieder, und der Mann, den wir an seine Stelle wählten, war geeignet, das Geschäft vollends auf den Hund zu bringen. Zum Glück amtierte er auch nicht lange.

Da die Werkstätte nun für unsern Bedarf zu groß war, nahm man Sitzgesellen hinein, so daß die Bude bald zum Sammelplatz aller halb und ganz arbeitslosen Gehilfen wurde. Manchmal ging's da ganz lustig zu; es wurde gesungen, geturnt, Ringkämpfe aufgeführt und dergleichen. Ein Sitzgeselle beschäftigte sich sogar mit Geflügelzucht und hielt Tauben. Diese idyllischen Zustände konnte ein anderer Kollege nicht leiden, und er brachte die Sache an die Versammlung, wo man ihm aber bedeutete, die Werkstattinsassen müßten selber Ordnung schaffen. Später kam man freilich dazu, eine Werkstattordnung aufzustellen, hauptsächlich deswegen, weil Klagen einliefen, daß die Arbeitszeit nicht eingehalten werde. Danach sollte die Werkstatt von morgens 7 Uhr bis abends 7 1/2 Uhr geöffnet sein, das Sitzgeld wurde pro Mann und pro Woche auf Fr. 1.20 festgesetzt und auch bestimmt, daß jeder Insasse organisiert sein müsse.

Mittlerweile wurden die Bestrebungen auf Reorganisation fortgesetzt. Am 13. Januar 1906 sprach in einer Vereinsversammlung Genosse Dr. Balsiger über Genossenschaftswesen und skizzierte die Grundzüge der Konsumgenossenschaft, welche eine höhere Zukunft habe als die Produktivgenossenschaft. Der Eintritt müsse unbeschränkt sein, ein Schuhladen müsse errichtet werden und zuletzt müsse eine Schuhfabrik erstehen. Die Kollegen lächelten damals über dieses kühne Zukunftsbild (das heute bereits zur Wirklichkeit geworden), genehmigten aber trotzdem einen Antrag Frisch, der dahin ging, es sei der Genossenschaftskommission Vollmacht zu erteilen, mit einer auf dieser Grundlage zu gründenden Schuhmachergenossenschaft wegen der Übergabe unserer Genossenschaftsschuhmacherei in Unterhandlung zu treten und darüber Bericht zu erstatten... Zum erstenmal wurde auch eine genaue Abrechnung erstellt, und man fand, daß ein Gesamtdefizit von Fr. 355.15 vorhanden sei. Natürlich gab es da heftige Kritik an Geschäftsführung und Buchführung, die damit endete, daß wieder ein neuer Geschäftsführer gewählt wurde. Zugleich verlegte man die Leitung in die Langstaße, weil dieses Geschäft im Aufstieg begriffen war, während das andere immer mehr an Bedeutung einbüßte.

Die zur Oberaufsicht gewählte Kommission, aus fünf Mitgliedern der Gewerkschaft bestehend, übernahm nun Einkauf und Führung. Im Lokal Stüssihofstatt wechselten die Meister oder Geschäftsführer fortwährend, einer war vier Wochen im Amte, ein anderer gleich 14 Tage, und mittlerweile entdeckte man auch noch, daß so ein gewesener "Meister" Gelder im Betrage von 35 Fr. unterschlagen habe. Das Geld wurde zwar später zurückbezahlt, aber die nächste Abrechnung zeigte ein Defizit von 466 Fr. Man sprach vom Aufgeben des einen Lokals, weil zwei nicht rentierten, beschloß dann aber nochmals, weiter zu wursteln. Bezeichnend für diese kritische Periode ist auch, daß der Antrag eines Kollegen, keinen Kredit zu geben, abgelehnt wurde, weil er undurchführbar sei. Doch ganz ließ man den Mut nicht sinken. Von Anteilscheinen sprach man zwar nicht mehr, aber man ließ 10.000 Flugblätter drucken, die durch Kollegen verteilt wurden; außerdem schrieb man Zirkulare an die politischen und gewerkschaftlichen Vereine und hatte die Genugtuung, daß das Defizit sich allmählich verringerte. Das Guthaben der Gewerkschaft betrug um diese Zeit Fr. 252.60, und als wieder einmal kritisiert wurde, hieß es kurz: Ihr werdet das Geld schon wieder bekommen. Anfangs 1907 machte man abermals einen Anlauf, die Genossenschaft auf breitere Basis zu stellen. Um möglichst viele Mitglieder zu gewinnen, wollte man den Eintritt für einzelne auf 1 Fr. und für Korporationen auf 5 Fr. festsetzen; der Fachverein sollte sich mit 100 Fr. beteiligen. Eine zu diesem Zweck einberufene öffentliche Versammlung mißglückte wegen zu schwacher Beteiligung, ebenso eine zweite, zu der man auch die Vereinsvorstände eingeladen hatte. Glücklicherweise besserten sich nun die Finanzen allmählich und das erste Quartal 1907 zeigte zum erstenmal ein rechnerisches Vermögen von Fr. 57.40.

Den rastlosen Bemühungen des Kollegen Frisch, der das Geschäft Langstraße leitete, war es endlich gelungen, die heilige Siebenzahl zusammenzubringen, die zu einer neuen Genossenschaft erforderlich war. Am 13. Juli wurde in der Versammlung der Antrag auf Verkauf gestellt. Trotz den wenig günstigen Erfahrungen, die man mit der Genossenschaft gemacht hatte, erhob sich lebhafter Protest dagegen, und nur mit drei Stimmen Mehrheit, mit 17 gegen 14 Stimmen, wurde der Verkauf beschlossen. Am 1. August 1907, nach zweieinvierteljährigem Bestehen, ging das Geschäft zum Preise von 500 Fr. an die neue Genossenschaftskommission über. Das Verkaufsresultat entsprach freilich nicht unsern Erwartungen, hatten wir doch immer den Inventarwert für doppelt so hoch gehalten; nun mußten wir uns anders helfen und schlossen mit unsern Gläubigern einen Nachlaßvertrag auf der Grundlage von 60 Prozent ab. Die letzte Abrechnung im Januar 1908 verzeigte an Einnahmen (Verkauf, Einzug von Ausständen etc.) Fr. 710.05, an Ausgaben (Bezahlung der Gläubiger) Fr. 526.25, Kassabestand Fr. 173.80, Guthaben des Fachvereins Fr. 204, somit ein Passivsaldo von Fr. 40.20, dem aber noch Außenstände im Betrage von Fr. 70.– gegenüberstanden. Von diesen Geldern gingen zirka 40 Fr. noch ein, so daß der Verband keinen finanziellen Schaden hatte und einer Last los war, die wie ein Bleigewicht sich durch alle Versammlungen der letzten Jahre hindurchschleppte. Die neue Genossenschaft aber hatte ein billiges Geschäft erworben und konnte, von den Fehlern der alten lernend und sie vermeidend, mit neuer Kraft und frischen Mut ein neues Leben beginnen.

Genossenschaftliche Schuherzeugungs- und Reparatur-Gesellschaft.

Aus: Arbeiterselbstverwaltung. Neue Ansätze zu einem alten Vorhaben. Hrsg.: Österreichische Studien- und Beratungsgesellschaft, Wien 1983 S. 27

Das Verdienst der Zürcher Genossenschaftsschuhmacherei besteht darin, daß sie im Jahre 1905 es ermöglicht hat, den Kampf der Gehilfen siegreich zu beenden, dieser Erfolg allein ist alle Opfer wert, die ihretwegen gebracht wurden. Die Geschichte der reorganisierten Genossenschaft aber beweist uns, daß auch eine, nur von den Proletariern, von sozialistischen Arbeitern geleitete Genossenschaft, blühen und gedeihen kann, wenn gute kaufmännische Berechnung und genossenschaftliche Ideale Hand in Hand gehen.

Mögen diese Zeilen dazu beitragen, unter der Arbeiterschaft das Verständnis für das Genossenschaftswesen zu vertiefen, damit wir bald in allen größern Orten der Schweiz blühende genossenschaftliche Schuhhandlungen und Schuhmacherwerkstätten bekommen, die einerseits dem Privatkapital einen Teil des Profits wegnehmen und der Allgemeinheit zuführen, anderseits aber auch durch günstige Lohn- und Arbeitsbedingungen vorbildlich für die Privatbetriebe werden und im fernern durch Bezug von Schuhwaren aus der Schuhfabrik des V. S.K. auch dieses genossenschaftliche Werk fördern helfen. Das Sehnen der Arbeiter geht nach Befreiung vom kapitalistischen Joche, die Genossenschaftsbewegung soll und muß mit als Mittel dazu dienen. Gerade die Güter, welche von der großen Masse der Bevölkerung am meisten gebraucht werden (nebst Nahrungsmitteln in erster Linie Kleidung und Schuhwerk), eignen sich am besten für die genossenschaftliche Produktion. Je mehr die Genossenschaften dazu übergehen, ihre Bedarfsartikel selbst herzustellen, desto unabhängiger werden sie vom Privatkapital, desto mehr nützen sie aber auch ihren Mitgliedern und helfen dadurch mit zum sozialen und kulturellen Aufstieg der Menschheit.

Erste Wiener Productiv-Genossenschaft für Frauenhandarbeit registrierte Genossenschaft mit beschränkter Haftung

Statuten (auszugsweise) Wien, 1892. Verlag der Ersten Wiener Productiv-Genossenschaft

§ 1.

Die Genossenschaft hat ihren Sitz in Wien und führt die Firma: "Erste Wiener Productiv-Genossenschaft für Frauenhandarbeit, registrierte Genossenschaft mit beschränkter Haftung".

Diese Firma wird in der Weise gezeichnet, daß je zwei Mitglieder des Verwaltungsausschusses (Genossenschaftsvorstandes § 12) eigenhändig ihre Namen dem vollen Wortlaute der mit Stampiglie vorgedruckten oder von wem immer geschriebenen Firma beisetzen.

Gegenstand des Unternehmens.

§ 2.

Der Zweck der Genossenschaft ist, auf gemeinsame Rechnung und Gefahr die Erzeugung und den Verkauf aller Producte weiblicher Handarbeit der nachbezeichneten Branchen zu unternehmen, u. zw.: Alle Gattungen Wäsche-Artikeln, Cravaten, Weiß-, Woll- und Seiden-Stickereien, Schling-, Netz-, Häckel- und Spitzen-Arbeiten aller Art, Hand- und Maschinen-Strickereien, sowie Näh- und Tambourir-Arbeiten jeder Art, sofern dieselben ausschließlich als "weibliche Handarbeit" aufzufassen sind, ferner die Ausführung von Wäschputzerei-Arbeiten, dann den commissionsweisen Verkauf von weiblichen Handarbeiten, sowie Verkauf solcher Artikel, welche von dem Detailbetriebe eines Wäsche- und Wirkwaaren-Geschäftes nicht getrennt werden können.

Zeit-Dauer.

§ 3.

Die Genossenschaft ist auf unbestimmte Zeitdauer gegründet.

Mitgliederschaft.

§ 4.

Der Genossenschaft können nur Mädchen und Frauen beitreten, *welche auf einen eigenen Erwerb angewiesen sind.*

Leitung der Genossenschaft.

§ 9.

Die Leitung der Genossenschaft wird besorgt:
a) Durch den Verwaltungsausschuß (Genossenschaftsvorstand).
b) Durch die Generalversammlung.
Der Verwaltungsausschuß wird bei der Generalversammlung mit absoluter Stimmenmehrheit auf 3 Jahre mittelst Stimmzettel aus den Mitgliedern gewählt. Wird bei dem ersten Wahlgange die absolute Majorität nicht erzielt, so findet die engere Wahl zwischen jenen statt, welche die meisten Stimmen auf sich vereinigt haben. Mitglieder im Alter unter 24 Jahren können in den Verwaltungsausschuß nicht gewählt werden. Die Legitimation der Mitglieder des Verwaltungsausschusses wird durch das Wahlprotocoll der Generalversammlung nachgewiesen.
Nach Ablauf einer Wahlperiode sind die Mitglieder des Verwaltungsausschusses wieder wählbar. Falls aus dem Verwaltungsausschusse ein Mitglied während des Geschäftsjahres ausscheidet oder dauernd verhindert wird, hat sich derselbe durch Cooptirung eines geeigneten Genossenschaftsmitgliedes für die restliche Functionsdauer zu ergänzen. Der nächsten Generalversammlung bleibt die Bestätigung dieser Wahl, eventuell die Neuwahl, vorbehalten.

§ 10.

In Fällen zwingenden Erfordernisses für den genossenschaftlichen Geschäftsbetrieb können auch Männer für einzelne geschäftliche oder administrative Aufgaben von Fall zu Fall oder zur bleibenden verantwortlichen Leitung berufen werden. Diese treten jedoch nicht in das genossenschaftliche Verhältnis, sondern werden deren Pflichten und Rechte durch besondere Verträge und Vollmachten von dem Verwaltungsausschusse geregelt.

§ 11.

Die Verwendung von weiblichen Arbeitskräften im einfachen Lohnverhältnisse, also außerhalb des Genossenschaftsverbandes, ist, insofern es sich um den geschäftlichen Betrieb handelt, gänzlich ausgeschlossen.
Desgleichen ist es den Mitgliedern der Genossenschaft untersagt, für Zwecke der genossenschaftlichen Unternehmung Lohnarbeiterinnen zu unterhalten.
Falls die Genossenschaft in die Lage kommen sollte, Lehrmädchen zu beschäftigen, darf dies nur gegen eine voraus bestimmte Lehrzeit erfolgen. Über die vereinbarte Lehrzeit hinaus dürfen Lehrmädchen als solche nicht beschäftigt werden, sondern hat nach Ablauf der vereinbarten Lehrzeit der Übertritt derselben in das Genossenschaftsverhältnis unter den im § 4 normirten Bedingungen zu erfolgen, andernfalls ist den Betreffenden eine weitere Arbeitszuweisung durch die Genossenschaft zu entziehen.
Die Lehrzeit dauert 2 Jahre . In den ersten 6 Monaten haben die Lehrmädchen auf keinerlei Entlohnung Anspruch.

Verwaltungs-Ausschuß.
(Genossenschaftsvorstand.)

§ 12.

Der Verwaltungsausschuß bildet den Vorstand der Genossenschaft und hat aus der Vorsteherin, zwei Vorsteherin-Stellvertreterinnen und 5 weiteren Mitgliedern zu bestehen.

§ 13.

Die Obliegenheiten der einzelnen Mitglieder des Verwaltungsausschusses werden durch die Dienstinstruction bestimmt; im Allgemeinen obliegt:
a) Der Vorsteherin die Oberleitung der ganzen Geschäftsführung; durch sie ist die Thätigkeit der übrigen Functionärinnen und der Angestellten im Rahmen der Dienstinstruction zu regeln und zu überwachen. Die Vorsteherin hat in den Sitzungen des Verwaltungsausschusses und bei der Generalversammlung den Vorsitz zu führen.

Außerdem fällt es in ihre Befugnisse gemäß der §§ 1 und 12 mit einem zweiten Mitgliede des Verwaltungsausschusses die Firma der Genossenschaft zu zeichnen.
b) Den Vorsteherin-Stellvertreterinnen die thätige Unterstützung, sowie nach Maßgabe der Dienstinstruction die Vertretung der Vorsteherin in allen Vereins- und Geschäfts-Angelegenheiten.

Im Falle der Abwesenheit der Vorsteherin gehen alle statutenmäßigen Rechte und Pflichten derselben auf die fallweise zur Vertretung berufene Vorsteherin-Stellvertreterin über. Bezüglich der Berufung der einen, der anderen Stellvertreterin der Vorsteherin hat der Verwaltungsausschuß von Fall zu Fall im eigenen Wirkungskreise Beschluß zu fassen.

Schlichtung von Streitigkeiten.

§ 21.

Alle aus dem Genossenschaftsverhältnisse entspringenden Streitigkeiten zwischen den Mitgliedern und dem Verwaltungsausschusse sind durch ein Schiedsgericht aus den der eigenen Genossenschaft nicht angehörigen Mitgliedern (Männern) anderer Productiv-Associationen in Wien zu schlichten, zu welchen jeder Theil zwei Vertreter wählt. Die beschwerdeführende Partei muß längstens binnen acht Tagen, nachdem ihr der zur Beschwerde Anlaß gebende Umstand bekannt geworden ist, um Zusammensetzung eines Schiedsgerichtes beim Verwaltungsausschusse schriftlich ansuchen, andernfalls ein Verzicht auf Erhebung einer Beschwerde angenommen wird.

Der beschwerdeführende Theil hat binnen weiterer 8 Tagen, die Gegenpartei binnen 8 Tagen von der Verständigung über die eingelangte Beschwerde, ihre Schiedsrichter namhaft zu machen.

Unterläßt eine Partei die Nominirung der Schiedsrichter, so sind selbe vom Verwaltungsausschusse, und, wenn dieser selbst einer der Streittheile ist, durch das Los aus einer alljährlich im Vorhinein aufzustellenden Liste von 20 geeigneten männlichen Persönlichkeiten zu wählen.

Die vier Schiedsrichter wählen einen fünften in Genossenschafts-Angelegenheiten versirten Mann mit Stimmenmehrheit als Vorsitzenden.

Bei Stimmengleichheit entscheidet das Los.

Die Entscheidung erfolgt ebenfalls mit einfacher Stimmenmehrheit nach freiem Ermessen der Schiedsrichter und ohne an die civilprocessualen Gesetze gebunden zu sein.

Gegen die Entscheidung des Schiedsgerichtes findet gar keine Berufung statt.

Metallbearbeitung und Sauerstoffwerk Friedrichshafen e.G.m.b.H.

Dieter Bruns
Zur Problematik industrieller Produktivgenossenschaften

Aus: Archiv für öffentliche und freigemeinwirtschaftliche Unternehmen, Bd. 2, Göttingen, 1955/56, S. 323 - 330

Die Erfahrungen der vergangenen Jahrzehnte haben dazu geführt, daß die Produktivgenossenschaft als Form der Selbsthilfeunternehmen sozial Schwacher abgelehnt wird. Diese Ablehnung geht nicht nur von der Theorie aus, sondern auch die Praktiker des Genossenschaftswesens gingen und gehen hier mit den Theoretikern zusammen.

Alle Untersuchungen und Beobachtungen des Lebenslaufes von Produktivgenossenschaften führten zu dem gleichen Ergebnis: Genossenschaftliche Unternehmen dieses Typs scheitern entweder an Kapital-, Absatz- oder Disziplinschwierigkeiten, oder aber, wenn sie sich in Ausnahmefällen wirklich auf die Dauer einen Platz im Wirtschaftsleben erringen konnten, war die Folge eine Umwandlung in kapitalistische Stilformen.

Diese Erfahrungen vermochten jedoch nicht zu verhindern, daß immer wieder, besonders auch nach dem 2. Weltkrieg, in Deutschland Produktivgenossenschaften entstanden. Das Wort "Genossenschaften sind Kinder der Not" bewahrheitete sich hier deutlich. Gründer der Genossenschaften waren Kriegsbeschädigte und Kriegsgeschädigte, die auf dieser Basis sich wieder eine neue Existenz zu schaffen suchten. Die meisten dieser Nachkriegserscheinungen unter den Produktivgenossenschaften konnten sich jedoch nicht halten und waren gezwungen, über kurz oder lang ihre Betriebe wieder zu schließen. Die Gründe für die Lebensunfähigkeit dieser vorwiegend handwerklichen Betriebe waren wiederum meist in Kapital- und Absatzmangel zu suchen.

Die Existenz und anscheinend gute Entwicklung zweier Produktivgenossenschaften in Friedrichshafen gab Veranlassung zu untersuchen, ob diese Rechtsform und dieser Unternehmenstyp nicht vielleicht doch — trotz aller gegenteiligen Erfahrungen — geeignet sei, als eine Form von Gemeinschafts- und Gruppenunternehmen in Betracht gezogen zu werden, um soziale Spannungen und Gegensätze auszugleichen und Menschen, die genug Unternehmergeist in sich tragen, aber nicht das erforderliche Kapital aufzuweisen haben (Kriegssachgeschädigte und Flüchtlinge), wieder zu einer Existenz zu verhelfen. Es handelt sich bei den Unternehmen um die "Metallbearbeitung Friedrichshafen e.G.m.b.H." und die "Sauerstoffwerk Friedrichshafen e.G.m.b.H.". Beide Firmen sind Nachfolgebetriebe der "Luftschiffbau Zeppelin G.m.b.H." Friedrichshafen, die nach dem 10.5.1945 ihre gesamte Fabrikation einstellen mußte.

Metallbearbeitung Friedrichshafen e.G.m.b.H.

Das Unternehmen entstand aus dem Bestreben ehemaliger Angehöriger der Leichtmetallgießerei der Luftschiffbau Zeppelin G.m.b.H. Friedrichshafen, noch vorhandene Anlagen, Maschinen, Einrichtungen und auch Beziehungen des seit 1945 in Liquidation befindlichen Unternehmens wieder nutzbar zu machen und neue Erwerbsmöglichkeiten, wenn auch vorerst in bescheidenem Rahmen, zu schaffen. Man dachte an die Errichtung einer G.m.b.H., jedoch wurde die Erlaubnis zur Inbetriebnahme der Gießerei durch den französischen Kommandanten nur unter der Bedingung erteilt, daß das zu gründende Unternehmen die Rechtsform der Genossenschaft annähme. Es spielten hierbei sowohl sozialpolitische Gründe und die genossenschaftsfreundliche Einstellen der Franzosen eine Rolle, als auch Befürchtungen, es könne sich zu schnell wieder ein Werk größerer Bedeutung entwickeln. Es ist wohl einmalig in der Geschichte des deutschen Genossenschaftswesens, daß Produktivgenossenschaften auf der Basis der Unfreiwilligkeit entstanden. Nach langwierigen Verhandlungen kam es am 13. 10. 1947 zur Konstituierung der Produktivgenossenschaft "Metallbearbeitung Friedrichshafen e.G.m.b.H.". 27 Genossen mit insgesamt 84 Anteilen waren an der Gründung beteiligt.

Allerdings konnte der Betrieb nicht in den Räumen der ehemaligen Gießerei des Luftschiffbaues wieder aufgenommen werden, da diese noch von der französischen Besatzungsmacht in Anspruch genommen wurden. Man war gezwungen, sich in einigen noch stehenden beschädigten Gebäuden des Zeppelinwerkes, die erst instand gesetzt werden mußten, und in einigen zusätzlich aufgestellten Lagerbaracken einzurichten. Die unzulänglichen Gebäude stellen heute, nachdem sich das Unternehmen entwickelt und vergrößert hat – es werden 150 Leute beschäftigt – zweifellos ein Hemmnis dar.

Trotz des starken Wachstums der Belegschaft wurden seit der Gründung keine neuen Mitglieder aufgenommen. Nach heutigem Stand sind unter 154 Mann Belegschaft noch 21 Genossen. Die Geschäftsleitung der Genossenschaft verschließt sich der Neuaufnahme von Mitgliedern nicht. Von dieser Seite aus wäre man durchaus bereit, 50 - 60 Arbeiter als Genossen aufzunehmen. Daß es hierzu bisher nicht kam, hat verschiedene Gründe: 1. Die Mehrzahl der Gründungsgenossen ist gegen einen Neuzugang von Mitgliedern; und zwar deshalb, weil mit der Übernahme eines Geschäftsanteiles nicht nur der Nennwert des Anteils, sondern auch der entsprechende Anspruch auf den Liquidationswert des Unternehmens auf das neue Mitglied übergeht. An der Schaffung dieses – höheren – Liquidationswertes aber seien die neuen Mitglieder nicht in dem Maße beteiligt wie die Gründungsgenossen. Man kann hier fragen, ob dieses Denken mit echtem Genossenschaftsgeist vereinbar ist, muß aber beachten, daß es sich bei der Mitgliedschaft bei Produktivgenossenschaften um die Grundlage der wirtschaftlichen Existenz handelt.

Der Genosse, der an der Gründung beteiligt war, besitzt einen oder mehrere Geschäftsanteile. Diese Anteile sollen möglichst viel abwerfen. Die Mitglieder scheuen aber größere Haftsummen. Diese Scheu vor der Haftsumme geht so weit, daß die Besitzer mehrerer Anteile diese am liebsten bis auf einen kündigen würden. Die Aufgabe von Geschäftsanteilen würde jedoch die Aufgabe des im Laufe der Jahre entstandenen Mehrwertes zur Folge haben, da nach § 73 II Gen.-Ges. dem ausscheidenden Genossen lediglich sein Geschäftsguthaben auszuzahlen ist, und er an die Reservefonds und an das sonstige Vermögen der Genossenschaft keinen Anspruch hat. 2. Die neuen Betriebsangehörigen wollen vielfach gar nicht Mitglied werden. Auch bei ihnen ist die ablehnende Haltung auf die Scheu vor der Haftsumme zurückzuführen. Am Gewinn sind sie auch als Nichtmitglieder durch die Lohnnachzahlung beteiligt, wenn auch in etwas geringerem Maße als die Mitglieder.

Das Mißverhältnis in der Zusammensetzung der Genossenschaft veranlaßt zu der Frage, ob das Unternehmen in der bisherigen Rechtsform fortbestehen kann. Die folgenden Ausführungen versuchen über diese Frage Klarheit zu schaffen.

Im Laufe der Entwicklung bzw. der Mißerfolge der Produktivgenossenschaften haben sich einige Ursachen, denen zufolge diese Unternehmenstypen vorwiegend scheiterten, klar herausgeschält. Das sind: Mangel an Kapital, Mangel an Disziplin, Absatzschwierigkeiten. Der Verfasser möchte diesen Schwierigkeiten nachgehen und darlegen, inwieweit sie auf die Metallbearbeitung Friedrichshafen zutreffen.

1. Mangel an Kapital: Bei der Gründung im Jahre 1947 standen der Genossenschaft annähernd 250 000 RM zur Verfügung. Rund 80 000 RM wurden kurz vor der Währungsreform für Grundstücke und Gebäude investiert. Der Absatz entwickelte sich vorerst langsam, die alten Kunden des Luftschiffbau Zeppelin mußten erst wieder gewonnen werden. Doch im Jahre 1950 erfuhr der Betrieb einen größeren Aufschwung. Die Belegschaftszahl stieg auf 115. Mit dem Anwachsen des Betriebes war zwangsläufig eine Vergrößerung des Umlaufkapitals verbunden. Doch es gelang dem Unternehmen, die Finanzierung des laufenden Betriebes sicherzustellen, ohne Bankkredite in Anspruch nehmen zu müssen. Bei einer Belegschaft von 150 Mann und entsprechenden Umsätzen zeigt sich jedoch jetzt, daß die zum Teil notdürftigen Baulichkeiten nicht ausreichten. Die Arbeitsplätze sind durchweg zu beengt, die Lagerräume für Fertigwaren und Modelle zu klein. Das Problem der beengten Raumverhältnisse besteht schon seit längerer Zeit, doch hofft man noch immer auf die Freigabe der durch die Franzosen beschlagnahmten alten Gießereigebäude der Zeppelinwerke. Zur Errichtung eines Neubaues waren die Kapitalbildungsmöglichkeiten der letzten Jahre zu gering. Das Kapital wurde für die Umlauffinanzierung dringender benötigt. Die Genossenschaft wäre also auf langfristige Fremdmittel angewiesen, die das junge, wenn auch stabile Unternehmen doch stark belasten würden. Zudem stellt die Rechtsform der Genossenschaft hier einen Hinderungsgrund dar, da die Haftsummen der Genossen bzw. die dahinterstehenden Deckungsmöglichkeiten für eine Bank keine ausreichende Kreditsicherung bilden. Der Ausbau des Betriebes ist aber zum weiteren Gedeihen der Unternehmung dringend erforderlich. Hier zeigt sich, daß der Mangel an Kapital unter Beibehaltung der Rechtsform Genossenschaft wohl nicht überwunden werden kann.

2. Mangel an Disziplin: Mangelnde Disziplin und Unfähigkeit der Leitung waren

häufig Ursache für das Scheitern von Produktivgenossenschaften. Daß derartige Schwierigkeiten bei der Metallbearbeitung Friedrichshafen niemals ernstlich in Erscheinung traten, liegt daran, daß die Gründungsgenossen als ehemalige Angehörige der Zeppelinwerke an ein reibungsloses Schaffen gewöhnt waren; soziale Spannungen gab es auch damals nicht. Dieses gute kameradschaftliche Verhältnis wurde in die Genossenschaft übernommen und gepflegt, sowohl unter der Belegschaft als auch zwischen Belegschaft und Geschäftsleitung. Auch zu Spannungen zwischen Mitgliedern und Nichtmitgliedern ist es nicht gekommen. Da die Leitung der Genossenschaft in den Händen von ehemaligen leitenden Angestellten der Zeppelinwerke liegt, die ebenfalls Gründungsmitglieder sind und ihre Fähigkeiten in den schweren Aufbaujahren unter Beweis gestellt haben, ist auch hinsichtlich der Leitung kein Anlaß zu Befürchtungen für den Bestand der Genossenschaft gegeben. Doch besagt das gute Einvernehmen innerhalb des Unternehmens nicht, daß sich ein Genossenschaftsgeist entwickelt hat. Man kann hier nur insofern von Gemeinschaft sprechen, als es sich um eine Willensgemeinschaft zur Erreichung wirtschaftlicher Ziele handelt. Hinzu tritt das oben erwähnte Zusammengehörigkeitsgefühl der Genossen als ehemalige Angehörige des Luftschiffbau Zeppelin. Für die meisten Betriebsangehörigen jedoch ist die Metallbearbeitung Friedrichshafen lediglich das Unternehmen, das ihnen den Arbeitsplatz bietet und in welchem sie teilweise mehr oder weniger Kapital investiert haben.

3. Absatzschwierigkeiten: Auch die sonst bei Produktivgenossenschaften auftretenden Absatzschwierigkeiten haben sich bei der Friedrichshafener Genossenschaft nicht gezeigt. Das ist vorwiegend darauf zurückzuführen, daß es gelungen ist, die alten Abnehmerfirmen aus der Zeit des Luftschiffbaues wieder als Kunden zu gewinnen. Die anfängliche, unbegründete Abneigung und Vorsicht gegenüber der Rechtsform Genossenschaft bei den Kundenfirmen konnte überwunden werden. Die Wiederherstellung der alten Geschäftsverbindungen verdankt das Unternehmen in erster Linie den ehemaligen kaufmännischen Direktoren des Luftschiffbau Zeppelin, die als Vorstandsmitglieder in der Genossenschaft tätig sind. Ihrer Tätigkeit und ihren persönlichen Beziehungen zu den größeren und als Abnehmer für die Metallbearbeitung Friedrichshafen in Betracht kommenden Werken des süddeutschen Raumes ist es zuzuschreiben, daß die Tradition der qualitativ hochwertigen Arbeit der Zeppelinwerke ebenfalls auf die Produktivgenossenschaft überging und es zu Absatzschwierigkeiten nicht kam. Die Mitglieder der Metallbearbeitung Friedrichshafen e.G.m.b.H. müssen sich darüber im klaren sein und sind es zum größten Teil auch, daß sie ohne die technische und kaufmännische Leitung ihres Vorstandes ihre Produktivgenossenschaft niemals zu dem hätten entwickeln können, was sie heute darstellt, nämlich einem Betrieb, der gute Entwicklungsmöglichkeiten bietet.

Obwohl die Metallbearbeitung Friedrichshafen sich im Gegensatz zu anderen Unternehmen gleicher Rechtsform durchsetzen und entwickeln konnte, auch weder Absatz- noch Disziplinschwierigkeiten aufweist, sondern lediglich an einem gewissen Kapitalmangel krankt, zeigen sich doch schon seit längerer Zeit Umwandlungstendenzen, die nicht nur auf diesen Kapitalmangel zurückzuführen sind.

Das Problem der Umwandlung in eine andere Rechtsform wird schon seit zirka zwei Jahren in den Aufsichtsrats- und Mitgliederversammlungen erörtert. Hierbei geht die Stellungnahme des Vorstandes von wirtschaftlichen Erwägungen aus. Der Vorstand will das Unternehmen weiterentwickeln und lebensfähig erhalten im Konkurrenzkampf mit Betrieben, die auf privatwirtschaftlicher Basis arbeiten. Bei diesen Bestrebungen stellt die Rechtsform der Genossenschaft ein Hemmnis dar, das vorwiegend auf den beschränkten Kreditmöglichkeiten und auf der Zurückhaltung größerer Firmen dieser Rechtsform gegenüber beruht. Unter Berücksichtigung der angeführten Argumente beschäftigt sich der Vorstand mit dem Gedanken einer Umwandlung in eine G.m.b.H. mit Kapitalaufstockung unter Beteiligung der Mitarbeiter.

Von geringerer Bedeutung für die Übernahme einer anderen Rechtsform ist das einfache Stimmrecht in der Genossenschaft: Die Anzahl der auf ein Mitglied entfallenden Geschäftsanteile ist verschieden. Da aber jeder Genossenschafter nur eine Stimme hat, entscheidet und verfügt das Mitglied mit nur einem Geschäftsanteil auch über das Kapital der Inhaber mehrerer Anteile. Neigungen zu einer anderen Rechtsform zeigen sich daher bei allen Mitgliedern, die über mehrere Anteile verfügen, besonders im Hinblick auf die Frage der Neuaufnahme einer größeren Anzahl von Genossen mit nur einem Geschäftsanteil.

Auch die übrigen Mitglieder stehen dem Plan einer Umwandlung nicht ablehnend gegenüber. Sie verschließen sich nicht der Erkenntnis, daß eine Kapitalaufstockung notwendig ist und daß mit dieser aller Wahrscheinlichkeit nach eine Änderung der Rechtsform verbunden ist. Das Denken und Handeln aller Betriebsangehörigen ist wirtschaftlich orientiert, der Wille zur Selbstverantwortung und das Gemeinschaftsempfinden ist nur gering. Abgesehen vom Vorstand ist bei den Genossenschaftern ein gewisser Mangel an Unternehmergeist fühlbar. Unternehmerische Einstellung, die bei Mitgliedern einer Produktivgenossenschaft zumindest bis zu einem gewissen Grade vorausgesetzt werden müßte, ist nur insoweit vorhanden, als für die jeweils eingezahlten Anteile auf jeden Fall "etwas Sichtbares" herausspringen soll. Dem entspricht aber die Rechtsform der Genossenschaft nicht in gewünschtem Maße. Wenn auch das Genossenschaftskapital anwächst, so bleibt doch der jeweilige Anteil konstant. Bei Ausscheiden aus der Genossenschaft erhält das Mitglied lediglich sein Geschäftsguthaben zurück, und nur bei eventueller Liquidation des Unternehmens gelangt der Liquidationswert zur Verteilung, der nach Ansicht der Genossenschafter dem tatsächlichen Anteil des einzelnen entspricht und ihm zusteht. Dieser "Kurswert" der Anteile ist von Interesse und nach ihm wird immer wieder gefragt.

Im Gegensatz zu dieser "kapitalistischen" Einstellung steht die dauernde Befürchtung, daß man im äußersten Falle auch mit der jeweiligen Haftsumme einstehen müsse. Die Haftsumme beunruhigt in besonderem Maße diejenigen Mitglieder, die über etwas Privatbesitz verfügen und diesen im Falle der Haftung nicht angetastet sehen wollen. Auch die Übernahme neuer Anteile wird vielfach abgelehnt, lieber werden freie Beträge dem Unternehmen als Darlehen zur Verfügung gestellt. Allein schon aus diesem Grunde würden sich die Mitglieder nicht gegen eine Umwandlung sträuben.

Neben den wirtschaftlichen Erwägungen des Vorstandes und dem Streben der Genossen nach Risikobeschränkung und freierer Verfügungsmöglichkeit über ihre Beteiligungen sind vor allem in der Zusammensetzung der Genossenschaft Umwandlungstendenzen festzustellen. Das Verhältnis von 20 Mitgliedern zu einer Belegschaft von 150 Mann entspricht zweifelsohne mehr dem Aufbau eines privatwirtschaftlichen Unternehmens als dem einer Produktivgenossenschaft. Auch der Gedanke, der schon auftauchte, alle leitenden Posten des Unternehmens vom Vorstand bis zum Vorarbeiter mit Genossenschaftern zu besetzen, um auf diese Weise die Produktivität zu steigern, entspricht nicht genossenschaftlicher Haltung und würde erst recht zu Spannungen innerhalb des Betriebes führen, die bis jetzt noch nicht vorhanden sind. Am Falle der Metallbearbeitung Friedrichshafen e.G.m.b.H. wird veranschaulicht, daß sich von innen her auch dort Umwandlungsbestrebungen herausbilden können, wo sie nach bisherigen Erfahrungen noch kaum vermutet wurden.

Die vorstehenden Ausführungen lassen den Schluß zu, daß es sich bei der Metallbearbeitung Friedrichshafen nur noch der Rechtsform, nicht aber dem Aufbau und Wesen nach um eine Genossenschaft handelt. Hierfür sprechen:

1. Die bewußt klein gehaltene Gruppe der Träger des Unternehmens.
2. Die mehr als "Gesellschaft" den als "Gemeinschaft" aufzufassende Trägergruppe.
3. Die angestrebte Beschränkung der Widmung des Unternehmensergebnisses f auf den Kreis des augenblicklichen Trägers des Unternehmens.
4. Die geringe Stärke des Interesses einer Reihe von Mitgliedern an der genossenschaftlichen Rechtsform.

Sauerstoffwerk Friedrichshafen e.G.m.b.H.

Als im Jahre 1945 die Luftschiffbau Zeppelin G.m.b.H. Friedrichshafen stillgelegt und ihre Liquidation angeordnet wurde, arbeitete die Abteilung "Sauerstoffwerk", deren Anlagen den Krieg unversehrt überstanden hatten, weiter, da der Bedarf an Sauerstoff auch bei der französischen Besatzungsmacht groß war. Schon hierin liegt ein wesentlicher Vorteil gegenüber der "Metallverarbeitung Friedrichshafen". Der Fortführung des Betriebes als privatwirtschaftliches Unternehmen wurde von der Besatzungsmacht, ebenso wie bei der Metallbearbeitung Friedrichshafen, Widerstand entgegengesetzt. Man entschloß sich daher zur Gründung einer Produktivgenossenschaft, der alle Betriebsangehörigen, zirka 30 Personen, als Mitglieder beitraten. Die stehende und betriebsbereite Anlage wurde der Genossenschaft von der Luftschiffbau Zeppelin G.m.b.H.i.L. zu günstigen Bedingungen übergeben. Gefahren und Schwierigkeiten, die der Genossenschaft drohten, wurden praktisch noch vor ihrer Gründung beseitigt. Es wurde ein stillschweigendes Übereinkommen mit den Sauerstoffproduzenten des süddeutschen Raumes erzielt, wodurch der Preis für Sauerstoff in seiner Höhe gehalten werden konnte. Ferner wurde ein drohender Konkurrenzkampf dadurch verhindert, daß von nun an die einzelnen Produzentenfirmen die regionalen Grenzen ihrer "Konkurrenten" respektierten. Dadurch waren die Absatzbasis in Oberschwaben und damit die Existenzmöglichkeit der Produktivgenossenschaft gesichert. Ohne diese erfolgreichen Verhandlungen wäre die Gründung mit einem großen Risiko verbunden gewesen, das die Genossen mit Rücksicht auf ihre Nachschußpflicht sicherlich nicht übernommen hätten.

Da die Rechtsform Genossenschaft in gewissem Sinne für die Entwicklung der "Metallbearbeitung Friedrichshafen" ein Hindernis darstellt und sich bei diesem Unternehmen schon Umwandlungstendenzen bemerkbar machen, bleibt zu untersuchen, ob sich auch beim Sauerstoffwerk Schwierigkeiten zeigen: Die Belegschaftszahlen und auch die Mitgliederzahlen veränderten sich seit der Gründung der Genossenschaft kaum. Auch vor 1945 war die Belegschaft nicht stärker, wenngleich damals noch die Anlage zur Wasserstoffgewinnung in Betrieb war, die später verkauft wurde. Es arbeiten heute im Betriebe die gleichen Leute wie 1947 (zur Zeit der Gründung); diese Gründungsmitglieder kamen aus der Belegschaft der ehemaligen Abteilung "Sauerstoffwerk" der Luftschiffbau Zeppelin G.m.b.H.

Hinsichtlich der Kapitalverhältnisse fand die zu gründende Produktivgenossenschaft bedeutend günstigere Voraussetzungen vor als die Metallbearbeitung Friedrichshafen e.G.m.b.H. Die moderne, unbeschädigte Anlage hatte auch nach dem Kriege nicht stillgelegen, Betriebsleitung und eingearbeitete Belegschaft waren vorhanden, ebenfalls ein gewisser Kundenstamm. Die Deckung der Kosten des laufenden Betriebes bereitete keine Schwierigkeiten, da Sauerstoff nur gegen Kasse verkauft wird. Dieser Kassaverkauf ist nicht nur wegen des abgekürzten Kundenkredits, sondern auch wegen des außergewöhnlichen Kostenanfalls des Unternehmens von Bedeutung. Hauptkostenfaktor ist der elektrische Strom. Die Stromrechnungen werden jedoch erst nach Verbrauch, jeweils am Ende eines Monats ausgestellt und fällig, so daß der Erlös für das Erzeugnis Sauerstoff zum großen Teil schon hereinkommt, bevor die Kosten des laufenden Betriebes zu Ausgaben werden. Es zeigt sich hier, unter welchen ausnahmsweise günstigen Bedingungen das Unternehmen in der Rechtsform Genossenschaft arbeiten kann, nachdem die Anlagen einmal vorhanden sind. Es handelte sich also für das junge Unternehmen lediglich darum, den Kauf der Anlage von der Zeppelin G.m.b.H. und das Anlaufen des Betriebes in eigener Regie zu finanzieren. Das wurde ermöglicht durch die eingezahlten Geschäftsanteile der Mitglieder und durch Darlehen, die von ehemaligen Angehörigen der Zeppelinwerke zur Verfügung gestellt wurden.

Das Verhältnis der Belegschaftsmitglieder zueinander und zur Geschäftsleitung ist gut. Doch beruht dies nicht allein auf dem genossenschaftlichen Zusammenschluß, sondern in besonderem Maße darauf, daß schon im Luftschiffbau ein Vertrauensverhältnis und ein Zusammengehörigkeitsgefühl vorhanden waren, das bis auf das Wirken des Grafen Zeppelin zurückzuführen ist. Dieses Vertrauensverhältnis und Zusammengehörigkeitsgefühl sind begründet in der teilweise jahrzehntelangen Zusammenarbeit an dem gemeinsamen Werk, einem Werk, das nicht nur materiellen Wert für die Belegschaft, sondern darüber hinaus ideellen Wert repräsentierte. Der Verfasser konnte wiederholt feststellen, daß sowohl ehemalige leitende Angestellte als auch andere Belegschaftsmitglieder sich mit ihrem "LZ" (Luftschiffbau Zeppelin) heute noch stark verbunden fühlen. Dieses Verbundenheitsgefühl wurde mit in die Genossenschaft hineingenommen und verhinderte, daß Disziplinschwierigkeiten aufkamen.

Hinsichtlich des Absatzes sind in absehbarer Zeit keine Schwierigkeiten zu erwarten, da der Genossenschaft Oberschwaben als Absatzgebiet für Sauerstoff durch Verhandlungen und Absprachen garantiert ist und es dem Unternehmen gelang, sich im Laufe der Zeit einen ausreichenden Kundenstamm zu erschließen. Der Absatz kann nur durch eine neu auftretende starke Konkurrenz gefährdet werden, die jedoch vorerst nicht zu erwarten ist.

Es steht ohne Zweifel fest und wird auch von seiten der Geschäftsführung des Sauerstoffwerkes anerkannt, daß Gründung und Betrieb des Unternehmens in der Rechtsform einer (Produktiv-)Genossenschaft unter äußerst günstigem Vorzeichen gestanden haben und noch heute stehen. Für das Sauerstoffwerk in seiner derzeitigen Stellung innerhalb seines Wirtschaftsgebietes ist die Rechtsform gleichgültig, es könnte genau so gut eine o.H.G. oder G.m.b.H. sein. Interessiert an der Rechtsform Genossenschaft dürften z.Zt. in erster Linie die Arbeiter sein, jedoch nach Ansicht des Verfassers vorwiegend aus finanziellen Gründen. Nicht allen Mitgliedern der Genossenschaft ist wirklich bewußt, daß sie jetzt verantwortliche Miteigentümer sind, daß sie als Genossenschafter in i h r e m Unternehmen arbeiten und über das Wohl und Wehe dieses Unternehmens mit zu entscheiden haben. Wo das Bewußtsein des Miteigentums feststellbar ist, da beruht es vorwiegend auf der Einstellung: "Was springt für mich dabei heraus?". Einige Mitglieder vertreten im Gegensatz zur Geschäftsleitung die Ansicht, daß bei einer eventuellen Erweiterung des Betriebes neu einzustellende Arbeitskräfte nicht die Möglichkeit haben sollen, Mitglieder der Genossenschaft zu werden.

Man befürchtet, daß der von wenigen gebackene Kuchen in zu viele Stücke aufgeteilt werden könnte. Die ideelle genossenschaftliche Einstellung müßte von den Mitgliedern erst unter Beweis gestellt werden, wenn die außergewöhnlich günstige wirtschaftliche Stellung des Unternehmens einmal angegriffen würde. Daß das Sauerstoffwerk seiner Aufgabe als Produktivgenossenschaft im augenblicklichen Zeitpunkt und unter derzeitigen Verhältnissen gerecht wird, steht außer Zweifel, und es ist daher verständlich, daß eine Umwandlung in eine andere Rechtsform gar nicht in Erwägung gezogen wird.

Bei oberflächlicher Beobachtung mag vielleicht durch die Entwicklung und Geschäftslage der Friedrichshafener Produktivgenossenschaften der Eindruck erweckt werden, als ob die Ablehnung dieses Unternehmenstyps zu Unrecht bestehe, da ja die Existenz der beiden Betriebe seine Bewährung unter Beweis stelle. Doch man muß berücksichtigen, daß die beiden Unternehmen schon insofern unter günstigen Bedingungen gegründet wurden, als Anlagen, Maschinen und ein eingearbeiteter Facharbeiterstamm einschließlich Betriebs- und Geschäftsleitung zur Verfügung standen. Disziplinschwierigkeiten waren kaum zu befürchten und ergaben sich auch später nicht, da die Belegschaften zumindest teilweise in der gleichen Zusammensetzung zu Zeiten des Luftschiffbaues zusammenarbeiteten und auch damals keine sozialen Spannungen zu verzeichnen waren. Das Sauerstoffwerk arbeitet unter äußerst günstigen Absatzbedingungen. Es müßte seine Krisenfestigkeit erst erweisen, wenn es einmal im Konkurrenzkampf steht. Die Metallbearbeitung Friedrichshafen, die mit Unternehmen anderer Rechtsform im Wettbewerb steht, weist starke Umwandlungstendenzen auf, was vollauf den bisherigen Erfahrungen entspricht. Die Existenz der beiden Unternehmen kann nicht zum Anlaß genommen werden, um der Produktivgenossenschaft das Wort zu reden. Beide Werke stellen Ausnahmen dar und sind kaum geeignet, als Beweis dafür herangezogen zu werden, daß die Produktivgenossenschaft als Rechtsform für solidarische Selbsthilfe doch angebracht ist. Es gibt allerdings mancherlei Möglichkeiten der Ausgestaltung dieser Rechtsform, bei deren Wahrnehmung die erörterten Schwierigkeiten behoben werden oder wenigstens gemildert werden können. Auf diese Möglichkeiten kann hier nicht eingegangen werden.

Glaswerke Warmensteinach eG.

Aus: Festschrift zum 75-jährigen Betriebsjubiläum der Glaswerke Warmensteinach eG.
1974

Glaswerke Warmensteinach
Postfach 28
8581 Warmensteinach

Ende des 19. Jahrhunderts war die Zeit des Entstehens der Genossenschaften. Es war ein Weg aus der Not, die damals dem Handwerk drohte. Auch die Glasmacher blieben nicht verschont. Die angestammten Arbeitsplätze in der Heimat zu erhalten hatte man sich zur Aufgabe gemacht. So war es auch in Warmensteinach.

33 beherzte und aufgeschlossene Männer waren es, die 1899 eine Genossenschaft ins Leben riefen. Sie erhielt den Namen "Glasperlenmachergenossenschaft e.G.m. b.H. Warmensteinach". Als Kapitalfundament standen Rm 200,- Geschäftsanteil pro Mitglied zur Verfügung; die Regierung von Oberfranken gab ein zinsloses Darlehen von Rm 2.000,- und der Glasarbeiterverband stellte Rm 2.500,- bereit.

Das war der Anfang. Harte und schwere Proben von Solidarität, von Ausdauer und Treue hatte die junge Firma und damit die Genossen dieses Werkes zu bestehen. Es gab weiß Gott nicht nur gute Geschäftsjahre,und aus alten Aufzeichnungen ist zu ersehen, daß beispielsweise einmal zur Jahresverlustdeckung pro Mitglied Rm 158,- beizutragen waren. Für die damalige Zeit wahrlich kein kleiner Betrag.

Doch gerade diese Rückschläge waren es, die den Ansporn gaben, die junge Genossenschaft, deren Erhaltung man sich auf die Fahne geschrieben hatte, weiter zu führen. Man steckte nicht auf und wollte beweisen, daß man mit den anderen Unternehmen gleicher Fertigung, aber anderer Gesellschaftsform (Privatunternehmen), zumindest mithalten kann. Zur Ehre dieser Männer sei gesagt, man schaffte es und noch mehr. Das junge Werk gedieh. Ein Hauptanliegen war es, auch die sozialen Verhältnisse der im Betrieb arbeitenden Männer zu verbessern. Bereits im Jahre 1902 wurde die vierwöchige Lohnzahlung eingeführt und im Jahre 1906 erfolgte die Auszahlung schon nach 14 Tagen.

Eine weitere Pionierarbeit in der damaligen Zeit: Im Jahre 1908 wurde die Sonntagsarbeit eingestellt. Bis zu diesem Zeitpunkt wurde an den Öfen bis Sonntag morgens 6 Uhr gearbeitet und abends um 18 Uhr begann die Schicht aufs Neue.

Bis zum 1. Weltkrieg wurden ausschließlich Glasperlen, sogenannte "Paterle" gefertigt, die für Rosenkränze, Ketten usw. Verwendung fanden. Im 1. Weltkrieg wurde mit den älteren, nicht mehr zum Militär eingezogenen Männern der Betrieb so gut es eben ging, weitergeführt. Sofort nach Kriegsende war es wiederum die Genossenschaftshütte, die, wegweisend für andere, die Arbeitszeit sofort von täglich 12 Stunden auf 8 Stunden verkürzte. Zu dieser Zeit machte man vorwiegend Perlen; und aus Perlen Gebrauchsgegenstände, wie Topfuntersetzer, Wandgehänge, Deckchen und dergleichen. Ein großes Absatzgebiet für diese Artikel war Amerika, so daß die Inflation – da die Aufträge auf Dollarbasis abgeschlossen waren – gut fundiert überstanden wurde. In den folgenden Jahren sollte die Glasperlenindustrie und damit die Glasperlenmacher im Fichtelgebirge – unsere Genossenschaftshütte inbegriffen – schlechte Zeiten erleben. Die Weltwirtschaftskrise nahm ihren Anfang.

Viele außereuropäische Märkte gingen durch zu hohe Zölle verloren. Der Balkan fiel aus, auch die deutschen Kolonien in Afrika, ein bis dahin gutes Absatzgebiet, stand unter der Oberhoheit Englands und erteilte kaum noch Aufträge. Hierzu kam noch, daß Japan als starker Konkurrent Glasperlen in guter Qualität billiger auf den Markt brachte. Diesem Konkurrenzreigen schloß sich die Gablonzer Glasindustrie an und damit war die Fichtelgebirgs-Perlenproduktion zum Scheitern verurteilt. Versuche mit Gablonzer Exportfirmen Verbindung aufzunehmen, brachten wenig Erfolg. Kurzarbeit, teilweise sogar Stillstand mit Arbeitslosigkeit waren die traurige Bilanz dieser Jahre.

Die Geschäftsführung der Genossenschaft war sich zu diesem Zeitpunkt einig, daß man neue Wege gehen muß. Da die Nachfrage in Preßgläsern ganz allgemein so groß war, beabsichtigte man auf Preßglasfertigung umzustellen. Im Jahre 1927 benannte man die Genossenschaft in "Glaswerke Warmensteinach e.G.m.b.H." um. 25 junge Perlenmacher aus Warmensteinach konnten durch Vermittlung der Arbeitsämter Bayreuth und Weißwasser/Niederlausnitz in der Glasfabrik Weißwasser als Preßglasmacher umgeschult werden.

Da eine derartige Umstellung auf Preßglaserzeugung hohe Investitionen erforderte, das Werk diese allein aber nicht tragen konnte, war geplant, ein gemeinwirtschaftliches Unternehmen unter Beteiligung des Staates, des Kreises und des Bezirkes zu schaffen. Alle Weichen waren auf grün gestellt, doch trotz tatkräftiger Unterstützung der Reichstagsabgeordneten Girbig, Berlin und Dirscherl, Fürth, der Regierung von Oberfranken, der Industrie- und Handelskammer, des Arbeitsamtes Bayreuth, scheiterte das Projekt an einer kleinen Finanzierungslücke, die nicht zu überbrücken war. Engstirnigkeit einflußreicher Männer bereitete einer hoffnungsvollen Zukunft ein Ende. Das Zustandekommen einer Preßglashütte war gescheitert, aller Aufwand und Mühen vieler Monate waren umsonst. Bis zum Beginn des 2. Weltkrieges im Jahre 1939 führte man die Perlenerzeugung mit wechselndem Erfolg weiter. Auch Glasstaub war zu dieser Zeit ein Fertigungszweig. Während des Krieges dann, als vieles auf Kriegsproduktion umgestellt war, stieg die Nachfrage nach Perlen wieder stark an. Der Export, meist über die Türkei abgewickelt, konnte kaum befriedigt werden. Nach 1942 aber konnte der Betrieb wegen Arbeitskräftemangel nur noch beschränkt aufrecht erhalten werden. Trotzdem überstanden die Glaswerke Warmensteinach e.G.m.b.H. den 2. Weltkrieg finanziell gut.

Ein neuer Anfang!

Der unglückselige Krieg war zu Ende. Tausende und abertausende Menschen von Haus und Hof vertrieben suchten nach einer neuen Bleibe. Es ist wohl eine Fügung des Schicksals, daß ausgerechnet Gablonzer und schlesische Glasmacher und Glasfachleute im Fichtelgebirge und insbesondere in Warmensteinach, in uraltem Glasgebiet ansässig werden wollten.

Bereits im März 1946 bemühte sich unser unvergessener Matthäus Herrmann, später Bundestagsabgeordneter, bei amerikanischen und höchsten bayerischen Stellen um die Ansiedlung der Gablonzer Industrie. Er fand volles Verständnis und Unterstützung. Ein lang gehegter Wunsch der Genossenschaftsführung, andere Arten von Gläsern zu fertigen, sollte nun Wirklichkeit werden. Brachten doch die Heimatvertriebenen als Gastgeschenk neben handwerklichen Können auch ein reiches Wissen in der Glasherstellung mit, und damit solide Grundlagen für eine neue, alte Glasindustrie in Warmensteinach.

Die "Glaswerke", inzwischen durch neue Mitglieder und Arbeitskräfte verstärkt, gingen mit voller Kraft ans Werk. Am 27.4.1946 wurde beschlossen, die alte Perlenhütte wegzureißen und eine neue Hütte für Hafenofen-Produktion zu bauen. In vorbildlicher Arbeit Alteingesessener und Heimatvertriebener konnte bereits am 9.11.1946 der erste Ofen mit Generatorfeuerung unter Feuer genommen werden.

Die inzwischen im Bayreuther Raum (Bindlach, Weidenberg, Fichtelberg, Bischofsgrün usw.) angesiedelte Gablonzer Glas- und Schmuckwarenindustrie brauchte den Rohstoff Glas und so wurden die Glaswerke Warmensteinach Erzeuger von Stangen- und Stengelglas. 454.126 kg Stangenglas im Jahre 1947 waren ein stolzer Erfolg. Die Nachfrage war so stark, daß sich die Geschäftsführung schon zu diesem Zeitpunkt Gedanken machte, einen weiteren Ofen zu erstellen.

Doch andere Probleme stellten sich an. Land für Vergrößerung des Werkes mußte angekauft und vor allem aber Wohnraum geschaffen werden. Der Kauf von Baracken konnte nur eine vorübergehende Lösung sein. Neue Schwierigkeiten brachte der Winter 1947/48. Die Kohlezuteilung – für einen Glasbetrieb damals der Lebensnerv – kam ins Wanken. Doch auch diese schwierige Situation konnte mit vereinten Kräften gemeistert werden. Wenig später entstand ein neuer Zweihafenofen.

Zur Fertigung von Stangenglas gesellte sich nun auch im kleinen Umfang mundgeblasenes Hohlglas. Eine Schleiferei wurde notwendig. Zur Zeit der Währungsreform und nachher erzeugte man große Stückzahlen Zubindegläser aller Grössen mundgeblasen, und der Bedarf konnte nicht gedeckt werden. Auch andere mundgeblasene Hohlgläser wurden verlangt, aber es fehlte die Kapazität.

Im Dezember 1948 wurde eine neue Generatorenanlage in Betrieb genommen. Mit Riesenschritten entwickelten sich die Glaswerke weiter. Im Frühjahr 1949 mußte der bis dahin verwendete Blechkamin einem massiven Hüttenschornstein weichen. Die Kosten hierfür betrugen Dm 20.406,-. Mit der Bau- und Siedlungsgenossenschaft Warmensteinach wurde der Bau weiterer Wohnungen in die Wege geleitet.

In Stangengläsern konnte der Bedarf einfach nicht abgedeckt werden, ganz besonders gefragt waren Seidenglanzgläser. Zur besseren Versorgung der Kundschaft wurde in Kaufbeuren-Neugablonz eine Niederlage eröffnet.

Im Jahre 1951 mußte die bis dahin kleine bescheidene Schleiferei wesentlich vergrößert werden, ein zusätzliches Kühlband war notwendig geworden und als dritte Sparte der Fertigung wurde die Preßglaserzeugung aufgenommen. Die Belegschaft zählte inzwischen 125 Mann. Eine neue Halle mit einem dritten Glasschmelzofen wurde gebaut. Erstmals konnte 1951 im Umsatz die Millionengrenze überschritten werden. Mit der Erzeugung von Bleikristallen wurde 1951 auch die Erstellung einer Säurepolieranlage notwendig.

Die Messe in Hannover im Jahre 1952, die erstmals beschickt wurde, sollte ein voller Erfolg werden. Neue Vergrößerungen und Landzukäufe wurden unabwend-

Aus. Festschrift zum 75-jährigen Betriebsjubiläum der Glaswerke Warmensteinach e.G.,1974.

bar. Die Schleiferei und Säurepolitur mußten abermals vergrößert werden und im Februar stand ein weiteres Kühlband zur Verfügung. Zur Glasniederlage in Kaufbeuren-Neugablonz gesellte sich ein Stangenglaslager auch in Schwäbisch-Gmünd. Es soll nicht unerwähnt bleiben, daß im Frühjahr 1955 zur Hannovermesse die beiden neuen Serien 'Silberstern und Frankenkristall' einen überwältigenden Erfolg hatten, der dem Werk nicht nur im Inland, sondern auch im Ausland namhafte Kundschaft brachte.

Zu diesem Zeitpunkt machte sich erstmals eine rückläufige Tendenz im Stangenglasabsatz bemerkbar. Neben Stangenglas wurde daher das Schwergewicht auf die Erzeugung von mundgeblasenen Hohlgläsern, Montagegläsern und Bleikristallen gepreßt verlegt. Diese Umstellung erforderte weitere Investitionen; ein grösserer Generator erwies sich als notwendig. Im Jahre 1958 entstand ein neuer Hafentemperofen und am 11.2.59 wurde ein Zweihafenofen unter Feuer genommen. Längst waren die bescheidenen Büroräume zu klein geworden und im Herbst 1959 konnte das neue Verwaltungsgebäude mit Ausstellungs- und Musterzimmer bezogen werden.

Immer mehr wurde an Stelle von Stangenglas Rohdruck für Lüsterbehänge gefertigt, der sehr gefragt war. Die Aufwärtsentwicklung hielt an. Im Jahre 1960 mußte abermals eine Hüttenvergrößerung in Richtung Nord vorgenommen werden. Diese Erweiterung wurde notwendig, weil ein weiterer Ofen (5 Hafen) erstellt werden sollte. Dieses Aggregat wurde am 10.6.60 in Betrieb genommen und zwar erstmals ölbefeuert. Damit begann das Ende der mit Generatorengas beheizten Schmelzöfen. Ein Tanklager mit 4 Kesseln zu je 50.000 Liter ist die Folge. Bis zum Oktober 1962 wurden alle Öfen auf Ölfeuerung umgestellt. Diese Feuerungsart sollte aber nicht von langer Dauer sein, denn ein Angebot und die Möglichkeit eine Ferngasleitung ins Werk zu bekommen ließ sich die Geschäftsführung nicht entgehen. Im Juli 1965 war der Anschluß gelegt, die erste Entnahme erfolgte am 3.5.1966. Am 18.10.71 wurde das Ferngas durch Erdgas abgelöst.

Die Versandabteilung, die schon lange nicht mehr den Ansprüchen genügte, wurde 1964 durch einen Neubau für Versand und Schleiferei erweitert. Anfangs 1966 wurde ein 4. Kühlband installiert. Die Stangenglaserzeugung, die 1967 durch maschinell gezogene Gläser anderer Hütten eine neuerliche Einschränkung erfuhr, sank bis 1969 so rapide ab, daß sich die Geschäftsführung im Frühjahr 1969 entschloß, diese Fertigung gänzlich aufzugeben. Die Erzeugung von Kristall – Hohlglas mundgeblasen –, Bleikristallen gepreßt und mundgeblasen, sowie Lüsterbehang wurde nunmehr die vordringlichste Aufgabe.

Längst erkannten die verantwortlichen Männer des Werkes, daß neben gutem handwerklichen Können der Glasmacher und Schleifer die Technik unerläßlich ist und nicht zu kurz kommen darf. Ein Park modernster Maschinen steht heute zur Verfügung und ist die Voraussetzung für Erfolge. Aus 7 Öfen mit zusammen 22 Hafen fertigen täglich 280 Menschen hochwertige Gläser für viele Verwendungszwecke. Bleikristall gepreßt, mundgeblasen und veredelt; Montagegläser für die Metall- und Silberwarenindustrie und Kunstgewerbe; Beleuchtungsgläser, sowie Rohdruck für Lüsterbehänge.

Viele Länder in Europa und Übersee sind Abnehmer dieser Erzeugnisse. Aus dem kleinen Handwerksbetrieb ist in 75 Jahren ein Unternehmen gewachsen, das nicht nur in Deutschland einen guten Namen hat. Es hat sich stets zur Auf-. gabe gemacht

"Qualität sichert die Arbeitsplätze".

Für die Glaswerke Warmensteinach eG. ist dieses 75-jährige Bestehen ein Grund und willkommener Anlaß, zu danken. Dank an unsere Freunde und Gönner, Dank unseren Lieferanten und Dank unseren Kunden für Ihre Treue.

Weiter mit

"Glas aus Warmensteinach".

Und zum Schluß noch ein Wort zur Gesellschaftsform unseres Werkes. Die Genossenschaft ist ein wirtschaftliches Unternehmen. Sie betreibt Geschäfte mit denen ein Ertrag und Gewinn erzielt werden muß. Sie wäre als Genossenschaft tot, würde sie die Zusammengehörigkeit ihrer Mitglieder vergessen.

Widerstandskraft in der Not und Unterstützung aller am Werk Beteiligten sollen auch in Zukunft die sozialen Maximen der Glaswerke Warmensteinach eG sein.

AGU
Arbeitsgruppe für Unternehmensberatungen e.G.

Emanuel-Leutze-Str. 17
4000 Düsseldorf
Tel.: 0211/594054

Unternehmensphilosophie

Die AGU ist eine unabhängige Unternehmensberatung. Langjährige Mitarbeiter
sind mitarbeitende Partner. Sie bestimmen durch ihre Kompetenz den fachlichen
Schwerpunkt der Arbeit. Hierdurch ist gewährleistet, daß die AGU nur Aufträge
übernimmt, für deren Bearbeitung die erforderlichen Fähigkeiten, Erfahrungen
und Mitarbeiter bereitgestellt werden können.

Die Organisation des Unternehmens

Die Untergliederung in die Bereiche System- und Softwareentwicklung, Anwen-
dungsberatung, Vertrieb, Finanzen und Verwaltung orientiert sich an dem Ser-
vice-Angebot und den Tätigkeitsschwerpunkten. Der Bereich System- und Softwareentwicklung umfaßt zwei Branchen- und eine Fachgruppe: Banken, Industrie, Textsysteme. Die rechtliche Gliederung entspricht der gesetzlichen Form:
Aufsichtsrat, Vorstand, Gruppen- und Projektleiter.

Stand und Entwicklung des Unternehmens

Gründungsjahr
1971
Umsatz
DM 1.5 Mio p.a.
Haftendes Eigenkapital
230.000 DM

Service-Angebot

Die Arbeitsgruppe für Unternehmensberatungen plant Organisationssysteme und
berät Industrieunternehmen, Banken und öffentliche Verwaltungen bei der Vorbereitung und Einführung solcher Systeme. Schwergewicht der Beratungstätig-
keit ist die Datenverarbeitung.
Die AGU entwickelt Systeme aufgrund breiter praktischer Erfahrungen, sie ver-
wertet die wissenschaftlichen Erkenntnisse von Universitäten und Hochschulen
und leistet in Teilbereichen Anwendungsforschung für die Entwicklung von
Organisationsmodellen.

Bei der Entwicklung von EDV-Software gibt es folgende Vertragsformen:
— AGU-Spezialisten werden in Kunden-Teams delegiert (Dienstvertrag)
— Die AGU übernimmt in eigener Verantwortung Teilprojekte innerhalb von Kundenprojekten (Dienstvertrag)
— Die AGU übernimmt Projektleiterfunktion in Kundenprojekten (Dienstvertrag) trag)
— Die AGU erstellt für Kunden lauffähige EDV-Anwendungssysteme (Werkvertrag)
— Die AGU produziert EDV-Anwendungssysteme und vermarktet diese (Kaufvertrag)

Tätigkeitsschwerpunkte

— Entwicklung von Anwendersoftware für Banken
— Entwicklung und Programmierung von Anwendersoftware für Industriebetriebe, vornehmlich für die Bereiche Personal, Produktion, Vertrieb und Abrechnungsverfahren
— Implementierung von Standardsoftware
— Entwicklung und Implementierung von Textverarbeitungs- und -kommunikationssystemen
— Technische Datenverarbeitung, Planung, Entwicklung und Vertrieb für technische u. wissenschaftliche Institute
— Prozeßautomation
Systementwicklung für Benutzer von Prozeßsteuerungssystemen
— Beratung von Datenverarbeitungsbenutzern bei der Systemauswahl und bei eigener Durchführung der Planungsarbeiten

EDV-Textverarbeitung

Die AGU hat sich mit einem wesentlichen Teil ihrer Aktivitäten auf die Beratung im Textverarbeitungsbereich und die Herstellung von EDV-Software für Textverarbeitungsanwendungen konzentriert. Unter dem Begriff REOTEXT sind eine größere Zahl von Software-Paketen für Textverarbeitung entstanden, die auf unterschiedlicher Hardware zum Einsatz gekommen sind. Das bedeutendste Produkt dieser Art ist UNICOM, das inzwischen ca. 60 mal eingesetzt ist.
Die hieraus gewonnenen Erfahrungen stellt die AGU Anwendern und Herstellern in Form von Beratung oder Software-Erstellung zur Verfügung.
Im Vor-EDV-Bereich verfügt die AGU über ein qualifiziertes Textverarbeitungs-Beratungsteam, das im Bereich der Arbeitsablaufgestaltung zur Verfügung steht.
EDV-Textverarbeitung löst sich von bisher üblichen Konzeptionen, Bildschirme, die für unterschiedliche Datenverarbeitungsaufgaben eingesetzt werden, stehen der Textverarbeitung ebenfalls zur Verfügung. Die Papierflut für Kommunikation wird vermindert und durch Verwendung der Datenübermittlungsstrecken ersetzt. Die qualitativen und quantitativen Möglichkeiten von Datenverarbeitungsanlagen dienen der Textverarbeitung.

Preise und Konditionen

Die Leistungen werden auf der Basis der effektiv geleisteten Projektstunden mit Zeitnachweis abgerechnet. Software-Produkte sind entweder integraler Bestandteil des vermarkteten Systems, oder sie werden auf der Basis eines Überlassungs- und Nutzungsvertrages übergeben. Bei Langzeitverträgen können monatliche Pauschalen oder Festpreise vereinbart werden.

Die Stundensätze sind nach Qualifikation der einzusetzenden Mitarbeiter gestaltet. Für 1982 sind folgende Honorar- bzw. Kalkulationssätze anzuwenden:

Management-Berater	DM 165,-
Projektleiter	DM 120,-
Systemanalytiker/-planer	DM 95,-
Organisationsprogrammierer	DM 85,-
Assistent	DM 68,-

Klar definierte Teilleistungen werden zu Festpreisen angeboten. In diesen Fällen gelten die vorstehenden Stundensätze als Kalkulationsfaktoren. Zusätzlich verrechnet wird die gesetzliche Mehrwertsteuer und gegebenenfalls erforderliche Reisekosten.

handwerker genossenschaft

Handwerkergenossenschaft
"Johann Georg Elser"

Schreinerei + Kfz-Werkstatt
Meisterbetrieb in Selbstverwaltung

Rosenstr. 9
7454 Bodelshausen
Telefon (07471) 7717

Aus: Netzwerk-Info, Region Neckar-Alb, Nr. 3, Okt. 1982, Sonderheft zum Thema Genossenschaften

Aus dem Faltblatt der Handwerkergenossenschaft "Johann Georg Elser"

In einem ehemaligen Fensterbaubetrieb etwa 20 Kilometer südlich von Tübingen arbeitet seit April 82 die Handwerkergenossenschaft Johann Georg Elser. Dieser Name hat nach Auskunft der Genoss/inn/en sowohl regionalen, historischen, wie auch einen branchenspezifischen Bezug. Elser ist auf der Schwäbischen Alb aufgewachsen, hatte das Handwerk der Schreiner und Schlosser erlernt und sich als konsequenter Antifaschist verstanden. Im November 1939 zündete er im Münchner Bürgerbräukeller eine Bombe, die Hitler von der Bildfläche verschwinden lassen sollte. Leider mißlang dieser. Zum Gedenken Elsers hat die Mehrzahl der 18 Genossen der Bodelshausener Genossenschaft seinen Namen als Firmennamen gewählt, nachdem der Genossenschaftsverband unbedingt auf einem Namen bestand. Die Projektarbeit nimmt sich im Vergleich zum Unternehmen Elsers weit weniger dramatisch aus – in Bodelshausen hat sich also kein subversiver Betrieb für Bombenbau gegründet und der Staatsschutz kann sich das Kilometergeld und die Observationsspesen sparen. Auch hat es keinen Zweck, dem Handwerkerkollektiv entsprechende Aufträge zuzusenden, denn es versteht sich besser in Sachen Holz- bzw. Möbelbau und auf die Reparatur von Kraftfahrzeugen aller Art.

Ja, die Handwerkergenossenschaft in Bodelshausen gehört zu den wenigen Projekten, deren Beschäftigte in ihrem erlernten Beruf arbeiten. Nicht alle der 18 Genoss(inn)en sind Handwerker und nur 5 (vorher 7) sind im Projekt berufstätig. Wohl aber haben alle Genossen jeweils mit 1000 DM Einlage für das nötige Startkapital gesorgt. Einzelne brachten zusätzlich Geräte und Maschinen mit ins Projekt ein. Mehr als 20 Leute wollten die Genossen aus Gründen der Überschaubarkeit nicht mit in das neugegründete Unternehmen mit einbeziehen. Von April bis Anfang Juni 82 waren alle 18 und zudem noch viele Freunde/innen mit Renovierungsarbeiten und der Einrichtung der Werkstätten beschäftigt, bis die ersten Aufträge erledigt werden konnten. In dieser Anfangszeit mußten nahezu die gesamten Löhne wieder ins Projekt investiert werden, da die Einlagen der Genossen durch die notwendige Vorfinanzierung von künftigen Aufträgen ziemlich zusammengeschrumpft waren. Für Kreditaufnahmen fehlten der Genossenschaft die Sicherheiten (z.B. Bürgschaften) und eine Erhöhung der Einlagen wollten die Genossen nicht in Angriff nehmen, weil viele nichts mehr zum Einlegen hatten. ... (Um Kredite von Nichtgenossen bemühen sich die Genossen zur Zeit...)

Nun, wie waren die 18 Leute zusammengekommen, was war ihre Motivation, dieses Projekt zu unternehmen und dabei die organisatorische Form einer Genossenschaft zu wählen? Bei einem Besuch in Bodelshausen erzählten mir die Leute, daß ihre Motive für die Gründung in erster Linie der "Sinn- und Luschtverluscht" in der betrieblichen Arbeit und die unfreiwillige Arbeitslosigkeit waren (Schreinerinnen haben's besonders schwer, im Handwerk Arbeit zu finden). Politische Gründe spielten höchstens nachrangig eine Rolle und dementsprechend wurde auch weder im Vorfeld der Projektgründung noch gegenwärtig ein kollektives politisches Selbstverständnis diskutiert. So sieht jede/r den Stellenwert des Projekts in einem gesellschaftspolitischen Sinne verschieden.

Zusammengekommen sind die Genoss(inn)en z.T. über persönliche Kontakte (in WG und DGB-Jugend z.B.) und auch über eine Anzeige in der TAZ, die zu einem Schreinerklüngel einlud. Hierzu kamen natürlich auch einige ausstiegs- bzw. einstiegs-, auf jeden Fall veränderungswillige Studenten. Der Schreinerklüngel entwickelte sich immer mehr zu einer offenen Gruppe. Irgendwann kam dann auch Harald als KFZler dazu, so daß sich die Diskussionen nunmehr um zwei Betriebe drehten. Über Kontakte, die zur Ludwigshafener Selbsthilfegenossenschaft bestanden, kamen die Genossen zur Entscheidung, für ihr Projekt eine Genossenschaft zu gründen. Tamara meinte bei meinem Besuch sogar: "Eine GmbH hätte wegen der notwendigen Einlagen mehr Probleme gegeben." Außerdem ist die genossenschaftliche Form besser, weil demokratischer, und stellt auch einen Zusammenhang oder einen Hinweis auf die Geschichte her — "denn was ganz neues ist es ja nicht, was wir da machen. Allerdings wissen wir noch zu wenig über früher ...". Auch die anderen meinen, daß es in den GmbHs eben 2 bis 3 Geschäftsführer gibt, während die Betriebsführung in der Genossenschaft demokratisch, z.B. über die Genossenschaftsversammlung zu regeln sei. Roswitha allerdings gab auch die Schwierigkeiten bei der Eintragung zu bedenken und betonte, daß so ab 72 das Genossenschaftsrecht in puncto demokratischer Betriebsführung etwas verwässert wurde.

Betriebliche Demokratie und Unterkapitalisierung machen bei der Eintragung Probleme!

Die Bodelshausener Handwerksgenossen hatten bei ihrer Eintragung/Anerkennung beim Genossenschaftsverband zwei Problemkreise: 1) die Satzungsfrage, wer die Geschäfte führt, die Vorstände eigenverantwortlich oder die Genossenschaftsversammlung? und 2) die Wirtschaftlichkeit, insbes. die des KFZbereichs. Die geringe technische Ausstattung, der Anspruch, alle Automarken zu reparieren und die Lohnvorstellungen von 1000 DM machten den Genossenschaftsverband skeptisch. Was die Wirtschaftlichkeit anbelangte, schwamm das Projekt glücklicherweise zwischen den Strömen von Handwerkskammer und Genossenschaftsverband. Der Finanzierungsplan der Handwerksgenossenschaft wurde nämlich zusammen mit der Handwerkskammer gemacht, die dem Projekt gegenüber sehr aufgeschlossen war (zumal alle dort Beschäftigten die gängigen Qualifikationen wie Meisterprüfung etc. aufweisen konnten). Mit den ablehnenden Einwänden des Genossenschaftsverbandes nahmen die Genossen nochmals Kontakt zur Handwerkskammer auf, wonach diese den Finanzierungsplan leicht verändert gegenüber dem Genossenschaftsverband verteidigte. ...
Soviel sei genug erzählt von der Malaise mit der Anerkennung.

Viel interessanter ist die Frage, wie das Innenverhältnis der Genossenschaft, das Verhältnis der Genossen untereinander aussieht. Zur Zeit ist alles ziemlich bestimmt und eingeschränkt durch den Haufen Arbeit. Privates und Gruppensachen leiden darunter. Zu dem Haufen Arbeit des Projektes gehören nicht nur die laufenden Aufträge, sondern die genauso (lebens)wichtige Öffentlichkeitsarbeit.

Löhne für die Maloche verschlang anfangs vollkommen das Projekt. Mittlerweile erhalten drei Genoss/inn/en Löhne, vorläufig gestaffelt nach dem individuellen Bedarf (Notlage, Kinder o. ähnl.). Der Bedarf wird in der Gruppe diskutiert und von ihr angesetzt. Alle anderen erhalten noch woanders her Gelder zum Leben. Die bedarfsorientierten Löhne verstehen die Genossen als anfängliche Lohnverteilung, nicht als eine prinzipielle. Diejenigen Genossen, die ihre wirtschaftliche Existenz nicht auf dem Fundament des Projekts gründen wollen, haben innerhalb des Projekts das Recht, die Einrichtungen zur Eigenarbeit zu nutzen; weiter haben sie ein (Vor)Recht auf spätere Arbeits- bzw. Ausbildungsmöglichkeit. Zudem gibts für die professionellen Arbeiten, die für Genossen im Projekt erledigt werden, den Bonus eines niedrigeren Stundensatzes.

Beide, aktive und passive Genossen, treffen sich entweder spontan zum täglichen Mittagessen, oder zu den vorwiegend informell geregelten Genossenschaftsversammlungen. Deren Termine werden von Mal zu Mal ausgemacht, müssen aber bei größeren (Zusatz)investitionen (so ca. ab 2000 DM) auf jeden Fall einberufen werden. Bisher gab es selten Mehrheitsabstimmungen (wie zu hören war z.B. über den Namen des Projekts ...).

Den Anspruch anderer alternativer Genossenschaften, zusammen zu leben und zu arbeiten (wie es z.B. die Leute vom Finkhof in Arnach praktizieren) können und wollen die Bodelshausener Genossen nicht auf sich und ihre Situation, auf ihr Verhältnis zueinander übertragen. Zum einen wohnen die Genossen sehr weit auseinander (Roswitha fährt sogar von Metzingen aus zur Arbeit), weiter haben die einzelnen Leute ganz andere Kontakte, die ihnen mindestens ebenso wichtig sind wie das Projekt. Außerdem sagen die Genossen übereinstimmend, daß es für sie eine unzumutbare Belastung wäre, neben den Auseinandersetzungen über oder bei der Arbeit auch noch solche des Zusammenwohnens auszuhalten. Es besteht auch einfach kein so riesiges (gar euphorisches) Interesse aneinander, die Beziehungen sind zu sehr von Zufälligkeiten geprägt.

Auf die Frage, ob und wo bei ihnen interne Konflikte/Probleme da sind, gab's überhaupt keine Geheimnisse. Es wurde eigentlich ganz offen über Schwierigkeiten laut nachgedacht und erzählt. Obwohl so eine Berichtform (wie in diesem Artikel) die Situation nur unzulänglich, vielleicht auch zu platt beschreiben kann, erscheinen mir die Probleme, die sich aus einer ziemlich mehrschichtigen personellen Zusammensetzung des Projekts ergeben, (...) sehr nennenswert.

Neben den Handwerkern gibt es unter den Genossen auch eher ideelle denn tatkräftige Unterstützer. Harald räumte im Gespräch ein: "Es kann sein, daß die Nichthandwerker auch innerhalb des Projekts draußen stehen..." (Im Aufsatz zu Beginn der Auseinandersetzung mit den konkreten regionalen Genossenschaften war die Einbindung vieler verschiedener Leute in ein genossenschaftliches Projekt als einer der spezifischen Vorteile der Genossenschaften genannt worden.)

Irgendwie scheint die Trennung von Hand- und Kopfarbeitern auch im Bodelshausener Projekt spürbar zu sein, scheint diese gesamtgesellschaftliche Aufspaltung ihre (subkulturelle) Fortsetzung zu finden. Ob sie sich als konfliktträchtig herausstellt, muß wohl noch als offen bezeichnet werden. Das beklagte Hinter-

herlaufen hinter Leuten wegen Terminen und zu erledigenden Sachen, läßt auf
eine sehr unterschiedliche Identifikation und evtl. verschiedenes Engagement
der Genossen schließen. Auch sei die Vermittlung von Arbeitsproblemen etwas
problematisch. Doch kann man nicht sagen, daß da Vorwürfe von Unverständnis oder gar Inkompetenz bestünden, nein, so weit geht niemand, sondern es
wird betont, daß man/frau sich auch voneinander positive Anregungen erwarte.
Sicherlich handelt es sich um den vielzitierten und arg strapazierten Begriff:
Lernprozeß. Allerdings könnte e i n Vermittlungsproblem sehr konfliktträchtig sein: auf der einen Seite die wirtschaftlichen Sachzwänge und den Arbeits-
druck, denen die im Projekt arbeitenden Handwerker unmittelbarer, existenziel-
ler ausgesetzt sind; auf der anderen Seite die nicht vom Projekt abhängigen Genossenschafter, die Ansprüche verschiedener Art anmelden (von der Mitarbeit
über Ausbildung, bis hin zu politischen Ideen, wohin das Projekt entwickelt
werden soll.). Streit gab's schon mal darum, nach welchen Kriterien Genossen
im Projekt in eine Ausbildung übernommen werden können. Die eine Position
war: Ausbildungsmöglichkeiten sollen vorrangig arbeitslosen bzw. noch nicht
ausgebildeten Jugendlichen offengehalten werden. Die andere Vorstellung war
die, daß in jedem Falle die Genossen ein (Vor)Recht auf diese Ausbildungsmöglichkeit haben sollen, unabhängig von ihrer bisherigen Ausbildung. Der Streit
endete zugunsten der zweiten Position.

Zur Problematik einer Genossenschaftsgründung

Bericht aus Bodelshausen vom 21.6.1983

Mittlerweile ist ein Jahr der Gründungsphase um, und wir sind immer noch keine
eingetragene Genossenschaft.
Die Schwierigkeiten waren/sind im wesentlichen folgende:

1. Unser ursprünglicher Satzungsentwurf mußte auf Verlangen des Genossenschaftsverbandes immer wieder von uns überarbeitet werden, bis er schließlich
von der Verbands-Mustersatzung kaum noch zu unterscheiden war. U.a. ließ
der Verband – unter Hinweis auf das Genossenschaftsgesetz – nicht zu, daß
wir der Vollversammlung eine größere Kompetenz als dem Vorstand einräumen
wollten. Andere Erfahrungen machte da die Mannheimer Handwerkergenossenschaft (ehemals Ludwigshafener Selbsthilfegenossenschaft), Linkes Ufer 20-24,
68 Mannheim, an deren Satzung wir uns orientiert hatten und die mit der Anerkennung bei ihrem Genossenschaftsverband relativ wenig Probleme durchstehen mußten.

2. Als wir uns dann doch schon kurz vor der Gründung wähnten, gab es Ärger mit dem Registergericht (das letztendlich über die Eintragung entscheidet) wegen unseres Namens: Handwerkergenossenschaft Johann Georg Elser. Dem allein zuständigen Herrn paßte beides nicht: Bei dem Begriff Handwerkergenossenschaft drohe die Verwechslung mit der Handwerkskammer oder gar der Berufsgenossenschaft. Johann Georg Elser dagegen sei keine bekannte historische Persönlichkeit (was eine Umfrage in seinem akademischen (!) Bekanntenkreis eindeutig bewiesen habe – Gegenbeweise sind unzulässig!) und insofern ebenfalls für Verwechslungen geeignet und deshalb wiederum insgesamt ungeeignet. Wir ließen uns also notgedrungen auf eine Namensänderung in H.a.W.e.G. ein in der Absicht, nach der Eintragung unseren alten Namen einzuklagen.

3. Zuguterletzt mußten wir dem Genossenschaftsverband noch eine kommentierte Bilanz vorlegen, von der der Verband sein Gutachten für das Registergericht abhängig machen wollte. Einige Wochen später kam dann die entscheidende Nachricht: Solange sich unsere wirtschaftliche Situation nicht entscheidend verbessere, sei an ein positives Gutachten von seiten des Verbandes nicht zu denken. Klare Kriterien dafür, was als solide wirtschaftliche Grundlage anerkannt wird, gibt es entweder nicht oder sie sind nicht erfahrbar, außer, daß mindestens die Hälfte der Genosseneinlagen nachweislich noch vorhanden sein müssen.

Bei diesem Stand der Dinge setzt bei uns eine neue Diskussion über Sinn und Unsinn einer Genossenschaftsgründung bzw. die GmbH als Alternative ein.

Argumente für ein weiteres Bemühen um die Genossenschaftsform:

– Wir haben bereits viel Zeit und Energien in die Gründungsvorbereitung gesteckt, alle notwendigen Voraussetzungen (bis auf die nachzuweisende Wirtschaftlichkeit des Betriebes) sind erfüllt und wir sollten uns jetzt nicht abwimmeln lassen.
– Eine GmbH-Gründung wäre im Vergleich dazu ein Neuanfang, verbunden mit einem größeren finanziellen Risiko der einzelnen Mitglieder (höhere Haftsumme). Das notwendige Startkapital müßte zum Teil neu beschafft werden.
– Zumindest einige Genossen haben den Anspruch, mit unserer Gründung wieder stärker ursprüngliche Ziele wie Demokratie und Selbstverwaltung in den Genossenschaftsverband hineinzutragen.

Argumente gegen eine Genossenschafts- und für eine GmbH-Gründung:

– Der Genossenschaftsverband versucht unsere Aufnahme bewußt zu verhindern, hält uns mit immer neuen Bedenken hin, wobei wir die geforderte wirtschaftliche Verbesserung in absehbarer Zeit wahrscheinlich nicht vorweisen können.
– Wir stehen unter dem Zeitdruck, möglichst bald nach außen eine verbindliche Rechtsform zu finden, die es uns u.a. ermöglicht, unsere Meister anzustellen. Bisher sind wir nach außen immer noch ein Ein-Mann-Unternehmen.

– Die Reglementierung durch den Verband und das Genossenschaftsgesetz läßt zumindest am "Demokratischen" dieser Form zweifeln. Von unserem Satzungsentwurf ist wenig übriggeblieben. Der Verband hat das Recht einer jährlichen Finanzprüfung, die einige Tausender kosten kann sowie jederzeitige Einsicht in Sitzungsprotokolle.

– Eine GmbH-Gründung würde uns ebenfalls ermöglichen, beliebig viele Leute zu beteiligen.

Dies sind in etwa die Punkte, die derzeit diskutiert werden. Eine grundsätzliche Entscheidung steht noch aus, die Tendenz geht aber in Richtung GmbH.

(Aufgrund der vielen Schwierigkeiten mit dem Genossenschaftsverband und dem Registergericht entschieden sich die Mitglieder dieses Projekts für die GmbH-Gründung. Siehe in diesem Zusammenhang auch im letzten Teil dieses Buches den Beitrag "Hürde der Wirtschaftlichkeitsprüfung".)

Arbeitslosen-Selbsthilfe-Genossenschaft Rems-Murr eG.

Ludwigsburger Str. 30
7050 Waiblingen
Telefon (07151) 18301

VON BILDUNGSMASSNAHMEN MIT ARBEITSLOSEN ZUR ARBEITS– LOSEN–SELBSTHILFE–GENOSSENSCHAFT
Teil I vom 8. Juli 1983

Vorgeschichte

Im Herbst 1979 begann das Katholische Bildungswerk Kreis Rems-Murr e.V., Waiblingen, in Zusammenarbeit mit dem Arbeitsamt Waiblingen erstmals mit der Durchführung von Bildungsmaßnahmen mit Arbeitslosen nach § 41a AFG. In den letzten drei Jahren fand eine intensive Fortsetzung dieser Arbeit statt, die neben insgesamt neun Folgemaßnahmen eine Aktion "Selbsthilfe der Arbeitslosen" und im Jahr 1983 eine "Arbeitslosen-Selbsthilfe-Genossenschaft" hervorbrachte. Während dieser Zeit wurden zahlreiche Ideen und Konzepte entwickelt, erprobt, verworfen und neu verfaßt.

Die Zunahme der Arbeitslosigkeit (1,9% Arbeitslose im Jahr 1979 – 6% Arbeitslose im Jahr 1983) wirkt sich auch auf die Zielgruppe aus und stellt die Beteiligten – ein zehnköpfiges Team von nebenamtlichen Sozialpädagogen, Personal des Arbeitsamtes sowie des Trägers, vor ständig neue Anforderungen. Früher lautete das Hauptziel "Umgang mit Ursachen und Folgen der Arbeitslosigkeit", um die Vermittlungschancen zu erhöhen. Heute steht als gleichwertiges Ziel daneben: Umgang mit den Folgen der Arbeitslosigkeit, Hilfe bei der Bewältigung von unvermeidlicher, vorübergehender und von Langzeitarbeitslosigkeit.

Bereits nach Beendigung unserer ersten beiden Maßnahmen im Jahr 1980/81, die wir von Anfang an im Sinne praktischer Lebenshilfe verstanden, mußten wir bestürzt feststellen, welche schweren Schäden die Arbeitslosigkeit bei den betroffenen Menschen und ihrem sozialen Umfeld hinterließ. Um diese individuelle Problematik wirkungsvoll anzugehen, war die Maßnahmedauer (insgesamt 1 Vierteljahr) für viele Teilnehmer zu kurz. Unter der nebenamtlichen Mitarbeit von mittlerweile zehn zum Teil selbst arbeitslosen Sozialpädagogen gründeten wir bereits im Februar 1980 die Aktion "Selbsthilfe der Arbeitslosen". In dieser Aktion sollte den Teilnehmern unserer Bildungsmaßnahmen und auch anderen Arbeitslosen ein ständiges, weiterführendes Angebot der Hilfe zur Problemlösung, einzeln und in der Gruppe, angeboten werden. Noch heute findet an allen Samstagen der Treffpunkt statt. Viele Beispiele von positiven Entwicklungen einzelner Lebensläufe könnten hier angeführt werden. Allerdings hatte diese Form der Arbeit einen beträchtlichen Mangel. Wir konnten in der Regel nur noch mit den schwerwiegenden psychischen und physischen Folgen von Arbeitslosigkeit umgehen, — nicht aber mit der Ursache = Verlust an Arbeit, — was auch stets den Verlust einer fundamentalen Dimension menschlicher Existenz bedeutet. Dies führte in der Aktion Selbsthilfe der Arbeitslosen im Laufe der drei Jahre zu großem Teilnehmerwechsel.

Entwicklung der Genossenschaftsidee

Immer wieder mußten wir nach einer bestimmten Zeit von den Teilnehmern hören: "Das Reden über unsere Probleme, die Kontakte zu anderen und zur Gruppe sind ja wichtig, aber: Arbeit könnt ihr uns auch nicht geben." Das gab den Anstoß zu vielen Überlegungen. Nach längerem Suchen, eine passende Unternehmensform zu finden, die den Arbeitslosen nicht sofort zum Unternehmer macht und somit einen Verlust der Arbeitslosenbezüge zur Folge hätte, kamen wir auf den Gedanken, eine eG. (eingetragene Genossenschaft) zu gründen. Durch relativ wenig Grundkapital und einen niedrigen Geschäftsanteil schien es möglich zu sein, in einer Genossenschaft legal, zeitweise im Nebenerwerb und später (so hofften wir für viele) im Haupterwerb arbeiten zu können. Ein weiterer Vorteil schien uns darin zu liegen, daß die Verantwortung gemeinschaftlich auf viele verteilt werden könnte. Hinzu kam die Aussicht auf die Möglichkeit, daß die Genossenschaft selbst weitere Arbeitslose, die nicht Miglied sind, beschäftigen können würde.

Das Katholische Bildungswerk hat in seiner letzten Delegiertenversammlung die Gründung einstimmig befürwortet und ist inzwischen Mitglied der Genossenschaft. Es stellt für ein Jahr die Räume und Einrichtungen zur Verfügung und gibt ein zinsloses Startdarlehen von DM 5 000,--. Als Starthilfe zahlt die Diözese Rottenburg-Stuttgart den Arbeitgeberanteil für zwei befristete Arbeitsbeschaffungsmaßnahmen.

Am 18. Mai 1983 wurde die Genossenschaft mit 19 "Genossen", davon 16 Arbeitslose, gegründet. Zweck und Gegenstand der Genossenschaft ist (Auszug aus der Satzung):

§ 2 Zweck und Gegenstand
1.) Zweck der Genossenschaft ist die wirtschaftliche Förderung und soziale Be-

treuung der Mitglieder und Arbeitslosen im Rems-Murr-Kreis.

2.) Gegenstand des Unternehmens ist:

    a) Einrichtung und Unterhaltung von sozialen Diensten für Arbeitslose

    b) Beschaffung und Bereitstellung von Einrichtungen und Anlagen zur wirtschaftlichen Förderung

    c) Schaffung von Arbeitsplätzen und Arbeitsmöglichkeiten für Voll- und/oder Teilzeitbeschäftigung, sowie Gelegenheitsarbeit für Arbeitslose

    d) Vertrieb der produzierten Waren und die Vermittlung und Erstellung eines Dienstleistungsangebotes

    e) Handel mit allen von den Mitgliedern benötigten Waren, Rohstoffen, Maschinen, Geräten, Werkzeugen, Einrichtungsgegenständen und sonstigen Hilfsmitteln.

3.) Die Ausdehnung des Geschäftsbetriebes auf Nichtmitglieder ist zugelassen.

Beginn der Arbeit

Am 24. Mai 1983 stellte sich die in allen Satzungsorganen konstituierte Genossenschaft der Presse vor. Neben der gesamten Lokalpresse waren beide großen Stuttgarter Zeitungen sowie die dpa vertreten. Alle Veröffentlichungen waren sehr positiv und engagiert für "diesen interessanten Versuch" abgefaßt. Tags darauf meldeten sich Rundfunk und Fernsehen an. Das Echo unter der Bevölkerung des Landkreises, aber auch aus anderen Regionen des Landes, war sehr positiv. Bereits in den ersten vier Tagen nach den Veröffentlichungen gingen aus allen Schichten der Bevölkerung insgesamt 32 Arbeitsaufträge an die Genossenschaft ein. Neben den Aufträgen erreichten uns spontan anerkennende und ermutigende Stellungnahmen. Die an uns vergebenen Arbeitsaufträge betrafen vor allem den Bereich rund ums Haus und den Garten; zum Beispiel: Rasenmähen, Heckenschneiden, Wege und Zäune instandsetzen, Anlegen von Beeten, Grillplätzen, kleinen privaten Spielplätzen, Anlegen und Verbessern von Gehwegen und Anlagen, Durchführung von einfachen Ausbauten und Reparaturen, Bewachung von Neubauten, die noch unbewohnt waren, Entrümpelungen, Haushaltsauflösungen, kleine Umzüge und Transporte, Fensterputzen, Pflege von Tieren, Urlaubsaufsicht über Haus und Anlagen, aber auch die Betreuung und Beaufsichtigung von Kindern, u.a.m.

Diese beschriebenen Arbeiten konnten von Arbeitslosen in aller Regel zur Zufriedenheit der Auftraggeber ausgeführt werden, so daß auf dem Gebiet Haus- und Gartenpflege zahlreiche Daueraufträge für das ganze Jahr erteilt wurden. In den Zeiten sogenannter "Hochkonjunktur" beschäftigte die Genossenschaft ca. 20 Arbeitslose in Teilzeit- und Gelegenheitsarbeit.

Diese Tätigkeiten bei der Genossenschaft machen den Beschäftigten Spaß. Hier haben sie Gelegenheit, in angstfreier Atmosphäre zu zeigen, daß sie etwas können und auch zu Leistungen fähig sind. Die dadurch erfahrene Anerkennung bewirkt oft den Schritt heraus aus der Resignation.

Reaktionen des Handwerks

Eine der größten Befürchtungen und vermuteten Klippen in bezug auf die Gründung der Genossenschaft betraf die Frage, wie wohl das Handwerk reagieren würde. "Auf einer Seite werden neue Plätze geschaffen und so beim Handwerk durch billige Konkurrenz neue Arbeitslose produziert!"

Um diese gerechtfertigte Befürchtung auszuräumen, wurde *vor* der Gründung gegenüber der Handwerkskammer eine Liste von ungefähr vierzig beabsichtigten Tätigkeiten mit der Bitte um Stellungnahme vorgelegt. Von diesen aufgeführten vierzig Tätigkeiten wurden acht mit dem Vermerk "Handwerksrolle" versehen. Die Genossenschaft hat daraufhin sofort diese Angebote gestrichen.

Die Genossenschaft hält sich an diese Regel, und bis heute ist uns keine einzige negative Reaktion von seiten des Handwerks bekannt. Im Gegenteil. Zunehmend wird die Genossenschaft von Handwerksbetrieben, Gärtnereien, Bauunternehmen usw. angefragt und gebeten, vorübergehend Arbeitslose zur Aushilfe und Mitarbeit zu stellen. Ebenfalls wurden uns sogenannte "Probeplätze" angeboten, die bei Bewährung in Dauerplätze umgewandelt werden können.

Arbeitslose als "Unternehmer-Genossen"

Wer heute das emsige Treiben der "Genossen" beobachtet, sieht plötzlich Aktivität, Kreativität, umsichtiges Denken, Planen und Handeln. Es werden überlegt Geräte angeschafft, Plakate und Handzettel entworfen, Angebote erstellt, Rechnungen verschickt, Versicherungen abgeschlossen und Aufträge erledigt – es wird gearbeitet! Manch hochqualifizierter Angestellter und Akademiker nimmt hier Spaten und Schubkarren tatkräftig in die Hand.

Zahlreiche sogenannte "Leistungsgeminderte" (Arbeitslose mit geminderter seelischer und körperlicher Belastbarkeit, die im Moment auf dem Arbeitsmarkt überhaupt keine Chance haben) kommen von selbst auf die Genossenschaft zu und bieten ihre Fähigkeiten und Kenntnisse an.

Die Genossenschaft ist Geschäftspartner der Arbeitgeber und der Arbeitnehmer. Sie legt Preise für Leistungen und Löhne an die Arbeitslosen fest (ca. DM 10.-- netto pro Stunde). Es wird legal gearbeitet. Die Mitarbeiter sind unfall- und haftpflichtversichert.

Ansteigendes Bedürfnis nach sozialpädagogischer Begleitung

Mit dem Zulauf von neuen, uns bisher unbekannten Arbeitslosen wie Jugendlichen, Ausländern, Erzieherinnen, Lehrern, Sozialpädagogen, älteren Frauen und Männern verschiedenster Berufe bzw., ohne berufliche Qualifikation wird auch der "soziale Dienst" der Genossenschaft zunehmend gefragt und beansprucht. Dies geschieht in enger Zusammenarbeit mit der bisherigen Aktion "Selbsthilfe der Arbeitslosen" und der Genossenschaft. Einem solchen Schritt, nämlich Hilfe bei uns zu suchen mit der Bereitschaft, "jede Arbeit" anzunehmen, gehen in der Regel tiefgreifende seelische und oft auch körperliche und soziale Veränderungen voraus. Für eine qualifizierte sozialpädagogische Begleitung gibt das Katholische Bildungswerk im Rahmen der Aktion "Selbsthilfe der Arbeitslosen" nach wie vor DM 20 000.– pro Jahr aus. Eine positive Entwicklung ist festzustellen: Menschen kommen in Bewegung und versuchen, ihre Situation gemeinsam zu verändern und zu verbessern.

Vor einigen Tagen wurde ein defekter VW-Pritschenwagen billig (für DM 600.–) erworben. Inzwischen wurde der Wagen von fachkundigen Händen Arbeitsloser wieder flott gemacht. Hier ansässige Unternehmen stifteten Geräte und Schubkarren sowie eine Motorsäge. Ein neuer Balkenmäher konnte ebenfalls günstig angeschafft werden.

Nun kommt es darauf an, daß die Bevölkerung die Genossenschaft weiterhin mit Aufträgen versorgt. Dies ist ein entscheidender Faktor. Hier wäre praktische Solidarität mit den Arbeitslosen von vielen Personen, Einrichtungen und Gruppen möglich.

Sollte ein Durchbruch gelingen, so sind wir sicher, daß bald Außenstellen in einigen Städten eingerichtet werden können und immer mehr Arbeitslose im Kreis auf diese Weise Hilfe – in Form von Arbeit – erfahren sowie vom Angebot des sozialen Dienstes Gebrauch machen können. Ideal wäre es, wenn wir zahlreiche neue, feste Arbeitsplätze schaffen könnten. Der Weg dazu scheint noch weit und steinig zu sein.

Abschließend soll hier nochmals gesagt werden, daß dies für sich gesehen möglicherweise auch *ein* sinnvoller Weg ist, um dem Gesellschaftsproblem Nr. 1 zu begegnen. Niemand hier bildet sich ein, daß dadurch das Problem Arbeitslosigkeit beseitigt werden kann.

Es sind vielerlei Schritte und Schritte in verschiedene Richtungen notwendig. Die Verantwortung liegt eindeutig bei allen! Bei Staat, Unternehmern, Gewerkschaften, Verbänden, Kirchen etc.

Wir hielten es für besser, wenn mehr engagiertes Suchen und mehr praktische Versuche gemacht würden, als zahlreiche Fensterreden zu halten, Demonstrationen zu veranstalten und Deklarationen abzugeben.

VON BILDUNGSMASSNAHMEN MIT ARBEITSLOSEN ZUR ARBEITSLOSEN–SELBSTHILFE–GENOSSENSCHAFT
Teil II vom 13. Oktober 1983

Nach drei Monaten: Erste Bewährungsprobe

Nach Abklingen der ersten Medienwelle kehrte auch bei der Genossenschaft der harte Alltag ein. Die Aufträge gingen zurück, das "Sommerloch" tat sich auf, Ungeduld und Zweifel schlichen sich ein. Nun galt es, die Werbetrommel zu rühren. Handzettel wurden in Briefkästen von potentiellen Auftraggebern in bestimmten Wohnvierteln geworfen. Alle evangelischen und katholischen Kirchengemeinden sowie alle Rathäuser erhielten Angebote. Annoncen erschienen in Zeitungen und Anzeigenblättern. So nach und nach zeigten sich erste Erfolge. Die Sozialämter der Gemeinden und Städte reagierten mit kleinen Aufträgen wie Umzüge, Wohnungsauflösungen, Zwangsräumungen etc.. Aber auch kleine Firmen sowie Haus- und Grundbesitzer kamen mit Aufträgen auf uns zu.

Seit 5 Wochen hat sich das Blatt gewendet. Täglich gehen 4 - 6 Aufträge ein, obwohl absolut keine Werbung mehr gemacht wird. Wir verzeichnen Auftrag Nr. 201! Die Genossenschaft ist für 3 Wochen im voraus ausgebucht. Streß und Hektik kehren ein. Nun suchen wir nach weiteren Arbeitslosen und Mitarbeitern, obwohl mittlerweile 43 bei uns registriert sind.

Es stellen sich neue Probleme, die es zu lösen gilt: Dies sind die oft mangelnde Qualifikation und physische Belastbarkeit der Arbeitswilligen, die häufig durch längere Arbeitslosigkeit entwöhnt sind. Hinzu kommt ein enges Jobdenken, welches nur auf Geldverdienen angelegt ist, ohne die Absicht, sich Fragen nach einer Zukunftsperspektive zu stellen. Der Umgang und die Zusammenarbeit erfordert von den Verantwortlichen und Mitarbeitern der Genossenschaft sehr viel Geduld, Geschick und Fingerspitzengefühl.

Die wirtschaftlichen Bedingungen der Genossenschaft können als "gesund" bezeichnet werden. Zur Zeit werden Vorbereitungen für die feste Einstellung eines verantwortlichen Mitarbeiters getroffen. In absehbarer Zeit (noch in diesem Jahr) soll der erste Arbeitsplatz geschaffen werden. In den vom Kath. Bildungswerk überlassenen Räumen herrscht morgens und abends beängstigende Enge. Neue Räume sind dringend nötig – und man ist auf der Suche.

Perspektiven

Sollten entsprechende Räume gefunden werden, so denken wir an die Schaffung eines Arbeitslosenzentrums, in dem beide Einrichtungen – die Aktion "Selbsthilfe der Arbeitslosen" sowie die "Genossenschaft ASG" – gemeinsam ihre Dienste anbieten. Wir halten eine ambulante Beratungs- und Begleitungstätigkeit im Sinne von Hilfe und Problemlösung sowie das Anbieten von Gelegenheitsarbeit für eine hervorragende Ergänzung. Daneben könnte eine Art Teestube eingerichtet werden, die jederzeit ein Kommen und Gehen ermöglicht, unter ständiger Besetzung mit Fachpersonal wie Sozialpädagogen, Sozialarbeitern, Lehrern etc. Auch dies ist noch Zukunftsmusik. Dennoch halte ich eine Realisierung in absehbarer Zeit durchaus für möglich.

Wie bei anderen Projekten steht auch hier die Diözese Rottenburg als wichtiger Faktor unterstützend und helfend beiseite.

Anton Schnalzer

Fellbacher Zeitung
v. 26.1.'84

Ein Arbeitslosenzentrum wurde in Waiblingen eröffnet

Selbsthilfe der Betroffenen

Das Angebot konnte mit Hobbyraum erweitert werden

Als vor rund einem dreiviertel Jahr die Arbeitslosen-Selbsthilfe-Genossenschaft Waiblingen gegründet wurde, dachte noch keiner der 19 Gründungsmitglieder an ein eigenes Arbeitslosenzentrum. Daß am Mittwochmorgen die neuen Räume des Arbeitslosenzentrums in der Waiblinger Dammstraße der Öffentlichkeit vorgestellt werden konnten, lag im wesentlichen an der engen Zusammenarbeit mit der Aktion „Selbsthilfe der Arbeitslosen" vom katholischen Bildungswerk, Kreis Rems-Murr, die das Zentrum gemeinsam mit der Genossenschaft betreibt.

Die Räume des katholischen Bildungswerks in der Ludwigsburger Straße waren zu klein für das angestrebte Ziel geworden, das außer der Betreuung auch eine sinnvolle Beschäftigung der Arbeitslosen vorsieht. Mit dem Umzug in das Arbeitslosenzentrum wurde auch gleich das bestehende Angebot erweitert, das jetzt zum Beispiel in der Freizeitgestaltung einen Hobbyraum einschließt.

Anton Schnalzer, einer der Aufsichtsräte des Zentrums, sowie dessen Geschäftsführer, Günther Rosin, erinnerten an die anfänglichen Schwierigkeiten im Umgang mit Arbeitslosen. Viele der Betroffenen hätten resigniert und seien nach einigen Besuchen wieder weggeblieben. Dabei sei deutlich geworden, daß außer der reinen Betreuung auch eine Beschäftigung angeboten werden müßte, meinte Günther Ro-

sin. Die Form einer Genossenschaft sei aus der rechtlichen Notwendigkeit entstanden, zeitlich begrenzte Beschäftigungen ohne wesentliche finanzielle Einbußen bei bestehender Arbeitslosenunterstützung zu ermöglichen. Gleichzeitig könne der Arbeitslose mit geringer Kapitaleinlage in der Genossenschaft Entscheidungen mittragen, sagte er.

Viele der 19 Vorstandsmitglieder und Aufsichtsräte des Zentrums sind ebenso wie die 70 bis 80 Mitglieder arbeitslos. Nach Gründung der Genossenschaft im vergangenen Jahr hatten sich die nur mit geringen Entschädigungen unterstützten Vorstandsmitglieder verstärkt an die Öffentlichkeit gewandt und um die Erteilung von Arbeitsaufträgen gebeten. Entrümpelungen, Renovierungen und Umzüge wurden ebenso übernommen wie Garten- oder handwerkliche Arbeiten. Das größte Hindernis sei dabei die Konkurrenz der „Schwarzarbeiter", betonte Günther Rosin. Der vom Arbeitslosenzentrum verlangte Stundenpreis von 24,50 Mark werde oft unterboten. Dennoch könne die Auftragslage im Moment als stabil bezeichnet werden, meinte er.

Außer dem Beschäftigungsangebot nimmt die sozialtherapeutische Betreuung den breitesten Raum ein. Den Arbeitslosen soll wieder eine Lebensperspektive geboten werden, nachdem viele von ihnen resignierten.   (abe)

blätterwald eG.

Vertrieb von umweltfreundlichen Produkten
Groß- und Einzelhandel

Niederurseler Str. 7
6370 Oberursel 5/Weisskirchen
Telefon (06171) 78012

Träumt einer allein,
ist es nur ein Traum.
Träumen viele gemeinsam,
ist es der Anfang von etwas Neuem.

FREIHEIT UND ABENTEUER –
UNSERE ERFAHRUNGEN ALS GENOSSENSCHAFT

Wer ist blätterwald?

Das ist zum einen die Genossenschaft mit mehr als 100 Mitgliedern: Einzelpersonen, Läden, selbstverwaltete Betriebe, Männer, Frauen, Freunde und Bekannte. Mitglied kann jeder werden, der mindestens einen Geschäftsanteil von 500.- DM erwirbt und mit den Zielen der Genossenschaft übereinstimmt. Die Ziele der Genossenschaft sind (laut Satzung):

1. Im Rahmen ihrer Geschäftstätigkeit setzt sich die Genossenschaft für die Anwendung menschen- und umweltgemäßer Techniken und Arbeitsbedingungen ein.
2. Die Genossenschaft fördert den Gedanken und die Praxis des sparsamen Um-

gangs und der Wiederverwertung von Materialien.

3. Die Genossenschaft fördert den Gedanken der Selbstverwaltung und unterstützt die Selbstbestimmung ihrer Angestellten über Arbeitsmittel und Arbeitsverhältnisse.

Als Genosse hat jeder (auch juristische Personen) eine Stimme in der Generalversammlung und erhält 3% Skonto auf die offizielle Preisliste.

Dann ist da noch das Kollektiv. Formell angestellt bei der Genossenschaft befinden wir uns momentan im Umbruch. Fünf von neun haben die Gruppe verlassen. Neue Leute sind hinzugekommen – die Zahl der Mitarbeiter wird sich bei einem guten Dutzend einpendeln.

Die von uns praktizierte Selbstverwaltung bedeutet, gemeinsam die Politik unseres Unternehmens zu bestimmen und die von uns festgelegten Aufgaben demokratisch und selbstverantwortlich untereinander aufzuteilen und mit gegenseitiger Hilfe zu bewältigen.

Wir vertreiben und verarbeiten Schreib- und Geschenkartikel aus Original (ap) Umweltschutzpapier. Es wird zu 100% aus Altpapier unter minimalem Energie- und Wasseraufwand ohne Bleichung und Färbung hergestellt – ein Produktionsprozeß, der die Umwelt kaum belastet, in dem Rohstoffe wiederverwertet werden.

Unser Umweltschutzpapierinfo, den Prospekt, die Preisliste, den regelmäßigen Kundenrundbrief, unser brandneues Sympathisanten-Info-Heft sowie demnächst hoffentlich auch die neue ausführliche Selbstdarstellung schicken wir auf Anfrage gern zu.

... was übrig blieb, war die Genossenschaft

Anfänglich war der heutige BLÄTTERWALD ein Ein-Mann-Unternehmen und hatte einen anderen Namen. Doch schon bald stellte sich heraus, daß die Arbeit und Organisation nicht von einer einzelnen Person geleistet werden konnte. Aushilfen – Freunde und Bekannte – kamen hinzu.

Einige stiegen fest mit ein, so daß die alte Geschäftsform der "Gesellschaft bürgerlichen Rechts" (GbR) nach einiger Zeit überholt war – Klaus behagte es :ht, nicht, allein die Verantwortung zu tragen und zu haften, die anderen wollten ιus durchaus Verantwortung übernehmen und gleichberechtigt am "Geschäfts- ιehleben" teilnehmen.

Bei den Überlegungen, welche Rechtsform denn nun am geeignetsten sei, spielte auch die Absicht, das Grundkapital zu erhöhen, eine Rolle, zumal einige wichtige und kostspielige Investitionen anstanden. Außerdem wollten wir als "alternativer" Großhandel einen möglichst engen, wechselseitigen und kommunikativen Bezug zu unseren Kunden – hauptsächlich Naturkost-, Dritte-Welt- und linke Buchläden – herstellen.

Auf diese Merkmale hin wurden die verschiedenen Geschäftsformen abgeklopft

– was übrig blieb, war die Genossenschaft.

Was bei unserer Entscheidung für diese Geschäftsform sicherlich auch von Bedeutung war, war der Name: Genossenschaft steht – historisch betrachtet – auch heute noch für den Kampf der Ausgebeuteten gegen Hunger und Unterdrückung. Stichworte wie Selbsthilfe, Solidarität und Anders Arbeiten fanden ihre Konkretion in – leider sehr wenigen – (Produktions-) Genossenschaften, über die die Geschichtsschreibung zu berichten weiß. Ein Erbe, das wir antreten wollten.

Denn das war es, was zumindest einige von uns ausprobieren und erreichen wollten: nicht nur ökologisch sinnvolle Produkte verkaufen, sondern auch menschenwürdig und solidarisch miteinander umgehen und zusammenarbeiten. Wir wollten gemeinsam die Politik unseres Unternehmens bestimmen und die von uns selbst festgelegten Aufgaben demokratisch und selbstverantwortlich untereinander aufteilen.

Die Satzung borgten wir uns weitgehend von der Bundschuh-Genossenschaft aus, änderten sie aber noch ein wenig unserer Situation und unseren Absichten entsprechend ab.

Am 19.4.1981 fand dann die Gründungsversammlung statt. Anwesend waren die sieben Schaffer und noch sieben weitere Leute, Freunde und Bekannte von uns. Die Satzung wurde verabschiedet, Vorstand und Aufsichtsrat wurden gewählt, bis der – wie wir damals noch meinten – Formalkram erledigt war und wir zum gemütlichen Teil mit Kaffee und Kuchen übergingen.

Nun waren wir eine Genossenschaft in Gründung (GiG).

... Genossenschaft werden noch viel mehr!

Satzung und Gründungsprotokoll wurden alsdann beim Genossenschaftsverband Frankfurt eingereicht. Dort muß jede Genossenschaft Mitglied werden, eine Bedingung für die Eintragung ins Amtsregister als eG. Für diese Mitgliedschaft wird vom Genossenschaftsverband ein jährlicher Beitrag nicht unter 500,- DM erhoben. Dafür erhalten wir regelmäßig die Mitgliederzeitung und können verschiedene Dienstleistungen des Verbands in Anspruch nehmen, die allerdings nur zum kleineren Teil unentgeltlich sind. Außerdem führt der Verband mindestens einmal jährlich eine Betriebsprüfung durch – doch dazu später mehr.

Jedenfalls erhob der Genossenschaftsverband erst einmal Einspruch gegen Satzung und Protokoll. Ein Anwalt wurde eingeschaltet und die Gründungsversammlung wiederholt. Neben einigen nicht mit dem Genossenschaftsgesetz übereinstimmenden Paragraphen in der Satzung und ein paar Formulierungsschwächen hatten wir nicht bedacht, daß der von uns gewählte Aufsichtsrat nicht im Betrieb beschäftigt sein darf, da er nach Ansicht des Genossenschaftsverbands als Angestellter des Vorstands diesen nicht unabhängig kontrollieren kann.

Bis wir dann alles hingebogen hatten und der Verband ebenso wie das Amtsgericht nach monatelanger Bearbeitung seine Zustimmung geben konnte, verging ein Jahr. Solange schwebte der BLÄTTERWALD in einem relativ luftleeren Raum, zumal die Genossenschaft noch nicht als juristische Person galt und somit als solche noch nicht haften konnte, was sich bei der Aufnahme von Krediten als äußerst nachteilig erwies.

Im April '82 erfolgte dann endlich die langersehnte Anerkennung als eingetragene Genossenschaft.

... und dann auch noch: die Betriebsprüfung!

Nachdem die Gründungsprüfung 1981 durch einen vom Genossenschaftsverband bestellten Betriebsprüfer recht positiv verlaufen war, sah das 1982 schon ganz anders aus. Nach einer kurzfristigen Anmeldung erschienen Anfang Dezember zwei Prüfer und blieben für mehrere Tage bei uns zu Gast. Alles wurde geprüft: Buchhaltung, Anstellungs-, Miet- und Kaufverträge, Satzung, Kalkulation, Umsätze, Erträge usw. usf.

Es stellte sich heraus, daß unsere Buchhaltung alles andere als in Ordnung war. Doch das war nicht das Schlimmste: wir waren – ohne es zu wissen – um runde 70.000 DM überverschuldet. Die (Hinter-)Gründe, die dazu führten, hier zu erläutern, würde sicherlich den Rahmen sprengen. Nachdem wir an den Genossenschaftsverband 5.000 DM für die Prüfung bezahlt hatten (pro Prüfer pro Tag 500 DM), wurde uns ein Zeitlimit von 21 Tagen gesetzt, innerhalb dessen wir entweder Konkurs anmelden oder den Konkurstatbestand aus der Welt zu schaffen hätten.

Nun hieß es Farbe bekennen. Zunächst einmal mußte geklärt werden, wie die Stimmung in der Gruppe war, ob überhaupt noch jemand weitermachen wollte in einer solchen Streß-Situation, ob wir bereit waren zu powern, ob jeder bereit war, sein Möglichstes für die Erhaltung unserer Arbeitsplätze, unseres Projekts zu tun.

Überraschend schnell kamen wir zu dem Ergebnis, daß dies bei jedermann/-frau der Fall war.

Nachdem wir das "ob überhaupt" geklärt hatten, ging es jetzt um das "wie". Bei diesen Überlegungen standen uns noch ein paar Leute aus anderen Projekten und Freunde zur Seite, ohne die wir es wahrscheinlich nicht geschafft hätten.

Ein Kundenrundbrief wurde geschrieben und verschickt; in dem wir unsere Situation darstellten und zum Kauf von BLÄTTERWALD-Anteilen aufriefen. Bereits gewährte Darlehen wurden in verlorene Zuschüsse und Anteile umgewandelt, wodurch Gelder von der Soll- auf die Haben-Seite überwechselten. Nicht zuletzt gewährte uns das Netzwerk Rhein-Main einen verlorenen Zuschuß von 10.000 DM.

Die Überverschuldung konnte abgebaut werden. Ganz sicher wäre dies nie gelungen, wenn wir kein "politisches Projekt", kein Modellversuch wären, den andere Menschen aus verschiedenen Gründen durch Geld, Rat und Tat zu unterstützen bereit sind.

Nicht nur weil der Genossenschaftsverband uns eine allmonatliche Erfolgsmeldung auferlegte (seitdem müssen wir monatlich unsere Umsätze, Kosten, Gewinne/Verluste usw. schriftlich einreichen), bemühen wir uns seitdem, einen permanenten und möglichst genauen Überblick über die Geschäftsentwicklung zu erhalten. Das stellt zwar einen erhöhten bürokratischen Aufwand dar, hat aber auch die Möglichkeit zur Folge, geschäftliche Fehlentwicklungen frühzeitig zu erkennen, diese zu analysieren und darauf reagieren zu können.

Wöchentlich werden seitdem bei unseren Plenen Zahlen vorgetragen, die für den Fortbestand unseres Projekts von zentraler Bedeutung sind. So konnten wir denn auch die letzte Betriebsprüfung auf uns zukommen lassen mit dem Wissen, wie es um uns steht, bzw. wie schlecht es um uns steht, denn wir schlitterten gerade noch einmal an der Überverschuldungsgrenze vorbei.

Ein Gespenst geht um — Der homo oeconomicus in Selbstverwaltung

Soweit unsere Erfahrungen mit dem Genossenschaftsverband. Nun will ich noch zwei spezielle Probleme aufgreifen, mit denen wir zu tun hatten, die aus der Rechtsform "Genossenschaft" erwachsen.

Dem BLÄTTERWALD-Kollektiv geht es in erster Linie um vier Ziele:
1. Wir wollen sinnvolle Produkte herstellen und verbreiten.
2. Wir wollen die Politik unseres Unternehmens solidarisch selbst bestimmen und gestalten.
3. Wir wollen durch unser Beispiel anderen Mut machen, ihr Schicksal selbst in die Hand zu nehmen und sich nicht von Chefs und den dazugehörigen Wende-Politikern einmachen zu lassen.
4. Jedes einzelne Kollektiv-Mitglied soll die Möglichkeit zur freien Entfaltung haben.

Bei kommerziellen Betrieben ebenso wie bei der überwiegenden Mehrheit der heutigen Genossenschaften stehen andere Interessen im Vordergrund: es wird in den herkömmlichen betriebswirtschaftlichen Kategorien gedacht — entscheidend ist das Erreichen eines Zugewinns und dessen Höhe.

Uns hingegen kommt es ökonomisch auf die Erhaltung unserer Arbeitsplätze, Erreichung der Kostendeckung und Deckung unserer (vergleichsweise geringen) finanziellen Bedürfnisse an.

Bei seiner Wirtschaftlichkeitsprüfung mißt der Genossenschaftsverband natürlich nicht mit unseren, sondern mit seinen eigenen Maßstäben. Er prüft, ob die Interessen der Genossenschaftsmitglieder gewahrt bleiben, wobei nur wirtschaftliche Interessen zählen. Die Herstellung sinnvoller Produkte, die Schaffung und Erhaltung menschenwürdiger Arbeitsplätze, die Durchführung eines gesellschaftspolitisch wichtigen, in die Zukunft weisenden Experiments wird nicht als Förderung der Mitglieder anerkannt.

Zumindest nicht in der offiziellen Schreibweise. Andererseits hat uns das Verhalten des Genossenschaftsverbands bei bzw. seine Reaktion nach Prüfungen gezeigt, daß man dort keineswegs darauf aus ist, uns in dieser Hinsicht ein Bein

zu stellen. Vielmehr wird uns durch guten Rat Hilfestellung gegeben, um die
Hürden, die uns die Wirtschaftlichkeitsprüfung immer wieder aufstellt, zu über-
springen.

Im Bericht über die letzte Prüfung stellte der Genossenschaftsverband folgenden
Zielkonflikt fest:

Ausgehend davon, daß die Satzung unserer Geschäftsführung als Richtschnur
vorschreibt, die Wirtschaft der Mitglieder zu fördern, führt dies zu dem Zielkonflikt, daß die Genossenschaft sowohl die Mitglieder zu fördern hat, die umweltfreundliche Produkte herstellen und als Großhandel vertreiben (= die Mitarbeiter der BLÄTTERWALD eG.) als auch jene, die Handelsfunktionen ausüben
(= Läden, die bei uns Mitglied sind und Papier einkaufen).

Auch hier zählt wieder nur der homo oeconomicus, nicht aber soziale und infor-
melle Zusammenhänge, nicht die Entwicklung "neuer Handelsformen" mit ge-
genseitigem Vertrauen und Unterstützung, sondern das angenommene ausschließliche Interesse der einen Seite am hohen Verkaufspreis, der anderen am niedrigen Einkaufspreis — unser Versuch, diesen Widerspruch aufzuheben, wird nicht
berücksichtigt.

Ein weiterer Vorwurf, der uns gemacht wird ist der, daß bei unserem Einkauf
nicht kommerzielle Erwägungen dominieren, sondern Kriterien der umweltfreundlichen Herstellung des Papiers, was einer Aufforderung gleichkommt,
nicht mehr Schweizer-Original-Umweltschutzpapier zu vertreiben, sondern
deutsches Recycling-Papier, das ca. 30% billiger ist.

Die Sache mit dem Aufsichtsrat

Ein anderer Konflikt, der aus der Geschäftsform "Genossenschaft" hervorgeht,
der uns schon von Beginn an Probleme bereitet hat, ist die Sache mit dem Aufsichtsrat:

§ 15 Aufgaben des Aufsichtsrats

1. Der Aufsichtsrat überwacht die Geschäftsführung des Vorstands.
2. Er kann jederzeit den Kassenbestand überprüfen, Einsicht in die Bücher und
   Geschäftsunterlagen nehmen und von den Mitgliedern des Vorstands Auskünfte verlangen.
3. Er hat die Jahresrechnungen, die Bilanzen und die Vorschläge zur Verteilung
   von Gewinn und Verlust zu prüfen und hierüber der Generalversammlung
   vor deren Genehmigung Bericht zu erstatten.
4. Der Zustimmung des Aufsichtsrats bedürfen
   a) der Erwerb von Grundstücken und dinglichen Rechten an Grundstücken,
   b) der Abschluß von Pachtverträgen,
   c) die Erteilung von Prokura,
   d) die Aufnahme von Krediten über 10.000 DM.
   (aus der Satzung der BLÄTTERWALD eG.)

Dadurch, daß Aufsichtsratsmitglieder keine Angestellten des Vorstands sein
dürfen und somit keine Mitglieder des Arbeitskollektivs sein können, andererseits aber auch ein gehöriges Päckchen Verantwortung (u.a. gegenüber dem Ge-

nossenschaftsverband) zu tragen haben, befinden wir uns in einer herben Zwickmühle. Zum einen wollen wir, die Beschäftigten, autonom handeln – unser oberstes Entscheidungsorgan ist das Plenum aller Mitarbeiter. Andererseits sind die Aufsichtsratsmitglieder – zumeist gegen ihren Willen – dazu gezwungen, uns zu kontrollieren und immer wieder Stellungnahmen zu verschiedenen Themen von uns zu verlangen, zumal sie auf genaue Informationen von uns angewiesen sind, um ihre Aufsichtspflicht zu erfüllen.

Dies führt deshalb oft zu Mißverständnissen, weil viele Sachverhalte erst dann richtig zu durchschauen sind, wenn man täglich mit ihnen konfrontiert ist. Eine genaue Erläuterung von Sachverhalten erfordert von uns oft einen dermaßen hohen Arbeitsaufwand, daß dies mitunter kaum zu leisten ist.

Ursprünglich hatten wir natürlich gedacht, daß die Einsetzung eines Aufsichtsrats eine reine Formsache ist, die die Rechtsform "Genossenschaft" nun mal mit sich bringt.
In der Zwischenzeit gab es häufig Probleme und Mißverständnisse, so daß sogar ein Aufsichtsratsmitglied vorzeitig zurückgetreten ist, weil es sich schlecht informiert und als "Alibifigur für Außenstehende" fühlte.

Heute haben sich beide Parteien besser aufeinander eingespielt, ohne allerdings mit der Situation zufrieden zu sein.

Zusammenfassend bliebe noch zu sagen, daß die Genossenschaft sicherlich nicht die optimale Rechtsform für einen selbstverwalteten Betrieb darstellt – ebensowenig wie die GmbH, die OHG, die GbR ...

Im Vergleich zu anderen Rechtsformen ist für die eG. ein erhöhter Verwaltungsaufwand unumgänglich, der einen aber auch gegebenenfalls vor dem bösen Erwachen bewahren kann, wenn das Finanzamt vor der Tür steht. Gegenüber Banken und Ämtern verfügt die Genossenschaft über ein recht gutes Ansehen, nicht zuletzt, weil der Genossenschaftsverband seinen Daumen drauf hat.

Für die "alternativen" Genossenschaften gilt es, sich sowohl einzeln als auch gemeinsam für eine günstigere, ihnen eher entsprechende Handhabung durch die Genossenschaftsverbände einzusetzen. Hierfür ist es natürlich von Vorteil, wenn mehr "alternative" Genossenschaften entstehen.

Jochen

blätterwald

Aus der Selbstdarstellung vom 2.1.1983 (gekürzt)

Die Schaffe

Zur Zeit schaffen wir zu zehnt. Acht davon (Matthias, Klaudia, Sue, Jochen, Thomas, Gitti, Klaus und Manfred) arbeiten full-time und die anderen beiden (Christine und Hiltrud) drei Tage in der Woche.

Wir haben fast alle mal studiert oder stehen kurz vor dem Abschluß oder -sprung. Einige von uns haben auch schon eine Lehre hinter sich. Jedoch hat vorläufig keiner von uns vor, in die "freie Marktwirtschaft" oder in den Staatsdienst zu gehen; wir ziehen es vielmehr vor, im Blätterwald zu arbeiten und sehen darin auch längerfristig unsere Perspektive.

Die verschiedenen Tätigkeiten: Drucken am Tigel oder der Flexo, Blocks leimen, Löcher in Papier bohren (für Ringbucheinlagen), Bestellungen fertigstellen, Buchhaltung, Rumfahren, Abchecken, Essen kochen, Kinder hüten (Moritz und Patrick) Bankkram usw., telefonieren, koordinieren, verhandeln, rumräumen, rumfahren, staubsaugen, meckern und gickeln.

Die Arbeitszeit beträgt für die Vollbeschäftigten ca. 35 Std./Woche (ist eher ein Wunschtraum, leider herrscht fast immer Ausnahmezustand) bei einem Nettoverdienst von ca. 1000 DM. Mindestens einmal wöchentlich treffen wir uns zu einer Arbeitsbesprechung, um alle anfallenden Probleme zu bequatschen, einen Arbeitsplan zu erstellen, Skat zu spielen, usw. Wir wohnen nicht zusammen, sind also eher ein Arbeitskollektiv.

In Anbetracht der uns noch immer in Schrecken versetzenden finanziellen Entwicklung (siehe Finanzen) sind wir im Moment gezwungen — um eine größere Effektivität zu erreichen — einige unserer Arbeitsstrukturen zu verändern.

Wir haben alle anfallenden Arbeiten in zwei Bereiche unterteilt: Die Produktion in der Waldschmidtstraße, und Versand und Buchhaltung in der Leibnizstraße, wobei jeder von uns gezielte Aufgaben- und Verantwortungsbereiche übernimmt. Um unserem bisherigen Rotationssystem wenigstens einigermaßen treu zu bleiben (feste Zuständigkeiten für bestimmte Arbeiten gab es bisher nicht, nur die, die sich eingeschlichen haben) und um außerdem auch wirtschaftlicher zu arbeiten, wollen wir diese Aufgaben nach einem halben Jahr neu verteilen. Ebenso werden wir nach wie vor alle im Verkauf, im Versand und in der Produktion, den aufwendigsten Tätigkeiten, arbeiten.

Die Maschine

Gemeinsam mit anderen Umweltschutzpapierhändlern (Verbund) setzten wir uns im Sommer 81 das Ziel, langfristig von der kommerziellen Papierverarbeitungsindustrie unabhängig zu werden. Der Blätterwald erklärte sich daraufhin bereit, die Produktion von Blocks und Ringbucheinlagen in die Hand zu nehmen, während sich andere verstärkt um Schulhefte, Umschläge usw. kümmern wollten.

Als uns dann ein günstiges Angebot für eine Flexo-Druck-Maschine mit Blockleimstraße ins Haus geschneit kam, haben wir zugeschlagen. Da wir die Maschine schon bei Abholung bezahlen mußten (100.000 Eier), gerieten wir unter grossen Druck. Hilferufe im Bekannten- und Kundenkreis brachten uns zwar etliche tausend DM, einen großen Teil der Summe konnten wir jedoch nur unter Zuhilfenahme eines mit 15% verzinsten Bankkredits zusammenkratzen. Von nun an war die MASCHINE Hauptgesprächs-, Diskussions- und Streitthema bei uns; es herrschten jetzt Sachzwänge: hohe Verschuldung und Produktionsdruck.

Es erwies sich als ungeheuer schwierig, das 15-Meter-Maschinen-Monster zu bändigen, zumal außer einem von uns keiner qualifiziert war, und wir uns Kenntnisse und Erfahrungen eben erst aneignen mußten und müssen. Massenweise Überstunden waren vonnöten, ohne daß die vereinbarten Lieferzeiten eingehalten werden konnten; unsere Kalkulationen, die auf den Angaben des Vorbesitzers beruhten, erwiesen sich als falsch, etc.. Wir hätten längst aufgegeben, wäre es nicht von Monat zu Monat besser geworden.

Aus dieser Zeit, diesem ersten Lehrjahr an der Maschine, stammen unsere enorm hohen Verluste.

Jetzt – Ende 82 – haben wir das "Raubtier Maschine" zum ersten Mal im Griff, können also genug produzieren.

Die Vernetzung

Allein machen sie dich ein – deshalb: Vernetzung!

Überregional arbeiten wir im Verbund mit vier anderen Umweltschutzpapier-Vertrieben zusammen, die ähnlich strukturiert sind wie wir. Über gemeinsame Papier- und Produktbestellungen ergeben sich günstigere Preise und neue Formen der Zusammenarbeit im Handel. Etwa alle drei Monate finden unsere Händlertreffen statt. Ein mittelfristiges Ziel unseres Verbundes ist es, die Herstellung der verschiedenen Umweltschutzpapier-Produkte in die eigenen Hände zu kriegen – weg von den großen kommerziellen Firmen, hin zu kleinen selbstverwalteten Betrieben. Unsere Augsburger Freunde werden wohl bald in der Lage sein, selbst Spiralblocks herzustellen, die Hamburger wollen sich um den Kauf einer Maschine zur Herstellung von Briefumschlägen bemühen, wir produzieren nun seit gut einem Jahr die Blocks und Ringbucheinlagen für den Verbund.

Regional arbeiten wir beim Netzwerk Rhein/Main mit. Dort haben wir nicht nur die Möglichkeit, bei der Vergabe von Geldern Einfluß zu nehmen. Vielmehr sehen wir das Netzwerk auch als geeignete Form für die breite Diskussion projektübergreifender Fragestellungen (Staatskohle, Verhältnis zu den Grünen...). Eine regionale Zusammenarbeit mit anderen Projekten ergab sich aus der gemeinsamen Diskussion im Netzwerk-Projektrat und wird sich hoffentlich weiter vertiefen.

Schaffen wir die Wende
oder schafft die Wende uns

Aus: Arbeiten und Leben, hrsg. vom Projektrat im Netzwerk Selbsthilfe Rhein-Main, o.O., o.J.

MARKTENTWICKLUNG UND SELBSTVERWALTUNG

Die Anfänge des UWS-Papiers

Mitte der 70er Jahre: Parallel zum Kampf gegen Atomkraftwerke setzt sich in breiten Bevölkerungsschichten die Erkenntnis durch, daß ein uneingeschränktes Wirtschaftswachstum wohl in absehbarer Zeit das Ende unseres Planeten Erde bedeuten würde. Bald wird auch klar, daß es allein mit dem Kampf gegen etwas (hier: Atomkraftwerke) nicht getan ist. Von vielen wird die Bereitschaft zum aktiven Umweltschutz bekundet, der langsam in nahezu alle Bereiche des täglichen Lebens vordringt.

Einer dieser Bereiche ist der Papierverbrauch, die Papierverschwendung in der modernen Industriegesellschaft, Mit-Ursache für die Verschmutzung der Flüsse, die Abholzung ganzer Wälder und die Ver-Wüstung ganzer Regionen. Die Alternative war schon erfunden: Zu 100% aus Altpapier in einem geschlossenen Wasserkreislauf, so energiesparsam wie nur eben möglich hergestellt, fand das Umweltschutzpapier mit wachsendem Umweltbewußtsein immer mehr Verbreitung.

Der Vertrieb des grauen Papiers wurde in seiner Pionierzeit praktisch ausschließlich von im Umweltschutz engagierten Einzelpersonen und Gruppen geleistet, die in dessen Verbreitung und der damit verbundenen Aufklärungs- und Öffentlichkeitsarbeit ihren Beitrag zum aktiven Umweltschutz sahen. Das alles funktionierte damals noch keineswegs auf kommerzieller Ebene, vielmehr wurde das Umweltschutzpapier neben Büchern, Aufklebern etc. an den Infoständen der Bürgerinitiativen nahezu zum Selbstkostenpreis verkauft.

Professionalisierung durch steigende Nachfrage

Doch Schritt für Schritt setzte auch die Professionalisierung dieses Gewerbes ein: die Nachfrage stieg stetig an und einige Gruppen bzw. Einzelpersonen aus diesem Kreis übernahmen Großhändlerfunktionen. Sie bezogen das Papier direkt von der Fabrik und organisierten dessen Verarbeitung zu Briefumschlägen, Schreibblocks, Schulheften etc. Ganz klar, daß das schon Aufgaben waren, die sich nicht mehr so nebenher erledigen ließen. Ein Lager mußte angemietet werden, sowie ein Büroraum mit Telefon. Das war dann auch schon keine Freizeitbetätigung mehr, sondern ein fulltime-job, der auch ein paar Mark für den Lebensunterhalt einbringen mußte.

Das Geschäft blühte, es wurde zwar keiner reich davon, aber aus den Ein-Mann-

Bauchläden wurden kleine (z.T. selbstverwaltete) Umweltschutzpapier-Vertriebe, die einigen Menschen Brot und Arbeit gaben. Nicht wenige nahmen nach und nach auch die Verarbeitung des Papiers in die eigenen Hände; ein weiterer Schritt in Richtung Unabhängigkeit von der rein kommerziellen Papierverarbeitungsindustrie war getan.

Das Problem "Konkurrenz" gab es zu diesem Zeitpunkt noch nicht, trotz der doch schon relativ großen Anzahl kleiner und kleinster Betriebe, die alle mit den gleichen Produkten handelten. Der Grund lag ganz schlicht und einfach darin, daß der Markt noch längst nicht erschöpft war. Mit Hilfe einer gehörigen Portion Engagement, das bestimmt nur zum kleineren Teil aus kommerziellen Interessen entstehen konnte, wurden immer mehr Menschen, Verbände, Organisationen, Institutionen und auch Wirtschaftsunternehmen mit den richtigen Argumenten zur Benutzung von Umweltschutzpapier bewegt.

Da sieht die heutige Situation ganz anders aus: Bei einer Zahl von 2,5 Mio. Arbeitslosen, sinkenden Realeinkommen, stagnierendem Wirtschaftswachstum und immer mehr Firmen-Zusammenbrüchen ist das Klima im Laufe der 80er Jahre erheblich rauher und der Markt enger geworden. Natürlich hat die Kaufkraft der Leute nachgelassen.

Die Chancenlosigkeit auf dem Arbeitsmarkt zwingt aber auch viele Individuen dazu, sich selbst eine Existenz aufzubauen. Einige dieser Individuen versuchen sich mit dem Vertrieb des grauen Papiers im erweiterten Bekanntenkreis und in den Läden ihrer Umgebung. Sie werden dann häufig der BLÄTTERWALD eG. im fernen Frankfurt vorgezogen, in erster Linie, weil sie den direkten Kontakt zu den verschiedenen Kunden leichter herstellen können, zumal sie selbst ausliefern.

Häufig wird auch nicht mehr deutlich unterschieden zwischen Original-Umweltschutzpapier und Recycling-Papier, das zwar auch zu 100% aus Altpapier, aber ansonsten unter den gleichen — umweltbelastenden — Bedingungen hergestellt wird wie die konventionellen Papiere.

Konkurrenz — von der anderen Seite

Eine weitere Komponente unserer momentanen Absatzschwierigkeiten läßt sich am besten anhand eines real existierenden Beispiels beschreiben: es war einmal ein Bootsbau-Unternehmen. Es wurden Boote gebaut und auch kleine Schiffchen, jahrein, jahraus. Neue Maschinen wurden angeschafft, ebenso wie ein großes Gelände, zumal man ja konkurrenzfähig bleiben wollte und die Leute ein schier unerschöpfliches Verlangen nach kleinen Booten und Schiffchen hatten.

Doch eines Tages merkten die hohen Herren der doch schon recht ansehnlichen Firma, daß die Leute kaum noch Boote kaufen wollten, um auf Flüssen und Meeren herumzuschippern, weil sie sich solche Späße nicht mehr leisten konnten. Und weil sie nicht aufs Arbeitsamt zum Stempeln gehen wollten, fragten sie ein paar andere Herren von der Marktforschung, was denn im Moment besser zu verkaufen sei als Boote und Schiffchen. Nach reiflicher Überlegung und Forschung erhielten sie die Antwort: Umweltschutzpapier. Nachdem sie sich erkundigt hatten, was das denn nun sei, suchten die hohen Herren einen anderen Mann, der sich mit diesem schmutzigen Papier auskannte, und sie begannen nach einiger Vorbereitung mit dem Handel des ach so befremdlichen Zeugs. Der andere Mann machte die Arbeit und sie gaben das Geld.

Produziert wurde dort, wo es am billigsten und einfachsten war: in einem Gefängnis. Dort wurde den armen Gefangenen für ein paar Pfennig Stundenlohn eine sinnvolle Beschäftigung gegeben. Natürlich mußten die hohen Herren mehr als nur die paar Pfennig Stundenlohn bezahlen. Der Überschuß wird demnächst neben vielen anderen solcher "Spenden" den Bau von neuen, nach modernsten Gesichtspunkten konstruierten Gefängnissen und Hochsicherheitstrakten ermöglichen.

Endlich bekamen auch die ganz großen Firmen Wind von einem Geschäft, das sie sich seit Jahren hatten entgehen lassen. Sie entschlossen sich doch noch, dieses obskure graue Papier in ihr Vertriebsnetz aufzunehmen. Die Vorarbeit, die Einführung auf ihre Markt, war ja schon — und das gar nicht mal so schlecht und dazu noch kostenlos — von den "alternativen" Gruppen geleistet worden — nun galt es nur noch abzusahnen. Über die altbewährten Vertriebsnetze von Brunnen, Leitz, Herlitz, Zweckform usw. wird nun seit neuestem das graue Papier von vielen kleinen Schreibwarengeschäften im hintersten Zipfel des Landes angeboten und von den Leuten offensichtlich auch gekauft.

An diesem Punkt angekommen, sollte man meinen, daß diese Entwicklung getrost als Erfolgszug des Umweltschutzpapiers bezeichnet werden kann. Die "alternativen" Vertriebe haben ihre Rolle als Avantgarde und Vorbereiter gespielt, nun ist die Zeit der "Großen" gekommen, die — allerdings aus rein kommerziellen Beweggründen — die Verbreitung des grauen Papiers perfektionieren. Ein Gesamtprozeß hat stattgefunden, der — positiv betrachtet — einen ganz großen Beitrag zum Umweltschutz und in der Entwicklung von Konsumentenbewußtsein darstellt.

Dieser Prozeß stellt sicherlich nichts grundsätzlich Neues dar, ähnliche Entwicklungen hat es beispielsweise schon im (linken) Verlagswesen gegeben. Entstanden, weil die bürgerlichen sich weigerten, linke Literatur und Texte zu veröffentlichen, stehen die linken Verlage seit geraumer Zeit vor der Situation, daß die bürgerlichen Verlage ganze Buchreihen zu Themen veröffentlichen, die bis vor einigen Jahren noch der linken Konkurrenz vorbehalten waren.

Kampf um Marktanteile

Allerdings haben wir — ebenso wie die linken Verlage — keine Lust, uns mit unserer objektiven Avantgarde-Rolle zufriedenzugeben und uns nach getaner Arbeit zurückzuziehen und nach neuen Ufern/Märkten Ausschau zu halten.

Der BLÄTTERWALD kann aus verschiedenen Gründen gar nicht klein beigeben. Da sind zum einen die Freunde und Kunden, die uns in Form von Genossenschaftsanteilen und Privat-Darlehen Gelder zur Verfügung gestellt haben. Da ist aber auch die Maschine, mit der wir Schreibblocks und Ringbucheinlagen herstellen können, die noch zu einem Großteil bezahlt werden muß.

Da sind aber auch — und das ist das Entscheidende — wir: krisenerprobt wie wir mittlerweile sind, besteht unter uns einfach nicht die Bereitschaft, sich mit der "objektiven" Rolle zufriedenzugeben. Zu viel haben wir schon in den Betrieb "investiert": jahrelanges Engagement und Arbeiten bis zur psychischen und physischen Erschöpfung. Zu viel haben wir von der Arbeit, vom Kollektiv bekommen und gelernt, aber auch aufgegeben. Es ist für jeden einzelnen von uns ein soziales Gefüge geworden, das nicht ohne weiteres zerstört werden kann.

In dieser Situation haben wir uns dann entschlossen, den "Kampf um Marktanteile" aufzunehmen: war in den Jahren zuvor eine intensive Werbung unnötig gewesen, weil immer neue Kunden BLÄTTERWALD über Mund-zu-Mund-Propaganda kennen und schätzen lernten, so waren spätestens jetzt diese Zeiten vorbei: Werbebriefe wurden an ausgewählte Adressaten verschickt, Sonderangebote ausgearbeitet, Vertreterbesuche arrangiert usw.

Auch die inneren Strukturen wurden – z.T. grundlegend – verändert, zum einen, weil sie sich wirklich als untauglich und zu schwerfällig erwiesen hatten, zum anderen aber auch, um konkurrenzfähig zu bleiben, den Kunden einen besseren Service zu bieten usw.

Hatten wir früher noch den Anspruch, daß zur Vermeidung hierarchischer Strukturen jeder (!) alle anfallenden Arbeiten verrichten können sollte, so hatte sich doch schon seit längerer Zeit die Erkenntnis durchgesetzt, daß dies ein unmögliches Unterfangen ist, zumal dieser Anspruch völlig von den Interessen der Betroffenen abstrahiert. So ist es beispielsweise nicht jedermanns Sache, Werbebriefe zu verfassen oder Maschinen zu reparieren oder Zahlenkolonnen zu addieren, während ein anderer diese Aufgaben gut und gern erledigt. Eine echte Qualizierung auf einem bestimmten Gebiet kann vom Einzelnen nur erlangt werden, wenn er sich ausgiebig auf die Problematik/das Werkstück einläßt und sich damit auseinandersetzt.

Die stattgefundene Spezialisierung soll jedoch nicht auf ewige Zeiten festgeschrieben bleiben. Rotation ist nicht abgeschafft, sondern spielt sich vielmehr in längeren Zeiträumen ab, die sich zum einen nach den Bedürfnissen der Betroffenen, zum anderen aber auch nach ökonomischen Notwendigkeiten richten: wenn ich von der Werbung die Nase voll habe, kann ich nicht von einem zum andern Tag den Kram hinschmeißen, sondern werde mein Anliegen zunächst mal den anderen mitteilen und dann jemanden, der Interesse an einer neuen Aufga- fgabe hat, in die Werbung einarbeiten.

... die heutige Situation

Da sind sie wieder, die ökonomischen Notwendigkeiten! Immer deutlicher wurde für uns, daß es auf dem kapitalistischen Markt, auf den wir ja angewiesen sind, kein Inseldasein gibt, keine Schonzeit für das Ausprobieren solidarischer Arbeits- und Lebensformen. Wenn wir als Betrieb und auch als Projekt, in dem wir die Möglichkeit haben, *intern* neue Möglichkeiten des Zusammenarbeitens ohne Hierarchien und Konkurrenz zu praktizieren, weiterarbeiten wollen, müssen wir uns nach *außen* – bis zu einem gewissen Grad – dem Markt stellen und anpassen. Wir können auch nicht von jedem Kunden erwarten, daß er den doppelten Preis bezahlt, nur weil wir ach so alternativ sind.

Jedoch gibt es für diese Anpassung auch Grenzen: Sicherlich werden wir nie unsere Produkte im Knast herstellen lassen, sondern weiterhin Fremdaufträge an Kollektive vergeben, die jedoch auch keine Phantasiepreise für ihre Arbeit verlangen dürfen. Ganz sicher wird es bei uns auch niemals Spitzenverdiener geben, die mit ihrem weißen Dienst-Mercedes vorfahren.

Kreuzberger Taxi-Genossenschaft eG.

Betrieb in Selbstverwaltung

Kreuzberger Taxi-Genossenschaft eG., Betrieb in Selbstverwaltung, Kerngehäuse, Cuvrystr. 20/23, 1000 Berlin 36, Tel.: 030/6126337

Die Entstehung der Kreuzberger Taxi-Genossenschaft

Die Geschichte der Kreuzberger Taxi-Genossenschaft begann eigentlich schon 1975. Damals wurde von mehreren Leuten ein Taxi-Kollektiv gegründet, in der Rechtsform einer Gesellschaft des bürgerlichen Rechts (GBR). Die Mitglieder des Kollektivs legten ihre Ersparnisse zusammen oder liehen sich Geld. Davon wurden einige alte Taxen gekauft. Die Überschüsse des Kollektivs wurden auf die Einlagen ausgezahlt, bzw. wurden damit neue Taxen angeschafft, als die alten auseinanderfielen. Nach etwa zwei Jahren teilte sich dieses Kollektiv aufgrund interner Schwierigkeiten in zwei neue Kollektive auf, später wurden es dann drei.

In dieser Zeit wurden bereits von einigen Mitgliedern innerhalb dieser Kollektive neue Wege zur Umorganisation gesucht. Erreicht werden sollte eine formale Gleichstellung aller Mitglieder in bezug auf Risiko, Haftung, Verantwortung u.ä., die in der Gesellschaft des bürgerlichen Rechts nicht gegeben war. Da dort nur der "Chef" haftet, hat er auch die formalen Geschichten auf dem Hals.

Im Sommer 1979 entstand, vorerst noch im kleinen Kreis, die Idee, eine Genossenschaft zu gründen. Bis zum Herbst hatten sich dann 25 Leute um dieses Projekt gesammelt. Einmal in der Woche wurde ein Treffen abgehalten, auf dem die Vorstellungen über das, was wir wollten, weiterentwickelt wurden. Im Januar 1980 war die Gründung einer Genossenschaft beschlossene Sache, doch die Behörden waren nicht so schnell. Es wurde Ende März, bis der Genossenschaftsprüfverband unsere wirtschaftliche Lage und unsere Kalkulation geprüft hatte, bis das Kraftverkehrsamt einwilligte und das Registergericht unsere Satzung anerkannte. Am 1. April 1980 konnten wir dann den Betrieb aufnehmen. Insgesamt waren wir 24 Leute, von denen ein Großteil aus den drei alten Kollektiven stammte. Diese 24 brachten auch einen Teil des Vermögens der Kollektive in die Genossenschaft ein, so daß wir mit 4 Taxen im Wert von ca. 70.000 DM und mit etwa 30.000 DM Schulden beginnen konnten.

Die Rechtsform der Genossenschaft

Wir haben die Rechtsform der Genossenschaft deshalb gewählt, weil sie unter den möglichen Rechtsformen eines Betriebs noch den größten Grad an formaler Gleichstellung der Mitglieder zu bieten hat. Dies bewirkt, daß der Einzelne mehr in den Betrieb eingebunden wird und mehr Verantwortung trägt. Dennoch ist in unseren Augen diese Rechtsform noch lange nicht optimal: z.B. ist es nachteilig, daß der Vorstand, im Unterschied zu den anderen Mitgliedern, rechtlich allein (persönlich) haftet.

Wir haben die Satzung in erster Linie auf das Genossenschaftsregister zugeschnitten. Nach innen ist der Ablauf der Genossenschaft teilweise anders organisiert, als in der Satzung verankert. Z.B. findet die Mitgliederversammlung öfter als nur einmal pro Monat statt. Die notwendigen Beschlüsse werden aufgrund von Informationen, die vorher in den einzelnen Arbeitsgruppen aufgenommen und weitergegeben werden, gefällt. Der Vorstand ist an diese Beschlüsse gebunden.

Ein weiterer Vorteil der Genossenschaft ist das geringe Anfangskapital, das der Einzelne zum Einstieg braucht. Auch sind die Ein- und Austritte aus der Genossenschaft ohne notarielle Bestätigung (wie sie bei der GmbH notwendig ist) möglich, ebenfalls der Wechsel des Vorstands.

Finanzierung

Beim Eintritt in die Genossenschaft hat jede(r) Genossin/Genosse eine Einlage von DM 500,- zu zahlen. Jedoch können auch mehrere Geschäftsanteile erworben werden. Jedes Mitglied hat aber nur eine Stimme, unabhängig von den Anteilen. Scheidet ein Mitglied aus, so hat es nur Anspruch auf seinen Anteil, nicht aber auf das Betriebsvermögen. Sollte sich der Betrieb ganz auflösen, so geht das Vermögen auf andere linke, selbstverwaltete Projekte über.

Was die Gewinne anbetrifft, so werden bilanztechnisch keine ausgewiesen, indem genossenschaftsintern ein höherer Lohn ausbezahlt wird, von dem ein Teil in einen gemeinsamen Topf zurückgegeben wird.

Während der ersten beiden Jahre hatten wir Verluste, aber inzwischen erwirtschafteten wir Gewinne, durch gute Auslastung der Taxen, durch niedrige Fixkosten usw. Insgesamt kommen wir auf einen Monatsumsatz pro Taxi von ca. 10.000 DM (der Umsatz eines normalen Unternehmers beträgt zwischen 5.000 und 8.000 DM). Dies bedeutet einen Jahresumsatz von knapp einer halben Million Mark.

Aus dem Überschuß des gemeinsamen Topfes werden neue Taxen angeschafft oder andere Projekte unterstützt, wie z.B. ein Druckereiprojekt in El Salvador, das Frauenhaus, das Heile Haus (Berlin) usw.

Organisation der Arbeit

Grundsätzlich gilt das Rotationsprinzip in der mittlerweile auf 26 Mitglieder angewachsenen Genossenschaft (davon 6 Frauen). Nur bei der Werkstattgruppe wurde davon eine Ausnahme gemacht, da es zu schwierig und zu langwierig ist, alle in die Technik einzuweisen.

Um die Vorteile von Kleingruppen (Überschaubarkeit, emotionale Geborgenheit ...) mit denen einer Großgruppe (stärkeres Auftreten nach außen, mehr Information ...) zu verbinden, haben wir vier Wagengruppen gebildet (etwa zwischen 5 und 8 Leuten). Jede Wagengruppe soll sich einmal pro Woche treffen. Sie ist für alle Arbeiten, die ihr Taxi betrifft (Büro, Wagenpflege, Schichten...) zuständig. Dadurch sollen alle Genossenschaftler(innen) mit den anfallenden Arbeiten vertraut gemacht werden. Vor allem sollen auch alle bei den Finanzen Bescheid wissen, was in unseren Augen eine wichtige Voraussetzung für wirkliche Selbstverwaltung ist.

Die einzelnen Wagengruppen bestimmen auch, was mit dem Überschuß geschieht, der in einem normalen Betrieb ansonsten vom Boss kassiert würde.

Die Vertretung nach außen (Finanzamt, AOK, Kraftverkehrsamt...) wird hauptsächlich von einer zentralen Buchhaltungsgruppe gemacht, in die jede Wagengruppe einen Vertreter schickt, der jährlich wechselt. Durch den Wechsel sollen alle lernen, die Bücher zu führen. Aufgrund unserer z.T. mehrjährigen Kollektivarbeit sind wir – in Zusammenarbeit mit einem Steuerberatungskollektiv – in der Lage, allen Büro- und Finanzkram selbst zu machen.

Alle Leute aus der Genossenschaft treffen sich ca. alle drei Wochen, um über anstehende Probleme zu reden und Entscheidungen zu treffen. Bis jetzt waren immer wenigstens ein Drittel anwesend.

Für kompliziertere Kfz-Arbeiten haben sechs Leute aus der Genossenschaft eine Werkstattgruppe gebildet. In einer Werkstatt, die wir zusammen mit drei anderen Taxikollektiven nutzen, beheben wir Unfallschäden, machen Reparaturen und geben unser Wissen an andere weiter.

Für das Taxifahren zahlen wir den marktüblichen Lohn, für alle anderen Arbeiten den Durchschnittslohn eines Taxifahrers. Die Arbeitszeit des Einzelnen ist unterschiedlich, wir haben keine wöchentlichen Schichtpläne, in die man sich einträgt.

Probleme unter den Genoss(inn)en

Mit dem Betrieb der Taxen gibt es keine Probleme, unsere Taxen bringen mehr Geld ein als beim Unternehmer. Das Taxifahren macht auch Spaß: wir treffen uns häufig in den Pausen oder nach Arbeitsende.

Dennoch gibt es Schwierigkeiten: z.B. stecken einige Mitglieder mehr Arbeit in die Genossenschaft als andere, wissen über vieles besser Bescheid. Daraus ergeben sich sehr schnell Hierarchien und Machtstrukturen, die wir gerade nicht wollten. Aber diese Probleme wurden auch gesehen und angegangen. Mit der Zeit gab es eine Annäherung der Alt-Kollektivler und der neuen Mitglieder, was die Erfahrung betrifft. Vor allem gleiche Erfahrung in finanziellen und buchhalterischen Dingen kann die Herausbildung von Machtstrukturen abschwächen. Jeder arbeitet deshalb auch mindestens ein Jahr in der Buchhaltungsgruppe mit.

Wichtig ist auch, daß die unterschiedlichen Interessenanlagen der Genoss(inn)en erkannt werden. Bei manchen liegt die Priorität bei einer anderen Ausbildung, sie betreiben die Mitarbeit in der Genossenschaft eher nebenbei und engagieren sich auch nicht so stark. Daher ist die Dauer der Mitarbeit unterschiedlich lang, woraus Probleme bei der Aufnahme neuer Mitglieder entstehen. Der größte Teil der Mitglieder tendiert dazu, die Mitarbeit vollständig auf die Genossenschaft zu beschränken und Arbeit außerhalb nicht mehr zuzulassen.

Allerdings wird das alleinige Taxifahren auf die Dauer als unbefriedigend angesehen, weshalb inzwischen in Erwägung gezogen wird, die Werkstatt auszubauen und dort nicht nur Taxen zu reparieren, sondern auch andere Reparaturarbeiten auszuführen.

WÜRDEN SIE DIESEN MANN IN IHRER TAXE MITNEHMEN?

WIR AUCH NICHT!

stattwerk eG.

druck- und verlagsgenossenschaft

Stoppenbergerstr. 13 - 15
4300 Essen 1
Telefon (0201) 322648

---

stattwerk e.G. druck- und verlagsgenossenschaft
stoppenbergerstrasse 13-15 * 43oo essen 1 * telefon o2ol / 32 26 48

Seit dem 1. Januar 1983 gibt es in Essen die Druck- und Verlagsgenossenschaft. Der Genossenschaftsgründung ging eine längere Entwicklung voraus, die für den größten Teil der Genossen in der Dritte-Welt-Gruppe Essen im Herbst 1976 begann. Seitdem gab es gelegentlich Versuche, mit Hilfe geliehener Geräte Flugblätter, Schülerzeitungen und Briefpapier auf Original-Umweltschutzpapier zu drucken.

Mehr Gestalt nahmen diese Versuche mit dem Umzug des Dritte-Welt-Ladens in die Räume des Internationalen Zentrums an, in dessen Keller seit 1980 nach und nach eine Druckereiausrüstung installiert wurde. Gemeinsame Internationalismusarbeit, Verlagsarbeit, alternative Druckerei, Zusammenleben, – diese Ziele standen zu Beginn unserer Professionalisierung. Keiner von uns hatte eine Ahnung vom Drucken, fast niemand eine abgeschlossene Berufsausbildung oder kaufmännische Qualifikation, deshalb mußten wir in der folgenden Zeit mit einer A-3-Maschine erst einmal vieles ausprobieren. Wir druckten wild drauflos, unser erstes Verlagsprojekt gleich zweimal, sogar nachts arbeiteten wir, wenn der Tag nicht ausreichte. Wir lernten kalkulieren und machten die Buchhaltung. Daß von der ganzen Arbeit finanziell nichts übrig blieb, fiel damals nicht besonders ins Gewicht, da alle nur nebenberuflich "Drucker" waren und nicht davon leben mußten. Allerdings eigneten wir uns in dieser Zeit den Grundstock an "know-how" an, der für die einzelnen später ausschlaggebend war, dieses Handwerk als materielle Existenzgrundlage anzustreben. Auf Arbeitsorganisation legten wir zuerst nicht viel Wert. Wer Zeit hatte, kam in den Laden und wenn Arbeit anlag, wurde diese, so gut es ging, erledigt.

Um die Internationalismusarbeit mehr zu betonen, erweiterten wir das Sortiment des Dritte-Welt-Ladens um Bücher und Zeitschriften zu Fragen der Inter-

nationalen Beziehungen. Wir erstellten selbst Broschüren, Faltblätter und Dia-
serien, da nach unserem Verständnis hauptsächlich durch Bildungsarbeit und
Veränderungen in den Metropolen der Marginalisierung von Menschen auf der
nördlichen und südlichen Halbkugel begegnet werden kann. Aus diesem Grund
wurde in dem Haus, das wir zusammen in einer Bergarbeitersiedlung am Essener
Stadtrand bewohnten, für uns und Gruppen, die zu vergleichbaren Fragen arbeiten, eine Tagungsmöglichkeit eingerichtet.

In unseren Diskussionen war die intellektuelle, politische Arbeit stets das "Eigentliche", die Handarbeit an den Maschinen immer nur Mittel zum Zweck. Als Mittel sollte sie den Beteiligten, immerhin sieben, nicht nur den Lebensunterhalt
sichern, sondern auch soviel Freiraum schaffen, daß sich die Internationalismusarbeit in einem qualifizierten Verlagsprogramm niederschlagen konnte. Niemand-
dem war dabei klar, wie eine qualifizierte Verlags- und Druckereiarbeit aussehen
mußte, die nicht nur sieben Leute beschäftigt, sondern auch ernährt. Offensichtlich war nur, daß es notwendig war, die Erträge aus der Druckerei durch mehr
Aufträge und durch bessere Auftragsabwicklung zu erhöhen. Ein Schritt in diese
Richtung sollte der Kauf einer weiteren A-3-Maschine sein – wieder ganz blau-
äugig – (unsere größte Fehlinvestition); und die organisatorische Ausgliederung
der Druckerei aus dem Dritte-Welt-Laden e.V. Seit März 1982 gibt es die 'Peripherie', internationalistische Medien- und Verlagsgesellschaft mbH mit acht Gesellschaftern, die gleiche Anteile haben.
Unsere Auftragslage besserte sich schließlich soweit, daß die organisatorisch-tech-
nische Arbeit die meiste Arbeitszeit in Anspruch nahm. Dadurch wurde die Gruppe so vereinnahmt, daß wir die Ladenarbeit den Imperativen der Druckerei unterordnen mußten.
Die Palette nicht verwirklichter Vorhaben war kaum noch zu übersehen. Trotzdem spiegelte sich dieser Zustand in unseren Diskussionen zunächst umgekehrt
wider: jeden Sonntagnachmittag diskutierten wir über "das Eigentliche", was
für alle zu frustigen Veranstaltungen wurde, weil "das Eigentliche" nicht mehr
zur Praxis fand. Wir stellten nie unsere Prämissen in Frage und handelten unsere
gewerbliche Arbeit immer unter dem Unterpunkt Technik ab, obwohl diese zum
Hauptgegenstand unserer alltäglichen Beziehung und Beschäftigung geworden
war. Obendrein gab es wenig Energien, den gemeinsamen Wohn- und Lebensbe-
reich zu durchdenken und zu gestalten. Damit war die Reproduktion weitgehend
ins Private verschoben, während es vorher Ansätze gegeben hatte, allen Leuten
einen annähernd gleichen Lebensstandard zu ermöglichen, egal woher die Knete
im einzelnen bezogen wurde.

Kurz nach der Gründung der GmbH kamen wir mit der Verlegergruppe der Essener Stadtzeitung und deren Druckern, ebenfalls eine politisch motivierte Gruppe ins Gespräch. Dies lief zunächst über einen ausgiebigen Internationalismusteil
in der Stadtzeitung, dann auch über eine intensive technische Kooperation. Ausgangspunkt war die Überlegung, daß es in allen drei Betrieben eine schlechte
Ausrüstung gab und für das Auftragsvolumen aller drei im Grunde genommen
eine Ausstattung gereicht hätte. Außerdem wollten wir gemeinsam in den Wei-

terverarbeitungsbereich investieren, da es in diesem Sektor nur herkömmliche Betriebe im Ruhrgebiet gibt, an die jeden Monat viel Geld fließt. Hinzu kam, daß die andere Druckerei, ebenfalls eine GmbH, aus einem politischen Zusammenhang stammte, der im Laufe der Gründungsphase zerfallen war. Was davon übrig blieb, waren zwei Drucker, ein Berg Schulden und eine Handvoll Gesellschafter, die mit "ihrem" Betrieb nichts anzufangen wußten.

Bei der Entscheidung, die drei Betriebe zu einer Produktivgenossenschaft zusammenzulegen, spielten sicherlich unsere egalitären und demokratischen Vorstellungen eine Rolle, aber auch ganz pragmatische Überlegungen. Die drei Betriebe waren von den Besitzverhältnissen her sehr unterschiedlich strukturiert, während in der Peripherie Eigentum und Mitarbeit unmittelbar zusammenfielen, gab es in der anderen GmbH Gesellschafter, die über die Kapitalmehrheit verfügten. Der Stadtzeitungsverlag war als GbR organisiert und wollte nur technisch kooperieren. Da der neue gemeinsame Betrieb möglichst unbelastet von den Verpflichtungen und Verhältnissen der jeweiligen alten Betriebe sein sollte und wir außerdem deutlich machen wollten, daß es auch in Zukunft nicht um eine Anhäufung von Kapital, sondern um die Interessen der Zusammenarbeitenden ging, schlossen sich die "Aktiven" zu einer Genossenschaft zusammen, während die alten Gesellschaften nur noch das vorhandene Kapital bis zur endgültigen Abschreibung verwalten sollten und es der Genossenschaft in langfristigen Verträgen vermieteten.

Die Diskussion um die Gründung der Genossenschaft während der zweiten Jahreshälfte '82 waren, nicht zu unrecht, mit hohen Erwartungen auf nahezu allen Ebenen an den neuen Betrieb gebunden:

WIRTSCHAFTLICH wollten drei Betriebe zusammenkommen, die vorher mehr oder minder auf dem gleichen Markt ackerten, deren Ausstattung sich zum Teil gut ergänzte (z.B. Fotosatz und Druck). Durch den Verkauf von doppelt und dreifach vorhandenen Maschinen sollten Ressourcen freigesetzt und in fehlende Anlagen zur Papierweiterverarbeitung investiert werden. Gleichzeitig vergrößerte sich die Gesamtkapazität, so daß auch Aufträge bearbeitet werden konnten, die vorher als Lohndruck an größere Betriebe weitergegeben werden mußten. Zudem kamen neun Leute zusammen, deren private Beziehungen in sehr unterschiedliche potentielle Kundenkreise reichten, was eine kontinuierliche Auslastung der vorhandenen Kapazitäten versprach.

PERSÖNLICH und ORGANISATORISCH konnten wir uns ziemlich schnell auf einige Prämissen einigen:

— Mitarbeiten soll nur, wer auch Genosse und damit Miteigentümer ist.
— Die Anteile an der Genossenschaft, die Löhne und die Entscheidungsrechte sind für alle gleich.
— Alle Entscheidungen, die über Routineangelegenheiten hinausgehen, werden von der Betriebsversammlung getroffen. Die Gremien der Genossenschaft bestehen nur formal.
— Im ersten Geschäftsjahr soll für jeden ein Nettoeinkommen von 1000,- DM erzielt werden; außerdem wurde geplant, einen Fonds zur Finanzierung der politischen Aktivitäten der Genossen einzurichten.
— Das Prinzip "jeder macht alles und kann alles", das vorher gegolten hatte, wird abgelöst durch die Beschränkung auf zwei Arbeitsbereiche pro Person, in denen sich die einzelnen qualifizieren sollten, bevor sie in einem weiteren Arbeitsbereich Erfahrungen sammeln. Davon versprechen wir uns eine Qualifizierung unserer Arbeitskraft, eine Verbesserung der Arbeitsergebnisse, mehr Spaß an der Arbeit und eine Verkürzung unserer Arbeitszeiten.
— Die handwerkliche Arbeit soll auf ein Niveau verkürzt werden, das die gemeinsame politische Kopfarbeit während des Arbeitstages erlaubt.
— Einige Genossen wohnten bereits lange zusammen. Die scharfe Trennung von Arbeits- und Freizeit soll durch die Ausdehnung der Wohngemeinschaft auf die anderen Genossen aufgehoben werden.

Daß sich dieser Anspruchskatalog in der alltäglichen Praxis nicht auf einen Schlag in seiner ganzen Pracht verwirklichen ließ, war allen klar. Auf der anderen Seite hielten wir unsere Ansprüche für hinreichend pragmatisch, so daß wir deren Einlösung nicht in zukünftige paradiesische Zeiten verschoben wissen wollten. Zudem war es nahezu Allgemeingut, daß unsere "alternative Ökonomie" zwar ein Beitrag zur individuellen Emanzipation, nicht aber Teil einer Strategie zur Überwindung der gesellschaftlichen Herrschaftsverhältnisse sein konnte. So gesehen war es folgerichtig, daß alles, was mit unserem Betrieb und der Wohngemeinschaft zu tun hatte, unter technisch-organisatorischen Gesichtspunkten oder unter Gesichtspunkten individueller Annehmlichkeit diskutiert wurde, während uns politisch die Kämpfe der Hauptleidtragenden des Imperialismus, der Arbeiter und Bevölkerungsmassen in der Dritten Welt, interessierten. Außerdem wollten wir zur Schaffung einer Infrastruktur beitragen, die in den politischen Auseinandersetzungen hier eine Gegenöffentlichkeit schafft und unterstützt. Das Ziel, Freiräume für Beschäftigungen außerhalb von Betrieb und Wohngemeinschaft zu finden, war also ziemlich dominierend.

Zunächst deutete alles darauf hin, daß die oben wiedergegebenen Erwartungen an den genossenschaftlichen Zusammenschluß erfüllt würden: Überzählige Maschinen wurden verkauft, wir fanden geeignete Maschinen für die Papierverarbeitung, der Umzug in die gemeinsamen Produktionsräume im Internationalen Zentrum verlief reibungslos, der Revisionsverband zeigte sich einsichtig, die erwarteten lukrativen Aufträge kündigten sich an, die Genossen verteilten sich ohne nennenswerte Konflikte auf die einzelnen Arbeitsbereiche etc. Jedoch der davon erwartete Nutzen, vor allem bezüglich der Arbeitszeit und des Arbeitslohns, blieb aus.

Zunächst stellte sich das Ganze als eine Kette unglücklicher Zufälle und Unfälle dar, z.B. daß die Qualitätsvorstellungen einiger unserer lukrativen Kunden sich nicht mit den unsrigen deckten, was zu finanziellen Einbußen und zu kostenloser Mehrarbeit führte. Die Einarbeitung an den neuen Maschinen zog sich länger als geplant hin. Dies wirkte sich vor allen Dingen auf die Arbeitszeit aus, bei gelegentlich aus Unkenntnis produziertem Maschinenbruch blieb aber auch die Kasse nicht verschont. Bald erwies sich, daß der durch den Zusammenschluß zufällig zusammengewürfelte Maschinenpark nicht gut zueinander paßte, was nicht eingeplante zusätzliche Investitionskosten verschlang. Zudem zeigte sich schnell, daß die zeitweise bis zu 11 fulltime-Mitarbeiter die Abwicklung der anfallenden Aufträge wegen des hohen Umfangs kaum noch gemeinsam auf die optimalste Art koordinieren konnten. Jeder machte aus der kollektiven Not eine individuelle Tugend und steckte sich einen Kompetenzbereich ab, für den er sich zuständig fühlte. Dies hatte zur Folge, daß einige Dinge nicht oder nur schlampig erledigt wurden und dadurch wiederum viel unbezahlte Zeit verschlangen. Die verschiedenen Arbeitsschritte waren wenig aufeinander abgestimmt, die Arbeitsplätze wurden nicht so verlassen, daß der nächste problemlos hätte weitermachen können, Erfahrungen wurden nur sehr unsystematisch weitergegeben.

Gerade wegen der reichlich vorhandenen Arbeitskräfte gelang es uns nicht, das Verhältnis von Materialeinsatz, Arbeitszeit und Ertrag genauer in den Griff zu bekommen. An den monatlichen Abrechnungen ließen sich nur Mißverhältnisse ablesen. Ein Lichtblick zeigte sich im Sommer, als ständig mehrere Genossen abwesend waren und das gleiche Pensum von den verbleibenden in der gleichen Zeit ohne Mühe geschafft wurde. Diese Erfahrung löste zunächst heftige Kontroversen aus. Es dauerte allerdings, bis wir daraus Konsequenzen zogen. Zeit für diese Diskussion hatten wir nur auf unseren wöchentlichen Generalversammlungen, die sich aufgrund der Mehrarbeit meist durch eine gespannte Atmosphäre auszeichneten und die eigentlich für die politische Arbeit reserviert gewesen waren.

stattwerk eG. Essen, 1983

Auch die Politik hatte sich im Laufe der Zeit im Privatbereich der einzelnen an-
gesiedelt. Die konkreten Interessen deckten ein so breites Spektrum ab, daß sie
sich bestenfalls zu einem bunten Verlagsprogramm hätten zusammenfassen lassen. Für eine intensive inhaltliche Auseinandersetzung fehlten mehr und mehr
die Bezüge. Das breite Verlagsprogramm wiederum scheiterte vor allem daran,
daß viele Projekte nie über den Kopf der einzelnen hinaus gediehen sind. Daß
auch Verlagsarbeit viel Handarbeit ist, die noch zusätzlich zur technischen Handarbeit hätte gemacht werden müssen, hat alle abgeschreckt.
Sich mit der Rolle eines lesenden Handarbeiters zu identifizieren, war für die
meisten ein Problem. Dies kam u.a. darin zum Ausdruck, daß sich die Studenten
unter den Genossen über den Stellenwert ihres Studiums nicht im klaren waren.
Aber auch die Diskussion um eine betriebliche Ausbildung kam völlig zu kurz
und praktische Fragen, z.B. ''wie organisiere ich mir mein Mittagessen? '', konnten nicht zufriedenstellend geregelt werden. Entsprechend spärlich fielen auch
die Utopien über die Zukunft des Betriebes aus. Die Drohung des Bauordnungs-
amtes der Stadt Essen, uns wegen ''Vorschriftswidrigkeiten in der Werkstatt''
kurzfristig aus unseren Räumen zu schmeißen, war notwendig, um eine intensive
Diskussion auszulösen. Etwas drastisch beschrieben standen sich zwei Positionen
gegenüber: die eine besagte, daß der derzeitige Arbeitszusammenhang – unsere

Werkstatt zusammen mit vielen, auch politischen, Gruppen unter einem Dach — verschleiere, daß die technische Arbeit nicht mehr als ein notwendiges Übel sei. Wir sollten dieses Übel in irgendeinem Gewerbebetrieb in billigen, zweckmäßigen Räumen schnell hinter uns bringen, um uns unseren "eigentlichen Problemen" zuzuwenden. Die andere Position, ebenso überzeichnet, wollte sich die Möglichkeit offen halten, neben den laufenden Maschinen an den politischen Diskussionen und der alltäglichen Kommunikation teilzuhaben, die den Alltag des Internationalen Zentrums ausmachten.

Wie aber soll Arbeit aussehen, die nicht nur "notwendiges Übel" ist? Werden uns tatsächlich alle Entscheidungen durch den ständig präsenten Mangel diktiert? Wo bleiben gestaltbare Spielräume, in denen sich Selbstverwaltung realisieren läßt? In welchen Bereichen lassen sich am ehesten die Arbeitsbedingungen qualitativ verbessern und mit welchem Aufwand? Gibt es Möglichkeiten, soziale Sicherheit anders und vor allen Dingen umfassender herzustellen, als dem gesetzlichen Minimum nachzukommen? Wie gehen wir damit um, wenn einzelne Genossen auch noch Kinder zu erziehen haben, wenn die Knete mal nicht reicht, wenn einer mal längere Zeit ausfällt...? Alles Fragen, die sich aus der Diskussion der beiden unterschiedlichen Positionen ergaben und deren Lösung nicht auf bessere Zeiten verschoben werden sollte.

Im Sommer 1983 waren die verschiedenen Widersprüche schließlich so aufgetürmt, daß wir eine Lösung der Probleme nur darin sahen, das wieder auseinanderzudividieren, was wir unseren Ansprüchen nach zusammengefügt wissen wollten: Wohnen - Arbeiten - Studium - Ausbildung - Freizeit - politische Arbeit. Es hatte sich gezeigt, daß wir nicht imstande waren, mit der Verquickung von "gemeinsam arbeiten" und "zusammen wohnen" so umzugehen, daß die in diesen Bereichen auftauchenden unterschiedlichen Bedürfnisse gleichberechtigt zum Zuge kamen. Allzu häufig wurden Probleme des Zusammenwohnens mit in den Betrieb gebracht oder noch häufiger der Betrieb mit nach Hause genommen. Beides führte zu einer unproduktiven Verlängerung der Arbeitszeit. Mit der schrittweisen Auflösung der Wohngemeinschaft versuchten wir gleichzeitig und zum ersten Mal, individuell geregelte Arbeitszeiten einzuführen. Diese sollten den unterschiedlichen Interessen, z.B. Studienabschluß auf der einen bzw. Ausbildung im Betrieb auf der anderen Seite, gerecht werden. In der Praxis bedeutete dies für einen Teil der Genossen eine drastische Reduzierung ihrer Arbeitszeit, für einen anderen Teil hieß es, den Versuch zu starten, durch bessere Gesamtorganisation die eigenen Arbeitsverhältnisse kalkulierbarer zu machen. Die Folgen dieser Regelung waren positiv, der Verschleiß an Arbeitszeit wurde merklich geringer. Durch die übersichtlicheren Regelungen nahmen Streß und Frustration ab.

Die unterschiedliche Arbeitszeitregelung ging einher mit der Einsicht in das Scheitern einer einheitlichen politischen Willensbildung der Genossen und einer gemeinsamen politischen Selbstdarstellung des Projekts. Insbesondere die "Teilzeitarbeiter" knüpften stärker an die in der "Krisenzeit" des Projekts abgerissenen Diskussionszusammenhänge an, während andere ihre Akzente auf eine politische Durchdringung der gesellschaftlichen Aspekte alternativen Wirtschaftens und damit zusammenhängender Fragen setzten.

Für die meisten von uns war es wahrscheinlich verwirrend, daß die Gründung der Genossenschaft, die glänzende Perspektiven versprochen hatte, uns in die untersten Niederungen unserer z.t. jahrelangen Zusammenarbeit trieb. Im Moment können wir uns zugute halten, daß wir den Problemen weder mit Durchhalteparolen, noch mit Selbstzerstörung begegnet sind. Zur Zeit bereiten einige Genossen behutsam ihren Ausstieg vor, tun aber dabei ihr möglichstes um genügend Spielraum für die Weiterentwicklung der Genossenschaft zu lassen.

Weiterentwicklung wird mit Sicherheit nicht heißen, eine "Kuschelecke" in irgendeiner gemütlichen Marktlücke zu suchen. Viele Diskussionen mit Kollegen aus herkömmlichen Betrieben machen uns deutlich, daß wir in wichtigen Fragen hinter den Errungenschaften der traditionellen Arbeiterbewegung herlaufen, z. B. was die soziale Sicherheit, die Tariflöhne oder die Organisierung in gesellschaftlichen Massenorganisationen betrifft. Aber unsere Art von Betrieb verfügt über Spielräume, so daß wir, wenn wir die Chancen nutzen, einiges zur Diskussion um die zukünftige Gestaltung der gesellschaftlichen Produktionsverhältnisse beitragen können. Wir verstehen uns dabei weder als "Lebenserneuerer" noch als einen Teil vorweggenommenen Sozialismus.

Verbesserungen haben wir erreicht in der Frage der Gestaltung der Eigentumsverhältnisse an den Produktionsmitteln, ebenso in vielen Fragen kommunikativer und sozialer Innovation innerhalb des Betriebes und des Umfeldes. Noch offen ist, ob es gelingen wird, unser Projekt über die uns z.Zt. von den herrschenden Verhältnissen gesetzten Grenzen hinauszutreiben und während der Gratwanderung in die Zukunft weder in Richtung "mittelständischer Betrieb" noch in Richtung "Krämerwirtschaft" abzusacken.

Handwerker-Genossenschaft eG.

Betriebe in Selbstverwaltung

Verb. Kanal linkes Ufer 20 - 24
6800 Mannheim
Telefon Kfz-Werkstatt (0621) 103324, Schreinerei: 103325

CHRONOLOGIE

Herbst 1980	Auf dem Schreinerstammtisch entwickelt sich die Idee vom selbstverwalteten Betrieb.
Frühjahr 1981	Erstkontakt mit dem Genossenschaftsverband. Einzug in die Werkstatt in Ludwigshafen, Knollstr. 2 Leute arbeiten dort als Schreiner.
18.6.81	Gründungsversammlung für die Genossenschaft mit 10 Mitgliedern.
Juli 1981	Umzug der Werkstatt nach Ludwigshafen, Rohrlachstr. Allmählich erweiterte sich der Betrieb auf 5 Schreiner.
Winter 1981	Eröffnung des Ladens, in dem restaurierte Möbel aus unserer Werkstatt und Produkte von anderen selbstverwalteten Betrieben verkauft wurden. Schaffung eines Arbeitsplatzes durch die Stuhlflechterei.
Oktober 81	Anerkennung durch den Genossenschaftsverband mit dem Namen "Selbsthilfegenossenschaft"
Winter 1981	Zur Genossenschaft kommen etliche Interessierte, darunter 6 Kfz-Mechaniker, die bei uns eine Autowerkstatt angliedern wollten.
März 1982	Eintrag in das Genossenschaftsregister beim Amtsgericht Ludwigshafen.
Sommer 1982	Die Gruppe beschließt, ein größeres Gelände zu suchen, um die Angliederung der Kfz-Werkstatt als gemeinsames Projekt zu realisieren.
Januar 1983	Wir haben ein entsprechendes Projekt in Mannheim-Handelshafen gefunden, Mietvertrag mit der Bundesbahn auf 5 Jahre, Einzug. Polsterei und Kantinenbetrieb kommen als Arbeitsbereiche hinzu. Von 20 Mitgliedern arbeiten 15 im Betrieb.
März 1983	Eröffnungsfest
Mai 1983	Namensänderung in "Handwerkergenossenschaft e.G."
Frühjahr 1983	Gründung des Vereins "Kultur und Sport Linkes Ufer e.V."
2. Juli 1983	Die ASH-Mannheim zieht mit ihren Verkaufsräumen auf unser Gelände und wir eröffnen einen gemeinsamen Laden.
November 1983	Die Genossenschaft hat mittlerweile 23 Mitglieder, von denen 3 im Betrieb nicht mitarbeiten; außerdem arbeiten 3 Leute in den Werkstätten seit längerem mit, die noch keine Mitglieder sind.

Unsere Entscheidung für einen selbstverwalteten Betrieb

Ende 1980 haben sich 10 Leute gefunden, die nicht mehr in einem normalen Betrieb arbeiten wollten. Überwiegend waren wir aktiv in der gewerkschaftlichen Jugendarbeit bzw. Betriebsarbeit engagiert. Dort haben wir den engen Spielraum des gewerkschaftlichen Handelns und den Hemmschuh der innergewerkschaftlichen Struktur erlebt und erfahren müssen, daß wir dieses auf absehbare Zeit nicht ändern können. Aus diesem Kreis der gewerkschaftlichen Jugendarbeit entstand, aus dem Wunsch heraus, andere Formen des gemeinsamen Handelns zu entwickeln, der Schreinerstammtisch. Die Aussichtslosigkeit von politischer Arbeit in den Betrieben, die mit zunehmendem wirtschaftlichen Druck immer größer wurde, ließ uns immer mehr mit der Idee der Selbstverwaltung

beschäftigen. Eine gewisse revolutionäre Ungeduld, unser Leben und Arbeiten selbst zu gestalten, schlug sich darin nieder, daß wir versuchten, andere Kollektivbetriebe kennenzulernen und uns mit ihnen auseinanderzusetzen. Dabei wurde uns klar, daß der Aufbau eines Betriebes in Selbstverwaltung für uns immer dringender wurde. In ihm sahen wir eine Möglichkeit, uns menschlichere Arbeitsbedingungen und ein Stück weit Sozialismus zu schaffen.

Wir wollen uns mit der Genossenschaft keine Insel im kapitalistischen Sumpf schaffen, sondern mit unserer Form des Arbeitens nach außen wirken, um auch unseren Kollegen in den Betrieben zu zeigen, daß Arbeiter ihre Betriebe selbst in die Hand nehmen können ohne Chef. Gerade heute, bei den vielen Betriebsschließungen, dem Auftauchen der neuen/alten Devise "Frauen zurück an Heim und Herd", ist es wichtig, neue Formen und Inhalte des Arbeitens auszuprobieren und zu verwirklichen. Hier ist der Aufbau von selbstverwalteten Betrieben eine Möglichkeit, die Übernahme bestehender Betriebe durch die Belegschaft (Betriebsbesetzungen) eine andere.

Wir können und wollen die Augen vor den bestehenden gesellschaftlichen Problemen nicht verschließen, wie Massenarbeitslosigkeit, Sinnentleerung der Arbeit, Abbau sozialer Leistungen, Unterdrückung der Bedürfnisse der Menschen durch eine kapitalistische Wirtschaftsordnung und Politik. Wir setzen uns ein für eine neue soziale Bewegung und werden durch unsere Teilnahme an politischen Ereignissen, durch Öffentlichkeitsarbeit und Weitertragen unserer Idee für gleichberechtigtes Handeln und Leben, durch unsere Anstrengungen für ein funktionierendes Beispiel eines selbstverwalteten Betriebes auf wirtschaftlicher Ebene, durch Aufklärungsarbeit über bestehende Verhältnisse (Umwelt, Rüstung, Volkszählung, Kontrolle und Unterjochung der Menschen durch Maschinen, Unterstützung anderer lebenswerter Inhalte usw.) unseren Teil zu einer lebenswerteren Gesellschaft beitragen. Um diesem Ziel eine breite Grundlage zu schaffen, suchen wir die Vernetzung mit allen Gruppen, die sich ebenfalls für die Veränderung der Verhältnisse und die Orientierung an den Bedürfnissen der Menschen einsetzen.

Wir wählten die Rechtsform der Genossenschaft für unseren Betrieb aus 2 Gründen:
einmal weil diese Rechtsform die demokratischen Gesichtspunkte im Verhältnis zu Betriebsformen wie GmbH., AG., KG. am ehesten berücksichtigt. Die Genossenschaften sollen im Gegensatz zu anderen möglichen Betriebsformen nicht selbst Gewinn erzielen, sondern den Erwerb und die Wirtschaft ihrer Mitglieder fördern durch gemeinschaftlichen und sozialen Geschäftsbetrieb. Alle Mitglieder haben unabhängig von der Kapitaleinlage gleiches Stimmrecht. Oberste Entscheidungsgewalt besitzt die Mitgliederversammlung. Vorstand und Aufsichtsrat werden von ihr gewählt.
Zum zweiten wählten wir diese Rechtsform, um die Arbeiterbewegung, die Genossenschaftsbewegung des vorigen Jahrhunderts wieder ins Bewußtsein der Menschen zu tragen. Hier gab es faszinierende Beispiele eines ökonomischen, sozialen und kulturellen Gemeinschaftslebens.

Wir als Gruppe, als Betrieb, als Teil einer Bewegung haben allerdings ein großes Problem. Wir werden all unseren Ansprüchen, unseren Wünschen und Hoffnungen und denen, die andere an uns stellen, nicht auf einen Schlag gerecht. Wir haben das Gefühl, von den Alternativbetrieben wird auf einmal zuviel verlangt, Klaus Novy beschreibt dies in seinem Artikel "Alternative Ökonomie – Vorwärts oder Rückwärts?" wie folgt sehr treffend: "Die Alternativbetriebe sollen alles zugleich. So sollen sie die Arbeitsbedingungen der dort Beschäftigten verbessern. Entfremdung abbauen, das heißt u.a., mehr Demokratie, bessere Arbeitsbedingungen, kürzere Arbeitszeit, weniger Intensität, neue Formen der Arbeitsteilung, höhere Entlohnung oder Teilhabe am Überschuß realisieren. Das sind mögliche Interessen der unmittelbaren Produzenten.....
Dann sind da noch andere Interessierte, Beteiligte, Betroffene. Z.B. noch die Produzenten, die nur mittelbar mit dem Betrieb verbunden sind: die Alten, die Jungen, die Kranken, die Arbeitslosen, schließlich darf der einen Belegschaft die wirtschaftliche Lage der Anderen in anderen Betrieben und Branchen nicht gleichgültig sein. Umverteilungsfonds müssen eingerichtet werden, die indirekt Betroffenen an den Unternehmensentscheidungen mitbeteiligt werden. Dann gibt es noch die Verbraucherinteressen an billigen, qualitativ guten und umweltfreundlich produzierten Gütern, also an niedrigen Kosten und niedrigen Überschüssen, was den oben genannten Produzenteninteressen entgegensteht.
Darüber hinaus gibt es zahlreiche andere Erfordernisse und Zwänge. Anfangskredite müssen zurückgezahlt werden, die weitere Expansion soll und muß finanziert

werden, die politische Bewegung erfordert Unterstützungsbeiträge; all dies spricht wieder für hohe Überschüsse und niedrige Kosten, was den Verbraucher- und Produzenteninteressen entgegensteht. Schließlich gibt es noch lokale, nationale und sogar internationale Einbindung, die ernstgenommen werden muß.
All dies soll und muß im Fall einer dauerhaften Alternativökonomie Berücksichtigung finden. Das Alternativunternehmen ist überfordert, den widersprüchlichsten Erwartungen ausgesetzt. Tut es alles zugleich, droht die Signalwirkung unbemerkt zu versickern, begrenzt man sich auf wenige Funktionen dann privilegiert man ungerechtfertigterweise die eine Gruppe auf Kosten der anderen. Jedoch ist diese Überforderungsstruktur eine objektive, eine nicht zu umgehende, die gekannt werden muß. Denn Lösungen liegen ausschließlich im beschwerlichen Vermitteln möglichst vieler Interessen."

Wir möchten mit dieser Darstellung erreichen, daß ihr als Leser unsere Ziele kennt, euch auch umfassender mit der Problematik befaßt und mehr Mitdenken und Verständnis für eine Entwicklung aufbringt.

Innere Strukturen

Um die Ziele der Selbstverwaltung verwirklichen zu können, haben wir wöchentliche, für jeden verbindlichen Plenen eingerichtet. Hier werden alle Entscheidungen inhaltlicher und organisatorischer Art getroffen. Mehrheitsentscheidungen sind nicht ausreichend. Unser Betrieb mit dem Anspruch der Selbstverwaltung kann nur dann funktionieren, wenn alle sich 100% für die Verwirklichung der getroffenen Entscheidungen einsetzen. Dies ist oft ein langwieriger und zeitaufwendiger Prozeß. Die Dinge, mit denen wir uns befassen müssen und wollen, sind inzwischen zu umfangreich geworden, um sie auf den Plena erarbeiten zu können. Deshalb sind wir dazu übergegangen, zusätzlich Arbeitsgruppen einzurichten (Öffentlichkeit, Finanzen, Hausverwaltung, Cafe- und Ladengruppe), in denen zu bestimmten Themen eine Informations- und Diskussionsvorlage für das Plenum erarbeitet wird. Damit jeder über alle Dinge, die die Genossenschaft betreffen, Bescheid weiß, soll die Zusammensetzung der Arbeitskreise in längeren Abständen wechseln. Eine umfassende Einbeziehung des einzelnen ist notwendig, ansonsten besteht die Gefahr, daß sich hierarchische Strukturen einschleichen und verfestigen. Hierarchische Strukturen führen zwangsläufig zu Konflikten und stellen die Prinzipien der Selbstverwaltung und somit unser Projekt in Frage. Diese Strukturen setzen sich in den einzelnen Arbeitsbereichen fort.

Die Schreinerei hat wöchentliche Arbeitsbesprechungen, um ihre werkstattspezifischen Probleme und Vorstellungen zu klären, die Auftragsverteilung zu regeln und persönliche Aspekte innerhalb der Gruppe anzugehen.
Die Kfz-Gruppe regelt dieses ebenso, benötigt aber aufgrund ihrer anderen Auftragsstruktur noch täglich kurze Treffen, auf denen die Arbeit verteilt wird.

Geschichte

Schon bei der Gründung der Schreinerei gab es im Hinterkopf die Idee, weitere Handwerksbereiche einzugliedern.

Im Lauf des ersten Jahres der Genossenschaft stießen drei weitere Genossen zu der Gruppe, die schon seit geraumer Zeit privat an Autos rumbastelten und sich überlegten, wie sie ihre Fähigkeiten in die Genossenschaft einbringen.

Zwei Freunde der Genossenschaft befanden sich damals in der Kfz-Mechanikerausbildung und überlegten, wie sie ihr berufliches Dasein gestalten werden.

Es lag damals nahe, daß sich diese fünf Leute zu einer Gruppe zusammenschlossen und Initiative zur Gründung einer Kfz-Werkstatt ergriffen.

Kontakt zu einem Kfz-Meister wurde über die "tageszeitung" (taz) aufgenommen, der im Frühjahr 82 sich der Gruppe anschloß.

Im Sommer 82 wurde dann mit privaten Krediten eine komplette Werkstatteinrichtung gekauft, die bis zur endgültigen Aufstellung im Verbindungskanal "zwischengelagert" wurde.

Im Januar 83 wurde dann zum Teil der Werkstattbetrieb aufgenommen, zum andern Teil wurden die Räume weiter ausgebaut.

Zu unserer Arbeit

Das Auto ist ein klassisches Produkt dieser Gesellschaft, die vebrauchsorientiert lebt und mit Rohstoffen und Materialien verschwenderisch umgeht. Der Individualverkehr mit dem Auto wird von uns vielfach kritisiert, die Ausrichtung der

Gesellschaft auf das Auto ist zu massiv.

Trotz dieser Kritik gründen wir unsere momentane Existenz auf das Auto, indem wir es reparieren.

Das scheint ein Widerspruch zu sein.

Für uns gibt es drei Ansätze, mit diesem Widerspruch zu leben und ihn langfristig aufheben zu können.

1. Indem wir den verschwenderischen Individualverkehr kritisieren, schaffen wir ihn noch nicht ab. Die Bedingungen, die diese Art des Transports notwendig machen, sind noch nicht verändert, wenn wir uns total verweigern. (Der öffentliche Nah- und Fernverkehr wird immer teurer und ist trotz unseres Widerstands eingeschränkt)

2. Wir wollen unsere Bedürfnisse selber organisieren, das heißt selbstverwaltet arbeiten und leben. Das heißt aber auch, daß wir in Bereichen arbeiten, die wir zwangsläufig nutzen müssen. Selbstverwaltet arbeiten heißt für uns nicht, nur in den "romantisch anmutenden" Berufen zu arbeiten, wie Schäfer, Holzfäller, Landwirt, Korbflechter, Restaurateure oder ähnliches, sondern alle notwendigen Arbeiten selbst zu organisieren, und zwar ohne Chef.

3. Wir begreifen den Kfz-Mechaniker Beruf nicht als eine Liebeserklärung an das Auto, sondern als einen umfassenden Beruf, der vielfältige handwerkliche Fähigkeiten erfordert, die nicht nur am Auto angewendet werden.
Unser Interesse an diesem Technikbereich verleitet uns zum Tüfteln und läßt uns nicht ruhen, bis wir ein technisches Problem gelöst haben.
Wir haben hohe Qualitätsansprüche an unserer Arbeit. Die Vielzahl technischer Probleme am Fahrzeug und die Vielfalt der Fahrzeugtypen stellen hohe Anforderungen an jeden einzelnen, die Spaß, Interesse und Lernbereitschaft voraussetzen.

Wir sind mit unseren Ansprüchen und Wünschen und den ökonomischen Zwängen oft vor viele Probleme gestellt. Es muß ein bestimmter Ertrag erwirtschaftet werden, um alle notwendigen Rechnungen und Löhne bezahlen zu können. Auf der anderen Seite müssen wir unsere Reparaturpreise am Markt ausrichten, um konkurrenzfähig zu bleiben. Wir wollen aber auf unsere Qualitätsansprüche gegenüber unserer Arbeit nicht verzichten.

Wir stellen oft fest, daß wir mit unseren Reparaturzeiten aus obengenannten Gründen z.T. länger brauchen, als es ökonomisch vertretbar ist. Durch den Umstand, daß wir größtenteils frischgebackene Kfz-Mechaniker sind, wird unser Problem nicht einfacher.

Wenn wir schon auf den Kfz-Sektor angewiesen sind, dann wollen wir es so handhaben, daß die allgemeinen ökologischen Belastungen so gering wie möglich gehalten werden.

Wir haben daher vor, Flüssiggasanlagen einzubauen, deren Abgaswerte nur einen kleinen Bruchteil von dem ausmachen, was heute so ein Auto ausstößt.

Bremsbeläge und Kupplungsscheiben werden zum Teil asbestfrei hergestellt.

Wir wollen in Zukunft diese asbestfreien Materialien verwenden, wenn geklärt ist, daß einwandfreie technische Funktion und Sicherheit gewährleistet ist.

Wir wollen einfache technische Hilfsmittel einsetzen, die eine wirkliche Kraftstoffersparnis bringen. Aber oft reicht eine fachgerechte Einstellung von Zünd- und Vergaseranlagen, um gute Verbrauchs- und Abgaswerte zu erzielen. Das erfordert Kenntnisse und Geschick. Wir hören da nicht auf, zu lernen und Fähigkeiten zu entwickeln, die es uns leichter machen, auch allgemeine technische Probleme anzugehen.

Schreinerei

In der Schreinerei arbeiten zur Zeit 6 Leute. Wir haben alle eine Ausbildung als Tischler in einer normalen Schreinerei hinter uns und zum Teil dort gearbeitet, bevor wir anfingen, die Genossenschaftsschreinerei aufzubauen. In der Zwischenzeit sind drei Jahre ins Land gegangen, und wir haben zwei Umzüge in größere Werkstätten hinter uns, bevor wir auf dem "Linken Ufer" gelandet sind. Wir suchen in unserem Bereich Alternativen zu den umweltschädigenden Materialien und unsoliden Massenmöbeln und versuchen, unsere Arbeit so zu gestalten, daß sie auch Spaß macht. Wir versuchen, der Schönheit des Holzes Ausdruck zu verleihen und es entsprechend seiner Eigenart einzusetzen. Zur Oberflächenbehandlung verwenden wir, soweit möglich, umweltfreundliche und ungiftige Materialien, zum Beispiel verschiedene Öle, Wachse und atmungsaktive Lacke.
Unsere Schreinerei gliedert sich in drei Bereiche auf:

1. Bauschreinerei

Hier fertigen wir Holzfenster, Türen, Treppen und Außenverkleidungen.

2. Möbelschreinerei und Innenausbau

Das ist ein Bereich, in dem wir versuchen, soweit möglich mit Massivholz — und wenn nötig Plattenmaterial, Tischlerplatten — zu verwenden. Dieser Bereich fordert uns am meisten. Hier ist verstärkt kreatives und planerisches Gestalten in Zusammenhang mit traditioneller handwerklicher Ausführung gefordert. Innenausbau heißt: Raumgestaltung, Holzdecken, Wandverkleidungen, Ladeneinrichtungen, Einbauschränke und Küchenanfertigungen.
Im Bereich der Möbelschreinerei bauen wir so ziemlich alles, was Wohnen angenehm macht. Z.B. Betten aller Art, Tische, Stühle, Schränke, Kommoden, Schreibmöbel und alles andere, was man sich so vorstellen kann, und das am liebsten in massiver Bauweise.

3. Restauration

Hier werden unsere eigenen Antiquitäten restauriert und in unserem Laden zum Verkauf angeboten. Weiterhin restaurieren wir im gleichen Umfang im Auftrag von Kunden. Wir legen Wert auf saubere, sachgemäße Restauration, die dem jeweiligen Möbelstück und seiner Zeit sowohl in der handwerklichen Verarbeitung, wie auch in der Oberflächenbehandlung entspricht.
Dazu kommt noch der Bereich der Polsterei, was bedeutet, daß wir alles an Sitzmöbeln selbst restaurieren können.

Zur Restauration gehört auch der Bereich Verkauf (Laden), den wir mit der ASH Mannheim zusammen organisieren. Dort verkaufen wir unsere Antiquitäten und verschiedene andere Produkte, die überwiegend von uns nahestehenden Projekten kommen: Umweltschutzpapier vom "Blätterwald e.G." Frankfurt, Wolle von der "Schäfereigenossenschaft Finkhof", Bilderrahmen von der "ASH" Köln, okzitanischen Wein usw.. Zum Konzept des Ladens gehört gleichermaßen Information über uns und viele andere selbstverwaltete Projekte.

BLEIFUSS ÖKONOMIE

Vor etwa fünf Jahren habe ich entschieden, mich mit anderen Menschen zusammenzutun, um die Art des Arbeitens und inhaltliche Gestaltung meines Lebensraumes sowie die Teilnahme an den politischen Ereignissen um mich herum anzugehen und zu verändern.

Entscheidungsschwierigkeiten

Diesen Schritt auf andere zu wagte ich erst nach langer theoretischer Auseinandersetzung und dem bewußten Unwohlsein gegenüber meiner bestehenden Situation.

Gemäß den Ansprüchen mir selbst gegenüber in Hinblick auf einen richtigen politischen Kurs fühlte ich mich lange Zeit gelähmt, überhaupt eine Entscheidung zu fällen. Ich hatte Schwierigkeiten, einen Weg einzuschlagen, da bei näherer kritischer Betrachtung – bei allem was man sich auch ausdenkt – Haken beinhaltet sind, zu denen ich glaubte, nicht stehen zu können.

Sei es in bezug auf die Produkte, die man herstellt bzw. repariert oder verwendet, die Frage nach der Nützlichkeit der angestrebten Arbeit, oder aber das Problem, für wen man arbeitet. Wertete ich die Arbeit in der Fabrik aus, kam noch hinzu, daß die politische Betriebsarbeit ungeheuer frustig, schwierig und zäh war, da sich die restliche Belegschaft nicht besonders revolutionär zeigte und man von daher mit seinen Ideen im Abseits stand; noch abgesehen von den auf Dauer kaum zu ertragenden Arbeitsbedingungen wie z.B. mangelnde inhaltliche Auseinandersetzung, totale Trennung zwischen Arbeit und Leben, Arbeitszerteilung, kein Gesamtüberblick mehr über hergestelltes Produkt usw..

In diesen verkorksten Systembedingungen wollte ich nirgends einsteigen, nirgends verantwortlich sein an der Erhaltung solcher Bedingungen. Der persönliche Ausweichgedanke, das Auswandern = aus der Verantwortung ziehen, bot bei ehrlicher Betrachtung auch keine Lösung.

Von der Theorie zur Praxis

So begann der Schritt von der theoretischen zur praktischen Suche nach Veränderung durch meine Mitarbeit in einem selbstverwalteten Projekt.

In diesem Kollektiv entstanden damals – und nicht nur in diesem – viele Probleme durch die mangelnde fachspezifische Qualifikation. Wir wollten schreinern, töpfern, schustern, Arbeiten verrichten, die kreativ sind, hatten aber fast alle keine Ahnung in diesen Arbeitsbereichen. So war und blieb die hauptsächliche Erwerbsquelle die Durchführung von Umzügen (– keine spezielle Qualifikation nötig –), und der Ausbau der Werkstätten war eben unser Vorhaben.

Nach 1 1/2 jähriger Mitarbeit beschloß ich, etwas gegen dieses Mißverhältnis von Können und Wollen zu unternehmen und begann eine Schreinerausbildung. In einem Jahr Ausbildung in einem normalen Tischlerbetrieb mußte ich all meine Ansprüche und bereits erworbenen Erkenntnisse zurückstellen bzw. unterdrücken, was ich dauerhaft nicht eingehen konnte und wollte.

213

Im Herbst 1981 lernte ich über den Schreinerstammtisch Leute aus der Handwerkergenossenschaft kennen und wuchs so langsam in die Genossenschaft hinein. Heute kann ich meine Lehre weitgehend überbetrieblich beenden und die nötigen Betriebspraktika in unserem selbstverwalteten Betrieb machen.

Ausbildung – einmal anders

Deshalb möchte ich das Ausbildungsproblem in unserer Schreinerei im folgenden darstellen. Wenn das Problem im herkömmlichen, hierarchischen Handwerksbetrieb darin liegt, daß sich der Lehrling nicht einbringen darf, nicht eigenständig arbeiten kann, nicht an allen Arbeiten und Entscheidungsprozessen beteiligt wird, so sind die Schwierigkeiten bei uns im Betriebe gerade gegenteilig. Als gleichberechtigtes Mitglied der Gruppe bin ich als Auszubildende, ebenso wie jeder andere, aufgefordert, im Rahmen meiner Fähigkeiten auch gleichberechtigt an der Verteilung der anstehenden Aufgaben teilzunehmen. Zur Verteilung stehen alle fachlichen Arbeiten durch die Aufträge an, die Wartung der Maschinen und Werkzeuge, Materialeinkauf, die nötige Ordnung in der Werkstatt, die anfallende Büroarbeit und die Teilnahme an übergeordneten Arbeiten für das Projekt, wie z.B. Planung, Ausbau und Aufbau anderer Produktionsbereiche, Reparaturen an den Gebäuden, Veranstaltungen, Öffentlichkeitsarbeit, Plena usw.

Bei dem Versuch, dies alles zu bewältigen, stoße ich öfters an die Grenzen meiner Fähigkeiten. Für jemanden, der sich mit Selbstverwaltung noch nicht auseinandergesetzt hat, zum Beispiel nur eine Lehre runterziehen will, wären die Ansprüche unseres Betriebes sicherlich eine Überforderung.

Auswirkung des ökonomischen Drucks

Bedingt durch die momentane schwierige finanzielle Situation unseres Betriebs, – der Betrieb besteht in dieser Größe ja erst seit Anfang des Jahres –, ist es nötig, alle zur Verfügung stehenden Kräfte und Fähigkeiten in Bereichen einzusetzen, durch die schnell Geld zu erwirtschaften ist, das heißt konkret für mich in der Schreinerei: was kann ich schon einigermaßen, womit kann ich den größten finanziellen Beitrag leisten, wo geht nicht allzuviel schief, wo produziere ich den geringsten Verlust an Zeit und Material.

Qualifikationsproblem

Ein manifestierender Faktor unserer schlechten wirtschaftlichen Betriebslage ist auch hier wieder, neben der Auftragslage, unsere durchschnittlich nur mäßige Qualifikation. Den meisten von uns fehlt nach der Lehre die mehrjährige Berufserfahrung im herkömmlichen Handwerksbetrieb. Das bedeutet, daß auch die erfahrensten Schreiner von uns, gemessen an unserem eigenen Qualifikationsniveau, recht unerfahren sind, gemessen an der nötigen fachlichen Qualifikation, um einen Betrieb solchen Ausmaßes zu organisieren und zu unterhalten. Nimmt die Anzahl der Mitglieder zu, die zwar guten Willens sind zu arbeiten, aber nicht aus dem handwerklichen Bereich kommen, oder auch durch Auszubildende, dann sind die Mitarbeiter mit fachlich fortgeschrittenem Wissen und Fähigkeiten überfordert. Und das sowohl durch die bestehenden Aufträge selbst, als auch durch die permanenten Fragen und nötigen Hilfestellungen gegenüber den Lernenden.

Die Katze beißt sich in den Schwanz

So bin ich als Auszubildende in unserem Betrieb zwiegespalten. Einerseits möchte ich, daß wir es schaffen unseren Betrieb wirtschaftlich zu tragen und denke, jede mir mögliche Arbeit, auch mit nicht so großem Lerngehalt, wie z.B. Weichholzmöbel restaurieren, Schleifarbeiten usw. können dazu beitragen. Andererseits möchte ich das Handwerk umfassend erlernen, müßte hiefür aber viel mehr Arbeiten im Hinblick auf Konstruktionen und Maschinenarbeit angehen. Gerade aber in diesem Bereich besteht aufgrund meiner Unerfahrenheit eher die Möglichkeit, daß manches schiefgeht. Dies natürlich auch auf dem Hintergrund, daß ich als Frau großen Nachholbedarf auf technischem Gebiet habe und, entgegen meinem Wunsch, nur recht langsam lerne.

Aus meinem Beitrag soll der scheinbar nur schwerlich aufzulösende Kreislauf von mangelnder Qualifikation und daraus entstehenden breitgestreuten Schwierigkeiten wie Konkurrenz, Intoleranz, Überforderung, Ängste usw. ersichtlich werden. Schon von daher ist die Forderung nach guter Ausbildung, auch innerhalb unseres Betriebes, dringend notwendig. Aus der Einsicht, daß wir dies in unserer Schreinerei bei momentaner personeller Besetzung nicht einlösen können, werden wir zur Zeit auch keine weiteren Ausbildungen durchführen. Dies bedeutet aber nicht, daß gegenseitiges kollektives Lernen nicht weiter angegangen wird.

Was daran so anders ist

Für mich liegt die Hoffnung und der Ausgleich in den anderen zwischenmenschlichen Beziehungen und darin, daß wir Situationen gemeinsam angehen und durchstehen. So wie ich jetzt wenig Ausbildungsansprüche stellen will, weil eine Anleitung zeit- und kräftemäßig niemand erfüllen könnte, so weiß ich auch, daß die anderen meine Situation sehen und einschätzen können. Es gibt nirgends einen Normkodex, nachdem ich als Lehrling bestimmte Äußerungen und Forderungen nicht einbringen bzw. stellen könnte, es gibt für uns alle gleichermaßen nur momentane Schranken bei der Verwirklichung unserer gemeinsamen Ideen und Wünsche. Leben und Arbeit verbindet sich in unserer Gemeinschaft. Ebenso zum Tagesablauf gehört die Auseinandersetzung unter den Leuten, das Befassen mit dem Einzelnen, das menschliche Interesse aneinander wie das eigenverantwortliche Arbeiten, Mitdenken und Ideen für unseren Betrieb zu entwickeln. In der Form, wie wir miteinander arbeiten und umgehen, kann die gefühlsmäßige Ebene nicht herausgehalten werden. Sowohl positive als auch negative Gefühle müssen ausgetragen werden. Somit ist das gegenseitige Erleben der Projektler von ganz anderer Instensität als dies in einem herkömmlichen Betrieb gewünscht oder zugelassen wird. Dies ist aber nicht von Anfang an leichter, sondern verlangt viele Lernprozesse. Die eigene Meinung zu vertreten, offen

Gefühle zu äußern, Kritik und Nähe auszuteilen und zu ertragen, muß zumeist mühevoll erarbeitet werden.

Aus all diesen Gründen ist meine Lehre, aber auch meine Perspektive in unserem Betrieb anders und mit der in einem herkömmlichen Betrieb nicht vergleichbar. Eine Lösung unseres Problems ergibt sich meiner Meinung nach durch langes, gemeinsames Lernen, — und dazu ist es erstrebenswert, daß möglichst viele Projektler dem momentanen Druck standhalten und nicht aus dem Projekt aus Überforderung aussteigen. Nur so kann eine positive Entwicklung stattfinden.

Sylvie

Neue Erfahrungen

Was ich an der vergangenen Zeit nicht missen möchte, sind Erfahrungen sowohl in positiver wie negativer Hinsicht. Als wichtigste scheint mir dabei, daß Selbstverwaltung mehr als nur die Abschaffung formaler Hierarchie und das gemeinsame Finanzieren sein muß. Notwendig für ein anderes Arbeiten sind andere Strukturen und eine andere Moral. Da für uns kein gemeinsamer Gegner in Form eines Chefs, Vorarbeiters oder Kapitaleigners da ist, muß erst gelernt werden, daß Konflikte untereinander ausgetragen werden müssen, und daß diese Austragung nicht so verläuft, daß man/frau sich eine(n) aussucht, der/die besondere Verantwortung übernimmt, den man dann zum informellen Chef erklärt und an dem man sich dann aufreiben kann.

Wir sind im Umgang mit diesen Problemen schon ein Stück weitergekommen — die Obermackerin oder den Obermacker, der alle beherrscht, gibt's bei uns wirklich nicht. Macht verteilt sich auf mehrere und kommt aus verschiedenen Quellen (fachliche Qualifikation, menschliche Umgangsweise, stark in Diskussionen). Aber den goldenen Schnitt in der eigenständigen Übernahme von Verantwortung durch alle haben auch wir noch nicht gefunden. Da spielt auch unsere Erziehung eine Rolle, wo wir darauf getrimmt wurden, Anweisungen auszuführen und nicht selbständig zu handeln. In diesem Punkt sehe ich eines der größten Probleme in der Übertragbarkeit unseres Modells auf andere Betriebe. Bei uns funktioniert vieles, weil wir anders leben, weil oft Chaos herrscht und wir lernen, es zu bewältigen. Wie aber aus den heutigen Fabriken Betriebe in Arbeiterselbstverwaltung werden sollen, ohne daß sich die Mentalität und Moral ändert, weiß ich nicht. Jedenfalls bedeutet es für mich, daß die Probleme erst anfangen, wenn der Sozialismus plötzlich über uns hereinbrechen würde (Revolution fällt vom Himmel), wie sich so manche Betriebslinke vorstellen.

Der Druck des kapitalistischen Marktes

Unzufrieden, aber um Erfahrungen reicher, bin ich, was das Problem unterschiedlicher fachlicher Qualifikation betrifft, und welche Bedeutung ihr durch die Ausweitung und den Umzug ans "Linke Ufer" zukommt. Bei personellen Diskussionen muß automatisch wegen unserer Konkurrenzsituation auf dem Markt, die fachliche Qualifikation eine zentrale Rolle spielen, sonst kann der Betrieb nicht bestehen. So weit so gut. Dadurch liegt aber auch eine geringere Bedeutung auf der Gesamtidee der Genossenschaft und der politischen Vertretung nach außen. Gleichzeitig führt es dazu, daß Wenigerqualifizierte entweder mehr arbeiten, um den Anschluß nicht zu verlieren, oder aus einzelnen Arbeitsbereichen herausfallen. Der Unterschied zum Normalbetrieb ist aber, daß niemand rausfliegt, das Problem der Produktivität später angesprochen wird; — nicht, weil wir schlimme Menschen sind, sondern weil wir unter dem Druck stehen, für einen kapitalistischen Markt zu produzieren, der uns vorschreibt, wieviel wir für ein Produkt verlangen können. Unzufrieden bin ich, weil diese Gründe nicht diskutiert werden, weil es so aussieht, als ob es nur am persönlichen Arbeitseinsatz jedes einzelnen liegt, ob wir finanziell überleben.

Wie links ist das "Linke Ufer"?

Der Umzug ans "Linke Ufer" hat auf der einen Seite dazu geführt, daß wir mit vielen anderen Gruppen Kontakt bekommen haben, oder sich neue Perspektiven auftun. Als Beispiele: die Zusammenarbeit mit der ASH Mannheim, oder der Ausbau des Cafes. Auf der anderen Seite hat die wirtschaftliche Situation dazu geführt, daß wir auf Teufel komm raus versuchen müssen, durch Mehrarbeit die Sache finanziell in den Griff zu bekommen. Das führt dazu, daß alles, was keine Kohle bringt, erst mal weniger wichtig ist. Konkretes Ergebnis ist ein politischer Rückzug.

Wir müssen uns der Situation bewußt werden, daß evtl. unsere eigene Arbeitskraft bei unserem beschränkten Kapital allein nicht ausreicht, sondern daß auch die äußeren Produktionsbedingungen geändert werden müssen, um zu überleben. Dazu müßten wir aus unserer politischen Untätigkeit bzw. Isolation heraus. Die Geschichte zeigt, daß wir als Gruppe von 22 Leuten nicht zu einer anderen Gesellschaft kommen. Sonst hätte es die Genossenschaftsbewegung vor und nach dem I. Weltkrieg längst geschafft gehabt. Notwendig ist nicht nur eine andere Arbeitsorganisation innerhalb der Gruppe — im Vergleich zu normalen Betrieben, sondern auch ein anderes Zusammenwirken der verschiedenen selbstverwalteten Betriebe. Sonst stellen wir nur die kapitalistische Konkurrenz auf alternativer Ebene her. Wir brauchen die gemeinsame Diskussion mit anderen Projekten über das Ziel und den Weg, weil irgendwann eine noch nicht gefundene Form des gemeinsamen Planens und Handelns auf regionaler und überregionaler Ebene notwendig wird, um Konkurrenz unter den Gruppen zu vermeiden. Wir brauchen das gemeinsame Auftreten von Gruppen, die die Selbstverwaltung in unserem Sinn erproben, um uns gegen die Politik der Wende zu wehren, die uns als Selbsthilfe zur Senkung gesellschaftlicher Kosten, als Druckmittel gegen Lohnforderungen und Forderungen von Arbeitslosen mißbraucht, aber gleichzeitig unsere Forderungen nicht annimmt.
Wenn wir wirklich politisch verändernd wirken wollen, durch das was wir tun — was ich nicht jedem von uns unterstelle —, was für mich aber Antriebsfeder zum Weitermachen ist, müssen wir auch eine politische Zielvorstellung bekom-

men, von dem was wir wollen. Nur um zu zeigen, daß man auch ohne Chef einen kapitalistischen Kleinbetrieb auf die Beine stellen kann, dafür komme ich nicht jeden Mittag oder zu den Arbeitsgruppen und zum Plenum. Das heißt, auch diese Zusammenarbeit ist Arbeit und hat ihren Sinn, genauso wie das Schweißen an einem Auto oder das Abschleifen alter Möbel. Und wer das macht, soll kein schlechtes Gewissen bekommen oder dies nur als Feierabend-Freizeitpolitik sehen, weil in dieser Zeit kein Geld verdient wird.

Hans

So wie es ist, darf es nicht bleiben

Ich bin an einem Punkt angekommen, wo ich mich in all meinen Lebensbereichen augenblicklich überfordert fühle.

Da ist einmal der Termindruck, der sich in der letzten Zeit besonders stark bemerkbar gemacht hat: einerseits direkt genossenschaftliche Dinge wie Inventur, Genossenschaftswochenende, Ausbauarbeiten, Plena, Netzwerksitzungen, Kfz-Abendsitzungen, Hausmeistergruppe..., andererseits politische Veranstaltungen, Wochenendseminare, Blockade-Treffen und auch das, was ich Privatleben oder soziale Kontakte nenne. Es macht mir Magenschmerzen, wenn ich feststellen muß, daß ich mit meiner Freundin auf Wochen hinaus Termine vereinbaren muß, um sie überhaupt mal mehr als ein paar Stunden abends zu sehen. Freunde außerhalb der Genossenschaft sehe ich fast gar nicht mehr.

Das hat Ursachen in der Art und Weise, wie unser Projekt aufgebaut ist, und in meiner eigenen Person. Ich will das Eine (Genossenschaft) und auch das Andere (soz. Beziehungen in und außerhalb der Genossenschaft), und habe Schwierigkeiten, alles unter einen Hut zu kriegen. Ich verspreche oftmals Dinge zu schnell, ohne mir über die Konsequenzen im Klaren zu sein, wie z.B. das Wochenende in Ffm vom BDP. Dann habe ich nicht den Mut zu sagen "leckt mich alle, ich brauch' jetzt meine Ruhe, soll's jemand anderes machen, ich kann nicht". Nicht nur nicht den Mut, sondern ich find's ja auch richtig und wichtig, die Dinge zu machen. Aber wenn ich's dann hinterher zusammenzähle, war es einfach zu viel. Woher kommt das?

Ich glaube, ein Aspekt ist, daß wir von uns und jedem anderen verlangen, daß er der perfekte Mensch und Selbstverwalter ist. Wir müssen klar unseren Standpunkt definieren können, müssen ihn aussprechen können, Position beziehen können, psychisch stabil und belastbar sein, kritikfähig..., und es wird oft so getan, als ob das auch jeder selbstverständlich leisten könnte. ("Natürlich kann hier jeder sagen, was er denkt"). Manchmal denke ich, daß nicht jeder ausspricht, was in ihm vorgeht, sondern daß er sich genau überlegt, was er sagt. Mir geht es zumindest manchmal so, weil ich erfahren habe, wie man manchmal mit einer nicht genügend begründeten Meinung eingemacht wird.

Eine andere Sache ist, daß wir unter großen ökonomischen Zwängen stehen, um das Projekt finanzieren zu können. Jeder kennt die Zahlen und weiß daß er eine bestimmte Anzahl Produktivstunden wöchentlich zu bringen hat; wenn er es nicht schafft, gehen wir vielleicht oder eigentlich ganz sicher über kurz oder lang ein. Das bedeutet dann für mich oft schlechtes Gewissen, wenn ich eine Kaffeepause mache; oder es besuchen mich Leute während der Arbeit, und ich setze mich mit ihnen zusammen. Nach kurzer Zeit werde ich unruhig, weil ich denke, ich muß wieder arbeiten, sonst reicht's nicht. Das gleiche gilt für Gespräche mit Genossen. Es ist sehr lange her, daß ich andere Genossen an ihrem Arbeitsplatz "besucht" habe, ohne Arbeitshintergrund, einfach nur so, um zu erfahren und zu erleben, was sie machen, wie es ihnen geht, um Stimmungen mitzukriegen. Es passiert fast nie, – und mir ist es zu wenig.

Was muß sich ändern?

Zuallererst weniger ökonomischer Druck – weniger Schulden – das Gefühl, daß es bergauf geht, daß wir unser Monatssoll schaffen.

Mehr Ruhe für Gespräche und Kontakte untereinander und mit Leuten von ausserhalb, Kunden, Freunden, Bekannten.

Mehr Gelassenheit und Ruhe.

Mehr Zeit, um auf Plena politische und inhaltliche Fragen zu diskutieren, nicht nur technische (Verwaltung, Finanzen, Termine...)

Mehr Zeit, um neue Technologien auszuprobieren und zu entwickeln (Flüssiggas im Kfz, Wohnmobilausbau, Kraft-Wärme-Kopplung zur besseren Energieausnutzung, Solartechnologie, Nutzung von Windkraft...)

Mehr Zeit zum Träumen. Mehr Zeit für mich.

Stefan

Ein Meister fällt aus allen Wolken

In meinem Beruf als Kfz-Mechaniker war ich 10 Jahre in verschiedenen herkömmlichen Betrieben beschäftigt gewesen, davon die letzten 2 Jahre als Meister. Nun arbeite ich seit fast 10 Monaten in der HWG, einem selbstverwalteten und links stehenden Betrieb.

Ich will hier den Versuch starten, über den Unterschied meines Arbeitsalltags in normalen Werkstätten und der HWG zu schreiben.

Herkömmliche Funktion

In meiner Zeit als Meister hatte ich eine ganze Reihe verschiedener Funktionen. Zuerst einmal war ich das Sprachrohr des Chefs gegenüber den Kollegen und den Kunden, verteilte die Reparaturarbeiten an die Gesellen, mußte sie nach ihren Fähigkeiten einschätzen können, teilte Lehrlinge den Gesellen zu und hatte mich um die gesamte Organisation des Werkstattablaufs zu kümmern. Entsprechend der unterschiedlichen Qualifikation der Monteure (d.h. gleichzeitig bei unterschiedlicher Bezahlung), hatte ich die Arbeitsaufträge zu verteilen. Die Reparaturkarten wurden von mir so detailliert abgefaßt, daß die Monteure lediglich die Ersatzteile auswechseln brauchten, die dort aufgelistet waren, womit sie die Funktion eines Teilewechslers erhielten. Als Meister war ich ganz speziell die Anlaufstelle für den Kunden. Ich hatte ihn letztlich von den Gesellen fernzuhalten, Kontakt zu vermeiden. Dies war ganz im Sinne der Gesellen, denn sie wollten in ihrer AW-Akkordarbeit nicht gestört werden, denn nur dadurch hatten sie die Möglichkeit, einigermaßen Geld zu verdienen. Hing ein Mitarbeiter plötzlich fest, mußte ich fachliche Hilfestellung geben, es wurde vorausgesetzt, daß ich immer noch einen Trick auf Lager hatte. Besonders bei Reklamationen und Garantieansprüchen mußte ich die Interessen meines Arbeitgebers berücksichtigen und hatte dabei auf den guten Ruf der Werkstatt zu achten. In bezug auf Fortbildung wurde von mir verlangt, daß ich die erfolgversprechendsten Gesellen zu Lehrgängen vorschlug.

Umdenken

Nachdem ich nun einige Zeit in der HWG arbeite, kann ich Vergleiche anstellen zwischen herkömmlicher und selbstverwalteter Arbeit. In unserer Kfz-Gruppe bestehen eine ganze Reihe von Ansprüchen, z.B. selbstverwaltet und eigenverantwortlich die Arbeit zu organisieren, gemeinsam Entscheidungen in allen Bereichen zu treffen, handwerklich und fachlich gute Arbeit zu leisten, den Umweltschutzaspekt am Kfz zu berücksichtigen, den Willen zur Weiterbildung und Auseinandersetzung mit der Technik zu vertreten.
Die Umsetzung unserer Ansprüche verläuft nicht so einfach. Arbeit selbst zu organisieren erfordert viele kräftezehrende Diskussionen und Auseinandersetzungen. Dadurch, daß die Arbeit im selbstverwalteten Betrieb nicht mehr von mir, sondern gemeinsam verteilt wird, ich nicht mehr allein die Kunden betreue, nicht einem, sondern allen gegenüber verantwortlich bin, besteht meine Funktion als Meister im herkömmlichen Sinne nicht mehr. Geblieben ist praktisch die fachliche Beratung mangels ausreichender Qualifikation der anderen. Leider läßt es sich bis jetzt noch nicht ändern, daß z.B. nach wie vor Reklamationen der Kunden letztlich an mir hängenbleiben und ich mich immer noch dafür voll verantwortlich fühle. Dadurch, daß ich als Meister bei der Handwerkskammer eingetragen bin und nach außen hin die volle fachliche Verantwortung für alle ausgeführten Reparaturen trage, fühle ich mich in eine Rolle gedrängt, die sich so mit den Ansprüchen der HWG und meinen Vorstellungen vom selbstverwalteten Arbeiten nicht vereinbaren läßt.
Wenn alle in der Lage sind, das gemeinsame fachliche Niveau stark zu verbessern, dann würde ich die Verantwortung besser verteilt sehen und von daher meinen Vorstellungen eines selbstverwalteten Betriebes näher sein.

Wolfram

Frauen in selbstverwalteten Betrieben

STEH DEINE FRAU

Im Verlauf der letzten zehn Jahre, seit ich bewußt an politischen Ereignissen, die um mich herum geschehen, teilnehme, ist viel über unsere Rolle als Frau, unsere Unterdrückung und unseren Kampf dagegen gesagt und geschrieben worden, so daß es mir schwerfällt, das Thema aufzunehmen. Es befällt mich ein Gefühl, als sei alles schon mal gesagt, als könne ich kein Neuland mehr betreten; und ich ängstige mich vor der Langeweile auf euren Gesichtern, wenn auch wir nun wieder auf diesem längst durchgekauten Problemkreis herumhakken. Dennoch, ich bin durch mein Frausein betroffen von der Rollenverteilung und habe noch immer keinen geeigneten Weg gefunden, mich selbstbewußt und selbstverständlich gleichberechtigt zu fühlen und zu verhalten.

In den selbstverwalteten Betrieben, in denen ich bisher gearbeitet habe, hat sich schon viel positiv im Hinblick auf Gleichberechtigung verändert. Vor allem besteht in solchen Gruppen die Möglichkeit, immer noch vorhandene Schwierigkeiten einzubringen und gemeinsam aufzuarbeiten. Der Stand der Gleichberechtigung zwischen Mann und Frau in unserem Projekt und einem Normalbetrieb sowie der Außenwelt ist also nicht zu vergleichen. Dennoch ist die Problematik damit noch nicht vom Tisch, weil ich so wie jede andere Frau und jeder Mann mit ihrer/seiner Geschichte in das Projekt komme, wovon einen großen Teil die Erziehung und die Erfahrung aus Normalbetrieben ausmacht.
So bin ich eigentlich erst mit 20, also vor 10 Jahren, auf das Problem Gleichberechtigung gestoßen, habe also doppelt solange die bestehenden Bedingungen, die Rollen- und Aufgabenverteilung kritiklos akzeptiert und verinnerlicht. Habe 20 Jahre lang mich darauf eingestellt und geübt, Hausfrau und attraktive Ehefrau zu werden, mich von einem Mann versorgen zu lassen, den sozialen und geselligen Bereich in einer Ehegemeinschaft zu übernehmen. Erst als ich begann, mich eigenständig mit der Welt auseinanderzusetzen, wurde ich kritischer und begann Forderungen zu stellen. Der zweite Schritt war die Konsequenz aus der Kritik. Ich wollte mir Fähigkeiten aneignen in Bereichen, in denen ich mich bisher von Männern vertreten ließ oder Männer für mich etwas herstellen ließ. Dies betraf den technisch-handwerklichen Bereich und den Bereich der Interessenvertretung gegenüber offiziellen Stellen und der Meinungsäußerung in der Öffentlichkeit. Außerdem mußte ich mich ab jetzt ernsthaft damit abfinden, mein Leben lebenslang selbständig finanzieren zu müssen. Der Entschluß, handwerklich zu arbeiten, körperliche Arbeit zu verrichten, war somit sicher der Versuch, mir all die fehlenden Fähigkeiten anzueignen, die, wie ich glaubte, notwendig seien, um gleichberechtigt zusammen leben und arbeiten zu können.
So aber auch, um meinen Forderungen gegenüber Männern Berechtigung zu geben, wie z. B. putzen, kochen, waschen, den ganzen Hausbereich arbeitsmäßig zu teilen. Was mir heute auffällt ist, daß ich damit die unterschiedliche Wertigkeit bestimmter Arbeiten nicht aufgehoben habe, sondern im Gegenteil noch verfestigen half. Ich weigere mich, die unterbewerteten Arbeiten weiterhin auszuführen und stürzte mich auf besser bewertete, bislang typische Männerarbeiten. Damit aber wertete ich die bisher typischen Frauenarbeiten selbst mit ab. Zudem brauchte ich recht lange, um zu verstehen, daß die Arbeiten, die ich weiter übernahm, wie Möbelschleppen, Schleifarbeiten, Lackieren mit Nitrolack bis zum Ersticken, auch nicht hochwertiger, interessanter und vielschichtiger waren, sondern nur anders bewertet wurden von uns allen, da diese Arbeiten in den weiten Bereich der Technik fallen, statt in den Bereich Haushalt.
Dadurch, daß ich als Frau — und anderen Frauen geht es da vielleicht nicht anders — hier erst sehr spät, d.h. relativ alt in diese, von der Erziehung fremden, handwerklichen Bereiche komme, sind wir gemessen an unserem Verantwortungsgefühl viel zu ungeübt. Ich bin zwar alt genug und willens genug, einen Betrieb mitzutragen, sehe leider auch die bedrükkende finanzielle Notwendigkeit, bin aber entsprechend meiner Vorgeschichte ungeübt.

Ich kann es mir selbst gegenüber nicht verantworten, einfach unbedarft ans Lernen heranzugehen, was falsch zu machen, zu üben, sondern versuche von vornherein, alles richtig anzupacken, damit kein Verlust entsteht fürs Projekt. Zum anderen bestehen in normalen Handwerksbetrieben besonders massive Vorurteile gegenüber uns Frauen. Ich habe einen Teil meiner Schreinerlehre im "Normalbetrieb" hinter mich gebracht und ich mußte mich dafür bei mehr als 90 Betrieben persönlich vorstellen, bis ich überhaupt nur eine einzige Lehrstelle finden konnte, die dann entsprechend beschissen war. Bei meinen Vorstellungen bekam ich dann den ganzen breiten Katalog an Vorbehalten zu hören und zu spüren. Will ich als Frau dennoch in diesen männerbeherrschten Bereich, richtet sich besonderes Augenmerk und Skepsis, eigentlich Feindlichkeit gegen mein Eindringen. Wird der Versuch mit mir trotz allem eingegangen, muß ich durch besondere Leistung beweisen, daß ich befähigt bin. Mittelmäßigkeit wäre schon der Beweis für Unbrauchbarkeit. Hinzu kommt der Druck, daß meine Leistung wegweisend bahnbrechend oder Barriere für die nachfolgenden Frauen ist. Bin ich mittelmäßig oder schlecht, wird nie mehr eine Frau eingestellt. Diesen erhöhten Leistungsdruck habe ich ziemlich verinnerlicht, und ich glaube es geht noch mehr Frauen so. Wer weiß, vielleicht haben die Männer in unseren Projekten aus ihrer Erziehung und Geschichte heraus noch einen Restbestand solcher Denkweise in sich, trotz all ihren jetzigen Umdenkversuchen. Es ist doch der gleiche Prozeß wie bei uns Frauen auch. Nicht alles, was der Kopf schon kapiert hat, ist im Bauch schon mitvollzogen. So jedenfalls habe ich auch in unserem Projekt immer das Bedürfnis zu beweisen, daß durch meine Mitarbeit als Frau kein Nachteil für den Betrieb entsteht.

Es ist denn auch kein Wunder, wenn ich, oder besser, Frau zusammenbricht, d.h. weint oder k.o. ist, wenn eine Arbeit mißlingt. Ich mache mir oft Gedanken, ob das Zusammenbrechen, also das Verzweifeln, Weinen oder was auch immer eine ehrliche Art der Gefühlsäußerung ist oder aber immer noch eine Art Abgeben der Verantwortung, so in der Art: ich kann's nicht, mach du es bitte. Aber ich komme noch nicht klar damit, habe noch keine Einschätzung getroffen.

Was ich schlecht und hinderlich finde, ist, daß dieser gesamte Problembereich eigentlich nur uns Frauen zum Thema gemacht wird. Wie kommt das, es betrifft die Männer doch in gleicher Weise: die Erziehung, die Idealvorstellung vom Zusammenleben, sich ergänzen. Fähigkeiten zusammenlegen, gegenseitige Verantwortung abzunehmen bzw. zusammen zu tragen. Wenn wir Frauen in bestimmte Bereiche nicht reinkommen, keine Verantwortung übernehmen, dann betrifft es die Männer doch eigentlich sehr, denn sie müssen dann in diesen Bereichen den Existenzdruck und die Verantwortung allein aushalten. Wenn wir die Wertigkeiten für die verschiedenen Bereiche nicht zusammen aufgeben, kann sich niemand von uns frei nach seiner Interessenslage entscheiden, was er gerne machen will.

Bei dem Versuch, dieses Problem in unserer Gruppe zum Thema zu machen, gaben die Männer vor, keinerlei Probleme zu haben. Es ist kein Problem, mit Frauen handwerklich zusammenzuarbeiten, außerdem sei das Haushaltsproblem ebenfalls gelöst. Dies ist meiner Meinung nach nicht der Fall, alleine schon deswegen nicht, weil ich immer noch Schwierigkeiten damit habe. Ich finde es toll, daß der Anspruch der Männer in unserem Projekt derart ist, daß es kein Problem bleiben oder sein soll, aber hinderlich, wenn Anspruch und derzeitiger Ist-Stand verwechselt wird, was eine weitere Diskussion zum Tabu macht.

Sylvie, SHG/Ludwigshafen
aus: taz 6.1.83

SELBSTHILFEGENOSSENSCHAFT FÜR RECYCLING EG.
6700 LUDWIGSHAFEN/RHEIN

Geschäftsbericht für das Geschäftsjahr 1982

Die Selbsthilfegenossenschaft wurde am 3.3.1982 in das Registergericht Ludwigshafen eingetragen.
Die Genossenschaft befindet sich noch in der Aufbauphase. Insgesamt wurde in diesem Geschäftsjahr ein Umsatz von DM 101.234,24 erzielt. Das Anlagevermögen hat sich um insgesamt DM 46.105,57 erhöht. Diese Investion war notwendig, da die Genossenschaft erweitert werden sollte. Der bestehenden Schreinerei im Laden soll eine Kfz-Werkstatt angegliedert werden. Um diese Erweiterung durchzuführen, war die Aufnahme eines Darlehens von DM 49.000,-- notwendig. Um nicht die Konkursgrenze zu überschreiten wurde von den Gründungsmitgliedern auf die eingebrachten Maschinen, Werkzeuge, Roh-, Hilfs- und Betriebsstoffe in Höhe von DM 13.080,-- verzichtet. Desweiteren gewährten drei Darlehensgeber, die gleichzeitig Genossenschafter sind, insgesamt DM 15.000,-- von ihrem eingebrachten Darlehen als verlorene Zuschüsse. Durch die genannten Maßnahmen konnte das Geschäftsjahr mit einem Bilanzgewinn von insgesamt DM 13.458,84 abschließen.
Die Zahlungsbereitschaft war durch die flüssigen Mittel im Geschäftsjahr gegeben.
Abschließend möchten wir noch einige Anmerkungen zur Mitgliederbewegung und der damit verbundenen Haftsumme machen. Die Mitglieder haben sich um 10 auf insgesamt 20 Mitglieder erweitert. Die Zahl der Anteile betrug zum 31.12.1982 42. Hieraus ergibt sich eine Haftsumme von DM 42.000,--. Durch den Aufbau und Betrieb einer Kfz-Werkstatt erhoffen wir uns, daß sich die Umsätze steigern und eine Beruhigung der finanziellen Situation der Selbsthilfegenossenschaft eintritt.

Ludwigshafen, 27.12.1983

Der Vorstand

Bericht des Aufsichtsrates für das Geschäftsjahr 1982

Mit dem Bericht des Vorstandes und dem vorliegenden Jahresabschluß erklären sich die Mitglieder des Aufsichtsrates einverstanden.
Die unternommenen Maßnahmen zur Konkursabwendung wurden mit dem Vorstand diskutiert und fanden unsere Zustimmung.
Durch die Vergrößerung unserer Produktionsräume erwarten wir einen Auf-

schwung des Betriebes.
Das gute geschäftliche Verhältnis zur Vorstandschaft hat sich nicht verändert.
Personell ist der Aufsichtsrat mit denselben Personen besetzt.

Ludwigshafen, 27.12.1983

Der Aufsichtsrat

WIR
Produktionsgemeinschaft für Garten- und Landschaftsbau
Landwirtschaft — Dienstleistung — Handwerk Holzwickede eG.

4755 Holzwickede
Wickeder Str. 7
Telefon (02301) 12126

Wir sind eine Gruppe von derzeit 10 leuten (8 Erwachsene und 2 Kinder), die
als Genossen und Mitarbeiter einer Produktivgenossenschaft eG. in Holzwickede leben. Die wirtschaftlichen Erwerbsquellen sind zur Zeit der Garten- und
Landschaftsbau und ein holzverarbeitender Betriebszweig. Hauptprodukte unserer Arbeit sind die Planung und Erstellung von Hausgärten, die Pflege von pri-
vatem und öffentlichem Grün und die Ausführung von Vorhaben der öffentlichen Hand im Bereich der Grünplanung. Sowohl im gewerblichen Bereich als
auch auf kommunaler Ebene stellen wir unsere Fachkenntnisse und praktischen
Erfahrungen in den Dienst von ökologischem Natur- und Landschaftsschutz.
Die Idee zu unserem Projekt geht bereits auf die Jahre 1974/75 zurück; zum
Anfang des Jahres 1980 begann eine Gruppe mit der Planung und dem Aufbau
der heutigen Genossenschaft. Diese Gruppe bearbeitete die Statuten der Genossenschaft und bereitete die Gründung einer Garten- und Landschaftsbaufirma
im März 1981 vor. Diese Firma war in den Jahren 81/82 Erwerbsgrundlage für
einige Gruppenmitglieder.
Nach 1 1/2 jährigen Verhandlungen mit dem westfälischen Genossenschafts-
dachverband Münster, bei dem wir Pflichtmitglied werden mußten, wurde die
Genossenschaft im Januar 1983 beim Amtsgericht Unna eingetragen.

Grundsätzliches Ziel der Genossenschaft ist es, eine Lebensgrundlage, unabhängig von bestehenden dogmatischen Vereinigungen, zu entwickeln, die den Menschen ein natürliches und ihren Bedürfnissen entsprechendes Leben zu formulieren und zu leben erlaubt. Es war den in der Genossenschaft Mitwirkenden
nicht länger möglich, in Arbeits- und Wohnsituationen eingebunden zu sein, deren Strukturen ihren Bedürfnissen widersprachen und die eine konkrete Veränderung für sie und andere nicht zuließen.

Hier wurden durch die Gründung und die fortlaufende Weiterentwicklung des
Projektes neue Bedingungen für die Mitglieder und deren soziales Umfeld ge-

schaffen. Damit konnten bisher nur theoretische Ansprüche und Forderungen, etwa der Abbau hierarchischer Strukturen, die Gleichberechtigung bei Entscheidungsprozessen, die Aufhebung — besonders der geschlechtsspezifischen — Arbeitsteilung, gleicher Lohn u.ä. praktisch umgesetzt werden.

Die Genossenschaft versteht sich nicht als Insel, sondern stellt einen konkreten Versuch dar, unter den gegebenen gesellschaftlichen Verhältnissen eine andere Form von Leben und Arbeiten zu praktizieren und durch ihre Existenz bewußtseins- und gesellschaftsverändernd zu wirken. Zu einer anderen Form von Leben und Arbeiten gehören unserer Meinung nach die Wahrnehmung eines ganzheitlichen Lebenszusammenhangs, also die Aufhebung der strikten Trennung von Arbeits- und Freizeitbereich, eine möglichst große Reduzierung der entfremdenden Strukturen im Lebens- und Arbeitsprozeß, sowie eine ständige Reflexion über das eigene Verhalten.

Ein Ansatz zur Realisierung neuer Lebensformen war für usn die Wahl der Genossenschaft als Rechtsform. Durch ihre demokratische Struktur bietet sie unserer Ansicht nach am ehesten die Möglichkeit, Formen eines nicht hierarchisch bestimmten Arbeits- und Lebensprozesses zu entwickeln. Um eine finanzielle und/oder ideologische Abhängigkeit des Projekts von einzelnen Genossen zu verhindern, haben wir in unserer Satzung bestimmt, daß es für jede Person nur möglich ist, einen Anteilschein an der Genossenschaft zu erwerben. Der Betrag dafür ist so angesetzt, daß niemand durch dessen Höhe daran gehindert wird, in die Genossenschaft einzutreten.

Die bisherige, fast dreijährige Praxis gemeinsamen Lebens und Arbeitens zeigt, daß wir hauptsächlich durch ökonomische Zwänge immer wieder an die Grenzen der Realisierung unserer Ansprüche kommen.

Der Prüfungsverband legt in erster Linie ökonomische Kriterien für die Beurteilung der Genossenschaft zugrunde, gleichzeitig ist die Genossenschaft aber auch Existenzgrundlage für die Mitglieder. Dadurch sind wir gezwungen, in Konkurrenz zu herkömmlich strukturierten Betrieben zu arbeiten und uns auch in unserer Preiskalkulation an diesen zu orientieren. Diesen Betrieben gegenüber sind wir in technischer Hinsicht kaum konkurrenzfähig, da wir über keine ausreichenden finanziellen Mittel verfügen, die einen nach unseren Vorstellungen sinnvollen Einsatz von Technik zuließen. Diese Tatsache zwingt uns dazu, die fehlenden technischen Möglichkeiten durch körperliche Mehrarbeit auszugleichen. (Darüber hinaus bestehen Unterschiede in den angewandten Methoden, da z.B. die meisten herkömmlichen Betriebe im Gegensatz zu uns nicht auf den Einsatz von umweltschädigenden Spritzmitteln verzichten.) Diese Situation führt dazu, daß das Leben in der Gruppe sehr stark von ökonomischen Zwängen bestimmt wird und eine Intensivierung anderer Bereiche, wie politische Arbeit und Öffentlichkeitsarbeit, Entwicklung neuer Tätigkeitsbereiche innerhalb der Genossenschaft usw., stark beeinträchtigt. Hinzu kommt, daß die Organisation und Führung eines selbstverwalteten Betriebs auch die Erledigung vieler Aufgaben erfordert, die uns bisher fremd gewesen sind. So nahm etwa in der Vergangenheit die Einarbeitung in den kaufmännischen Bereich und der Umgang mit Behörden viel Zeit in Anspruch.

Es ist unsere Vorstellung, die verschiedenen Aufgabenbereiche nicht auf einzelne Spezialisten zu verteilen, sondern eine weitestgehende Transparenz der verschiedenen Bereiche zu erhalten. Unterschiedliche Interessen und Fähigkeiten bei den Genossen führten aber immer wieder dazu, daß sich doch bestimmte Aufgaben aufgrund unterschiedlicher Qualifikation auf relativ wenig Leute verteilten. Eine Veränderung dieser Situation wird von uns angestrebt, läßt sich aber wegen der fehlenden Zeit nur sehr langsam entwickeln. Nach Möglichkeit ist bei uns jeder Genosse an der Planung und Ausführung der einzelnen Aufträge beteiligt.

Durch die Verbindung von "leben und arbeiten" wird es jedem Mitglied unmittelbar bewußt, inwieweit es durch sein eigenes Verhalten für die Existenz der Gruppe Verantwortung trägt. Konflikte, die sich daraus ergeben, lassen sich nicht verdrängen, sondern sind nur innerhalb der Gruppe zu lösen. Dem Arbeitsbereich kommt hierbei nicht nur die Funktion der wirtschaftlichen Existenzgrundlage zu, er dient ebenso als Kommunikationsbasis für anstehende Probleme. Es zeigt sich, daß anfängliche Ängste, Emotionen und Unzufriedenheit auszudrücken, nach und nach abgebaut wurden und sich innerhalb der Gruppe ein immer größeres Vertrauensverhältnis entwickelte. Außer in persönlichen Gesprächen versuchen wir, organisatorische und persönliche Schwierigkeiten auf wöchentlichen Gruppenabenden anzusprechen und zu bewältigen.

Die Zusammensetzung der Gruppe ist in den bisherigen drei Jahren relativ stabil beblieben. In dieser Zeit verließen drei Mitglieder aus persönlichen Gründen die Genossenschaft, zwei neue sind hinzugekommen.

Schäfereigenossenschaft Finkhof eG.

St. -Ulrich-Straße 1
7954 Arnach / Bad Wurzach
Telefon (07564) 530

WIR WOLLEN KEINE BESSEREN CHEFS!
WIR WOLLEN KEINE!

(Aus einer der ersten Selbstdarstellungen des Finkhofes, wahrscheinlich von 1979)

Seit dem vom SB Hamburg 1978 veranstalteten Kongreß zur Alternativen Öko-nomie stehen wir und die ASH in einer ständigen Auseinandersetzung mit dem SB. Wir freuen uns darüber, daß die Genossen sich mit der Selbstverwaltung be-fassen. Trotzdem ist es uns bisher nicht gelungen, uns im größeren SB-Rahmen mit unseren Ideen so darzustellen, wie wir uns sehen. Die Genossen reden immer noch von der Alternativbewegung, zu der sie uns zuordnen. Wir sind der Meinung, daß dahinter ein ganz schönes Stück Unkenntnis und Arroganz steckt.

Was ist das? – Alternativbewegung – ? ? ? Unserer Meinung nach ähnlich wie die Wandervogelbewegung in den 20er Jahren eine bürgerliche Jugendbewegung, die vor der Klassenauseinandersetzung die Augen verschließt, und eine "Heile Welt" sucht.
Plüschökologie, Biodynamik, Körnerfressen und schöner Leben mögen zwar für den einzelnen befriedigend sein, doch wir haben damit nichts zu tun. Uns geht es nicht darum auszusteigen, wir wollen verändern. Um Klarheit über uns und unsere Ideen zu schaffen, wurde dieser Artikel geschrieben.
Die ASH hat auf dem Alter-Öko gesagt, daß sich ihr Politikverständnis nicht da-rin erschöpft, 10, 100 oder 1000 Teestuben zu schaffen, sondern daß sie einen Modellbetrieb in Selbstverwaltung entwickelt, der für andere Kollegen in Be-trieb und Verwaltung nachvollziehbar ist.
An dem gleichen Punkt stehen wir. Unsere bisherigen Erfahrungen waren die gleichen wie die von vielen Kollegen aus den Betrieben. Darum haben wir ge-sagt, wir werden beweisen, daß Selbstverwaltung möglich ist. Wir sagen das nicht, um uns, wie in Deutschland so üblich, abzugrenzen. Wenn einige Genossen der Meinung sind, man müßte uns einer Bewegung zuordnen, dann würden wir diese Selbsthilfebewegung nennen.

Teil-Betriebsstruktur

Die Schäfereigenossenschaft Finkhof liegt im Raum Obertschwaben/Allgäu.
Hier haben wir eine ganz spezielle regionale Struktur: Kleinbetriebe, Bauern,
Handwerker.
Die Schäfereigenossenschaft Finkhof ist eine Genossenschaft mit drei voneinander
unabhängigen Betriebszweigen. Wir sind zur Zeit 16 arbeitende Genossenschaftler.
Nach unserer eigenen Satzung hat jeder Genossenschaftler nur eine
Stimme und ist dadurch gleichberechtigt an allen Entscheidungen. In der Praxis
versuchen wir, auf Abstimmungen zu verzichten und durch Diskussionen eine
Lösung zu erreichen. Alle Produktionsmittel, sprich Gebäude, Maschinen und
Land gehören der Genossenschaft oder sind gepachtet. Hierüber verfügen die
Genossenschaftler gemeinsam. Die Kreditgebung erfolgt durch die Mitglieder,
indem die Anteile erhöht werden, oder durch Bankhypotheken.
Allen drei Betriebszweigen ist gemeinsam, daß sie aufeinander aufbauen und
daß sie die elementaren Bedürfnisse der Konsumenten befriedigen: Nahrung,
Kleidung, Geselligkeit.

Die Spinnerei

Sechs Genossen arbeiten zur Zeit in der Spinnerei. Das Gebäude, ein umgebautes
Bauernhaus, ist gepachtet. Die Idee, eine Spinnerei aufzubauen, kam durch
die anfallende Rohwolle aus der Schafzucht. Drei Betriebsmitglieder erwarben
sich Kenntnisse in einer Kleinspinnerei.
Wegen Geldmangels mußten veraltete Maschinen gekauft werden. Das führt dazu,
daß unsere Arbeitskraft in der Spinnerei zum Teil unwirtschaftlich eingesetzt
werden muß. Längere Produktionsausfälle können oft nicht verhindert werden.
Die Rentabilität unserer Strickgarnherstellung liegt in der Eigenvermarktung.
Durch Ausschaltung des Zwischenhandels beim Verkauf konnte also so viel
Überschuß erwirtschaftet werden, daß der Betriebszweig Schafzucht weiter ausgebaut
wurde.

Die Schäferei

Sechs Genossen arbeiten als Schäfer. Unsere Schäferei ist eine reine Wanderschäferei
mit saisonalbedingter Mastlämmererzeugung. Als Nebenzweig wird Pensionsschafhaltung
betrieben.
Die Gebäude der Schäferei sind Eigentum der Genossenschaft. Sämtliche Weideflächen
sind gepachtet. Die Schafe gehören den Genossenschaftlern anteilig.
Nach 5jähriger Aufbauarbeit beginnt die Schafzucht sich selbst zu tragen, und
evtl. Überschüsse zu erwirtschaften. In der Wanderschäferei vereinigt sich eine
bewußte Landschaftspflege mit einem nach wirtschaftlichen Gesichtspunkten
geführten landwirtschaftlichen Betrieb.
Was normalerweise als Gegensatz erscheint, ist in der Schäferei die einzige Überlebenschance,
nämlich die Beweidung von Grenzertragsböden. Die Wolle wird
in der Spinnerei weiter verarbeitet, das Lammfleisch wird teilweise in der Gastwirtschaft
verkauft oder direkt an Kunden vermarktet. Die Felle werden nach

dem Gerben auf den Wochenmärkten mit der Wolle verkauft.

Die Gastwirtschaft

Als dritter Betriebszweig ist 1979 die Gastwirtschaft hinzugekommen. Mit dem Kauf des Gasthofs "ADLER" haben vier Genossenschaftler im Dienstleistungsbereich zu arbeiten begonnen.

Wir erhoffen uns dadurch unter anderem einen weiteren Absatzmarkt für unser Lammfleisch. Der Hauptgrund ist aber, eine Möglichkeit zu finden, unsere Arbeit nach außen darzustellen. Im ADLER soll ein Platz für die ältere und jüngere Bevölkerung aus der Umgebung sein.

Als wir den ADLER, unsere Gastwirtschaft kauften, dachten wir an eine Anlaufstelle für die umliegende Bevölkerung. Die Politisierung in unserer Region muß unter anderem über die vorhandenen, fortschrittlichen Vereine und Verbände erfolgen. Die jungen Bauern stehen oft vor dem Problem, daß nur durch Zusammenschluß mit anderen Betrieben ein wirtschaftliches Überleben möglich ist. Die Handwerker sind in vielen Fällen der industriellen Konkurrenz nicht mehr gewachsen. Die Industrie schließlich ist bei uns wie überall vor Betriebsstillegungen nicht geschützt. Ständige Rationalisierung und Verschärfung der Situation am Arbeitsplatz bestimmen bei uns wie überall das Bild.

Im ADLER führen wir Veranstaltungen zum Thema Selbstverwaltung und selbstverwaltete Projekte durch. Interessierte Gäste haben hier die Möglichkeit, uns und unsere Probleme kennenzulernen. Wir können bei Betriebsführungen, auf Seminaren und in Gesprächskreisen unseren Betrieb konkret vorstellen.

Zusammenarbeit

Eine wichtige Sache ist für uns die Zusammenarbeit mit anderen selbstverwalteten Betrieben. Mit der Arbeiterselbsthilfe Frankfurt, Krebsmühle, stehen wir in einem ständigen wirtschaftlichen und politischen Austausch. Auf der letzten SB-Sommerschule in Frankfurt haben auch wir wesentliche Impulse von anderen selbstverwalteten Betrieben (Pinkus Genossenschaft, päd.extra usw.) erhalten.

Wohnen

Alle Genossenschaftler wohnen in Wohngemeinschaften, die direkt zur Schäfereigenossenschaft gehören. Arnach ist das Zentrum der Genossenschaft. Hier ist eine Wohngruppe, und der Ort, an dem wir unsere Vollversammlungen abhalten.

Die zweite Wohngruppe ist in Winterstetten. Die Wohngruppen, im Fall der Spinnerei identisch mit der Arbeitsgruppe, machen Besprechungen je nach Bedarf. Zweimal wöchentlich treffen wir uns in Arnach zur Gesamtbesprechung. Hier werden Probleme angegangen, die uns alle betreffen. Dies ist der Ort, an dem eine gesamtbetriebliche Auseinandersetzung läuft.

Selbstverwaltung

Grundlage unserer drei Arbeitsbereiche ist die Produktion für den menschlichen Bedarf und nicht für den Profit.

Unsere Genossenschaft entstand aus einem freiwilligen Zusammenschluß. Wir wollten uns eine eigene, menschliche Existenz schaffen. Die ersten Mitglieder brachten Erfahrungen aus Betrieb und Verwaltung mit. Die Unterdrückung am Arbeitsplatz, die Entfremdung und Fremdbestimmung trieb viele von uns dazu, unseren eigenen Betrieb aufzubauen.

Der Werdegang: Die ersten Genossenschaftler haben ihre Erfahrungen hauptsächlich aus der Nach-68er-Bewegung gewonnen. Antiautoritäre Schüler- und Jugendzentrumsbewegung, Erfahrungen in den verschiedensten K-Gruppen, Eintritt ins Berufsleben, Kontakte mit der traditionellen Arbeiterbewegung in Betrieb und Gewerkschaft, Frustration durch den Bürokratismus des Gewerkschaftsapparates einerseits und die Gleichgültigkeit vieler Kollegen andererseits, haben zur Gründung der Genossenschaft motiviert.

Diese Erfahrungen verhinderten von vornherein, daß eine unpolitische Insel aufgebaut wurde. Wir fühlten uns nie als Teil der Alternativbewegung, sondern wir verstanden uns immer als ein bewußter Teil der Arbeiterbewegung.

Unsere Funktion sehen wir darin, zu beweisen, daß ein Betrieb in Selbstverwaltung möglich ist. Genossenschafter, die neu hinzukommen, haben eine andere Entwicklung; das macht eine ständige Auseinandersetzung um unsere Ziele nötig. Viele von uns hatten am Anfang idealistische Vorstellungen, die zeitweise unsere Arbeit beherrschten. Neue Genossenschaftler hatten die Illusion, daß durch die Gründung immer neuer Betriebe in Selbstverwaltung ein nahtloser Übergang zu einer besseren Gesellschaft möglich ist.

Folgende Schwierigkeiten wurden dabei nicht beachtet. Wir müssen im kapitalistischen Wirtschaftssystem selbst genossenschaftlich produzieren. Dabei müssen wir den Mangel an Kapital und das Übermaß an veralteten Maschinen durch Improvisation und Mehrarbeit auszugleichen versuchen. Durch diese Erfahrungen ist es uns noch deutlicher geworden, daß nur eine soziale Revolution der Werktätigen eine gesamtgesellschaftliche Veränderung schafft.

Hierarchie im Betrieb

Betrieb in Selbstverwaltung ist für uns gleichbedeutend mit Abbau der Betriebshierarchie. Diese Entwicklung tritt jedoch nicht von alleine ein. Gleichheit im Betrieb, gleiches Wissen, heißt Durchschauung des Produktionsablaufes. Dadurch, daß wir Genossenschaftler verschiedene Berufserfahrungen haben, stehen wir in einem ständigen Lernprozeß. Wir setzen also voraus, daß Wissen und Fähigkeiten von allen weiter gegeben werden. Wir müssen hierüber eine ständige Auseinandersetzung führen.

"Neutralisierung" des Kapitals

Das Kapitalverhältnis wird auch von uns in der herrschenden kapitalistischen Gesellschaft nicht aufgehoben. Wir versuchen aber, dieses in der Selbstverwaltung unwirksam zu machen, indem der Profit nicht mehr wie im normalen kapitalistischen Betrieb für eine schrankenlose Akkumulation von Kapital verwendet werden soll, sondern dazu da ist, um die Aufgabe, die Kontinuität und Wahrung der ursprünglich festgelegten Ziele der Selbstverwaltung zu sichern.

Politisierung

Die Tatsache des selbstverwalteten Betriebes bedeutet noch nicht die Konsequenz, ein politisches Kampfmittel daraus zu machen. Wir müssen deshalb eine ständige Auseinandersetzung um unsere sozialistische Zielsetzung führen. Es gilt also, durch unsere Produktionsform eine Vorwärtsstrategie innerhalb der Arbeiterbewegung zu entwickeln.
Die Geschichte der Arbeiterbewegung hat fünf Säulen geschaffen: Arbeiterpartei, Gewerkschaft, Räte, Arbeiterkulturvereine und Genossenschaften.
Hier gilt es also, deshalb vorrangig unsere Erfahrungen einzubringen.
In Zukunft liegt es in unserem Bestreben, mit fortschrittlichen Gruppierungen eine Auseinandersetzung um unsere Erfahrungen im Kampf gegen Entfremdung der Arbeit, Ausbeutung und um Selbsthilfe in genossenschaftlicher Form zu führen.
Die traditionelle Bedeutung der Gewerkschaften ist die Bekämpfung der Unterdrückung am Arbeitsplatz. Die Diskussion um die Organisation der Gegenmacht im Staat hat in Italien und Frankreich bei den Gewerkschaften schon begonnen. In diesen Ländern liegt eine viel größere Erfahrung vor.

Mitbestimmung

In der BRD muß von den selbstverwalteten Betrieben mit der Auseinandersetzung über Mitbestimmung und Selbstverwaltung ganz von vorne begonnen werden. Mitbestimmung und Selbstverwaltung erscheinen uns als Gegensätze. Bei der Mitbestimmung nimmt die Arbeiterschaft bestenfalls paritätisch Einfluß auf Investitionen und Arbeitsverhältnisse. Selbstverwaltung dagegen heißt, daß nur die Produzierenden bestimmen, daß sie nicht von Profitinteressen eines anderen bestimmt werden können. Hier müssen wir eine Auseinandersetzung mit den Kollegen und Genossen in Betrieb und Gewerkschaft beginnen.
Bei Betriebsstillegungen und Unternehmensliquidierungen gibt die Mitbestimmung erfahrungsgemäß keine Hilfe. Die Forderung nach Selbstverwaltung wird hier existentiell. Genossenschaftler und Gewerkschafter müssen ihre Erfahrungen austauschen.

Selbstverwaltung

Als Betriebe in Selbstverwaltung gelten in der BRD vor allem Photo Porst und Süßmuth. Beide erscheinen uns jedoch als von oben verordnete Formen der Selbstverwaltung, die ohne Kampf der Kollegen im Betrieb auch kein Bewußtsein verändern können. Genossenschaften sind ursprünglich als Selbsthilfeorganisationen der Arbeiterklasse entstanden. Schwierigkeiten, die zu ihrer Degeneration — teilweise in kapitalistische Großbetriebe — führten, waren einerseits der massive Druck der kapitalistischen Konkurrenz, andererseits aber auch mangelndes Bewußtsein der Kollegen selbst.

Verlust der Solidarität durch materielle Vorteile und schließlich der Übergang der Verfügungsgewalt an Nichtproduzenten haben die Gebilde geschaffen, die sich heute als Vertreter der Genossenschaften fühlen: Bank für Gemeinwirtschaft, Edeka, COOP und wie sie alle heißen.

Die Genossenschaften haben zur Selbstverwaltung das gleiche platonische Verhältnis wie etwa Helmut Schmidt zum Sozialismus.

ANSPRUCH UND WIRKLICHKEIT IM SELBSTVERWALTETEN BETRIEB

(Auszüge aus: Basis Nr. 5, Zeitung für Selbstverwaltung, Febr./März 1981, hrsg. von der ASH Frankfurt und der Schäfereigenossenschaft Finkhof eG.)

Arbeitssituation

In allen 3 Bereichen traten so ziemlich die gleichen Schwierigkeiten auf. Man mußte einsehen und erkennen, daß auch wir in erster Linie wirtschaftlich produzieren müssen und den Raum, der uns noch bleibt, zur Verbesserung der Arbeitssituation oder der Qualität der Produkte nutzen können. Es waren zeitweise sehr aggressive Auseinandersetzungen über Sinn und Unsinn eines Betriebes, der einfach so hohe Festkosten hat (Steuern, Abzahlungen, Sozialversicherungen, Berufsgenossenschaft usw.), die erwirtschaftet werden müssen.

Die emotionale Situation untereinander wurde immer schlechter, Leute, die keine engeren Beziehungen in der Gruppe hatten, konnten ihre Probleme kaum bereden. In der großen Gruppe wurde viel nicht angesprochen.
Von dem Anspruch, daß die Gruppe emotionale Pfeiler für den einzelnen haben sollte, war nichts mehr übriggeblieben. Einige haben für sich privat einen anderen Rahmen geschaffen. (eigenes Zimmer, feste Beziehungen).
Aber in der Großgruppe, beim Plenum, sollte es ganz anders sein, und das ging nicht. In Diskussionen kam man nicht weiter, weil zwei unterschiedliche Meinungen da waren.
Das kompromißlose gemeinsame Leben und Arbeiten — alles sollte in der Großgruppe gelebt und besprochen werden.
Dann die andere Ansicht, gemeinsam Arbeiten und gemeinsam Leben, aber nicht unbedingt in einem Haus und auch so, daß man miteinander reden kann, ohne die Großgruppe. Daß auch private Sachen akzeptiert werden, man seine Bedürfnisse nicht nur nach der Gruppe richten muß.
In Diskussionen über eine zweite Wohngruppe fühlten sich einige rausgeschmissen, es herrschte auch die Angst, daß, wenn wir nicht mehr alle zusammenwohnen, die ganze Genossenschaft auseinanderbricht, oder sie für einen Teil von uns dann nicht mehr interessant war. Viele hatten auch keine Vorstellungen, wie es überhaupt aussehen sollte, zumindest sprachen sie sie nicht aus.
Inzwischen hat sich die Situation bei uns soweit wieder geklärt. Wieder sind Leute weggegangen, so daß sich die Diskussion über eine zweite Wohngruppe im Moment erübrigt hat.
Man kann wieder miteinander reden, ohne sich nach dem zweiten Wort zu streiten. Aber eine Lösung haben wir nicht gefunden — die gegensätzlichen Meinungen sind nach wie vor vorhanden.

Kneipengruppe

Beschrieben wird die Situation in der 4-köpfigen Kneipengruppe, die eine 150 Jahre alte Wirtschaft mit 60 Sitzplätzen in Arnach (Oberschwaben) betreibt.

"Wir sind eine Freßkneipe", so ist jetzt die Situation, eine Erkenntnis, die einem voll und ganz klar macht, von was man abhängig ist und wie man sich in Zukunft zu verhalten hat. Ein Zustand, den bei der Eröffnung im September 79 sich bestimmt niemand gewünscht hatte, der sich langsam aber sicher zwangsläufig ergab. Geplant war eine gemütliche Wirtschaft, in die alle kommen konnten, in der wir über unser Zusammenleben und -arbeiten mit den Gästen schwätzen konnten, in der der Bauer von nebenan genauso seinen Schoppen trinken kann, wie auch der Schüler aus der benachbarten Kleinstadt eine Kleinigkeit essen konnte.

Preise wurden unserem Geldbeutel angepaßt (so kostet 1/2 Bier 1,60 DM), so daß das Schaffen nicht von einem schlechten Gewissen getrübt wurde. Kurzum, wir waren und sind vielleicht mehr Gast als Wirt, geplagt von der Angst, so wie viele andere Wirte seine Mitmenschen auszubeuten. Unser Gewinn sollte nur unseren eigenen Verbrauch decken, welcher auf ca. 400,– monatlich geschätzt wurde. Dieses Ziel und nicht mehr wurde auch erreicht.

Ich selber stieß erst einen Monat nach der Eröffnung zur Kneipengruppe. Für mich schien der Bereich Kneipe am attraktivsten, weil man relativ viel Freizeit hatte, das Haus selber viel Möglichkeiten bot und die 4-köpfige weibliche Kneipengruppe mit am sympathischsten war. Damals machte es noch ungeheuer Spaß, neue Gerichte auszuprobieren, am Wochenende durch die Kneipe zu flitzen und zu bedienen oder nachts um 1.00 Uhr das Geld zu zählen und sich über 400.-- DM zu freuen.

Wir sonnten uns in unserer eigenen Attraktivität. Am Sonntag hatten wir einen Bauernschoppen, die Leute beobachteten uns genau und auch mit Lob von ihrer Seite wurde nicht gespart. In der Küche wurde am Anfang mit einem Minimalaufwand gearbeitet, keine Spülmaschine, zwei kleine Haushaltsherde und ein kleiner Grill. Die dauernde Spülerei nervte am meisten, vor allem am Sonntag war einer voll und ganz damit beschäftigt zu spülen. Entweder ging das Besteck aus, die Teller oder das Essen.

Im Februar wurde dann die erste Gewerbemaschine in die Küche gestellt, eine Spülmaschine, Modell uralt. Der metallische Klotz macht einen Heidenlärm und hebt den gesamten warmen Eindruck der Holzeinrichtung auf, die Zu- und Ableitungen tun ihr übriges. Größter Vorteil: nach 2 Minuten ist alles sauber, die Arbeitserleichterung ist enorm. In dieser Zeit liegt wohl auch ein Bewußtseinswechsel, der sich bis in den Sommer vertiefte. Vom "Hobby" zu einem Gewerbebetrieb, auf dessen Einnahmen die Gruppe dringend angewiesen war und ist. Die eigene Entfremdung wurde durch einen mehrmaligen Publikumswechsel unterstützt. Von unseren Preisen wurden immer mehr Leute angezogen, Leute, die sonst DM 20.– mehr für's Essen hinblättern, Leute, die ihren 450er Benz vor unserer Tür parken, Leute, die auf jeden Fall was essen wollen.

Mit so einem Ansturm hatten wir nicht gerechnet, immer öfter mußten Genossen/innen aus den anderen Arbeitsbereichen aushelfen. Wir mußten uns fragen, für wen oder was wir eigentlich schaffen.

Eine von uns steckte es, eine andere wurde schwanger und die Zeit, in der man nichts mit der Wirtschaft zu tun hatte, schrumpfte. Das Wort Selbstausbeutung tauchte auf. Zusätzlich entwickelte sich eine Diskussion nach einem gerechten Stundenlohn.

2,– DM in der Stunde ist dann doch jedem zu wenig, Urlaubsgelder konnten nicht gezahlt werden.

Innerhalb eines Jahres hatte sich die Kneipe als wirtschaftliche Notwendigkeit für die Gruppe entwickelt, entziehen kann man sich kaum noch. Nachgelassen hat die Auseinandersetzung mit dem Publikum und die Organisation von Veranstaltungen. Zur Zeit sind Auseinandersetzungen innerhalb der Gruppe eh' vorrangig. Bleibt für mich die Frage, was uns noch von jedem x-beliebigen Wirt unterscheidet, außer der gemeinsamen Organisation von Ein- und Verkauf. Einzeln schaffen muß man eh schon lange. Unsere erste Konsequenz ist eine Erhöhung der Preise; weitere Rationalisierungen, die einem wieder mehr Zeit zur Erholung ermöglichen, werden nicht ausbleiben.

Zur Situation in der Spinnerei

Den neben Kneipe und Schäferei dritten Betriebszweig der Schäfereigenossenschaft überhaupt noch als Spinnerei zu bezeichnen ist inzwischen fragwürdig geworden. Zwar sind alle sechs aus der Arbeitsgruppe mal mit dem Anspruch angetreten, alles selbst zu machen, also den gesamten Produktionsprozeß selbst zu bestimmen und in der Hand zu haben vom Schafescheren bis zum fertigen Wollfaden einschließlich dem Verkauf, eben so, wie es noch immer auf den Banderolen steht: selbst geschoren, -kardiert, -gesponnen, -gehaspelt und verkauft.

Als ich im Februar dieses Jahres zur Gruppe kam, waren schon einige Kompromisse eingegangen worden. Unsere Schafherde war, um wirtschaftlich zu sein, auf ca. 1000 Schafe (davon 650 Mutterschafe) aufgestockt worden; es war unmöglich, die anfallende Wolle selbst zu waschen.

Also vergab man diesen Arbeitsgang an eine Wollwäscherei. Trost war, daß das als Qualitätsmerkmal unserer Wolle geltende Wollfett Lanolin noch bis zu 5% erhalten bleibt. Der Wollumsatz steigerte sich nicht nur wegen der Vergrößerung der Schafherde. Seit 1979 der Landgasthof Adler in Arnach als Wohnhaus für die ganze Gruppe und als neuer Arbeitsbereich Kneipe gekauft worden ist, haben wir beträchtliche monatliche Abzahlungsverpflichtungen, die auch zum Teil über den Wollumsatz gedeckt werden müssen.

Die jetzt erforderliche Produktion ist jedoch mit der maschinellen Ausstattung der Spinnerei nicht mehr zu bewältigen. Kapitalmangel hatte die Gruppe beim Aufbau der Spinnerei vor 2 Jahren dazu gezwungen, 70 Jahre alte Maschinen zum Schrottpreis zu kaufen.

Damals hatte man gedacht, diesen Mangel durch Mehrarbeit und Improvisation wieder wettzumachen. Inzwischen mußten wir im doppelten Sinne viel Lehrgeld bezahlen. Dauernde Produktionsausfälle, kostspielige und zeitaufwendige Reparaturen, die wir zwar meist selbst ausgeführt und wo einige von uns viel gelernt haben, zwangen uns immer wieder die Frage auf, ob wir einer Illusion nachjagen oder ob und wie lange wir auf dieser Durststrecke durchhalten sollen. Schließlich waren wir gezwungen, unsere Wolle an eine andere Spinnerei zur Verarbeitung abzugeben. Zwirnen, haspeln, banderolisieren und verkaufen machen wir noch selbst. Als dann im Frühjahr der Reinhold aus der Spinnerei wegging, unter anderem auch aus Enttäuschung über seinen Arbeitsalltag, kamen wir nicht mehr drumherum, uns grundlegend damit auseinanderzusetzen, was wir unter den gegebenen Bedingungen können und wollen.

Im Zuge dieser Diskussionen, die sich über Monate hinzogen, haben wir eine Kosten- und Zeitrechnung aufgestellt, die uns schmerzlich folgende Tatsachen vor Augen führt: Wenn wir so viel Wolle umsetzen wie bisher, sind gerade unsere Betriebs- und Lebenshaltungskosten gedeckt. Wollen wir irgendwas investieren, z.B. neue Spinnmaschinen kaufen, ein anderes Gebäude für die Spinnerei herrichten, da unser Pachtvertrag in 2 Jahren ausläuft, müssen wir mehr umsetzen. Verkaufen wir mehr, bleiben uns nur ein paar Wochen im Jahr zum Selberspinnen, vorausgesetzt, die Maschinen funktionieren, da mehr Zeit zum Verkauf und zum Zwirnen und Haspeln der Wolle benötigt wird.

Knallhart ausgedrückt heißt das, Spinnen, also Produzieren, ist nur noch unser Hobby, stattdessen Handel mit unserer eigenen, aber von jemand anders versponnenen Wolle unsere Hauptbeschäftigung.

Um die notwendigen Wollmengen abzusetzen, haben wir weitere Abstriche an unseren Ansprüchen machen müssen: Wir verkaufen nicht mehr alles selbst, sondern lassen uns ein auf den Zwischenhandel über Läden. Für die Wollkunden bleibt der Preis gleich. Wir geben die Wolle billiger an Läden ab, verdienen aber immer noch mehr, als wenn wir die Wolle nicht verkaufen würden.

Nachdem wir vom Arbeitsbereich Spinnerei uns mit den Realitäten eingerichtet haben, bleibt noch der Anspruch, unsere Kunden, die sich oft auch aufgrund des politischen Werbemittels "Selbstverwaltung, eigene Produktion" für unsere Wolle entschieden haben, mit den Realitäten zu konfrontieren, d.h. andere Banderolen und Infozettel zu drucken.

Einige aus der Spinnerei haben Jahre Zeit gehabt, die ihnen die Unhaltbarkeit unserer Ansprüche Tag für Tag vor Augen führen. Manchmal scheint mir, als fiele es ihnen leichter, sich mit den jetzigen Arbeitsbedingungen abzufinden. Ich hatte nur einige Monate Zeit, bin ziemlich verunsichert und hab zur Zeit mehr Fragen als Antworten: Ist es zu vertreten, daß wir, genaugenommen, deswegen Profit machen, weil wir die Arbeiter der Spinnerei, an die wir unsere Wolle geben, ausbeuten?

Man sagt mir darauf, daß ich dann auch kein Kleidungsstück anziehen, kein Auto fahren kann, was in einem kapitalistischen Betrieb hergestellt wurde. Ich weiß auch, daß wir auf keiner Insel leben. Aber worin unterscheidet sich unser Handel noch von normalem Handel? Klar, unser Profit macht keinen Einzelnen reich, ist gedacht zum Aufbau der Genossenschaft. Heiligt damit also der Zweck die Mittel oder ist das ein auf ein paar Jahre begrenzter, vertretbarer Kompromiß? Sollen wir den Kapitalismus mit seinen eigenen Mitteln schlagen; verändern wir uns dann aber nicht auch durch den Gebrauch dieser Mittel?

Was verändern wir an den gesellschaftlichen Zuständen, wenn wir uns soweit anpassen?

Wie sieht die Alternative aus? Ist radikalere Verweigerung möglich, sinnvoll?

Brunhilde

Hallo, wer ist hier eigentlich der Chef?

Aus: Leupolz, Wilfried: Der lange Marsch zum kollektiven Leben. Schäfereigenossenschaft Finkhof, Weingarten 1983, S. 144 - 147

Hierarchie, Rang oder Hackordnung gibt es überall wo wir nur hinschaun: In der Familie, Schule, im Betrieb etc., unser ganzes Leben scheint unausweichlich auf Herrschaft aufgebaut zu sein.

Und wie stehts bei uns? Wir, die wir aus dem Betrieb, aus der Uni oder was sonst noch ausgestiegen sind, weil wir niemanden über oder unter uns haben wollten, sondern viele neben und mit uns, deswegen Leben und Arbeiten selbst organisiert haben, nach dem Motto "Chef nein danke!" Hierarchie? , igitt, niemals — oder vielleicht doch? ?

Auf dem Betriebszeitungstreffen vom 19. und 20. Mai auf dem Finkhof wurde dieses heiße Eisen leidenschaftlich diskutiert. Ausgehend von einem persönlichen Bericht, der Hierarchie als — laut Duden — feste Rangordnung definierte und sie als negativen Bestandteil unserer Gemeinschaften darstellte, wurde versucht, ein Bild vom Geschehen in den einzelnen Gruppen zu vermitteln.

Anhand von praktischen Beispielen wurde im Lauf des Gesprächs deutlich, daß Hierarchie oft durch die Funktionen, Fähigkeiten und Erfahrungen der einzelnen Gruppenmitglieder vorgegeben ist. Beispielsweise entsteht in Gruppen mit großem wirtschaftlichen Leistungsdruck sehr leicht eine Rangordnung, die durch fachliche Fähigkeiten und einer unterschiedlichen Bewertung dieser gerechtfertigt wird.

Diesen Druck als Klein- oder Mittelbetrieb bestehen zu können scheint uns zu zwingen, gewisse Arbeiten und Entscheidungen denen zu überlassen, die über die meiste Erfahrung und Qualifikation verfügen. Betriebswirtschaftlich gesehen spart dies Zeit, Nerven und Fehlschläge. Die Informationen sammeln sich bei den "Spezialisten" (je weniger desto gefährlicher und umgekehrt), sie halten die Fäden in der Hand. Die Folgen sind verfestigte Wissensvorsprünge und Erfahrungsunterschiede, Rollenverhalten setzt sich in der Gruppe fort. So wird z.B. der Arbeit im Haushalt und mit den Kindern weniger Wert beigemessen als "produktiven" Tätigkeiten, die das Geld einbringen, obwohl der Alltagskram genauso wichtig ist. Die Leute, die "was können" haben dann auch meist mehr zu sagen, ihr Wort hat mehr Gewicht.

Was nützt uns ein gesunder wirtschaftlicher Betrieb, wenn wir als Preis dafür einen kranken Körper, eine gestörte Psyche und eine zunehmende Vereinsamung zahlen müssen?

Daß hier nur das sonst in der Gesellschaft übliche reproduziert wird, liegt klar auf der Hand. Wir, die wir in der Regel 2 bis 3 Jahrzehnte all die Hierarchie und Verwaltung dieser Gesellschaft mitbekommen haben, werden nicht plötzlich neue Menschen, wenn wir uns zusammensetzen und gemeinsam unser Leben gestalten.

Wenn wir es gewohnt sind, durch praktische Leistung uns unentbehrlich zu machen, müssen wir lernen, daß es eben wichtig ist, unser Wissen auf mehrere zu verteilen und zu vermitteln. Das kann aber nicht aus so einer Art Meister oder Wohltäterrolle herauskommen, was die Rangordnung, wenn auch versteckt, nur bestätigen würde, sondern aus dem Bewußtsein, daß gemeinsames Handeln die "Führungsspitze" nicht nur entlastet, sondern auch das Selbstwertgefühl der ganzen Gruppe steigert, z.B. wenn eine/r auch mal entbehrlich ist und die Gruppe dennoch aktionsfähig bleibt.

Wenn die "Alternativmanager" Magengeschwüre bekommen und meinen, ohne sie ginge es nicht, verhindern sie, daß sich die anderen genauso in die Materie einarbeiten. Es ist zwar toll, wenn man der einzige ist, der etwas weiß und damit auch entscheiden kann; es steht aber im totalen Widerspruch zur Gleichberechtigung. Denn Wissen ist gleich Macht.

Ebenso wie die Bereitschaft zu denken und zu planen für andere, ist die Bereitschaft da, sich verplanen zu lassen und sich der Meinung des Vordenkers anzuschließen. Die Hierarchie hat immer zwei Seiten, und nur wenn es allen gelingt, diese Mechanismen zu erkennen und anzusprechen, ist es möglich, Machtverhältnisse abzubauen.

Durch unser Gespräch zeigte sich, daß Gruppen, die nicht nur gemeinsam arbeiten, sondern sich auch als Lebensgemeinschaften verstehen, das Problem leichter in den Griff bekommen können. Denn wenn ein Mensch nicht nur in der Funktion als Mitarbeiter wahrgenommen wird, sondern auch Freud und Leid des restlichen Lebens mit den anderen teilt, entwickelt sich leichter ein freieres Verhältnis. Um mich in der Gruppe frei zu entfalten, brauche ich Selbstvertrauen und Bestätigung. Wenn die Wahrnehmung und Bewertung nur über die Arbeit stattfindet, sehen wir nur kleine Teile der menschlichen Fähigkeiten und Möglichkeiten.

Je besser eine Gruppe über ein gemeinsames politisches Engagement, über kulturelle Veranstaltungen, über das "nach außen gehen", aber auch über Aktionen in der "Freizeit" (Sport, Spiel, Entspannung, also nicht nur Stress haben, auch mal schöne Sachen miteinander machen) zusammenkommt, desto weniger verhärten sich die Strukturen und die verschiedensten Veranlagungen, Interessen und Fähigkeiten kommen zur Geltung.

Wenn wir uns als Gruppe isolieren, nach außen abgrenzen und uns damit nicht kritisierbar machen, stehen dem Psychoterror Tür und Tor offen. Durch den Mangel an Auseinandersetzung entsteht eine Art geistiger Inzucht, in der sehr leicht "Führerpersönlichkeiten" entstehen und sich halten können, die mit ihren Ansprüchen den Rest unter Druck setzen, ohne daß ein Gegengewicht geschaffen wird und sich neue Perspektiven eröffnen.

Auch wenn eine Gruppe alle wichtigen Entscheidungen über das Plenum fällt, ist noch lange nicht gesagt, daß sich keine Hierarchie entwickelt. Wenn die einen hemmungslos Power geben und die anderen sich nicht getrauen, dagegen anzugehen, kann schon wieder eine kleine Gruppe ihren Willen durchsetzen, was sich an den sprachlichen Fähigkeiten Einzelner festmacht. Auch hier liegt es an beiden Seiten, die Verhältnisse zu verändern, Freiheit wird einem nicht geschenkt, wir müssen sie uns nehmen und ständig darum bemüht sein, sie nicht wieder zu verlieren oder an andere abzugeben.

Aber nicht nur unsere unselbständige Erziehung und der ökonomische Druck stehen der Auflösung von Rangordnungen entgegen. Oft ist es die sensationsgeile Öffentlichkeit, die nur darauf wartet, daß die hohen Ansprüche vom Leben ohne Chef nicht verwirklicht werden, um dann hämisch die alte Leier anzustimmen vom Herdentier, das seinen Leithammel braucht, etc.

Gerade dieser Leistungsdruck, beweisen zu wollen, daß es auch anders geht, daß wir uns schon hundertprozentig verändert haben, macht uns oft blind für die Realität, nach dem Motto: "Es kann nicht sein, was nicht sein darf."
Diese Verdrängung schafft nicht nur schlechte Gefühle der Gruppenmitglieder untereinander, weil das Tabu nicht angesprochen werden darf, keine Offenheit über die persönlichen Schwierigkeiten entstehen kann, und somit auch keine Veränderung der Gruppenstruktur möglich ist, sondern führt letztlich zum Ausstieg Einzelner, wenn nicht gar zur Auflösung der ganzen Gruppe. Dies wiederum würde nur die herrschende Meinung bestätigen. Ohne ein Eingeständnis unserer eigenen Schwierigkeiten verändert sich nichts.
Lassen wir die anderen doch ruhig mal mit dem Finger auf uns zeigen; wenn sie sehen, daß wir auch nur Menschen sind, wird für sie unser Weg nur nachvollziehbarer und glaubwürdiger.
Daß die Projekte mehr oder weniger nah auf ihrem Weg am Ziel einer herrschaftslosen Gemeinschaft sind, ist nur natürlich. Machen wir uns durchsichtig und punktuell angreifbar, um unsere Ideen im Ganzen verwirklichen zu können!
PS.: Im Zuge der ganzen Diskussion um die Hierarchie wurde deutlich, daß die Abläufe zwar überall ähnlich, aber trotzdem nicht nur durch einen Faktor bestimmt sind. Wenn wir unsere Persönlichkeit in die Arbeit und in das Zusammenleben einbringen, brauchen wir uns nicht wundern, wenn unsere subjektiven Schwierigkeiten darin wieder auftauchen.
Wir vom "Betriebszeitungstreffen" wollen deswegen zukünftig Kisten wie Konkurrenz, Eifersucht und geschlechtsspezifisches Rollenverhalten diskutieren und dazu Beiträge in der Betriebszeitung veröffentlichen. Wir hoffen, daß manche versprengte Gruppe hierdurch Anregung und Mut zur Auseinandersetzung bekommt.

Mike

Genossenschaftliche Selbstverwaltung

Wir haben uns die Rechtsform der Genossenschaft gegeben, da sie unseren Vorstellungen von Eigentum und Mitbestimmung am meisten entsprach. Sie bot die Möglichkeit, erlebte Geschichte mit neuen alternativen Lebensformen zu verbinden. Es hat uns begeistert, welch breite Basis die Genossenschaftsbewegung zwischen 1903 und 1933 hatte und wie viele der Ideen und Ideale sich bei uns wiederfanden.

Selbstverwaltung der Betriebe, gemeinschaftliche Selbstversorgung bei Umgehung des Marktes, Kooperation statt Konkurrenz, gleiches Stimmrecht für Mann und Frau u.v.m.

Wir, das ist die Schäfereigenossenschaft Finkhof e G., mit 4 großen Arbeitsbereichen: Schäferei, Spinnerei, Laden und Gaststätte, angegliedert ist noch eine betriebliche Holzwerkstatt, eine Autowerkstatt für unseren Schrott und eine Wollfärberei.

So nebenbei arbeiten wir in unserem kleinen Garten und halten Geflügel, Hasen und Schweine.

Vor 6 Jahren dachten viele in unserem Projekt, wir könnten mit der Form der Genossenschaft als Gruppe eine Entwicklung machen, die unserem Leben die Inhalte gibt, die wir wollten. Gleichberechtigung, Mitbestimmung, gleicher Besitz von allen sollte durch diese Form für immer festgelegt sein. Unser Weg sollte nicht der vieler anderer Gruppen vor uns sein, die vergaßen die Eigentumsfrage zu klären und dann irgendwann vor einem Scherbenhaufen saßen. Gedanken über Sozialismus sollten Praxis werden, weit entfernt von dem real existierenden.

Am Anfang war es uns auch wichtig, immer wieder in der Gruppe darüber zu diskutieren, was bei den damaligen Genossenschaften falsch war und was wir unbedingt vermeiden müßten.

Ein wichtiger Faktor aus dieser Diskussion war, daß wir zusammen leben wollten, um eine gemeinsame Entwicklung zu machen, unser Konsumverhalten zu ändern, politisch zusammenzuarbeiten, intensivere Beziehungen untereinander zu haben, eine neue Kultur zu schaffen.

Inzwischen hat sich einiges daran geändert, unser Lebensstandard steigt stetig, wenn auch gering.

Selbstversorgung ist bis jetzt ein Traum geblieben. Und für viele ist das Prinzip "Gruppe" zu hart und eintönig. Sie wollen mehr individuelle Freiheit. Trotzdem oder auch gerade deshalb bleiben wir zusammen, oft umgarnt von den süßen Möglichkeiten eines bequemen Lebens in dieser Gesellschaft.

In den Anfangsjahren war es oft so, daß wir lieber über unsere Zukunftsträume geredet haben, als z.B. in die Disco oder ins Kino zu gehen. Geradezu romantisch für einen Außenstehenden, aber für uns abendliche Realität war das Zusammensitzen und scheinbar wie nebenher Socken zu flicken, Wolle zu banderolieren, Flugblätter über unsere Ideen zu formulieren und zu verschicken, Artikel zu schreiben und darüber zu diskutieren.

Die Plattenspieler waren weniger in Gebrauch – einige wurden auch abgeschafft, weil zu viele – kurzum, wir machten mehr gemeinsam Musik.
Für unsere Gemeinschaft wichtig ist sicher das zweimal in der Woche tagende Plenum, auf dem alle größeren Entscheidungen gefällt werden und besprochen wird, was die Woche über an Arbeit anliegt. Das regelmäßige Zusammenkommen der Genossen/innen sichert ein gleiches Informationsniveau, jeder soll mitreden können.
Bei normalen Genossenschaften ist die Mitgliederversammlung einmal jährlich; die Informationslücke also nicht zu füllen. Der neue Vorstand wird abgesegnet, bzw. der alte bestätigt. Die ehemaligen Ziele von Selbstverwaltung und Mitbestimmung sind verlorengegangen, außer dem Interesse am Profit ist nichts geblieben.
In den ersten Jahren kamen sehr viele bei uns vorbei, um einzusteigen. Eine Mitgliedschaft bei uns ist nicht davon abhängig, wie viele Anteilscheine jemand zeichnet, sondern vom menschlichen Verständnis. Es kommt darauf an, ob die Vorstellungen von gemeinsamem Leben und Arbeiten unseren entsprechen. Deckt es sich, kann er erst einmal bleiben, so lernen wir uns näher kennen und nach etwa 1 Jahr reden wir dann über den Eintritt in die Genossenschaft.
In diesem Zusammenhang kann ich auch gleich noch etwas über den Austritt aus der Genossenschaft sagen. Jeder Genosse/in, der/die mehr als zwei Jahre da war und geht, bekommt inzwischen pro Jahr ca. 1000 DM aus der gemeinsamen Kasse ausbezahlt. Das ist zum einen nicht viel, gemessen an der jährlichen Arbeitsleistung, aber eine höhere Summe würde zum Ausbluten des Projektes führen. Bei einer niedrigeren käme sich jeder, dessen Interessen sich nicht mehr mit denen der Gruppe decken, ausgenutzt vor. Ein Ausscheiden trifft uns oft hart, was hat man falsch gemacht? Aber es ist schon alles zu spät, der Zug ist meist schon abgefahren. Solche Situationen zerstören für eine Zeitlang die kontinuierliche Arbeit.
"Wie auf einem Bahnhof", ist eine gängige Aussage, und derjenige mit tieferen persönlichen Bindungen zu dem Ausscheidenden fühlt sich selber angegriffen und verletzt. So hat die herrschende Fluktuation zwei Seiten: sie bringt neue Ideen und Gesichter, aber zerstört auch persönliche Bindungen.
Besuch ist hier die Regel und unterwegs ist auch immer jemand.
Auf unseren Marktständen und Wolltouren in Großstädten verkaufen wir unsere Wolle und machen unsere Geschäftsform publik, mit all den Vorstellungen, die sich für uns damit verbinden. Gleichzeitig ist wohl jeder mal froh rauszukommen aus dem Trott.
Seit mehreren Jahren gibt es wieder regionale und nationale Treffen von Genossenschaften, Kommunen und selbstverwalteten Betrieben, die ihre Vorstellungen versuchen aufeinander abzustimmen, miteinander zu streiten, Erfahrungen und Leute auszutauschen, entstandene Beziehungen und Gefühle pflegen, Feste feiern – sich einfach sehen. Diese Treffen sind für uns wichtig als Kontrollfunktion, die ständige Auseinandersetzung über uns und unsere Genossenschaft kann schlußendlich die Angepaßtheit der unpersönlichen Großgenossenschaften ver-

hindern. (Es gibt ja auch neuerdings Genossenschaften, die sich aufgrund unseres Vorhandenseins neu gegründet haben; es ist einfach toll!)

Für solche neuen eingetragenen Genossenschaften spielt der Geno-Prüfer eine Schlüsselrolle. Seine Aufgabe ist es, die Buchhaltung jährlich zu überprüfen, da der Geno-Verband den einzelnen Genossenschaftler als Kontrollorgan vertritt. Im Prinzip eine sinnvolle Einrichtung, wenn es sich nicht um Genossenschaften wie unsere handelt, deren Mitglieder mit dem Aufsichtsrat und Vorstand identisch sind und alle Arbeiter auch Mitglieder sind. Vom Prüfer hängt es ab, ob man auch beraten wird oder auch geprüft.

Die traurige Wahrheit ist, daß aber Verband und auch der Prüfer im allgemeinen nicht das Geschichtsbewußtsein haben, die Produktivgenossenschaften, trotz ihrer Größe und Deckungsschwäche, als sinnvolle alternative Unternehmensform von Arbeitern, Bauern oder Handwerkern zur kapitalistischen Unternehmensform zu sehen.

Die Stärke des Verbands wird nicht durch die Zahl seiner Mitglieder, sondern durch Höhe seines Kapitals definiert. Somit wird jeder Neuzugang lieber einmal zu viel, als einmal zu wenig daraufhin geprüft, ob sein Besitz alle Grundlagen erfüllt und eine Eintragung möglich ist.

Moni

Im Sommer kann man Schafe nicht einfrieren

Die Alm der Finkhof-Gruppe im Allgäu und die vernagelte Alpen-Hütte

Von Roman Arens (z.Z. Oberstdorf)

"Aus persönlichen und politischen Gründen will der uns hier oben weghaben", sagt der gelernte Schreiner und Schäfer Günter Möhrle (29) über die Bemühungen von Erich Knoll (49), dem Vorsitzenden der Alpenvereinssektion Allgäu Kempten. Seit 1977 treibt die Schäfereigenossenschaft Finkhof, zu deren 22 Mitgliedern Möhrle gehört und die sich jetzt in ihrer Existenz bedroht sieht, ihre Schafe auf die Obere Mädele-Alp südlich von Oberstdorf im Bereich des 2271 Meter hohen Fürschießer.

Knoll, von Beruf Vorsitzender der 1. Strafkammer und der Jugendkammer beim Landgericht Kempten, wehrt sich: Dem Alpenverein gehe es nur um "die Erhaltung eines Stücks Allgäuer Landschaft und um den Schutz des Trinkwassers vor Verschmutzung durch die Schafe, Punkt."

In seinem erbitterten Kampf um die Herrschaft über die Obere Mädele-Alp sieht sich der Richter von den Behörden im Stich gelassen und wie auch in anderen Naturschutzfragen von seinen Parteifreunden nicht genügend unterstützt, so daß er im nächsten Jahr nach zwölfjähriger kommunalpolitischer Tätigkeit nicht wieder für die CSU zum Oberallgäuer Kreistag kandidieren will.

"Die schwärzeste Reaktion in Richterrobe aus Kempten hat es sich endgültig zum Ziel gesetzt, die Kommune aus den Bergen zu vertreiben," schreibt Schäfermeister Wilfried Leupolz (29) in seinem in Kürze erscheinenden Buch "Der lange Marsch zum kollektiven Leben". Jahrelang sei man umeinander herumgeschlichen, "im Waffenstillstand verharrend, unsere Löcher verteidigend" wie die zahlreichen Murmeltiere dort oben auf der Alm, wo die stark frequentierte Kemptner Hütte des Alpenvereins in 1846 Meter Höhe die Hütte der alternativen Schäfer zum unmittelbaren Nachbarn hat.

"Das Spiel, wer ist Murmel, wer ist Adler, wer pfeift, wer schlägt", so Leupolz, "war unklar." Doch im vergangenen Jahr ist der Streit offen ausgebrochen und wird seither heftig emotional auch in der Öffentlichkeit geführt.

Für Außenstehende überraschend, gehört ein gutes Stück Sympathie der konservativen, doch bodenständig-liberalen Allgäuer den Schäfern. Der Naturschutzreferent der Bergwacht Oberstdorf, Walter Molt, der sich mit einem Vermittlungsangebot durch Knoll der "Praxis östlicher Diplomaten" bezichtigt sah, schrieb: "Die Genossenschaft Finkhof verdient Respekt, erstens weil die jungen Leute beweisen, daß in der Landwirtschaft eine Zukunft liegt, zweitens weil sie mitgeholfen haben, die Schafhaltung im Allgäu wieder einzuführen."

Der offene, auf vielen Ebenen ausgetragene "Schafskrieg" fand vor zwei Wochen schlagartig überregionales Interesse, ausgelöst durch ein einfaches Wort: "Almbesetzung." In der Überzeugung, rechtens zu handeln, trieben die Genossenschaftler 300 Mutterschafe und 297 Lämmer durch den Sperrbachtobel, eine Schlucht, hinauf auf die Alm. Ihnen folgten über Schnee- und Geröllfelder, durch Bäche und Wasserfälle hindurch auf dem reizvollen Pfad, der zum Europawanderweg E 5 vom Badensee zur Adria und jährlich von 30 000 Bergfreunden benutzt wird, etwa dreißig Freunde.

Dort oben auf der Alm aber hatte schon jemand — auch in der Überzeugung, rechtmäßig zu handeln — die Tür der Schäferhütte mit einem neuen Schloß versehen und vernagelt. Dieses Werk, vollbracht von dem Wirt der Alpenvereinshütte, Ernst Wagner (40), beseitigten die Schäfer wieder. Seither leben sie dort oben und hüten ihre Schafe an den Hängen des Fürschießer.

Da sie nicht mehr wie früher die Materialseilbahn des Alpenvereins benutzen können, müssen ihnen ihre Genossen alles Lebensnotwendige per Rucksack auf dem beschwerlichen Weg hinaufbringen. So war der Finkhof-Schlosser Martin Ziegler (28) allein in zehn Tagen schon viermal auf der Alm, um dorthin Nahrungsmittel und wichtige Informationen über den Fortgang des Streits im Tal zu bringen.

Schon in Kürze wird sich herausstellen, ob es in dem Krieg der ungleichen Gegner eine weitere Eskalation oder möglicherweise doch eine Entspannung gibt. Alle Beteiligten geben sich kompromiß- und verhandlungsbereit, aber sprechen dies der jeweiligen Seite schlichtweg ab. Immer wieder ist davon die Rede, daß man sich zusammen an einen Tisch setzen müsse. Aber die gegenseitigen Appelle und Vorwürfe machen es derzeit noch unmöglich, sich auf die Verhandlungsgegenstände zu verständigen.

Man ist sich nicht einmal einig, wie man die Schafe zählt. Die Schäfer meinen: es zählen · nach altem Brauch und sinnvoller Praxis nur die Mutterschafe. Hüttenwirt Wagner will Schafe und ihre Lämmer addiert wissen, weil der Nachwuchs trotz geringeren Gewichts, aber mit spitzeren Hufen und unruhigerem Herumgerenne mindestens eine solche Belastung für die Wiesen darstelle wie die Mütter. Alpenvereinsfunktionär Ernst Knoll möchte Schafe und Lämmer zusammenzählen, aber wenigstens die Neugeborenen abrechnen.

Offen ausgebrochen ist der Konflikt an unterschiedlichen Pachtverträgen, die die Almeigentümer, Bauern aus dem Tiroler Holzgau, abgeschlossen haben. Die Bauern, die sich zur Agrargemeinschaft Sulztal und Mädele-Alp zusammengeschlossen haben, haben bei Abschluß der Verträge wohl etwas leichtfertig und mit zu engem Blick auf die erhofften Pachterträge gehandelt. Es gibt inzwischen nämlich vier einander teilweise ausschließende Verträge. Es wird zivil- und verwaltungsgerichtlich noch eine ganze Weile dauern, bis der angerichtete Verhau beseitigt ist.

Im vergangenen Frühjahr verpachteten die Holzgauer Bauern unter ihrem ehrgeizigen Obmann Walter Dengel die Jagdrechte an einen wohlhabend gewordenen Oberstdorfer Fliesenleger, der nicht nur Elche in Kanada, sondern auch fünf Gemsen auf der Mädele-Alp erlegen möchte. Den Pachtzins zahlte er gleich für sechs Jahre im voraus: 30 000 Mark.

In seinem Jagdpachtvertrag steht, daß er die "Älpung" (Weidenutzung) von maximal 450 Schafen bis zum 15. August hinzunehmen habe. Eine solche Begrenzung in der Zahl und in der Zeit würde die Schäfereigenossenschaft nach eigener Einschätzung ruinieren. Allerdings kann auch bezweifelt werden, daß der Jagdvertrag, der über die Köpfe der Betroffenen geschlossen wurde, bei einer gerichtlichen Überprüfung Bestand hätte.

Der zweite Vertrag wurde schon abgeschmettert. Unter Berufung auf das Almgesetz von 1932 lehnte das Landratsamt den Pachtvertrag ab, den Knoll für den Alpenverein mit den Holzgauer Bauern geschlossen hatte. Landrat Hubert Rabinis Begründung: "Bauernland in Bauernhand." Da der Jurist Knoll das Almrecht nicht mehr für gültig hält und dem Verfahren überörtliche Bedeutung beimißt, hat er das Verwaltungsgericht Augsburg angerufen.

Bei den beiden anderen Verträgen beabsichtigt das Landratsamt folgende Konditionen einzufügen: die Aussperrung stark erodierter Flächen am Fürschießer und die Begrenzung auf insgesamt 700 Mutterschafe und Lämmer. Dies würde wohl den Interessen von Hüttenwirt Wagner entsprechen, der mit den Holzgauern einen schriftlichen Almpachtvertrag abgeschlossen und dafür 3000 Mark bezahlt hat und zur Unterverpachtung an die Schäfer bereit ist.

Die Genossenschaft aber, die sich auf einen jährlich, auch für 1983 abgeschlossenen Handschlagvertrag (Pachtzins: 1000 Mark) beruft, würde bei einer solchen Begrenzung auf insgesamt 700 Tiere arg in die Bredouille geraten; denn Mitte Juli sollte eigentlich die zweite Herde mit 400 Mutterschafen und etwa 300 Lämmern, für die sonst kein Weidegrund zur Verfügung steht, auf die Alm geführt werden.

Der für die Almwirtschaft im bayerischen Landwirtschaftsministerium zuständige Ministerialrat Alois Kling ist zuversichtlich, daß es für die Schäfer Ausweichmöglichkeiten auf der Schwäbischen Alb oder auch im Allgäu gibt. "Es sind so viel Mannsbilder vor Ort mit so viel Fachwissen", sagte Kling, daß eine Lösung, "ein Kompromiß möglich sein müßte".

Das Ministerium, das sich offiziell aus dem Konflikt heraushält, setzt darauf, daß sich in einiger Zeit die "Profilneurosen auslaufen" und dann sowohl ordnungsgemäße Landwirtschaft wie auch Naturschutz ihr Recht erhalten. Doch reicht die Zeit? Sonja Kugler (27), erst Lehrerin, dann Holzmechanikerin, meint verbittert: "Wir können die Schafe nicht über den Sommer einfrieren."

Als einzigen Zweck bei dem Bemühen, "die Verfügungsgewalt über die Alpfläche zu bekommen", bezeichnet es Sektionsvorsitzender Knoll, über die Unterverpachtung an die Genossenschaft die Zahl der Schafe reduzieren zu können. Hier wird das Landwirtschaftsministerium hellhörig: Der Alpenverein dürfe sich nicht als "Behörde" für den Naturschutz aufspielen.

Die Schäfer nehmen dem Alpenverein die Naturschutz-Argumente von der Erosion, der Überdüngung, dem übermäßigen Verbiß und den Trittschäden durch Schafe überhaupt nicht ab. Sie rechnen damit, daß auf Dauer nach der Unterverpachtung die endgültige Kündigung käme, weil der Alpenverein wegen seiner überlasteten Kemptner Hütte ein Auge auf die Hütte der Schäfer geworfen habe.

Die ökologischen Argumente nehmen sie aus Überzeugung, aber auch aus praktischen Gründen für sich in Anspruch. "Wir machen doch nicht mit zu viel Schafen uns die Weide kaputt", sagt Sonja Kugler, "wir sind doch nicht blöd." Während vor 20 Jahren die Holzgauer noch 80 Stück Großvieh und bis zu 1150 Schafe auf die Alm getrieben haben, hält der Gutachter Paul Schwendinger 900 Schafe für "wirklich nicht zu viel", und gerade wegen der Erosion sei es "notwendig", die Schafe bis Mitte September oben zu lassen, bis der Graswuchs aufhört. Sollte eine von ihnen vorgeschlagene Kommission doch eine zahlenmäßige Begrenzung für geboten halten, wollen sie dem nachkommen.

Die Finkhof-Genossen sind auf die Allgäuer Weiden deshalb so angewiesen, weil sie ihre beiden Herden in einem ausgeklügelten Fahrplan zwischen Winter- und Sommerweiden, zwischen dem württembergischen Haslach und Königseggwald sowie der Oberen Mädele-Alp wandern lassen. "Wenn die Alm weg wäre", so Günter Möhrle, "bräche alles andere wie ein Kartenhäusle zusammen."

Die Schäferei ist der ökonomische Mittelpunkt der Genossenschaft, die eine halbe Million Mark Umsatz macht und in Arnach bei Bad Wurzach den Gasthof zum Goldenen Adler (Spezialität: Lamm und Hammel), Spinnerei, Färberei, Schreinerei und Landwirtschaft betreibt.

Der "Wille, etwas Neues zu schaffen, hier, jetzt, sofort", so begründet Wilfried Leupolz in seinem Buch die vielleicht jetzt in Bedrängnis geratende Genossenschaft. Solche "Ausstiegsversuche, die neue fortschrittliche Lebens- und Produktionszusammenhänge schaffen", sollen nach Ansicht des Schäfermeisters und früheren Chemotechnikers Keime einer "neuen Gesellschaft" sein.

FR Nr. 154 v. 7.7.1983

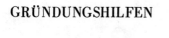

GRÜNDUNGSHILFEN

Übersicht zu diesem Kapitel

Der letzte Teil des Buches dient dazu, konkrete Gründungshilfen für die Rechtsform der Genossenschaft zu geben. Insofern enthält der erste Text, trotz aller Kritik an den gesetzlichen Bestimmungen und dem Verhalten der Genossenschaftsverbände — eine ideale Rechtsform für Alternativbetriebe gibt es nicht — ein positives Votum für diese juristische Konstruktion. Anschließend werden in einem tabellarischen Vergleich noch einmal die wichtigsten Unterschiede zwischen Genossenschaft und GmbH aufgezeigt, da letztere die mit am häufigsten gewählte Rechtsform für erwerbswirtschaftliche Alernativprojekte ist.

Im dritten Text werden praktische Ratschläge für die Gründung einer Genossenschaft gegeben, und ergänzend dazu liefern Beispiele erster Reaktionen von Genossenschaftsverbänden auf Gründungsversuche weitere Information. Es folgen zwei Satzungsbeispiele. Eine Satzung ist eng an die Mustersatzung angelehnt, aber mit weitgehender Entscheidungsmacht bei der Mitgliederversammlung. Aus den Ergänzungen dazu werden auch die Korrekturen durch den Prüfungsverband und das Registergericht deutlich. Die zweite Satzung weicht stärker von der Satzung der Genossenschaftsverbände ab.

Die letzten zwei Dokumente über die alle zwei Jahre stattfindende Prüfung und die Wirtschaftlichkeitskalkulation bei der Gründung mit Reaktion des Verbandes und Gegenreaktion der Genossenschaft verdeutlichen die entscheidenden Hürden der Rechtsform der Genossenschaft.

Burghard Flieger
Kritisches Plädoyer für die genossenschaftliche Rechtsform

"Die Genossenschaft kann sich nur proportionell zu den geistigen und morali-
schen Eigenschaften jener entwickeln, die ihr angehören."

Herbert Spencer

Zum Fehlen einer geeigneten Rechtsform für Selbstverwaltungsbetriebe

Selbstverwaltete Unternehmen in der Bundesrepublik haben mehr noch als in
anderen westlichen Ländern keinen dauerhaften Bestand. Sie scheitern entweder oder werden in "normale" hierarchische Betriebe umgewandelt. Dies kann
mit einem breiten Ursachenspektrum erklärt werden. Wichtig dabei ist sicherlich das Fehlen einer positiven Grundhaltung der unterschiedlichsten politischen
Strömungen, sei es von konservativer, liberaler, sozialdemokratischer oder auch
sozialistischer Seite. Eine oftmals unterschätzte Rolle kommt hierbei den recht-
lich-institutionellen Bedingungen zu. Sie sind nicht nur nicht förderlich, sondern
im starken Maße hinderlich für den Aufbau und die Erhaltung demokratischer,
alternativer Unternehmen. Dies wurde auch während der "Projektmesse 83" in
Oberursel bei Frankfurt vom 19. bis 28. August in vielen Diskussionen betont.
Auf diesem mit 100 Projekten bisher größten Treffen erwerbswirtschaftlicher
Alternativbetriebe in der Bundesrepublik war das Nichtvorhandensein einer
geeigneten Rechtsform für selbstverwaltete Betriebe ein entscheidender Kritik-
punkt. Die Beseitigung dieses Mankos wurde für wichtiger gehalten als die Lösung der Finanzierungsproblematik. Beides hängt allerdings oft zusammen. D.h.
bei einer gesellschaftsrechtlichen Absicherung der gleichberechtigten Stellung
aller Mitglieder eines Unternehmens ist der Erhalt sonst üblicher finanzieller
Mittel, beispielsweise über ERP-Programme, oder eine steuerlich günstige Gestaltung wesentlich erschwert. Zumindest in der Vergabepraxis werden Kollektivbetriebe durch entsprechende Richtlinien systematisch benachteiligt.1)

Die nun folgenden Überlegungen über die Rechtsformproblematik beziehen
sich ausschließlich auf erwerbswirtschaftliche Alternativbetriebe produktivgenossenschaftlicher Art. Darunter werden Betriebe verstanden, auf die die drei
wichtigen genossenschaftlichen Charakteristika zutreffen: das Identitäts-, das
Förderungs- und das Demokratieprinzip. Dies heißt: die Mitglieder sind gleichzeitig Eigentümer und Beschäftigte; nicht die Kapitalverwertung, sondern die
adäquate Verwendung und Ausweitung der individuellen Fähigkeiten und damit die Tätigkeitsinteressen stehen im Vordergrund und die Berücksichtigung
dieses Tätigkeitsinteresses des Mitglieds wird durch das Prinzip "ein Mensch
eine Stimme" gesichert. Jeder hat also, unabhängig von Kapitaleinlage, Alter,
Dauer der Betriebszugehörigkeit, Engagement oder Qualifikation, formal glei-

che Einflußchancen.

Kurzüberblick über die vorhandenen Rechtsformen

Von den vorhandenen Rechtsformen kommen für erwerbswirtschaftliche Projekte mit größerer Mitgliederzahl nur die Rechtsformen der GmbH und der Genossenschaft in Frage. Gewählt wird in den meisten Fällen die GmbH, nicht zuletzt aufgrund des hohen Informationsdefizits über die Genossenschaft. Steuerberater und Juristen kennen sich kaum mit dieser Rechtsform aus. Auch in einschlägigen Büchern für Nichtjuristen wird sie oft unterschlagen oder es findet sich nur ein knapper Hinweis darauf. 2) Zudem sind die wenigen Darstellungen meist verkürzt oder unzureichend. Seit Jahren gibt es im Buchhandel keine Broschüre, erst recht keine umfangreichere Schrift, die ausreichend in die Problematik der Genossenschaft einführt und die notwendigen Ratschläge und Hilfestellungen für Neugründungen gibt. Selbst in den von der IHK herausgegebenen Broschüren über Unternehmensneugründungen und der "Starthilfe-Fibel" des Bundesministeriums für Wirtschaft — oft der erste Einstieg in die Planung für den Aufbau einer ökonomisch selbständigen Existenz — wird die Rechtsform der Genossenschaft nicht erwähnt.

Personengesellschaften sind aus mehreren Gründen nicht geeignet. Sie verfügen über keine eigene Rechtsfähigkeit und bei voller gesellschaftsrechtlicher Gleichstellung haften alle Mitglieder mit ihrem gesamten Vermögen. Diese Vollhaftung ist zwar einschränkbar, aber nur durch eine Abschwächung der gesellschaftsrechtlichen Stellung, indem ein Teil der Mitglieder als stille Gesellschafter oder Kommanditisten einsteigen. Wird in solchen Fällen aber hinsichtlich Erfolg und Entscheidungskompetenz eine Gleichstellung vereinbart, greift der sogenannte Mitunternehmerschaftsparagraph. Dies bedeutet: die Einkommen aller Mitglieder gelten nicht als Lohnkosten und werden somit für die Berechnung der Gewerbesteuer von oft 15% herangezogen. Aus diesem Grunde mußte die Firma Behrens in Ahrensburg, eines der ersten und bekanntesten Beteiligungsunternehmen in der Bundesrepublik, 1967 die Rechte der Beschäftigten erheblich einschränken. 3) Nur so war die nicht mehr tragbare zusätzliche Belastung zu reduzieren.

Trotz der Ausgestaltung als juristische Person kommt auch der Verein als Rechtsform für selbstverwaltete Betriebe nicht in Betracht. Dabei wäre er von den Gestaltungsmöglichkeiten für gleichberechtigtes Arbeiten besonders geeignet. Es müßte allerdings hinsichtlich eines notwendigen Haftungskapitals Ergänzungsbestimmungen geben. Die Rechtsform des Vereins soll aber grundsätzlich ideellen Zielsetzungen vorbehalten bleiben. Wirtschaftliche Tätigkeit in großem Umfang ist Vereinen deshalb, abgesehen von der Unterhaltung sogenannter Zweckbetriebe, untersagt. Letztere dürfen nur eingerichtet werden, soweit sie für die Erfüllung der ideellen Zielsetzungen notwendig sind und nicht vorwiegend der Erwerbswirtschaft der Mitglieder dienen. 4) Dies kann zwar durch Anerkennung als Wirtschaftsverein durch das zuständige Regierungspräsidium genehmigt werden, ein solcher Status wird aber äußerst selten zugestanden.

Aus: Unter Geiern. Ein Leitfaden für die Arbeit in selbstverwalteten Betrieben und Projekten, hrsg. von der Arbeitsgruppe "Unter Geiern", Berlin 1982 (Fuchsi).

Ebenfalls aus den Überlegungen ausgeschlossen werden kann die Aktiengesellschaft, obgleich mit Hilfe vinculierter Namensaktien und stimmrechtsloser Aktien geeignete Gestaltungsmöglichkeiten vorhanden sind. Das für Selbsthilfeprojekte zu hohe vorgeschriebene Startkapital und die Einstufung als Prototyp einer kapitalistischen Firma dürften dafür ausschlaggebend sein, daß in der Bundesrepublik bisher kein Alternativprojekt in dieser Rechtsform existiert.

Aus den genannten Gründen steht für Betriebe, in denen gleichberechtigtes Arbeiten gesellschaftsrechtlich abgesichert werden soll, nur die Wahl zwischen GmbH und Genossenschaft zur Diskussion, 6) sieht man von den hier nicht erörterten Verknüpfungen unterschiedlicher Rechtsformen ab. Die weiteren Ausführungen in Form eines oft nur indirekten Vergleichs beinhalten ein kritisches Plädoyer für die Genossenschaft.

Vergleich von Genossenschaft und GmbH

Beiden Unternehmensformen gemeinsam ist: sie fungieren als juristische Person, ihnen stehen also selbständige Rechte und Pflichten zu. Sie können Eigentum beispielsweise an Grundstücken erwerben, Verträge abschließen und vor Gericht klagen oder verklagt werden. Zudem haften in beiden Rechtsformen die Mitglieder nur in Höhe ihrer Einlagen bzw. gezeichneten Anteile. Hier ergibt sich allerdings ein erster entscheidender Unterschied, der für die Genossenschaft spricht. Während das vorgeschriebene Mindeststammkapital bei der GmbH 50 000,-DM beträgt, von denen die Hälfte in Form von Sach- oder Geldwerten sofort eingebracht werden muß, besteht bei der Genossenschaft keine entsprechende Vorschrift. Hier kann und soll das haftende Kapital nach Art und Umfang der wirtschaftlichen Tätigkeit angemessen sein und angepaßt werden. Dies kommt dem Anliegen von Selbsthilfeprojekten wesentlich entgegen. Denn zu Beginn ihrer wirtschaftlichen Tätigkeit stehen meist keine umfangreichen Geldmittel zur Verfügung. Als entscheidendes "Kapital" oder besser Ressource für den Betriebsaufbau wird die unter- oder unbezahlte Arbeitskraft der Mitglieder eingebracht. Auch wächst das Ausmaß der wirtschaftlichen Tätigkeit und damit die Zahl der Mitglieder, die darüber ihr Einkommen erwirtschaften wollen, oft erst langsam an. Ein niedriges Stammkapital bedeutet deshalb eine Verbesserung der Startbedingungen. Es wirkt nicht als Gründungshemmschwelle wie bei der GmbH oder der Aktiengesellschaft. Eine Erleichterung für die Gründung stellt zusätzlich die geringe Mindesteinzahlung dar, die nur 10% der gezeichneten Anteile ausmacht. Der Rest kann und muß durch die erwirtschafteten Überschüsse aufgestockt werden.

Eng damit zusammen hängt die Flexibilität des Stammkapitals bei der Genossenschaft. Es kann mit dem Ein- oder Austritt von Mitgliedern steigen oder fallen. Die Rechtsfähigkeit der Genossenschaft hängt also im Gegensatz zur GmbH nicht von der Höhe des Stammkapitals, sondern der Zahl der Mitglieder (mindestens sieben) ab. Der Bestand einer Genossenschaft wird nicht gefährdet, falls bei Austritt eines Mitgliedes dessen Anteil nicht mehr als haftendes Eigenkapital gelten und nicht kurzfristig ersetzt werden kann. Dies trifft aber für die GmbH zu, wenn das Stammkapital "nur" 50.000 DM beträgt und die übriggebliebenen Gesellschafter nicht in der Lage sind, das abgezogene Kapital zu ersetzen – ein für Alternativbetriebe realistischer Fall.

Außerdem ist die Fluktuation von Mitgliedern, ein mit zunehmender Beschäftigtenzahl wichtig werdender Aspekt, bei der GmbH umständlich und kostspielig. Bei der Genossenschaft reicht eine Aus- bzw. Eintragung in die beim Amtsgericht vorliegende Liste der Mitglieder aus. Dagegen müssen Mitgliederveränderungen bei der GmbH im Handelsregister vermerkt und notariell beglaubigt werden. Letzteres gilt auch für durch solche Veränderungen bedingte oder davon unabhängige Stammkapitalveränderungen. Die hiermit verknüpften Zahlungen von Notargebühren können auf Dauer beträchtliche Ausmaße annehmen. Die Verfügung über Eigentum und die Möglichkeit der Entscheidungsbeteiligung wird über formale Regelungen und vorgegebene Rechtsstrukturen wesentlich beeinflußt. Sie kommen besonders im Konflikfall zum Tragen, indem durch sie Konfliktverlauf und -lösung entscheidend geprägt werden. Zusätzlich spielt auch die Intention, mit der ein Unternehmen gegründet wird, eine nicht zu unterschätzende Rolle. Für die Absicht gleichberechtigten, solidarischen Zusammenarbeitens aber hat die Rechtsform der Genossenschaft eine lange Tradition. Unterbrochen wurde diese Tradition durch die Herrschaft der Nationalsozialisten. 7) Zudem wird sie in der Bundesrepublik seit Ende der fünfziger Jahre zunehmend durch ökonomische Überlegungen und den Prozeß der schleichenden Entmündigung der Genossen überdeckt, teilweise sogar unterschlagen, und geriet so fast in Vergessenheit. Trotzdem weckt der Begriff genossenschaftlich bzw. Genossenschaft fast durchweg noch positive Assoziationen. Von daher ist es kein Zufall, daß seit der Gründung von Alternativbetrieben über ein Wiederaufleben des genossenschaftlichen Denkens gesprochen wird.

Einige Projekte, wie die Grethersche-Grund-Genossenschaft in Freiburg oder die Tübinger Handwerkergenossenschaft, bezeichnen sich sogar als Genossenschaft, obgleich sie diese Rechtsform nicht angenommen haben. Dies weist ebenso wie eine Entscheidung für die juristische Form auf ein Anknüpfen an die genannte Tradition hin. Gleichzeitig bedeutet es eine gedankliche Selbstverpflichtung auf die mit dieser Tradition verbundene Grundeinstellung, den früher oft zitierten Genossenschaftsgeist. Auch erfolgt eine Bindung an daraus abgeleiteten Verhaltensweisen wie solidarischem und kooperativem Handeln. Dies kann für die innerbetrieblichen Umgangsformen und einer entsprechenden Konflikthandhabung erhebliche Auswirkungen haben, zumal auch von außen herangetragene Erwartungshaltungen einen sanften "Druck" in diese Richtung erzeugen. Insofern ist die Genossenschaft mehr als alle anderen juristischen Formen der auch als Moralökonomie 8) bezeichneten Wirtschaftsweise von Alternativprojekten angemessen.

Die genossenschaftliche Rechtsform erfuhr mit der Novellierung von 1973 eine weitere Anpassung an die Kapitalgesellschaften GmbH und Aktiengesellschaft. 9) Aspekte dieser Anpassung sind: die Verstärkung der Autonomie des Vorstandes, 10) Ausschluß einer Weisungsbefugnis der Generalversammlung, Aufhebung der Begrenzung der Kapitalverzinsung und Möglichkeit der Einführung eines Mehrstimmenrechtes mit bis zu drei Stimmen. Dies ändert aber nichts daran, daß die Genossenschaft ohne schwierige vertragliche Konstruktionen eine Grundstruktur aufweist, die der Vorstellung vom gleichberechtigten Arbeiten und Entscheiden noch am nächsten kommt. Beispielsweise kann in keiner anderen Rechtsform das Prinzip "ein Mensch – eine Stimme" unabhängig von der Höhe der Kapitaleinlagen so unkompliziert abgesichert werden. Bei der GmbH gelingt dies problemlos nur über die Festlegung der Kapitalanteile auf die gleiche Höhe. 11) Ansonsten kann dort die Begrenzung von Stimmrechten für eingebrachtes haftendes Kapital über die Koppelung mit einer stillen Gesellschaft geregelt werden.

Besonders für die Genossenschaft spricht, daß kein Anspruch der Genossen auf Beteiligung am inneren Wert der Genossenschaft besteht. D.h., ein austretendes

Mitglied hat nur Anspruch auf den Nennwert seiner Einlagen plus eventuell zusätzlich vereinbarter Geldbeträge. Angesammelte stille Reserven oder ein durch Investitionen und Geschäftsbeziehungen angewachsener Firmenwert sind, solange die Satzung keine andere Vereinbarung enthält, erst bei der Liquidation für die einzelnen Mitglieder realisierbar. Eine solche Teilneutralisierung des Kapitals wird dem Anspruch von Alternativbetrieben auf eine andere, nicht spekulative Handhabung von Eigentum an Produktionsmitteln noch am ehesten gerecht.

Die widersprüchliche Rolle der genossenschaftlichen Prüfungsverbände

Ablehnung, aber auf jeden Fall immer Ambivalenz gegenüber der Rechtsform der Genossenschaft entsteht von seiten aller Alternativprojekte aufgrund der Pflichtmitgliedschaft in einem genossenschaftlichen Prüfungsverband, die eine Voraussetzung für die Erlangung der Rechtsfähigkeit ist. Diese Ablehnung bzw. Ambivalenz existiert auch umgekehrt auf seiten der Revisionsverbände gegenüber Alternativprojekten. Diese beiderseitig vorhandene Negativeinstellung birgt die Gefahr in sich, daß Bestätigungen für die ablehnende Haltung des jeweils anderen gesucht und gefunden werden. Das Ganze nimmt dann den Charakter einer sich selbst erfüllenden Prophezeiung an, die den auf beiden Seiten erforderlichen Anpassungs- und Akzeptanzprozeß verhindern kann.

Die Pflichtmitgliedschaft gibt bei den wenigen Projekten, die sich intensiver mit der Rechtsform der Genossenschaft auseinandersetzen, den Ausschlag für deren Nichtwahl. Sie befürchten darüber eine Einmischung in ihre betriebseigenen Angelegenheiten, eine intensivere Kontrolle, die sie für unzulässig halten. Der Prüfungsverband ist aber nicht nur Kontrolleur, sondern spielt eine Doppelrolle, indem er auch informierende und beratende Funktionen übernimmt. Er kann somit für Alternativbetriebe eine wichtige unterstützende Aufgabe übernehmen und diese können sich so anderweitige, teure externe Berater ersparen.

Außerdem hat selbst die durch die Revisoren ausgehende Kontrolle positive Aspekte. Sie stellt einen Zwang zur frühzeitigen Reflexion und zur "ordentlichen" Gestaltung der Betriebsabläufe dar und ist somit auch Schutz für Gläubiger und Mitglieder der Genossenschaft. Alternativbetriebe in anderen Rechtsformen lassen sich durch das Fehlen eines solchen Drucks oft dazu verleiten, in der Anfangsphase ihr Rechnungswesen, insbesondere ihre Buchhaltung, zu vernachlässigen. Die direkte unmittelbare Arbeit steht im Vordergrund. Dies führt dazu, andere wichtige Tätigkeiten liegenzulassen. Eine spätere Aufarbeitung wird dann sehr schwierig oder unmöglich, weil das Durcheinander zu groß ist oder sogar ein Teil der Belege fehlt. Oft geschieht diese Aufarbeitung erst, wenn eine Finanzamtsprüfung ansteht, die dann häufig hohe Steuernachzahlungen zur Folge hat. Dies kann meist auch ein externer Spezialist, sprich Steuerberater, nur noch begrenzt abfangen. Zudem muß diesem ein aus der Sicht der Projektmitglieder vergleichsweise hohes Honorar gezahlt werden. Zu solchen Situationen kommt es in Genossenschaften nicht, da die in zweijährigem Abstand anstehende Prüfung eine längere Vernachlässigung der kaufmännischen Arbeit verhindert.

Für die Inkaufnahme der Kontrolle durch den Prüfungsverband spricht noch
ein weiterer Gesichtspunkt. Bei Projekten, die sich nicht in den informellen Sektor oder den Bereich der Schattenwirtschaft abdrängen lassen wollen, im Gegenteil sogar Öffentlichkeitsarbeit anstreben, fördert Transparenz ihrer Ökonomie
die Glaubwürdigkeit. Das Prinzip der "gläsernen Taschen" nach innen und aussen und eine aktive Informationspolitik kann so ein weiteres positives Abgrenzungskriterium gegenüber "normalen" Unternehmungen sein. Der "TÜV-Stempel" unter die Abschlußbilanz gibt die Sicherheit, daß keine eventuell verhängnisvollen Ungereimtheiten bestehen. Außerdem werden unangenehmere Finanzamtsprüfungen unwahrscheinlich und sogar die Kreditwürdigkeit gegenüber Lieferanten und Banken steigt. Entscheidend ist jedoch: Es besteht eine größere
Sicherheit, daß nicht schon über einfache, kurzfristig anberaumte Betriebsprüfungen von behördlicher oder finanzamtlicher Seite der Versuch beendet werden kann ein Modell betrieblicher Selbstverwaltung aufzubauen.
Die Kostenvor- und nachteile im Hinblick auf die Pflichtmitgliedschaft sind nur
schwer zu beurteilen. Der Mindesmitgliedsbeitrag, über den die meisten Alternativbetriebe wohl nicht hinauskommen, beläuft sich — variierend nach Prüfungsverband — auf ungefähr 500.- DM. Für die Pflichtprüfung fallen pro Tag und
pro Prüfer nochmals zwischen 500.- und 600.- DM an, so daß der anfallende Gesamtbetrag bei 1000.- bis 1200.- DM liegt, solange keine Schwierigkeiten auftreten. Den Kosten steht der wahrscheinliche Wegfall einer Finanzamtsprüfung
mit sicheren Nachzahlungen und, bei gutem Kontakt zum Revisor, die Ersparnis der Aufwendungen für den Steuerberater gegenüber. Insofern liegen die Kosten in Wirklichkeit niedriger als auf den ersten Blick für die meist finanzschwachen Alternativbetriebe erkennbar ist.

Kritik am Verhalten der Revisionsverbände

Trotz genereller Befürwortung auch der Kontrollfunktion der Prüfungsverbände
setzen Überlegungen über die Ausgestaltung der Rechtsform der Genossenschaft
zugunsten von Selbstverwaltungs- und Selbsthilfeunternehmen an deren aktueller Praxis und Wirkungsweise an. Historisch entstanden sie als Interessensverband
und Lobby der Genossenschaften. Sie sollten diese politisch vertreten und ihnen
bei der Behebung spezifischer Probleme wie Kapitalmangel, Absatzschwierigkeiten oder fehlendem kaufmännischen Wissen helfen. Dies geschah durch Beratung und Übernahme von Ausbildungsaufgaben. Auch heute kommt ihnen diese Rolle noch zu. Dabei haben sie allerdings den Funktionswandel der traditionellen Genossenschaften vom Selbsthilfebetrieb zum konkurrenzstarken Marktunternehmen 12) ebenfalls mitgemacht, teilweise sogar erheblich forciert. Dies
bedeutet: sie sind bei ihrer Interessenvertretung und Aufgabenausgestaltung
nicht mehr auf wirtschaftlich Schwache ausgerichtet, sondern auf gewachsene
und weiterexpandierende Unternehmen, die teilweise sogar marktbeherrschende Stellungen einnehmen. Unterschiede zu den Unternehmungen der übrigen
Wirtschaft sind nur noch rudimentär vorhanden.

Mit diesem Wandel aber entwickelte sich bei den Verbänden ein Eigeninteresse, das ihrer ursprünglichen Intention geradezu entgegensteht: Sie fungieren als Interessenorgan der bestehenden konsolidierten Genossenschaften mit Closed-Shop-Charakter. Neugründungen wirtschaftlich Schwacher, insbesondere auch aus dem Bereich alternativer Bewegungen, sind ihnen suspekt. Sie befürchten durch diese "ihren guten Ruf " zu verlieren. Denn die Konkursgefährdung bei Betrieben liegt, unabhängig von der Rechtsform, in den ersten drei Jahren ihrer Existenz erheblich über den älteren Unternehmen. 13) Zudem sind Kleinbetriebe mit einem eher hohen Prüfungs- und Beratungsaufwand bei gleichzeit niedrigem Beitragssatz auch aus ökonomischer Sicht nicht lukrativ. So erstaunt nicht, daß die Prüfungsverbände selbst keinerlei Werbung für Neugründungen machen, obwohl durch Fusionen, aber auch durch Rechtsumwandlungen die Zahl bestehender Genossenschaften ständig abnimmt.

Die restriktive Praxis von Prüfungsverbänden zeigt sich unter anderem darin, daß sie formlosen Anfragen nach Information über die einzuschlagende Vorgehensweise bei einer Neugründung sehr zurückhaltend begegnen. Der Badische Genossenschaftsverband mit Sitz in Karlsruhe reagiert sogar mit einem ablehnenden Standardbrief. Dieser wurde vier völlig verschiedenen Projekten auf deren Anfrage zugesandt. Darin hebt der Verband auf ca. zwei Seiten die Schwierigkeiten der genossenschaftlichen Rechtsform hervor. Anschließend rät er mit folgendem Wortlaut von dieser ab: "Angesichts der strengen Formvorschriften des Genossenschaftsgesetzes, der zwangsläufig mit der Rechtsform verbundenen zusätzlichen Kosten und der Steuerbelastungen empfehlen wir Ihnen zu überdenken, ob die 'eingetragene Genossenschaft' als optimale Rechtsform des von Ihnen geplanten Vorhabens anzusehen ist, oder ob nicht eine der übrigen Rechtsformen des Privatrechtes zur Verwirklichung Ihrer Vorstellungen besser geeignet ist." Für juristische Laien wirken die in diesem Brief angedeuteten Schwierigkeiten bei Annahme der Rechtsform der Genossenschaft erdrückend. Nur sehr wenige der in der Gründungszeit überforderten Alternativbetriebe bemühen sich deshalb nach dessen Erhalt weiter um eine Anerkennung.

Nicht nur bei Anfragen, sondern auch im weiteren Verlauf des "Anerkennungsverfahrens" erzeugt das Verhalten der zuständigen Personen und Behörden Resignation. Dies gilt für das "Durchchecken" der Satzung beim Registergericht 14) und für die entscheidenden gutachterlichen Äußerungen der Revisoren über die ökonomische Tragfähigkeit von in Gründung befindlichen Alternativbetrieben. Bei dieser sogenannten Wirtschaftlichkeitsprüfung beurteilt der zuständige Verband, "ob nach den persönlichen und wirtschaftlichen Verhältnissen, insbesondere der Vermögenslage der Genossenschaft, eine Gefährdung der Genossen oder der Gläubiger der Genossenschaft zu besorgen ist." 15) Beides wird in einer Weise praktiziert und von einer Denkart bestimmt, die den Alternativbetrieben und Selbsthilfegruppen fremd ist.

Selbsterarbeitete Satzungen werden sehr ungern gesehen, obgleich sie den Gruppenformen und den Vorstellungen von demokratischem, gleichberechtigtem Arbeiten entsprechen. Die Ablehnung bzw. Zurechtstutzung geschieht über die Herausgabe von Mustersatzungen. Mit diesen betreiben die Genossenschaftsverbände eine indirekte Form der Gesetzgebung. Nehmen in Gründung stehende Unternehmen diese Normierung nicht hin, so werden ihnen bei der Überprüfung ihrer Satzung auf Widersprüche zu gesetzlichen Bestimmungen engere Grenzen gezogen als von gesetzgeberischer Seite beabsichtigt ist; d.h. die Auslegung von Ermessensfragen geschieht grundsätzlich zugunsten der in den Genossenschaftsverbänden vorherrschenden Denkweise, die ökonomische Effizienz gegenüber demokratischen Strukturen vorzieht. Beispielsweise wird eine allgemeine Weisungsbefugnis der Generalversammlung gegenüber Aufsichtsrat und Vorstand abgelehnt, obwohl diese zumindest bis 1973 zulässig war und genossenschaftlichem Denken entspricht. 16)

Erweiterte Befugnisse können nach heute vorherrschender Auffassung nur noch bei genau umrissenen Entscheidungen, einzeln aufgeführt, per Satzung auf die Generalversammlung übertragen werden. Aus diesem Grunde wurden teilweise umfangreiche "Kataloge" zustimmungspflichtiger Entscheidungen entwickelt. Diese stoßen, obwohl rechtlich einwandfrei, ebenfalls auf Ablehnung und Skepsis der Prüfungsverbände. Insofern ist es nicht erstaunlich, daß alle neuen Genossenschaften, die nicht die Mustersatzung vorlegten, ihren eigenen Entwurf weitgehend verändern mußten. Sie klagen durchweg darüber, daß ihre Vorstellungen in den schließlich akzeptierten Formulierungen nicht mehr zu entdecken seien. Zusätzlich sind Auseinandersetzungen über die Namensgebung für die Genossenschaft eher die Regel. Selbst Kleinigkeiten wie die Bezeichnung Genossen und Genossinnen anstatt nur Genossen oder Mitglieder, wie es die Prüfungsverbände vorziehen, können zu zermürbenden Verhandlungen führen. 17)

Problematik der Wirtschaftlichkeitsprüfung

Entscheidender Hemmschuh für die Anerkennung als Genossenschaft ist jedoch die Wirtschaftlichkeitsprüfung. Sie zwingt viele Projekte, die als Genossenschaft gegründet werden sollten in andere Rechtsformen auszuweichen. Die Prüfungskriterien sind so ungenau und schwammig, daß den Verbänden ein breiter Ermessensspielraum bleibt um aus letztlich politischen Gründen zu blocken. Über diese Wirtschaftlichkeitsprüfung wird somit der alte Genossenschaftsgedanke "Hilfe zur Selbsthilfe" ad absurdum geführt, da die dafür gedachte Rechtsform nur bei viel Beharrlichkeit angenommen werden kann. Erschwerend kommt hinzu, daß die Prüfungsverbände andere Kriterien haben als die Mitglieder alternativer Genossenschaften. Sie denken nur noch in den herkömmlichen betriebswirtschaftlichen Kategorien und sehen das Erreichen eines Zugewinns als entscheidend an. Die Schaffung und Erhaltung von Arbeitsplätzen, das Wirtschaften nach dem Kostendeckungsprinzip oder die Erstellung sinnvoller Produkte wird von ihnen nur ungern und erst nach Auseinandersetzungen als wirtschaftliche Förderung der Mitglieder akzeptiert.

Im Rahmen der Wirtschaftlichkeitsprüfung müssen von den in Gründung begriffenen Betrieben Angaben über den vorraussichtlichen Geschäftsumfang, zu dessen Finanzierung, zur organisatorischen Abwicklung der Geschäfte usw. gemacht werden; diese Angaben sind durch geeignete Unterlagen nachzuweisen. Damit wird ihnen eine Beweispflicht auferlegt, der sie im Grunde genommen gar nicht nachkommen können. Denn Erwartungen und Planungen, also Voraussagen über die Zukunft, behalten Vermutungscharakter. Sie sind nicht beweisbar.

Steht aber Annahme gegen Annahme, hat der Prüfungsverband, der als Zwangsverband eigentlich jede Genossenschaft aufnehmen müßte, die Möglichkeit, dies zu verhindern oder zumindest hinauszuzögern: über formale Begründungen, schleppende Bearbeitung, Verlagerung des im voraus zu gebenden Wirtschaftlichkeitsnachweises auf den in Gründung begriffenen Betrieb u.a.m. 18) In mehreren Fällen wurden so Alternativbetriebe in die nicht gewollte Rechtsform der GmbH gedrängt.

Erfahrungen anerkannter alternativer Genossenschaften zeigen, daß vom Zeitpunkt des Antrages bis zur endgültigen Anerkennung viel Zeit verstreicht, oft bis zu einem Jahr. Der damit verbundene rechtliche Schwebezustand während der stressreichen Phase des Betriebsaufbaus wurde als sehr belastend empfunden. In den Fällen, in denen die Anerkennung vergleichsweise schnell und unproblematisch verlief wie bei der Druck- und Verlagsgenossenschaft Stattwerk e.G. in Essen, 19) waren günstige Umstände ausschlaggebend. Die Existenz eines Betriebes und der dadurch leichter zu führende Nachweis seiner wirtschaftlichen Tragfähigkeit gehörten hierzu. Insofern kann trotz einzelner positiver Gegenbeispiele festgehalten werden: In ihrer derzeitigen Praxis verfahren die Genossenschaftsverbände als Selbsthilfe verhinderungs- anstatt als Selbsthilfeförderungsinstitutionen.

ERINNERUNGS-BLATT

an die

Jahre der Noth 1846 u. 1847.

Dem Vorstande des Vereins

für

Selbstbeschaffung von Brod u. Früchten

als

Anerkennung seines segensreichen Wirkens

gewidmet von den

Mitgliedern dieses Vereins

Das waren Zeiten trüb und schwer,
Der Erde Schöpferkraft erlosch,
Die Bäume standen kahl und leer,
Der Feim ward krank die Frucht verdarb,

"Das Unglück knüpft das starkste Band"
Dies alte Sprichwort fiel uns ein,
Da reichten wir uns kühn die Hand
Und schufen unsern Brodverein

Schon ging auf Raub der Wucher aus,
Schon rief der Hunger bang nach Brod,
Die Sorge schlich von Haus zu Haus
Und hinter ihr die bleiche Noth.

Und über Land und Meeren weit
Da holten wir uns Korn und Brod,
So trotzten wir dem Zorn der Zeit
Und wehrten ab die Hungersnoth.—

Der Mensch der einzeln strebt und schafft,
Wird seinen Drängern leicht zum Spott.
Doch wirkt ihr mit vereinter Kraft
Und helft euch selbst : dann hilft euch Gott!

Zuletzt sei noch auf eine diese Einschätzung bestätigende Vorgehensweise hingewiesen. Es müssen genaue Angaben über den Kreis der Gründungsmitglieder gemacht werden, vor allem über Mitglieder, die den Vorstand und den Aufsichtsrat besetzen sollen. Hierbei wird besonders Wert darauf gelegt, daß eines dieser Mitglieder über kaufmännisches Wissen verfügt. Als Kriterium dient, da eine reale Überprüfung nicht stattfinden kann und soll, der formale Qualifikationsnachweis. Gerade dieser aber fehlt oft den Mitgliedern von Alternativbetrieben, 20) so daß hier ein weiterer Ansatzpunkt für die restriktive Anerkennungspraxis vorliegt.

Nicht zuletzt hat das beschriebene Verhalten der Prüfungsverbände dazu geführt, daß die Genossenschaft als Rechtsform nur selten gewählt wird, obwohl sie sich für größere Alternativbetriebe am besten eignet. In der Bundesrepublik gibt es zur Zeit, abgesehen von den etwa 10 Wohnungsbaugenossenschaften, ungefähr 20 Genossenschaften, die dem Spektrum der Alternativen zuzuordnen sind. Dies macht bei geschätzten 3500 alternativen erwerbswirtschaftlichen Betrieben 21) nur 0,5 Prozent aus, wobei von den 20 genannten Genossenschaften nur 7 produktivgenossenschaftlichen Charakter haben.

Vorschläge zur Erleichterung der Gründungssituation

Weitgehend besteht Übereinstimmung darüber, "daß die Rechtsform der Genossenschaft im vorigen Jahrhundert zu dem Zweck geschaffen wurde, um wirtschaftlich schwachen Existenzen die Möglichkeit zu geben, mit kapitalkräftigen Unternehmen unter gleichen Bedingungen zu konkurrieren." 22) Diese Intention entspricht auch den Vorstellungen von Schultze-Delitzsch, auf den das deutsche Genossenschaftsgesetz wesentlich zurückgeht. Um seine Ideale Selbsthilfe, Selbstverwaltung und Selbstverantwortung für Alternativbetriebe auch in der Rechtsform der Genossenschaft verwirklichen zu können, sind mehrere Reformen notwendig.

Wichtig ist sicherlich eine breite Diskussion der Tradition und Aktualität des Genossenschaftsgedankens im Zusammenhang mit der Entstehung erwerbswirtschaftlicher Alternativprojekte. Ein Hineintragen dieser Diskussion in die Genossenschaftsverbände könnte dort Erinnerungen an die eigene Geschichte wachrufen. Vielleicht vollzieht sich so zumindest in Teilen dieser in sich heterogenen Verbände ein Einstellungswandel gegenüber heutigen genossenschaftlichen Ansätzen.

Auch wenn die Bedeutung von Einstellungen nicht unterschätzt werden darf, reicht dies allein nicht aus, um einen Wandel bei der Anerkennungspraxis der Verbände zu bewirken. Das immense Wissen rechtlicher, finanztechnischer und betriebswirtschaftlicher Art und die vielfältigen in den Prüfungsverbänden angesammelten Erfahrungen könnten Genossenschaften in Planung durch eine Beratungspflicht zugänglich gemacht werden. Dies würde auch dem quasi öffentlich-rechtlichen Charakter der Verbände entsprechen. Als Gegenleistung wäre ihnen ein Anspruch auf dafür zur Verfügung stehende staatliche Subventionen einzuräumen. Solche erhalten zur Zeit nur private Unternehmensberater für

Existenzgründungs- und Existenzaufbauberatung in Höhe von 90% des Beratungsaufwandes. Über intensive Beratungen, verknüpft mit kürzeren Fortbildungslehrgängen, könnten die Prüfungsverbände selbst dazu beitragen, von ihnen angegebene Hinderungsgründe für eine Anerkennung zu beseitigen. Ohne dadurch die Autonomie von Alternativprojekten und Prüfungsverbänden zu tangieren, könnte es so zu einem intensiveren Austausch kommen, der ein wechselseitiges Verständnis für die Sicht des anderen erzeugt.

Neben einer Verankerung der Beratungspflicht müßte auch die Anerkennungsphase durch Anpassung an die Gründungszeit für eine GmbH wesentlich verkürzt werden. Die zusätzliche Belastung infolge der sonst vorhandenen Rechtsunsicherheit könnte so für Selbsthilfeprojekte abgebaut werden. Aus dieser Rechtsunsicherheit resultierende Fragen der Haftung, der Finanzmittelbeantragung, der Auftragserteilung und -abwicklung und viele weitere unangenehme Begleiterscheinungen wären dadurch zu reduzieren.

Ebenfalls diskussionswürdig ist eine zeitweilige Befreiung von den mit der Rechtsform der Genossenschaft zusätzlich verbundenen Kosten wie Beiträge und Prüfungsgebühren. Diese könnten beispielsweise in den ersten drei Jahren ganz wegfallen oder über den gleichen Zeitraum hinweg von staatlicher Seite für Produktivgenossenschaften ohne Gewinn mit niedrigem Stammkapital und bis zu einer genauer festzulegenden Umsatzhöhe subventioniert werden.

Langfristig sollte allerdings die Gründung eines eigenen Verbandes für Produktivgenossenschaften angestrebt werden. Geschehen ist dies bereits in Dänemark, Frankreich, Großbritannien, Italien und den Niederlanden. Die nationalen Verbände dieser Länder sind zusammengeschlossen im "Europäischen Ausschuß der Arbeiter- und Handwerker-Produktionsgenossenschaften" (CECOP). Für die Bundesrepublik drängt sich dies schon deshalb auf, weil das Genossenschaftsgesetz und entsprechend die Prüfungsverbände auf die Förderungs- oder Hilfsgenossenschaften ausgerichtet sind. Dies sind Genossenschaften, in die Personen oder oftmals sogar Betriebe einzelne Bereiche ihrer wirtschaftlichen Tätigkeit ausgelagert haben. Ansonsten gestalten sie aber im Gegensatz zu Voll- Produktivgenossenschaften den größten Teil ihrer Erwerbswirtschaft selbständig. Diese vorwiegend "ideologisch" relevante Ausrichtung findet auch ihren Niederschlag im Genossenschaftsbegriff des deutschen Gesetzes. Danach sind Genossenschaften "Gesellschaften von nicht geschlossener Mitgliederzahl, welche die Förderung des Erwerbes oder der Wirtschaft ihrer Mitglieder mittels gemeinschaftlichen Geschäftsbetriebes bezwecken." 23)

Die einseitige Ausrichtung des Gesetzes auf Großgenossenschaften hilfswirtschaftlicher Art erschwert die Handhabung für Kleingenossenschaften, vor allem mit produktivgenossenschaftlichem Charakter. Für diese ist es zu starr und unflexibel. Insofern sollten einige Regelungen für Kleingenossenschaften unbürokratischer und mit Erleichterungen versehen werden. 24) Grenzen bzw. Abstufungen für die Gültigkeit einiger Bestimmungen könnten nach Stammkapital, Umsatz, Gewinn und Personenzahl differenziert werden. Dies gilt beispielsweise für das Gremium des Aufsichtsrates in Produktivgenossenschaften. Für kleine selbstverwaltete Betriebe, in denen die Mitglieder auf den meist wöchentlich stattfindenden Sitzungen relevante Informationen erhalten und alle wichtigen Probleme gemeinsam diskutieren und entscheiden, bleibt dessen Institutionalisierung eine leere Hülle. Sie muß aber wegen der gesetzlichen Bestimmungen durch die notwendigerweise zu erstellenden Papiere nach außen hin gefüllt werden.

Erste Schritte zur Vereinfachung der genossenschaftlichen Rechtsform für Klein- und Produktivgenossenschaften könnten durch die Erarbeitung geeigneter Mustersatzungen gegangen werden. Auf diese Weise sind schon kurzfristig Gründungserleichterungen für Alternativbetriebe zu verwirklichen, ohne den langen Weg der bürokratischen Hürden für gesetzgeberische Initiativen abwarten zu müssen. Zudem könnten solche Satzungen detailliert Problembereiche finden und aufzeigen helfen, die bei einer Novellierung des Genossenschaftsgesetzes zu berücksichtigen sind.

Rechtliche Möglichkeiten zur Verhinderung der Transformation

In der Theorie wird die Doppelnatur der Genossenschaft als Personenvereinigung und als Unternehmung hervorgehoben. 25) Letzteres drückt sich darin aus, daß sie als Wirtschaftsorganisation anerkannt ist. Dies hat aber auch zur Folge, daß sie bei der Besteuerung, den Abschreibungsregelungen, den Existenzgründungshilfen usw. als Körperschaft behandelt wird. Dem "Wesen" zumindest der Produktivgenossenschaft, in der keine juristischen, sondern nur Einzelpersonen Mitglied sind — eine wichtige Auflage! — würde eine Behandlung als Personenvereinigung gerechter werden. Hierzu könnte bei der Gestaltung an die OHG angeknüpft werden, damit insbesondere die Körperschaftssteuer wegfiele. 26) Gleichzeitig wäre sicherzustellen, daß die Handhabung als juristische Person gerechtfertigt bliebe und damit verbundene Erleichterungen gegenüber Kapitalgesellschaften nicht zur persönlichen Bereicherung genutzt würden. Vorteile durch verlorene Zuschüsse, Zinsvergünstigungen, Subventionen sowie Steuer- und Abgabeerleichterungen müßten deshalb buchhalterisch extra ausgewiesen werden und einem unteilbaren, unveräußerlichm Fonds zugeführt werden. Diese Vorstellung lehnt sich eng an Phillippe Buchez an, der 1831 als erster die Idee der Produktivgenossenschaften formulierte. 27) Danach stehen die angesammelten Gelder zwar der Genossenschaft zum Wirtschaften zur Verfügung, dürfen aber selbst bei einer Liquidation nicht in Privateigentum überführt werden. Wird

eine solche eingeleitet, sind sie an andere Produktivgenossenschaften oder gemeinnützige Institutionen zu übertragen.

Diese Teilneutralisierung des Kapitals müßte mit der Auflage verknüpft werden,
daß jeder, der länger als ein Jahr für die Genossenschaft arbeitet, in diese aufgenommen wird. Auf diese Weise könnte das Oppenheimersche Transformationsgesetz, 28) laut dem Produktivgenossenschaften scheitern oder sich in "normale" Unternehmen mit Lohnabhängigen umwandeln, erheblich relativiert werden.
Sowohl das Scheitern als auch die Umwandlung wären durch die vorgeschlagene
Gestaltung der Produktivgenossenschaft zu bremsen, zum einen durch die Verbesserung der Startbedingungen und die Schaffung von Akkumulationsmöglichkeiten, zum anderen durch die Teilneutralisierung und die Verpflichtung der
Genossenschaft, langfristig Beschäftigte in die Genossenschaft aufzunehmen.
Zusätzlich wäre eine Gewinn- und Einkommensobergrenze festzulegen, bis zu
der die genannten Förderungen für die Produktivgenossenschaften gewährt würden. Letzteres könnte beispielsweise das jeweilige Durchschnittseinkommen der
abhängig Beschäftigten in der Bundesrepublik sein.

Ein weiterer Anknüpfungspunkt, um Transformationstendenzen abzuschwächen,
ist die Größe von Produktivgenossenschaften. Entsprechende Betriebe könnten
sich deshalb statuarisch und über die Mitgliedschaft in einem alternativen Genossenschaftsverband verpflichten, ab einer bestimmten Betriebsgröße die Bildung
einer zweiten Genossenschaft zu ermöglichen. Dies drängt sich schon aus Gründen der Transparenz und Verantwortlichkeit auf. Aber auch der kontinuierliche
Auf- und Ausbau einer überbetrieblichen Vernetzung spricht hierfür. Mit Hilfe
von Kooperationsverträgen könnte dabei eine eventuelle Konkurrenz zwischen
solchen Genossenschaften vermieden werden.

Sollte zumindest ein Teil dieser nur rudimentär entwickelten Vorstellungen Berücksichtigung finden, würde ein zur Zeit auf EG-Ebene diskurtiertes Anliegen
erfüllt. Dort "wird gewünscht, daß die Europäische Wirtschaftsgemeinschaft
das Instrument der Genossenschaft aufwertet und gegenüber anderen Unternehmensformen bevorzugt und daß Maßnahmen ergriffen werden, welche die unan-
gemessene und rein spekulative Ausnutzung des rechtlichen Rahmens der Genossenschaft vermeiden helfen." 29) Dieses Ziel entstand aus folgender in den
entsprechenden EG-Gremien vertretenen Einschätzung:
"Entwicklung der Genossenschaftsbewegung ist eine Bestätigung des Willens
von mündigen Bürgern, in der Wirtschaft und in der Arbeitswelt kollektive und
solidarische Verantwortung zu übernehmen. Die genossenschaftlichen Unternehmen dienen zwar zunächst dem Interesse ihrer Mitglieder; sie sind jedoch auch
ein nicht zu unterschätzender Faktor der Gesamtwirtschaft, in welcher sie eine
nützliche Funktion erfüllen und damit dem Allgemeinwohl dienen. Insofern
können die genossenschaftlichen und die gemeinwirtschaftlichen Unternehmen
als alternative Wirtschaftsform zwischen den privaten und den öffentlichen Unternehmen angesehen werden. In dieser Eigenschaft sollten sie sowohl in den
einzelnen Ländern als auch auf der Ebene der Gemeinschaft die Aufmerksamkeit und das Interesse der verantwortlichen Politiker finden.

Den Grundsätzen entsprechend, auf denen ihre Arbeitsweise beruht, waren und sind diese Unternehmen ein gutes Beispiel demokratischen Lebens ... Das demokratische Element im Wirtschafts- und Unternehmensgeschehen ergänzt das Prinzip der Selbsthilfe und Eigenverantwortung." 30)
Wird dem Inhalt dieser Einschätzung zugestimmt, ist es dringend, eine unterstützende rechtliche, finanzielle und beratende Infrastruktur aufzubauen, bevor vorhandene, neue genossenschaftliche Ansätze unter den verhindernd wirkenden gedanklichen und institutionellen Rahmenbedingungen ein vorzeitiges Ende finden.

Anmerkungen

1) Siehe hierzu Wörle, Michael: Bedeutung und Entwicklungsperspektiven alternativer Betriebe in der Bundesrepublik, in: Rundbrief Alternative Ökonomie der AG SPAK Nr.24 Kassel Jan. 1984 (Bestellbar über Rosi Bohlem Krügerstr. 28, 3500 Kassel) insbes. S. 21 ff. Die schwierigen Rahmenbedingungen für Produktivgenossenschaften in der BRD arbeiten auch heraus Gessner, Volkmar/Höland, Armin: Rechtliche Strukturen einer selbstverwalteten Wirtschaft — ZERP Diskussionspapier DP 9/83 S. 9ff. und S. 38ff. (Zentrum für europäische Rechtspolitik, Universitätsallee GW1, 2800 Bremen 33)

2) Einen guten Einstieg in das Gesellschaftsrecht einschließlich der Genossenschaft — allerdings für Juristen — bietet das Lehrbuch von Reinhard, Rudolf/Schultz, Dietrich: Gesellschaftsrecht, Tübingen 2. Aufl. 1981. Den Schwerpunkt auf Genossenschaftsrecht legt Winter, Hans Werner: Genossenschaftswesen, Mainz 1982. Als Kommentar brauchbar ist Lang/Weidmüller: Genossenschaftsgesetz. Kommentar von Baumann, Horst/Metz, Egon/Kessel, Wolfgang/Schaffland, Hans-Jürgen, 31. völlig neu bearbeitete Auflage, Berlin, New York 1984. Einen einfach lesbaren Einstieg in die Rechtsform der Genossenschaft gibt Friedrich, Härter/Harmann, Gernot B.: Betrieb und Wirtschaft Bd.I Grundlagen, Rinteln 1979 S. 356-365. Das geeignetste Buch für Alternativprojekte zum Thema Betriebsgründung, aber mit nur wenig Informationen zur Genossenschaft ist: Unter Geiern. Ein Leitfaden für die Arbeit in selbstverwalteten Betrieben und Projekten Berlin 1982 (Stattbuch Verlag GmbH, Gneisenaustr. 2, 1000 Berlin 61)

3) Nücke, Heinrich: Betriebswirtschaftliche Probleme deutscher Arbeiterselbstverwaltungsunternehmungen, Stuttgart 1982 S. 35f.

4) Zur Verleihung bzw. Nichtverleihung der Rechtsfähigkeit an einen wirtschaftlichen Verein nach BGB § 22 siehe BVerwG. Urteil vom 24.4.1979 – 1C 8,74 – (VGH Mannheim) nachzulesen in der juristischen Fachzeitschrift: Gewerbearchiv 1980/1 S. 25ff.

5) Es gibt allerdings auch gemeinnützige, gemeinwirtschaftliche sowie genossenschaftliche Aktiengesellschaften. Zu letzteren siehe Brixner, Jörg: Zweckmäßigkeit und Möglichkeiten genossenschaftlicher Betätigung in der Rechtsform der Aktiengesellschaft, dargestellt an Beispielen aus dem landwirtschaftlichen Genossenschaftswesen, Diss. Münster 1961. Luther, Martin: Die genossenschaftliche Aktiengesellschaft, Tübingen 1978

6) Ein guter tabellarischer Vergleich aller Rechtsformen siehe in: Stehle, Heinz/Stehle, Anselm: Die rechtlichen und steuerlichen Wesensmerkmale der verschiedenen Gesellschaftsformen: vergleichende Tabellen, 11. überarbeitete Aufl. Stuttgart, München, Hannover 1983

7) Gut hierzu Bludau, Kuno: Nationalsozialismus und Genossenschaften, Hannover 1968. Herausgearbeitet wird diese Tradition und deren Unterbrechung auch von der Projektgruppe Geschichte Bergische Genossenschaften, Gesamthochschule Wuppertal (Hrsg.): Vorwärts – Befreiung. Genossenschaftliche Selbsthilfe im Bergischen Land, Essen 1984

8) Vgl. beispielsweise Müschen, Klaus: Alternative Berufsausbildung oder Moralökonomie, in: Bertels, Lothar/Nottenbohm, Hans-Gerd (Hrsg.): ... außer: man tut es! Beiträge zu wirtschaftlichen und sozialen Alternativen, Bochum 1983, S. 115-122

9) Kritik an der Gesetzesnovellierung Schnorr von Carolsfeld, Franz: Kritische Bemerkungen zum Genossenschaftsrecht anhand der geplanten Novelle von 1971, in: Zeitschrift für das gesamte Genossenschaftswesen Bd. 23 1973 S. 7ff. Gut hierzu Scheer, Margot: Auswirkungen der Novelle des Genossenschaftsgesetzes auf Wohnungsbaugenossenschaften Tübingen 1980 insbes. die Einleitung. Siehe ebenfalls Knacke, Georg/Koschnik, Wolfgang: Auswirkungen der Genossenschaftsnovelle auf die Wohnungsbaugenossenschaften, in: Stadtbauwelt 75, 24. Sept. 1982 S. 1502f. Eine ausführliche historischkritische Analyse der Veränderung rechtlicher Bestimmungen für die Genossenschaften gibt Compart, Eddo: Kapitalistische Entwicklungswege bei der Genossenschaft. Frankfurt a.M. 1978

10) Zur Beschränkung der Leitungsmacht siehe Beuthin, Volker: Die Leitungsmachtgrenzen des Genossenschaftsvorstandes, in: Zeitschrift für das gesamte Genossenschaftswesen 1975 S. 180ff.

11) Beim Rotbuch-Verlag und der Ökotopia Handelsgesellschaft, beide Berlin, ist dies zwar anders geregelt. Bei Ökotopia erhalten die Gesellschafter nicht einmal ihren Gesellschaftsanteil zurück. Es besteht aber Rechtsunsicherheit darüber, wie ein Gericht im Falle einer Klage entscheiden würde.

12) Siehe hierzu Engelhardt, Werner Wilhelm: Der Funktionswandel der Genossenschaften in industrialisierten Marktwirtschaften, Berlin 1971. Zur Folge für die Berücksichtigung der Mitgliederinteressen siehe Boettcher, Erik: Die Spannung zwischen Produktivität und Effektivität in Genossenschaften im Systemvergleich Tübingen 1976 S. 83-110, insbes. S. 106ff.

13) Siehe auch Kamp, Matthias Ernst: Probleme neugegründeter Unternehmen, Göttingen 1978 sowie Pütz, Paul/Meyerhöfer, Walter: Hemmnisse und Hilfen für Unternehmensgründungen, Köln 1982

14) Praxisbezogene Orientierungshilfen für die notwendigen Formen und Formalitäten enthält Werhahn, Jürgen W./Gräser, Bernd B.: Genossenschaft und Registergericht. Leitfaden für den Schriftverkehr von Genossenschaften mit dem Registergericht, Wiesbaden 1979

15) § 11 Abs. 2 Nr. 4 des Genossenschaftsgesetzes

16) In Berufung auf § 27 Abs. 1 Genossenschaftsgesetz

17) Diese Aspekte und auch die folgenden wurden u.a. während des Genossenschaftsworkshops auf der Projektemesse 83 besprochen, an dem Mitglieder aus 5 Genossenschaften teilnahmen.

18) Vgl. hierzu den Briefverkehr der Bodelshausener Handwerkergenossenschaft in diesem

Buch (Dokumente in Teil III).

19) Vgl. die Selbstdarstellung der Genossenschaft in diesem Buch.

20) Gessner, V./Höland, A.: a.a.O. S. 44f.

21) Zu Forschungsergebnissen zu Anzahl und Mitgliederzahl alternativ-ökonomischer Projekte in der BRD siehe Beywl, Wolfgang: Alternative Ökonomie — Modell zur Finanzierung von Selbsthilfeprojekten? In: Bertels, Lothar/Nottenbohm, Hans-Gerd (Hrsg.): a.a.O. S. 91-101 insbes. S. 92 u. 95

22) Gabriel, Siegfried: Grundfragen einer Reform des Genossenschaftsrechts, in: Zur Reform des Genossenschaftsrechts 1. Band hrsg. vom Bundesjustizministerium Bonn 1956 S. 280. Dieser Beitrag ist der einzige kritische Beitrag in dieser wichtigen Materialiensammlung.

23) § 1 Abs. 1 des Genossenschaftsgesetzes. Siehe auch Schultz, Dietrich: Der Rechtsbegriff der Genossenschaft und die Methode seiner richtigen Bestimmung; entwickelt am Problem der Produktivgenossenschaft, Marburg/Lahn 1958

24) Sondervorschriften für Kleingenossenschaften forderte auch Schnorr von Carolsfeld, F.: a.a.O. In England wurde dies in Form des Credit Union Act von 1979 verwirklicht.

25) Siehe Draheim, Georg: Die Genossenschaft als Unternehmenstyp, Göttingen 1955

26) Vgl. auch Ritschl, Hans: Die Besteuerung der Genossenschaften (Gutachten) o.O., o. J. (1954) sowie Seidel, Herbert: Genossenschaftsrecht und Genossenschaftsbesteuerung in Italien, in: Aktuelle und zukünftige Aspekte genossenschaftlicher Forschung, Karlsruhe 1962, S. 213-233, insbes. S. 224ff. Ansonsten siehe zur Besteuerung Kirchhoff, Paul: Die Eigenständigkeit der Genossenschaft als Steuersubjekt, Tübingen 1980 sowie Zülow, Kurt/Henze, Max/Schubert, Rolf/Rosiny, Alex: Besteuerung der Genossenschaft; Kommentar 6. Aufl. München 1978

27) Gide, Charles: "Buchez" in: Internationales Handwörterbuch des Genossenschaftswesen, Berlin 1928 S. 134f. sowie Elisseieff, Katharina: Über die gewerbliche Produktivgenossenschaft, in: Aktuelle Probleme und zukünftige Aspekte genossenschaftswissenschaftlicher Forschung, Karlsruhe 1962 S. 61-77 insbes. S. 71ff. In dem zweiten Artikel wird vorwiegend auf die vergleichsweise erfolgreiche französische Gestaltung der Produktivgenossenschaften eingegangen.

28) Siehe den Oppenheimer Text in diesem Buch (Transformationsgesetz).

29) Mihr, K.-H.: Bericht im Namen des Ausschusses für Wirtschaft und Währung über die Genossenschaftsbewegung in der Europäischen Gemeinschaft. Europäisches Parlament. Sitzungsdokumente 1982-1983, Dokument 1-849/82 vom 15. Nov.1982 (PE 74 500/endg.) S. 45

Zusammenfassender Überblick über die Rechtsformen der Unternehmungen

Aus: Härter, Friedrich/Hartmann, Gernot B.: Betrieb und Wirtschaft Bd. 1, Grundlagen, Rinteln 1979. Mit Berichtigungen durch Herrn Härter.

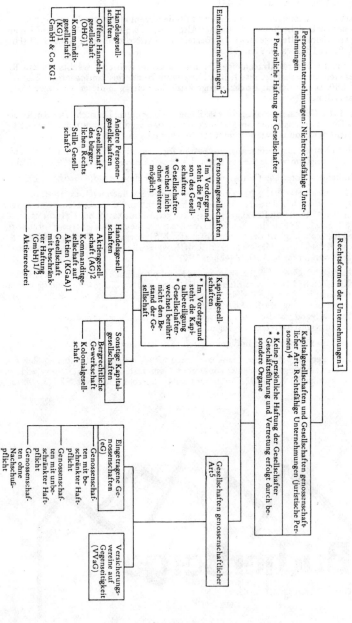

Rechtsformen der Unternehmungen[1]

Personenunternehmungen: Nichtrechtsfähige Unternehmungen
* Persönliche Haftung der Gesellschafter

- Einzelunternehmungen [2]
- Personengesellschaften
  * Im Vordergrund steht die Person des Gesellschafters
  * Gesellschafterwechsel nicht ohne weiteres möglich
  - Handelsgesellschaften
    - Offene Handelsgesellschaft (OHG)[1]
    - Kommanditgesellschaft (KG)[1]
    - GmbH & Co KG[1]
  - Andere Personengesellschaften
    - Gesellschaft des bürgerlichen Rechts[1]
    - Stille Gesellschaft[3]

Kapitalgesellschaften und Gesellschaften genossenschaftlicher Art: Rechtsfähige Unternehmungen (Juristische Personen)[4]
* Keine persönliche Haftung der Gesellschafter
* Geschäftsführung und Vertretung erfolgt durch besondere Organe

- Kapitalgesellschaften
  * Im Vordergrund steht die Kapitalbeteiligung
  * Gesellschafterwechsel berührt nicht den Bestand der Gesellschaft
  - Handelsgesellschaften
    - Aktiengesellschaft (AG)[2]
    - Kommanditgesellschaft auf Aktien (KGaA)[1]
    - Gesellschaft mit beschränkter Haftung (GmbH)[1]/[2]
    - Aktienreederei
  - Sonstige Kapitalgesellschaften
    - Bergrechtliche Gewerkschaft
    - Kolonialgesellschaft
- Gesellschaften genossenschaftlicher Art[5]
  - Eingetragene Genossenschaften (eG)
    - Genossenschaften mit beschränkter Haftpflicht
    - Genossenschaften mit unbeschränkter Haftpflicht
    - Genossenschaften ohne Nachschußpflicht
  - Versicherungsvereine auf Gegenseitigkeit (VVaG)

1 Eine exakte Eingruppierung aller verschiedenen Rechtsformen läßt sich aufgrund der in der Praxis entwickelten verschiedenen Zwischen- und Mischformen (z.B. GmbH & Co, KG, Einmann-AG, Einmann-GmbH) nicht durchführen. Durch die **sehr weitgehende Satzungsautonomie** kann z.B. die GmbH durch Nebenverpflichtungen (Mitarbeitsverpflichtungen) einer Personengesellschaft stark angenähert werden. Da die OHG und KG die Grundbuch-, Prozeß- und Deliktsfähigkeit besitzen, weisen beide Rechtsformen auch Merkmale juristischer Personen auf. Sie werden daher auch als quasi-juristische Personen bezeichnet. Hinsichtlich der Kommanditaktionäre ist die KGaA den Kapitalgesellschaften zuzurechnen, während sie von der Stellung der persönlich haftenden Gesellschafter (Komplementäre) her gesehen mehr Eigenschaften der Personengesellschaften aufweist.

2 Da nach der Gründung eine (spätere) Übernahme aller Aktien einer AG und aller Geschäftsanteile einer GmbH in einer Hand möglich ist, kann die Rechtsform der AG und GmbH auch als Einzelunternehmung vorkommen (sogenannte Einmann-AG, bzw. Einmann-GmbH).

3 Obwohl die stille Gesellschaft im HGB geregelt ist, ist sie keine Handelsgesellschaft, weil nicht die stille Gesellschaft als reine Innengesellschaft das Handelsgewerbe betreibt, sondern der geschäftsführende Gesellschafter. Da der nach außen hin nicht in Erscheinung tretende stille Gesellschafter in der Regel nur eine Vermögenseinlage leistet und nicht persönlich im Geschäft mitwirkt, wird die stille Gesellschaft auch nicht zu den Personengesellschaften im engeren Sinne gezählt.

4 Zu den rechtsfähigen (juristischen Personen) zählen auch die eingetragenen Vereine.

5 Diese Rechtsformen sind keine Handelsgesellschaften, obwohl sie diesen weitgehend gleichgestellt sind.

Vergleich wesentlicher rechtlicher Merkmale der Personen- und Kapitalgesellschaften

Vergleichsmerkmale	Rechtsformen der Unternehmungen			
	Personengesellschaften			
	Offene Handelsgesellschaft (OHG)	Kommanditgesellschaft (KG)	Stille Gesellschaft	Gesellschaft des bürgerlichen Rechts
Rechtsgrundlagen	§§ 1o5-160 HGB Ergänzend BGB	§§ 161 - 177a HGB Ergänzend: Vorschriften über die OHG.	§§ 335-342 HGB Ergänzend: Vorschriften über die BGB-Gesellschaft	§§ 705 - 740 BGB
Gründung Form Anzahl der Gründer Firma Eintragung in das Handelsregister (HR) bzw. Genossenschaftsregister	Gesellschaftsvertrag zwischen mindestens 2 natürlichen und/oder juristischen Personen (kein Formzwang). Personenfirma; grundsätzlich Familienname eines Gesellschafters mit einem das Gesellschaftsverhältnis andeutenden Zusatz oder Namen aller Gesellschafter. Keine Einmanngesellschaft möglich. Eintragung in HR notwendig. (deklaratorische Wirkung). Entstehung (Außenwirkung) mit Aufnahme der Geschäfte, spätestens mit Eintragung ins HR	Gesellschaftsvertrag zwischen mindestens einem Vollhafter (Komplementär) und mindestens einem Teilhafter (Kommanditisten); wie bei der OHG kein Formzwang). Personenfirma, grundsätzlich Familienname mindestens eines persönlich haftenden Gesellschafters (Komplementärs) mit einem das Gesellschafts.verhältnis andeutenden Zusatz. Keine Einmanngesellschaft möglich. Wie bei der OHG Eintragung in das HR notwendig.	Entstehung mit dem Gesellschaftsvertrag zwischen dem Geschäftsinhaber und stillen Gesellschafter. Diese können natürliche Personen oder juristische Personen (auch eine OHG oder KG) sein; (kein Formzwang). Keine gemeinsame Firma der stillen Gesellschaft und keine Eintragung ins HR (reine Innengesellschaft). Keine Einmann-Gesellschaft möglich. Ins HR wird nur das Geschäft des Inhabers eingetragen. Nur seine Firma erscheint. Das Gesellschaftsverhältnis und der stille Gesellschafter sind aus der Firma des Geschäftsinhabers nicht ersichtlich.	Entstehung durch Gesellschaftsvertrag von mindestens zwei Gesellschaftern, die Einzelpersonen oder Gesellschaften (Personengesellschaften oder juristische Personen) sein können (kein Formzwang) Gesellschaft hat keine Firma und wird nicht ins HR eingetragen. Keine Einmanngesellschaft möglich.
Mindestkapital, Mindestbeteiligung, Mindesteinzahlung	Kein festes Mindestkapital, keine Mindesteinlage und - einzahlung gesetzlich vorgeschrieben.	Kein festes Mindestkapital; für die Komplementäre auch keine Mindesteinlage gesetzlich vorgeschrieben. Kommanditisten haben feste, in ihrer Höhe jedoch beliebig festsetzbare Einlagen zu leisten.	Kein festes Mindestkapital, keine Mindesteinlage gesetzlich vorgeschrieben. Vermögenseinlage des stillen Gesellschafters wird jedoch wertmäßig festgesetzt.	Kein festes Mindestkapital, keine Mindesteinlage und- einzahlung gesetzlich vorgeschrieben.
Art der Einlagen	Geld, Sachwerte, Dienstleistungen	Komplementäre wie die OHG-Gesellschafter; Kommanditisten: Geld, Sachwerte.	Einlagen des stillen Gesellschafters: Geld, Sachwerte, Dienstleistungen.	Geld, Sachwerte, Dienstleistungen.
Rechtsfähigkeit	Keine eigene Rechtsfähigkeit	Keine eigene Rechtsfähigkeit.	Keine eigene Rechtsfähigkeit.	Keine eigene Rechtsfähigkeit.
Gesellschaftsvermögen	Gesamthandsvermögen aller Gesellschafter	Vermögen des stillen Gesellschafters geht in das Vermögen des Geschäftsinhabers über (kein Gesellschaftsvermögen).	Gesamthandsvermögen aller Gesellschafter.	Gesamthandsvermögen aller Gesellschafter.

Vergleich wesentlicher rechtlicher Merkmale der Personen - und Kapitalgesellschaften					
	Rechtsformen der Unternehmungen				
Personengesellschaften	**Kapitalgesellschaften**				
GmbH & Co.KG	Aktiengesellschaft (AG)	Kommanditgesellschaft auf Aktien (KGaA)	Gesellschaft mit beschränkter Haftung (GmbH)	Eingetragene Genossenschaft (eG)	
Vorschriften über die KG; für Komplementär-GmbH gilt GmbH-Gesetz	Aktiengesetz vom o6.o9.1965 mit Änderungen.	§§ 278 - 290 AktG. Übrige Vorschriften des AktG; ergänzend: Vorschriften über die KG.	GmbH-Gesetz vom 20.04.1982 mit Änderungen.	Genossenschaftsgesetz vom 09.10.1973	
Für die Form, Anzahl der Gründer, Firma und Eintragung ins HR gelten die Vorschriften der KG; für die Gründung der Komplementär-GmbH siehe GmbH-Gründung. Gesellschafter der Komplementär-GmbH und die Kommanditisten können die gleichen Personen sein (typische GmbH & Co.KG). Ist ein Gesellschafter Alleingesellschafter der GmbH und einziger Kommanditist, so liegt eine Einmann-GmbH & Co. KG vor. Da die GmbH der Komplementär ist, diese den Zusatz mbH enthalten muß und die Kommanditisten nicht in der Firma enthalten sein dürfen, setzt sich die Firma aus der Firma der Komplementär-GmbH und dem Zusatz & Co. zusammen. (GmbH & Co. bzw. GmbH & Co. KG).	Notariell beurkundeter Gesellschaftsvertrag (Satzung) mit Mindestinhalt gesetzlich vorgeschrieben. Strenge, ausführliche Gründungsvorschriften und Gründungsprüfung. Mindestens fünf Gründer, die natürliche oder juristische Personen sein können. Auch eine OHG, KG können zu den Gründern gehören. Spätere Übernahme aller Aktien in einer Hand ist möglich. (Einmann-AG). Grundsätzlich Sachfirma, bei einer älteren AG auch Personenfirma möglich, stets mit Zusatz "Aktiengesellschaft". Von der Errichtung der AG (nach Übernahme aller Aktien durch die Gründer) ist die Entstehung der AG als juristische Person nach erfolgter Eintragung in das HR zu unterscheiden. HR-Eintragung ist erforderlich (rechtsbegründende Wirkung).	Ähnliche Gründung wie bei der AG (notarielle Beurkundung der Satzung erforderlich; strenger Formzwang). Mindestens fünf Gründer, von denen mindestens einer Komplementär und einer Kommanditaktionär ist, sind notwendig. Komplementäre müssen beteiligt sein und im HR eingetragen werden. Sachfirma, bei alter Firma auch Personenfirma, stets mit Zusatz "Kommanditgesellschaft auf Aktien". Eintragung ins HR ist erforderlich (rechtsbegründende Wirkung).	Notariell beurkundeter Gesellschaftsvertrag. Errichtung durch einen Gründer oder mehrere Gründer, die natürliche oder juristische Personen sein können.. Auch eine OHG oder KG können zu den Gründern gehören. Formzwang, keine Gründungsprüfung wie bei der AG. Spätere Übernahme aller Geschäftsanteile in einer Hand möglich. (Einmann-GmbH). Sach- oder Personenfirma möglich, die stets den Zusatz " mit beschränkter Haftung" enthalten muß. HR-Eintragung ist erforderlich; erst mit der erfolgten Eintragung erlangt die GmbH ihre Rechtsfähigkeit, wird diese juristische Person (rechtsbegründende Wirkung).	Schriftlicher Gesellschaftsvertrag (Statut) zwischen mindestens 7 Gründern (Genossen) mit gesetzlich vorgeschriebenem Mindestinhalt. Einmann-Genossenschaft ist nicht möglich; mindestens 7 Mitglieder sind erforderlich. Sachfirma mit der Bezeichnung "eingetragene Genossenschaft" (eG) Eintragung in das Genossenschaftsregister erforderlich. Erst mit der Eintragung wird die Genossenschaft rechtsfähig; juristische Person; (rechtsbegründende Wirkung).	
Es gelten die Vorschriften der KG); für Komplementär-GmbH ist ein Mindestkapital, ein Mindestgeschäftsanteil und eine Mindesteinzahlung gesetzlich vorgeschrieben (s. GmbH).	Festes Grundkapital von Mindestens 100000,-DM Mindestnennbetrag je Aktien (Mindestbeteiligung), 5o,-DM.	Für Kommanditaktionäre festes Grundkapital von 10000 DM, Mindestnennung je Aktie und Mindestbeteiligung von 50,-DM. Komplementäre können außerhalb des Grundkapitals Einlagen leisten.	Festes Stammkapital von mindestens 50000,-DM, Mindestbeteiligung (Mindestgeschäftsanteil/ Mindeststammeinlage) von 5oo,-DM und Mindesteinzahlung auf die Stammeinlage von 1/4, mindestens 25oo,-DM Gesamteinlage.	Kein festes Mindestkapital und keine Mindestbeteiligung (Mindestbeteiligung) gesetzlich vorgeschrieben. Mindesteinzahlung auf übernommenen Geschäftsanteil muß jedoch mindestens 1/10 des Geschäftsanteils betragen.	
Geld, Sachwerte, Dienstleistungen.	Geld, Sacheinlagen.	Geld, Sacheinlagen.	Bei Errichtung der GmbH kann jeder Gesellschafter nur eine Stammeinlage über mindestens 500,-DM übernehmen. Möglich sind Geld- und Sacheinlagen.	Statut bestimmt die Höhe, mit der sich der einzelne Genosse mit Einlagen (Geld, Sachwerte) beteiligen kann (Geschäftsanteil).	
Keine eigene Rechtsfähigkeit.	Rechtsfähig; Juristische Person.	Rechtsfähig: Juristische Person.	Rechtsfähig: Juristische Person.	Rechtsfähig: Juristische Person.	
Gesamthandsvermögen aller Gesellschafter.	Eigenes Vermögen der AG als juristische Person.	Eigenes Vermögen der KGaA als juristische Person.	Eigenes Vermögen der GmbH als juristische Person.	Eigenes Vermögen der Genossenschaft als juristische Person.	

Vergleich wesentlicher rechtlicher Merkmale der Personen- und Kapitalgesellschafte				
Vergleichs-merkmale	Rechtsnormen der Unternehmungen			
	Personengesellschaften			
	Offene Handelsgesell-schaft (OHG)	Kommanditgesellschaft (KG)	Stille Gesellschaft	Gesellschaft des bürgerlichen Rechts
Haftung	Unmittelbare, unbe-schränkte, gesamt-schuldnerische Haftung jedes Ge-sellschafters.	Vor Eintragung ins HR haften alle Gesell-schafter unmittelbar, unbeschränkt, gesamt-schuldnerisch; nach ihrer Eintragung ins HR haften nur die Komple-mentäre weiterhin un-beschränkt, die Kommanditisten hinge-gen nur noch bis zur Höhe ihrer Einlagen. Nach der Leistung ihrer Einlage entfällt jede weitere Haftung (be-schränkte, mittelbare Haftung der Komman; ditisten).	Haftung des Geschäfts-inhabers richtet sich nach der Rechtsform seines Unternehmens. Der stille Gesellschafter haftet nicht gegenüber Dritten.	Wie die OHG-Gesell-schafter (unmittelbar, unbeschränkt, gesamt-schuldnerisch). Haftung kann jedoch durch Ver-einbarungen mit den Gläubigern auf das Ge-sellschaftsvermögen beschränkt werden.
Organe	Neben den Gesellschaf-tern keine besonderen Organe.	Keine besonderen Organe neben den Gesell-schaftern.	Keine besonderen Organe.	Neben den Gesellschaf-tern keine besonderen Organe.
Geschäfts-führung (Innenverhältnis)	Für gewöhnliche Ge-schäfte hat jeder Ge-sellschafter Einzelge-schäftsführungsbefugnis und -pflicht, bei außer-gewöhnlichen Geschäf-ten ist Gesamtbeschluß aller Gesellschafter erforderlich. (Gesamtge-schäftsführungsbefugnis).	Geschäftsführung liegt bei den Komplementären. Der Umfang ihrer Ge-schäftsführungsbefug-nis entspricht der OHG-Gesellschafter. Andere vertraglichen Regelun-gen im Gesellschafts-vertrag sind möglich. Kommanditisten sind von der Geschäfts-führung grundsätzlich ausgeschlossen.	Geschäftsführung liegt beim Geschäfts-führer.	Geschäftsführung steht für gewöhnliche und außergewöhnliche Ge-schäfte allen Gesellschaf-tern gemeinsam zu (Ge-samtgeschäftsführungs-befugnis); im Gesell-schaftsvertrag können je-doch andere vertragliche Regelungen getroffen werden (z.B. Einzelge-schäftsführungsbefug-nis, oder einem oder mehreren Gesellschaftern wird Geschäftsführung gemeinsam übertragen.
Vertretung (Außenverhältnis)	Grundsätzlich Einzelver-tretungsbefugnis jedes Gesellschafters; soweit hiervon abweichend im Gesellschaftsvertrag Ge-samtvertretungsbefug-nis vereinbart wurde oder einzelne Gesell-schafter von der Ver-tretung ausgeschlossen werden sollen, ist dies, um gegenüber Dritten wirksam zu werden, ins HR einzutragen.	Vertretung durch die Komplementäre nach den Vorschriften für die OHG-Gesellschafter. Kommanditisten sind nicht zur Vertretung der Gesellschaft be-rechtigt (Möglichkeit der Prokura und Handlungsvollmacht besteht).	Vertretung erfolgt durch den Geschäftsinhaber. Der stille Gesellschaf-ter hat keine Vertretungs-macht. Durch Prokura oder Handlungsvoll-macht kann dem stillen Gesellschafter jedoch Vertretungsbe-fugnis für den Ge-schäftsinhaber einge-räumt werden.	Grundsätzlich Gesamt-vertretungsmacht. So-weit Einzelvertretungs-macht festgelegt ist oder einzelne Gesell-schafter von der Vertre-tung ausgeschlossen werden, muß dies, um gegenüber Dritten wirk-sam zu sein, im HR ein-getragen sein.

Gewinn- und Verlustverteilung	Soweit nichts anderes im Gesellschaftsvertrag vereinbart ist, 4% Verzinsung der Kapitaleinlagen; Restgewinn sowie Verlust nach Köpfen.	Soweit im Gesellschaftsvertrag nichts anderes vereinbart ist: 4% Verzinsung der Kapitaleinlagen, Verteilung des Restgewinns in angemessenem Verhältnis. Verluste sind ebenfalls in angemessenem Verhältnis (nicht nach Köpfen) umzulegen. Kommanditist trägt jedoch den Verlust nur bis zum Betrage seines Kapitalanteils und seiner noch rückständigen Einlage.	Gewinn- und Verlustanteil des stillen Gesellschafters durch Gesellschaftsvertrag bestimmt. Mangels solcher Vereinbarungen angemessene Verteilung. Am Verlust nimmt der stille Gesellschafter jedoch nur bis zur Höhe seiner Einlage teil, soweit nicht im Gesellschaftsvertrag bestimmt ist, daß dieser überhaupt nicht am Verlust teilnimmt.	Soweit nicht im Gesellschaftsvertrag festgelegt, sind alle Gesellschafter zu gleichen Teilen am Gewinn und Verlust zu beteiligen (Verteilung nach Köpfen).
Auflösungsgründe	Zeitablauf; Gesellschafterbeschluß, Gesellschaftskonkurs; Tod eines Gesellschafters; Konkurs über das Vermögen eines Gesellschafters.	Auflösungsgründe wie bei der OHG. Tod eines Kommanditisten löst die Gesellschaft jedoch nicht auf.	Kündigung eines Gesellschafters oder eines Gläubigers des stillen Gesellschafters; Zeitablauf; Erreichung des vereinbarten Zwecks; im Zweifel Tod des Geschäftsinhabers; Konkurs des Inhabers; Tod des stillen Gesellschafters löst die Gesellschaft nicht auf.	Kündigung eines Gesellschafters; vereinbarter Zweck der Gesellschaft ist erreicht oder deren Erreichung ist unmöglich geworden; Zeitablauf; Auflösungsbeschluß der Gesellschafter; Tod eines Gesellschafters; Konkurseröffnung über das Vermögen eines Gesellschafters.

Wie bei der KG	Soweit die Satzung keine andere Verteilung bestimmt, erfolgt die Gewinnverteilung in der Regel nach dem Verhältnis der Aktiennennbeträge.	Soweit in der Satzung keine andere Verteilung bestimmt ist: Gewinnanteile der Kommanditaktionäre nach dem Verhältnis der Aktiennennbeträge.	Soweit nicht im Gesellschaftsvertrag anders festgelegt, erfolgt die Gewinnverteilung entsprechend der Höhe der Geschäftsanteile.	Soweit im Statut kein anderer Maßstab bestimmt, erfolgt die Gewinnverteilung im ersten Jahr nach dem Verhältnis der Einzahlung, in den folgenden Jahren nach dem Verhältnis der Geschäftsguthaben.
Auflösungsgründe wie bei der KG.	Zeitablauf; Beschlußfassung der Hauptversammlung mit 3/4 Mehrheit; Konkurseröffnung über das Geschäftsvermögen und Beschluß über Ablehnung der Konkurseröffnung.	Auflösungsgründe im wesentlichen die gleichen wie bei der KG.	Zeitablauf; Gesellschafterbeschluß mit 3/4 Mehrheit; gerichtliches Urteil; Konkurseröffnung über das Gesellschaftsvermögen.	Beschluß der Generalversammlung mit 3/4 Mehrheit; Zeitablauf; Beschluß des Registergerichts; Konkurs der Genossenschaft; Auflösung durch Verwaltungsbehörde.

Vergleich wesentlicher rechtlicher Merkmale der Personen- und Kapitalgesellschaften				
	Rechtsnormen der Unternehmungen			
Personengesellschaften	Kapitalgesellschaften			
GmbH & Co. KG	Aktiengesellschaft (AG)	Kommanditgesellschaft auf Aktien (KGaA)	Gesellschaft mit beschränkter Haftung (GmbH)	Eingetragene Genossenschaft (eG)
Haftung wie bei der KG. Die Komplementär-GmbH haftet mit ihrem Gesellschaftsvermögen. Ist die GmbH einziger Komplementär, wird die persönliche unbeschränkte Haftung aller beteiligten natürlichen Personen vermieden.	Gesellschaftsvermögen der AG haftet unbeschränkt. Vor der Eintragung der AG in das HR haften die handelnden Gesellschafter persönlich und unbeschränkt. Nach der Eintragung der AG in das HR besteht nur noch eine beschränkte mittelbare Haftung der Aktionäre.	Kommanditaktionäre haften wie die Aktionäre der AG. Komplementäre haften wie die Komplementäre der KG unbeschränkt.	Gesellschaftsvermögen der GmbH haftet unbeschränkt. Vor der Eintragung der GmbH in das HR haften alle Gesellschafter unbeschränkt und gesamtschuldnerisch. Nach der Eintragung schulden die Gesellschafter nur ihre rückständige Einlage. Im Gesellschaftsvertrag kann eine unbeschränkte oder beschränkte Nachschußpflicht gegenüber der GmbH vereinbart sein. Bei unbeschränkter Nachschußpflicht besteht das Abandonrecht.	Gesellschaftsvermögen der Genossenschaft haftet unbeschränkt. Das Statut bestimmt, ob und in welcher Höhe die Genossen bei einem Konkurs der Genossenschaft zu Nachschüssen an die Genossenschaft verpflichtet sind.
Neben den Gesellschaftern keine besonderen Organe.	Vorstand (Leitungsorgan), Aufsichtsrat (Überwachungsorgan), Hauptversammlung (Beschlußfassungsorgan)	Hauptversammlung und Aufsichtsrat.	Geschäftsführer - und Gesellschafterversammlung. Aufsichtsrat möglich, jedoch nur bei mehr als 500 Arbeitnehmern gesetzlich vorgeschrieben.	Vorstand; Aufsichtsrat; Generalversammlung bzw. Vertreterversammlung.
Geschäftsführung liegt bei der Komplementär-GmbH, die ihrerseits durch ihre Organe (Geschäftsführer) handelt.	Vorstand führt die Gesellschaft in eigener Verantwortung. Soweit in der Satzung nicht Einzelgeschäftsführungsbefugnis festgelegt wurde, besteht Gesamtgeschäftsführungsbefugnis.	Geschäftsführung erfolgt durch die Komplementäre, die im wesentlichen die Aufgaben des Vorstandes einer AG wahrnehmen. Soweit die Satzung nichts anderes bestimmt, haben mehrere Komplementäre Einzelgeschäftsführungsbefugnis.	Geschäftsführung erfolgt durch die Geschäftsführer. Soweit die Satzung nichts anderes bestimmt, haben diese Gesamtgeschäftsführungsbefugnis. In besonderen Fällen hat die Gesellschafterversammlung oder ein bestehender Aufsichtsrat die Geschäftsführungsbefugnis.	Geschäftsführung erfolgt durch den Vorstand. Soweit das Statut nichts anderes bestimmt, haben die Vorstandsmitglieder Gesamtgeschäftsführungsbefugnis.
Vertretung erfolgt in der Regel durch die Komplementär-GmbH, die ihrerseits durch ihre Geschäftsführer vertreten wird.	Vertretung erfolgt durch den Vorstand. Soweit in der Satzung nichts anderes bestimmt wurde, besteht für alle Vorstandsmitglieder Gesamtvertretungsmacht. Einzelvertretungsbefugnis muß, um gegenüber Dritten wirksam zu werden, im HR eingetragen sein.	Vertretung erfolgt durch die Komplementäre; mangels anderer Bestimmungen der Satzung haben diese Einzelvertretungsbefugnis. Gegenüber den Komplementären wird die KGaA durch den Aufsichtsrat vertreten.	Vertretung erfolgt durch die Geschäftsführer, soweit im Gesellschaftsvertrag nicht anders bestimmt ist, Gesamtvertretungsmacht haben.	Vertretung erfolgt durch den Vorstand. Soweit das Statut nichts anderes bestimmt, besteht Gesamtvertretungsmacht.

Wolfgang Münst
Juristische Grundlagen zur Gründung und Prüfung einer Genossenschaft

Gründung einer Genossenschaft

Die Gründung einer Genossenschaft entspricht in vielen Punkten der eines eingetragenen Vereins. Wie bei der Gründung eines Vereins müssen *mindestens 7 Personen* bei der Genossenschaftsgründung mitwirken (§ 4 GenG). Es muß hierbei entsprechend dem Verein eine *schriftliche Satzung*, oder genauer, ein Statut ausgearbeitet werden (§ 5GenG). Die Gründung erfolgt durch Annahme der Satzung, Wahl des Vorstandes (§ 36 GenG).
Durch Gesetz ist der Mindestinhalt des Statuts festgelegt (§ 6,7 GenG) sowie weitere Vorschriften, die in das Statut aufgenommen werden können (§§ 7a,8 GenG). Darüber hinausgehend können die Gründungsmitglieder innerhalb der Kannbestimmungen des Genossenschaftsgesetzes die Statuten frei gestalten.

Das Ausarbeiten eines Statuts kann man sich unter Zuhilfenahme der von den Genossenschaftsverbänden zur Verfügung gestellten Mustersatzungen einfach machen. Diese *Mustersatzungen* sind jedoch für selbstverwaltete Betriebe nur sehr bedingt geeignet, da sie strukturell auf Großgenossenschaften zugeschnitten sind. Ihre Ausformulierung entspricht weitestgehend dem Gesetzestext, welcher z.B. die Mitbestimmungsrechte der einzelnen Genossen begrenzt. Gerade diese weitgehenden Mitbestimmungsrechte sind es jedoch, die die Rechtsform der Genossenschaft für selbstverwaltete Betriebe, gleichgültig ob im Konsum- oder Produktivbereich, so interessant machen.

Es bleibt daher für selbstverwaltete Betriebe nur die Möglichkeit, ein auf die Besonderheiten des Betriebes zugeschnittenes Statut selbst zu entwerfen. Regelrechte Mustersatzungen für alternative Betriebe gibt es nicht bzw. werden bislang von den Prüfungsverbänden auch nicht als solche anerkannt. Hilfreich für die Satzungsdiskussion ist die Orientierung am Statut einer bereits eingetragenen alternativen Genossenschaft. Bereits bestehende Statuten haben sich auch als Argumentationshilfe gegenüber den Genossenschaftsverbänden erwiesen, die die Durchsetzung von Bestimmungen speziell für selbstverwaltete Betriebe erleichterte.

Andere Erfahrungen der in den letzten Jahren neugegründeten Genossenschaften aus dem Alternativbereich haben gezeigt, daß eine ausführliche und breite Diskussion eines Statuts nützlich ist, um durch klare Regelungen spätere Streitigkeiten (natürlich ums liebe Geld) von vornherein auszuschließen.
Die Prüfungsverbände und Registergerichte fordern in aller Regel wegen der finanziellen Verpflichtungen eindeutige und ausführliche Regelungen in den Statuten, auch aufgrund des Vertrauensschutzes für die Genossenschaftsmitglieder,

da man nicht allgemein davon ausgehen kann, daß ein normal sterbliches Genossenschaftsmitglied, sei es nicht gerade Jurist, sich die Mühe macht, die gesetzlichen Vorschriften zu lesen.

Zum notwendigen Inhalt eines Statuts gehört

1. Firma, Sitz und Gegenstand der Genossenschaft (§ 3)

Die eingetragene Genossenschaft ist stets eine juristische Person, d.h. sie kann selbständiger Träger von Rechten und Pflichten sein und ist weiterhin *Vollkaufmann* i.S.d. HGB, für den bei Geschäften strengere gesetzliche Vorschriften gelten als für "normale" Menschen.

Der Name einer Genossenschaft gibt besonders in der Alternativszene mit ihrer Vorliebe für "klangvolle" Namen immer wieder Anlaß zu Streitigkeiten mit dem Registergericht, da der Name einer Genossenschaft ihrem Tätigkeitsbereich entnommen sein muß.

2. Haftung/Haftungsbeschränkung (§§ 15a, 22a, 23, 119)

Im Statut ist die Haftungsfrage für den Fall des Konkurses der Genossenschaft zu regeln. Seit der Genossenschaftsnovelle von 1973 besteht in der Haftungsfrage die Wahlmöglichkeit zwischen einer *unbeschränkten Nachschußpflicht* (was bedeutet, daß im Konkursfalle jeder Genosse für die Verbindlichkeiten der Genossenschaft mit seinem gesamten Privatvermögen einzustehen hat,
der *auf eine Haftsumme begrenzten Nachschußpflicht* (bei dieser beschränkten Haftpflicht ist die Haftsumme im Konkursfall so festzulegen, daß sie nicht weniger als einen Geschäftsanteil beträgt, wobei es nach oben keine Grenzen gibt)
und dem
Verzicht auf die Nachschußpflicht (was einem völligen Haftungsausschluß gleichkommt, so daß im Konkursfall bei Volleinzahlung des Geschäftsanteils lediglich dieser Betrag verlorengeht, die Mitglieder aber keine weitergehende Haftung mit ihrem Privatvermögen trifft).

3. Form der Berufung der Generalversammlung, Vorsitz, Beurkundung von Beschlüssen, Bekanntmachungen

a) Die *Einberufung* einer Generalversammlung, so wird die Hauptversammlung bei der Genossenschaft genannt, kann durch den Vorstand oder andere zu bestimmende Person erfolgen (§ 44), und zwar durch unmittelbare (aus Beweiszwecken am besten schriftliche) Benachrichtigung oder mittels Annonce. Entsprechend der Regelung beim Verein kann eine *Minderheit von 10%* der Mitglieder die Einberufung einer Generalversammlung verlangen (§ 45).

Außerdem muß im Statut bestimmt sein, wer den Vorsitz in der Generalversammlung führt; dies braucht kein Organmitglied zu sein. Entsprechende Bestimmungen über die Wahl eines Versammlungsleiters dürften vom Vereinsrecht her bekannt sein.

b) Die *Protokollierung* von Beschlüssen erfolgt nach § 47 GenG mit Ort und Datum der Versammlung sowie Namen und Unterschriften der anwesenden

Vorstandsmitglieder. Die Einhaltung dieser Formvorschriften ist oftmals lästig und bei alternativen Kleingenossenschaften, die keine strikte Trennung zwischen Vorstand, Aufsichtsrat und Basis kennen, auch unangebracht und unpraktikabel. Da sowohl die Revisionsverbände bei ihrer Prüfung als auch das Registergericht bei der Eintragung von Satzung bzw. Satzungsänderungen besonderen Wert auf diese Formalia legen, sollten diese, um Schwierigkeiten zu entgehen, nicht auf die leichte Schulter genommen werden.

c) Die *Bekanntmachungen* erfolgen in einer im Statut aufgeführten Zeitung oder Zeitschrift: bei Genossenschaften mit regionaler Begrenzung zweckmäßigerweise in einem regionalen Blatt.

4. Weiterhin ist der *Geschäftsanteil,* mit dem sich Genossen an der Genossenschaft finanziell beteiligen können/müssen, im Statut festzulegen. Die Einlagen der Genossen bilden das *Stammkapital* einer Genossenschaft, das, anders als bei einer GmbH in seiner Höhe Schwankungen unterworfen ist, da es keine festgeschriebene Mitgliederzahl gibt.

Als *Geschäftsanteil* wird der satzungsgemäß festgelegte *Höchstbetrag* der zulässigen finanziellen Beteiligung eines Mitglieds bezeichnet.

Hingegen bildet der *jeweilige Betrag,* den die Einlagen eines Genossen erreicht haben, das *Geschäftsguthaben.*

Das Mindestguthaben *(Pflichteinzahlung),* das jeder Genosse zu erbringen hat, beträgt mindestens 10% des Geschäftsanteils. Die folgende Graphik verdeutlicht die Zusammenhänge o.g. Begriffe:

gesamte Risikosumme: 300,-- DM

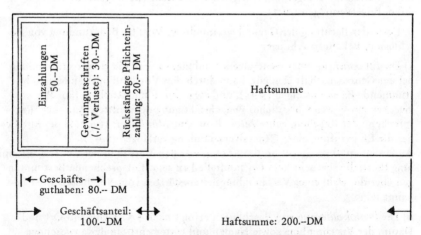

Quelle: Härter F. und Hartmann G.B., Betrieb und Wirtschaft Bd. 1, Rinteln 1979

Soweit die Einlagen den zulässigen Geschäftsanteil übersteigen, z.B. durch Verzinsung des Geschäftsguthabens, wird dieser Betrag nicht als Geschäftsguthaben, sondern wie ein Mitgliederdarlehen behandelt.

Der Geschäftsanteil muß *ziffermäßig* bestimmt sein. Mindest- und Höchstbeträge sind nicht vorgeschrieben. Eine Empfehlung über die Höhe eines Geschäftsanteils auszusprechen ist nur schwerlich möglich; die Höhe des Geschäftsanteils hängt vor allem vom Tätigkeitsbereich der Genossenschaft und der Mitgliederzahl ab.

Möglich ist, statt eines hohen Geschäftsanteils einen niedrigen festzulegen, aber gleichzeitig zu bestimmen, daß jeder Genosse mehrere dieser Geschäftsanteile als Pflichteinlage zu zeichnen hat. Zusammen mit der Möglichkeit, Einzahlungen auf den Geschäftsanteil in mehreren zeitlich gestaffelten Raten zu erbringen, können damit auch Personen mit wenig Anfangskapital Mitglieder einer Genossenschaft werden. Erfahrungen von neugegründeten Genossenschaften gehen dahin, daß der Geschäftsanteil bei Konsumgenossenschaften zwischen DM 100,-- und DM 500,-- liegt, während bei Wohnbaugenossenschaften der Geschäftsanteil eine 5-stellige Summe erreichen kann.

Die Erbringung eines Geschäftsanteils soll zwar in erster Linie in harter Währung erfolgen. Zulässig ist aber auch die Erbringung des Geschäftsanteils durch Aufrechnung der für die Genossenschaft erbrachten unbezahlten *Arbeitsleistungen* mit der zu zahlenden Einlage. Die von der Rechtssprechung als zulässig angesehene Möglichkeit stößt jedoch auf Widerspruch der Prüfungsverbände, in deren Augen die Anrechnung von Arbeitsleistungen, sprich *Selbsthilfe,* wegen der Unwägbarkeiten der Menschen, die diese Leistung versprechen, eine unsichere Sache ist, wogegen das Geld auf der Bank ... Bei der Ausarbeitung eines Statuts kann daher die Anrechnung von Arbeitsleistungen nicht als Wahlmöglichkeit gleichrangig neben der Erbringung des Geschäftsanteils in Geld, sondern lediglich als nachrangige Möglichkeit aufgeführt werden.

5. Weiterhin ist es statuarisch erforderlich, *Grundsätze für die Bilanzprüfung* aufzustellen. Um dieser Vorschrift Genüge zu tun, ist es ausreichend, die im Gesetz vorgesehenen Bestimmungen über die Bilanzprüfung (§ 53) zu zitieren. Hingegen sind Bilanzaufstellungsgrundsätze nicht mehr notwendigerweise ins Statut aufzunehmen.

6. *Zur Deckung von Verlusten* ist die *Bildung eines Reservefonds* (gesetzliche, offene Rücklagen) ebenfalls zwingend vorgeschrieben. Diese Vorschrift ist eine Folge der zahlreichen Konkurse von Genossenschaften, die zumeist in wirtschaftlich schwierigen Situationen mit dünner Kapitaldecke gegründet wurden. Sie soll helfen, die oft unterkapitalisierten Genossenschaften überlebensfähiger zu machen.

Im Statut ist ein Mindestbetrag für den Reservefonds festzulegen. Der Reservefonds wird aus dem Reingewinn gebildet. Als praktikabelste Lösung hat sich erwiesen, einen bestimmten Prozentsatz des Reingewinns in den Reservefonds fließen zu lassen und beispielsweise die Größenordnung des Reservefonds an einem bestimmten Prozentsatz der Gesamtverbindlichkeiten festzumachen.

Die Festlegung eines Mindestbetrages des Reingewinns, welcher dem Reservefonds zufließen soll, ist nicht erforderlich, wenn eine Dividendenauszahlung (§ 20) durch Statut ausgeschlossen wird. Ist der Reservefonds durch Gewinneinstellungen gefüllt, kann die Generalversammlung über den Reingewinn frei verfügen, z.B. indem sie weitere (stille) Reserven anlegt.

Zwar ist der gesetzliche Reservefonds zur Verlustdeckung vorgesehen, diese Deckung muß aber nicht zwangsläufig durch Aufzehrung dieser Reserven erfolgen. Eine andere Möglichkeit der Verlustdeckung ist die Abschreibung von den Geschäftsanteilen oder die Verschiebung des Verlustausgleichs ins nächste Geschäftsjahr (Verlustvortrag auf neue Rechnung).

Folgende Bestimmungen können ins Statut aufgenommen werden (§§ 7a, 8 GenG). Eine Auswahl:

– die Möglichkeit, *mehrere Geschäftsanteile* zu erwerben, wobei auch hier eine Höchstgrenze festgelegt werden kann. Die Folge einer Beteiligung mit mehreren Geschäftsanteilen ist eine erhöhte Haftung im Konkursfalle, aber auch ein erhöhter Anteil an auszuzahlender Dividende (§ 43 Abs. 2).
Die weiteren Geschäftsanteile können unabhängig von einer gesamten Kündigung der Mitgliedschaft auch einzeln gekündigt werden.
– Verknüpfung der Mitgliedschaft an einen bestimmten *Wohnsitz*, z.B. bei Genossenschaften, die nur regional begrenzt tätig sind
– größere Stimmehrheiten als die einfache Mehrheit oder Bestimmung eines Quorums für bestimmte Beschlußgegenstände
– Ausdehnung der Genossenschafts*geschäfte* auf *Nichtmitglieder*

Die Organe der Genossenschaft

Die Genossenschaft benötigt, da sie per Gesetz als juristische Person ein Papiertiger ist, Organe, die sie im Rechtsverkehr vertreten.

Die Organe der Genossenschaft sind *Vorstand, Aufsichtsrat und Generalversammlung,* wobei die Mitglieder von Vorstand und Aufsichtsrat der Genossenschaft zwingend angehören müssen (§ 9 Abs. 2). Die folgende Graphik illustriert das Verhältnis der einzelnen Organe zueinander.

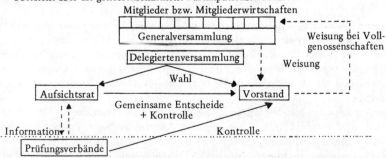

Übersicht über die genossenschaftliche Partizipationsstruktur

Aus: Hettlage, Robert: Genossenschaftstheorie und Partizipationsdiskussion Schema 14, Frankfurt/New York 1979

282

1. Vorstand (§§ 24 - 28)

Der Vorstand ist das unterschriftsberechtigte gesetzliche *Vertretungsorgan* der Genossenschaft im Geschäftsverkehr, welches in der Regel auch die Geschäfte führt.

Der Vorstand muß zumindest aus *zwei Mitgliedern* (§ 24 Abs. 2) bestehen, die nach dem Gesetz nur *gemeinschaftlich vertretungsberechtigt* sind (§ 25 Abs. 1). Abweichungen hiervon sind durch Satzungsbestimmungen möglich.

Die Vorstandstätigkeit kann ehrenamtlich oder besoldet sein. Wegen der Aufgabenkollision schließen sich die Mitgliedschaft in Vorstand und Aufsichtsrat aus (§ 37 GenG).

Obligatorisch ist *Wahl des Vorstandes* durch die Generalversammlung. Abweichend hiervon kann in der Satzung die Wahl bzw. die Ernennung des Vorstandes auch dem Aufsichtsrat übertragen werden, was durch die Mustersatzungen regelmäßig vorgeschlagen wird. Mit dieser Alternative zur Wahl des Vorstandes schwindet der Einfluß der Genossen auf die Geschäftsführung. Diese Einschränkung des demokratischen Prinzips wird in den Kommentierungen zum Genossenschaftsgesetz mit der besonderen Sachkunde und der Vertrauensstellung des Aufsichtsrates verteidigt — eine Argumentation, die sie nicht stichhaltig ist.

Denn unabhängig vom Vertrauen in den Aufsichtsrat oder dessen sicherlich vorhandener Sachkunde stellt die Wahl der Vorstandsmitglieder und die damit verbundene Einflußnahme auf die Geschäftspolitik der Genossenschaft ein elementares Mitwirkungsrecht der Mitglieder dar.

Der Vorstand ist seit der Novelle von 1973 mit *weitgehenden Vollmachten* ausgestattet (vgl. § 27 GenG). Er leitet die Genossenschaft unter eigener Verantwortung. Die *Beschränkung der Vertretungsbefugnis,* z.B. durch Beschränkung auf bestimmte Geschäfte, auf eine bestimmte Summe für das Einzelgeschäft, bis hin zur detaillierten Einzelanweisung kann in das Statut mit aufgenommen werden und sollte bei Klein- und/oder alternativen Genossenschaften ratsamerweise auch gemacht werden, um eine von den Mitgliederinteressen losgelöste Geschäftsführung zu vermeiden.

Nur hat diese Beschränkung gegenüber Dritten, also Nichtmitgliedern, und sogar gegenüber Mitgliedern, wenn sie gegenüber der e.G. als Vertragspartner und nicht als Genossenschaftsmitglieder auftreten, keine rechtliche Wirkung (§ 27 Abs. 2), so z.B. beim Abschluß eines Arbeitsvertrages. Das bedeutet, daß trotz Überschreitung der Vertretungsbefugnis vom Vorstand getätigte Geschäfte wirksam sind und von daher auch nicht rückgängig zu machen sind. Auswirkung hat die Festschreibung der Grenzen der Vertretungsbefugnis lediglich im Innenverhältnis zwischen der Genossenschaft und dem Vorstand bzw. einzelnen Vorstandsmitgliedern. Die Überschreitung der Vertretungsmacht kann die Abberufung des Vorstandes oder Schadensersatzansprüche gegenüber dem Vorstand nach sich ziehen.

Haftung des Vorstandes

Die Vorstandsmitglieder haften für ihre Geschäftstätigkeit gegenüber der Genossenschaft mit der im "Wirtschaftsleben üblichen Sorgfaltspflicht" und darüber hinausgehend mit der Sorgfalt eines "genossenschaftlichen" Geschäftsführers (§ 34), was zum Ausdruck bringen soll, daß der Vorstand sich auch an den genossenschaftlichen Prinzipien zu orientieren hat. Die Nichteinhaltung dieser Sorgfaltspflichten, wozu auch die Erfüllung satzungsgemäßer und gesetzlicher Aufgaben gehört, kann den Vorstand gegenüber der Genossenschaft schadensersatzpflichtig machen.

Abberufung von Vorstandsmitgliedern

Da die Vorstandsmitglieder i.d.R. gewählt sind, können sie auch während ihrer Amtszeit jederzeit von der Generalversammlung abgewählt werden (§ 24 Abs. 3), auch wenn ihre Bestellung durch den Aufsichtsrat erfolgte.
Eine *vorläufige Amtsenthebung* aus einem wichtigen Grund durch den Aufsichtsrat (§ 40) bis eine Generalversammlung über eine Amtsenthebung endgültig entscheidet, ist eine weitere Möglichkeit des Widerrufs der Vorstandsbestellung. Gründe für eine vorläufige Amtsenthebung sind dieselben, die zur fristlosen Kündigung eines Arbeitsverhältnisses berechtigen: grobe Verstöße gegen die Pflichten des Arbeitsvertrages.

2. Aufsichtsrat (§§ 36 - 41 GenG)

Der Aufsichtsrat ist, wie der Name schon sagt, das gesetzliche Kontrollgremium einer Genossenschaft (§ 9). Er ist dem Vorstand nicht übergeordnet, sondern – mit vollständig getrennten Funktionsbereichen – gleichgestellt. Entsprechend dieser getrennten Funktionsbereiche besteht die bereits erwähnte Unvereinbarkeit der gleichzeitigen Mitgliedschaft in Vorstand und Aufsichtsrat (§ 37). Der Aufsichtsrat besteht aus mindestens 3 Genossen (§ 36 Abs. 1). Während die Wahl i.d.R. mit einfacher Stimmehrheit erfolgt, ist die vorzeitige Abwahl nur mit 3/4-Mehrheit möglich (§ 36 Abs. 3). Ein beliebiger Rücktritt vom Aufsichtsratamt ist nach Literaturmeinung wegen der besonderen Organstellung des Aufsichtsrats als Kontrollgremium nicht ohne weiteres möglich. Ausnahmen hiervon sind bei Vorliegen eines wichtigen Grundes oder bei Annahme des Rücktritts durch die Generalversammlung möglich.

Bei Genossenschaften mit über 500 Beschäftigten müssen nach dem Betriebsverfassungsgesetz (§ 77 Abs. 3, § 76 BtVErfG) 1/3 der Aufsichtsratmitglieder aus dem Bereich der Arbeitnehmer stammen. Diese Mitglieder werden nicht in der Generalversammlung, sondern gemäß Betriebsverfassungsgesetz gewählt (nach Arbeitern und Angestellten getrennt), so daß diese Aufsichtsratsmitglieder nicht notwendigerweise auch Genossen sein müssen. Diese Bestimmung charakterisiert treffend die Einstellung des Gesetzgebers gegenüber den Genossenschaften und einer genossenschaftlichen Produktionsweise: Genossenschaftliche Betriebe im Sinne von Selbstverwaltung sind nach diesen gesetzlichen Regelungen nicht anstrebenswert. Bei einer Praxis, in der genossenschaftliche Unternehmen im Besitz ihrer Belegschaft sind, wäre die Vorschrift im Betriebsverfassungsgesetz hinfällig, da alle Beschäftigten der Genossenschaft auch Genossen wären.

Aufgaben des Aufsichtsrats

Nach dem Gesetz kann der Aufsichtsrat lediglich aufsichtsführend, nicht jedoch bei der Geschäftsführung tätig werden (§ 38). Vertretungsbefugnis besteht für den Aufsichtsrat lediglich beim Abschluß von Verträgen mit dem Vorstand und bei Prozessen gegen den Vorstand.

Zu den Aufgaben des Aufsichtsrats gehören im einzelnen: die Prüfung der Verwaltungstätigkeit des Vorstandes, der Jahresrechnung, der Bilanzen sowie der Gewinn- und Verlustrechnung. Er hat über seine Prüfungstätigkeit der Generalversammlung Bericht zu erstatten.

Für seine Aufgabenbereiche haftet der Aufsichtsrat entsprechend wie die Vorstände (§ 41).

3. Generalversammlung (§ 43 - 51 GenG)

Die Generalversammlung ist das Hauptorgan und oberstes Entscheidungsgremium der Genossenschaft. Je nach Ausrichtung der Genossenschaft können die Aufgaben der Generalversammlung verschieden gewichtet werden. Die Spannweite dieser Gestaltungsmöglichkeiten geht von der Generalversammlung als formales Rumpforgan bis hin zur Generalversammlung als wichtigstes Entscheidungsorgan der Geschäftsführung.

Aufgaben, die nur von der Generalversammlung wahrgenommen werden können, sind: Wahl/Abberufung des Aufsichtsrates, Satzungsänderungen (§ 16), Beschlußfassung über Jahresbilanz, Gewinn- und Verlustrechnung (§ 19,48), Festsetzung der Einzahlung auf Geschäftsanteile (§ 50), Auflösung der Genossenschaft (§ 78) oder Umwandlung in eine Aktiengesellschaft (§§ 385 m ff AktG). Mit der Novelle von 1973 und der damit verbundenen Aufwertung des Vorstandes wurde gleichzeitig die gesetzliche Stellung der Generalversammlung geschwächt, was darin zum Ausdruck kommt, daß Einzelweisungen für die Geschäftsführung nur noch aufgrund dispositiven Rechts möglich sind und weiterhin detailliert im Statut aufgeführt werden müssen.

In der Regel wählt und beschließt die Generalversammlung mit einfacher Mehrheit der abgegebenen Stimmen. Ausnahmen hiervon sind z.B. Satzungsänderungen und die Auflösung der Genossenschaft, die mit 3/4 Mehrheit beschlossen werden müssen. Das Statut kann, muß aber nicht, ein Quorum festsetzen, auch kann es die Form der Abstimmung regeln. Das Gesetz enthält hierüber keine Vorschriften, so daß man bei der Ausarbeitung eines Statuts diesen Punkt frei gestalten kann.

Nach wir vor gilt der Grundsatz *"eine Stimme pro Genosse"* (§ 43 Abs. 3), auch wenn dieser Grundsatz für Genossen, die den Geschäftsbetrieb besonders fördern, aufgeweicht ist. Ihnen kann durch Statut ein Mehrstimmrecht bis zu 3 Stimmen eingeräumt werden. Was als besondere Förderung im einzelnen zu gelten hat, darüber sind sich die Kommentare augenscheinlich nicht im klaren. Auch der Regierungsentwurf von 1973 gibt hierüber keine erschöpfenden Auskünfte. Aufgrund der Tendenz der gesamten Gesetzesnovelle von 1973 läßt sich sagen, daß vordringlich Genossen mit hohen Einlagen als Äquivalent für ihr Kapital auch ein Mehrstimmrecht erhalten sollten. Diese Regelung entspricht inhaltlich einer Regelung, wie sie im Aktiengesetz besteht. Ein weitergehendes Mehrstimmrecht war aber aufgrund des Widerstandes, der sich dagegen breit machte, politisch nicht durchsetzbar. Daß diese Neuregelung den tradierten Grundprinzipien des genossenschaftlichen Denkens widerspricht, braucht wohl nicht extra betont zu werden.

Das direkte Demokratieprinzip kann bei Genossenschaften über 1500 Mitgliedern statuarisch eingeschränkt werden und ist bei Genossenschaften über 3000 Mitgliedern gesetzlich eingeschränkt durch Einführung einer Vertreterversammlung (§ 43a GenG).

Rechte und Pflichten der Genossen/Genossinnen

1. Beitritt zur Genossenschaft

Der Erwerb der Mitgliedschaft erfolgt durch Unterzeichnung einer Beitrittserklärung (§ 15), die die ausdrückliche Verpflichtung zu Zahlungen auf den Geschäftsanteil und zur Leistung von Nachschüssen (sofern dies im Statut vorgeschrieben ist) enthalten muß (§ 15a).

Die Genossenschaft muß dem Beitritt des neuen Genossen zustimmen; diese Entscheidung kann sowohl formell durch Beschluß als auch stillschweigend durch Einreichung der Beitrittserklärung beim Registergericht getroffen werden. Ist im Statut nichts anderes bestimmt, beispielsweise die Aufnahme neuer Mitglieder durch die Generalversammlung oder eine bestimmte Mehrheit, ist für die Zulassung eines neuen Genossen der Vorstand zuständig.

Sind die beiden Voraussetzungen erfüllt, reicht der Vorstand die Beitrittserklärung beim Amtsgericht ein, welches das neue Mitglied in die Liste der Genossen einträgt. Erst mit dieser Eintragung wird nach dem Gesetz (§ 15 Abs. 3) die Mitgliedschaft begründet.

2. Rechte aus der Mitgliedschaft

Ein Recht, das aus der Mitgliedschaft folgt, ist die *Inanspruchnahme der genos-*

senschaftlichen Einrichtungen. Dies folgt aus dem bereits erwähnten Förderungs-prinzip. Je nach Zweck der Genossenschaft handelt es sich um die Inanspruch-nahme von Dienstleistungen, Einkauf von Waren, Bereitstellung von Arbeits-platz oder Wohnung.

Ein anderes wesentliches Recht folgt aus dem Demokratieprinzip. Es handelt sich hierbei um das Teilnahmerecht an der Generalversammlung und das Recht zur Mitbestimmung bei der Geschäftstätigkeit der Genossenschaft bis hin zur Einsichtnahme in Protokolle, Bücher und Bilanzen.

Weitere Rechte sind Ansprüche auf Dividenden bei Reingewinn (soweit satzungs-gemäß zugelassen).

3. Pflichten aus der Mitgliedschaft

Hauptpflichten der Mitgliedschaft sind Einzahlungen auf den Geschäftsanteil sowie Haftung finanzieller Art im Konkursfalle. Aus der persönlichen Mitglied-schaft folgt auch eine Art Treuepflicht (man kann auch sagen Solidarität) gegen-über der Genossenschaft und den anderen Genossen.

4. Austritt, Kündigung

Ist der Beitritt zu einer Genossenschaft freigestellt, so muß es entsprechend auch das Ausscheiden aus einer Genossenschaft sein. Da mit der Mitgliedschaft in einer Genossenschaft finanzielle Verpflichtungen verbunden sind, ist der Austritt nicht so unbürokratisch möglich, wie wir es vom eingetragenen Verein her kennen.

a) Die *Kündigung* (§ 65 GenG) muß schriftlich gefaßt werden und kann aus-schließlich zum Ende des Geschäftsjahres erfolgen, wobei sie mindestens 3 Mo-nate vor diesem Termin bei der Geschäftsstelle der Genossenschaft einzugehen hat. Die Kündigungsfrist, sprich der Zeitpunkt, zu dem die Kündigung wirksam wird, beträgt mindestens 2 Jahre und höchstens 5 Jahre. Diese langen Kündigungs-fristen sind gesetzlich vorgesehen, um die existenzielle Gefährdung einer Genos-senschaft durch einen Massenaustritt zu verhindern und um der Genossenschaft einen genügend großen zeitlichen Spielraum zu geben, neue Mitglieder zu gewin-nen bzw. die zumeist fest angelegten Geschäftsguthaben zu liquidieren.

b) Da diese langen Kündigungsfristen bei den austretenden Genossen zu finan-ziellen Engpässen führen können — wenn das Geld für die Bestreitung des per-sönlichen Lebensunterhalts benötigt wird, insbesondere bei hohen Genossen-schaftsanteilen — gibt das Genossenschaftsgesetz die Möglichkeit zu einer *außer-ordentlichen Kündigung,* wenn das Statut eine längere Kündigungsfrist als zwei Jahre vorsieht und die Mitgliedschaft des Kündigenden wenigstens ein volles Ge-schäftsjahr bestanden hat.

c) Weitere außerordentliche Kündigungsrechte stellt der *Wohnsitzwechsel* dar, wenn die Satzung die Mitgliedschaft an einen Wohnsitz innerhalb eines bestimm-ten Bezirks knüpft. (§ 67)

Ein weiteres außerordentliches Kündigungsrecht bildet die *Änderung der Satzung* bei: Erhöhung des Geschäftsanteils, Erhöhung der Pflichtbeteiligung, Einführung oder Erhöhung der Pflicht zur Nachschußleistung. Diese außerordentliche Kündigung ist an weitere Voraussetzungen, z.B. an einen Widerspruch gegen die Satzungsänderung und eine einmonatige Frist, zu rechnen ab der Satzungsänderung, gebunden. Dieselben Voraussetzungen gelten bei einer wesentlichen Änderung des Geschäftszweckes.

d) Wie beim Verein, gibt es bei der Genossenschaft auch die Möglichkeit des *Ausschlusses* eines Genossenschaftsmitglieds. Ausschlußgrund kann z.B. die Mitgliedschaft in einer konkurrierenden Genossenschaft sein. Weitere Ausschlußgründe können im Statut festgelegt werden. Der Ausschluß erfolgt ebenfalls nur zum Ende eines Geschäftsjahres, jedoch ruhen die Mitgliedsrechte vom Zeitpunkt des Ausschlußbeschlusses an bis zur Eintragung des Ausschlusses durch das Amtsgericht.

e) Die sich beim Fragenkomplex Austritt und Ausschluß unmittelbar aufdrängende Frage ist die, wann das einbezahlte Geschäftsguthaben an das ausgetretene Mitglied zurückerstattet wird. § 73 GenG gibt hierüber Auskunft: Binnen 6 Monaten nach dem Ausscheiden ist das Geschäftsguthaben aufgrund der letzten Bilanz auszuzahlen. *Auf das sonstige Vermögen* der Genossenschaft, einschließlich der Rücklagen, hat der Ausscheidende *keinen Anspruch*. Diese Regelung entspricht der von Alternativgenossenschaften aufgestellten Forderung nach Kapitalneutralisierung.

Besonderheiten bei Produktivgenossenschaften

Die Produktivgenossenschaft weist, da sie andere Aufgaben als die als Regelgenossenschaft geltende Dienstleistungsgenossenschaft wahrnimmt, einige Besonderheiten auf.

Die Produktivgenossenschaft ist nicht zu verwechseln mit der Produktionsgenossenschaft. Während sich in der Produktionsgenossenschaft bestehende Betriebe zusammenschließen, um unter dem Mantel der Genossenschaft Waren für den eigenen Betrieb herstellen zu lassen, liegt das Hauptgewicht bei der Produktivgenossenschaft in der gemeinsamen Herstellung von Waren als Arbeiter in einem genossenschaftlichen Betrieb, um damit eine persönliche Existenzgrundlage zu finden. Typisch für die Produktivgenossenschaft ist ihre überschaubare Struktur mit zumeist begrenzter Mitgliederzahl. Dies unterscheidet sie zum einen von der Dienstleistungsgenossenschaft, zum anderen wird sie dadurch als Organisationsform für selbstverwaltete Betriebe und Kollektive mit ihrer regelmäßig begrenzten Mitgliederzahl interessant. Innerhalb der Produktivgenossenschaft ist ein gleichberechtigtes Zusammenarbeiten, wie es von Alternativbetrieben angestrebt wird, prinzipiell möglich.

Doch auch für Produktivgenossenschaften gilt dasselbe wie für die Kleingenossenschaften allgemein: diese Genossenschaftsvarianten finden im Gesetz durch dessen Orientierung an mitgliederstarken Großgenossenschaften keine ausreichende Berücksichtigung.

So ist abweichend vom Genossenschaftsgesetz eine selbstverwalteten Betrieben entsprechende gleichberechtigte Stellung von Kollektiv und Geschäftsführung sowie eine Bindung der Geschäftsführung an Generalversammlungs- bzw. Kollektivbeschlüsse mit Wirkung gegenüber Außenstehenden zumindest im zweiten Fall (Produktivgenossenschaften), nicht möglich. Inwieweit entsprechende Satzungsbestimmungen einer gerichtlichen Nachprüfung standhalten, ist unklar. Ebenfalls nicht gesetzlich verankert ist die für Produktivgenossenschaften wesentliche Regelung, daß Mitarbeiter der Genossenschaft nach einer gewissen Probezeit in die Genossenschaft zwingend aufgenommen werden müssen. Eine solche Aufnahmepflicht, die vermeiden soll, daß sich die Gründungsmitglieder gegenüber den sonstigen Genossenschaftsbeschäftigten eine privilegierte Position und mehr Einflußrechte sichern, kann bislang nur auf freiwilliger Basis im Statut verankert werden. Durch höchstrichterliche Entscheidung (Reichsgericht RGZ 47/76) wurde diese Regelung für zulässig erachtet. Entsprechendes gilt mit gleicher Begründung auch für die Bestimmung, daß nur eine begrenzte Anzahl der Beschäftigten nicht gleichzeitig Genosse ist.

Durch die geringe Mitgliederzahl kann es bei einem vorausgegangenen Geschäftserfolg für die Genossen einer Produktivgenossenschaft lukrativ werden, die Genossenschaft zu liquidieren um sie z.B. in eine Privatgesellschaft oder eine Aktiengesellschaft umzuwandeln. Durch die Liquidation erhalten die Mitglieder Zugriff auf das die Genossenschaftseinlagen übersteigende sonstige Vermögen der Genossenschaft und können dieses privatisieren. Durch diesen "Kunst"griff kann gleichzeitig die gesetzlich verankerte Kapitalneutralisierung, die für den Austrittsfall gilt, umgangen werden. Um diese Möglichkeit auszuschließen, sind Produktivgenossenschaften weiterhin auf freiwillige Satzungsklauseln, vergleichbar mit den Regelungen beim gemeinnützigen Verein, angewiesen. Dort fällt das im Auflösungsfalle verbleibende Restvermögen einer gemeinnützigen Organisation zu.

Eintragung einer Genossenschaft

Ist die Ausarbeitung eines Statuts mit viel Schweiß überstanden, beginnen die eigentlichen Probleme der Genossenschaftsgründung. Zur Wirksamkeit und Geschäftsfähigkeit einer Genossenschaft bedarf diese der Aufnahme in den Genossenschaftsverband und der Eintragung ins Genossenschaftsregister beim Amtsgericht. Dies sind in obiger Reihenfolge die beiden Haupthürden für Genossenschaftsgründungen im alternativen Bereich. Nicht wenige selbstverwaltete Betriebe haben insbesonders aufgrund des Verhaltens der Genossenschaftsverbände resigniert und ihrer genossenschaftlichen Organisationsform eine andere Rechtsform gegeben. Folgende Ausführungen sollen helfen, die regelmäßig auftretenden Schwierigkeiten zu benennen sowie selbstverwalteten Betrieben Mut machen und zeigen, wie diese Probleme zu überwinden sind.

Vor der Eintragung ist die Genossenschaft einem nicht eingetragenen Verein gleichgestellt, was rechtlich im wesentlichen der Gesellschaft nach bürgerlichem Recht entspricht.

Der Anmeldung der Genossenschaft zum Genossenschaftsregister sind folgende Unterlagen beizufügen (§ 11):

– die von den Gründungsmitgliedern unterzeichnete Satzung im Original sowie in unbeglaubigter Kopie

- eine (durchnumerierte) Liste der Genossen; mit Name, Vorname, Beruf und Adresse
- eine Abschrift des Protokolls über die Wahl von Vorstand und Aufsichtsrat
- eine Bescheinigung des regional und fachlich zuständigen Prüfungsverbandes darüber, daß die persönlichen und wirtschaftlichen Verhältnisse keine Gefährdung der Mitglieder und Gläubigerinteressen befürchten läßt und die Genossenschaft als Mitglied in den Prüfungsverband aufgenommen wird.

1. Prüfung der Genossenschaft durch das Amtsgericht

Der Rechtspfleger, von seiner Ausbildung her ein Schmalspurrichter, prüft zum einen die aufgeführten Formalien, zum anderen, ob die Genossenschaft ordnungsgemäß errichtet wurde (§ 11a), insbesonders die Vereinbarkeit mit dem Genossenschaftsgesetz.

Die weitere gesetzlich genannte (§ 11a Abs. 2) Prüfung der persönlichen und wirtschaftlichen Verhältnisse ist nur deklaratorischer Natur, da sich das Gericht in aller Regel an das Gutachten des fachlich für eine solche Prüfung kompetenten Prüfungsverbandes zu halten hat. Nur bei berechtigten Zweifeln an diesem Gutachten darf der Rechtspfleger eine eigene Prüfung einleiten.

Bei der Prüfung ist der Rechtspfleger an die Wertung des Gesetzes, insbesonders bei dispositiven (Kann-)Vorschriften gebunden. Läßt das Gesetz den Genossenschaftsgründern Gestaltungsmöglichkeiten, so hat der Rechtspfleger diese, soweit sie sich innerhalb des gesetzlichen Rahmens halten, unabhängig von Zweckmäßigkeitsüberlegungen anzuerkennen. Eine Ablehnung der Eintragung aus Zweckmässigkeitsüberlegungen würde den Kompetenzbereich des Rechtspflegers übersteigen.

Sind diese Voraussetzungen erfüllt, so erfolgt die Eintragung ins Genossenschaftsregister. Das Amtsgericht fertigt hierbei eine Karteikarte mit den wichtigsten Auszügen aus dem Statut an.

Jede Änderung der Statuten, der Besetzung von Vorstand und Aufsichtsrat sowie Bei- und Austritte bedürfen zu ihrer Rechtsgültigkeit ebenfalls der Anmeldung und Eintragung durch das Registergericht.

Hält der Rechtspfleger die Voraussetzungen für die Eintragung einer Genossenschaft nicht als gegeben, so kann er die Eintragung mittels eines zu begründenden Gerichtsbeschlusses ablehnen. Gegen diesen ablehnenden Beschluß ist die sofortige Beschwerde an das Landgericht zulässig; lehnt auch dieses ab, ist eine weitere Beschwerde zum Oberlandesgericht möglich, dessen Entscheidung die letzte Instanz bildet.

2. Prüfung durch die Genossenschaftsverbände

Das zweite, oben erwähnte größere Hindernis auf dem Weg zur Gründung einer Genossenschaft stellt die Gründungsprüfung durch den Genossenschaftsverband dar.

Genossenschaftsverbände haben die Aufgabe, die *wirtschaftlichen Verhältnisse, Ordnungsmäßigkeit der Geschäftsführung, die Vermögenslage sowie die Ge-*

schäftsführung selbst zu prüfen (§ 53 GenG). Diese Aufgabe nehmen sie als quasi staatliche Organisation, ähnlich dem TÜV für Kraftfahrzeuge, wahr − die Verteilung bzw. der Entzug des Prüfungsrechtes liegt beim Landes- bzw. Bundeswirtschaftsministerium (§ 63, 63a, 64a GenG).

Die Prüfung einer Genossenschaft durch den Prüfungsverband erfolgt zum einen bei Gründung einer neuen Genossenschaft und bei bestehenden Genossenschaften regelmäßig alle 2 Jahre − bei Genossenschaften, deren Bilanzsumme DM 1 Mio. übersteigt, jedes Jahr (§ 53).

Einzelheiten zur Prüfung:

Ein Wirtschaftsprüfer des Prüfungsverbandes nimmt Einsicht in Satzung (Übereinstimmung und Abweichungen von der vom Verband vorgeschlagenen Mustersatzung), in Geschäftsordnung und Dienstanweisungen, Auszug aus dem Genossenschaftsregister, Protokolle von Generalversammlungen und Vorstands-/Aufsichtsratssitzungen, Originaldokumenten (z.B. Verträge, Hypothekenbriefe etc.), die Bücher incl. der Nebenbücher, Kontenplan und Belegablage.

Weiterhin wird die Buchhaltung geprüft. Hierbei wird der Prüfer Wert darauf legen, daß die Buchhaltung auf dem aktuellen Stand ist, also eine Tagesbilanz auf den Tag des Prüfungsbeginns erstellt werden kann. Es ist für die Überprüfung nicht ausreichend, wenn lediglich die Bilanz, Gewinn- und Verlustrechnung zum Ende des Geschäftsjahres vorgelegt werden kann.

Kurz, durch die Revisionsverbände wird die Geschäftätigkeit zum einen auf ihre Ordnungsmäßigkeit und zum anderen inhaltlich (im Sinne der Vorschriften des Genossenschaftsgesetzes) bewertet.

Der Wirtschaftsprüfer erstellt aufgrund obiger Prüfungskriterien einen Prüfbericht (§ 58 GenG), der zuerst von Vorstand und Aufsichtsrat vorberaten wird − insbesonders was die Empfehlungen und festgestellten Mängel angeht − und anschließend mit den Vorschlägen zu einer Veränderung von der Generalversammlung genehmigt werden muß (§ 59).

Bei neuzugründenden Genossenschaften empfiehlt es sich, bereits vor Gründung den regional und sachlich zuständigen Genossenschaftsverband zu kontaktieren. Dieser hat nicht nur Prüfungsfunktion, sondern ist gleichfalls für die *Mitgliederberatung* zuständig. Die Prüfungsverbände können Tips bei der Gründung einer Genossenschaft, beim Aufbau einer Verwaltung und der Einrichtung einer Buchhaltung geben.

Sie können auch die Voraussetzungen klarer umreißen, die zum Bestehen der Gründungsprüfung insbesondere in wirtschaftlicher Hinsicht erforderlich sind.

Als positiv hat sich für neuzugründende Genossenschaften bei der Prüfung erwiesen, wenn Einzahlungen auf den Genossenschaftsanteil bereits geleistet waren und ein (vorläufiger) Haushaltsplan für das erste Geschäftsjahr mit Geschäftszielen, Investitions- und Finanzierungsplan aufgestellt wurde.

Fällt diese Gründungsprüfung positiv aus, so wird die Genossenschaft *Mitglied im Prüfungsverband* und erhält eine Bescheinigung für die Eintragung der Genossenschaft beim Amtsgericht. Die Mitgliedschaft in einem Revisionsverband ist für die Eintragung zwingend *(Zwangsmitgliedschaft)*. Ob dieser Anschlußpflicht der Genossenschaft auf seiten der Verbände eine *Aufnahmepflicht* als Äquivalent gegenübersteht, z.B. bei Ablehnung einer Genossenschaft, ist gesetzlich nicht geregelt. Da Genossenschaftsverbände eine Monopolstellung für die Durchführung der gesetzlichen Prüfung haben, ist es in der Rechtslehre und der Rechtsprechung anerkannt, daß eine Ablehnung nur aus sachlichen Gründen erfolgen darf, was im Klartext bedeutet, daß die Genossenschaftsverbände einen Entscheidungsspielraum haben, der aber in subjektiven, aus persönlichen Gründen getroffenen Entscheidungen seine Grenzen findet. Eine Ablehnung eines Aufnahmeantrags wird allgemein nur dann für zulässig erachtet (vgl. Referentenentwurf 1962), wenn:

— aufgrund der Vermögenslage der Genossenschaft die Interessen von Mitgliedern und Gläubigern gefährdet sind
— die Genossenschaft nicht in den Sachbereich oder Gebietsbereich des Genossenschaftsverbandes fällt
— die Genossenschaft aus einem Prüfungsverband ausgeschlossen wurde.

Dies heißt im Klartext, daß Prüfungsverbänden durch ihre Monopolstellung eine Aufnahmepflicht auferlegt wurde, von der sie nur in o.g. Fällen abweichen dürfen. Sind die beiden letztgenannten Fallbeispiele an sich nicht problematisch, so ist doch der Begriff der Vermögensgefährdung sehr ungenau und verwaschen. Er gibt den Revisionsverbänden ein Mittel in die Hand, mit dem, aufgrund des Ermessensspielraums, den dieser Begriff beinhaltet, auch Ablehnungen begründet werden können, die in Bezug auf selbstverwaltete Betriebe im Kern vielleicht politisch motiviert sind.

Diese mögliche Schwierigkeit kann zum einen durch oben erwähnten Haushaltsplan entkräftet werden, wobei hier auch die Frage nach dem Beweiswert einer Prognose einmal gestellt werden muß — um nichts anderes handelt es sich ja bei einem Haushaltsplan.

Zum anderen dürfen die Genossenschaftsverbände entgegen ihrer regelmäßigen Praxis bei der wirschaftlichen Prüfung von Genossenschaften nicht allein dieselben Kriterien wie bei der Beurteilung von üblichen Gewerbebetrieben anlegen. Da Genossenschaften keine Kapitalgesellschaften sind, vielmehr die Förderung der einzelnen Mitglieder im Vordergrund steht, hat dies für die Wirtschaftsprüfung die Auswirkung, daß weniger strenge Maßstäbe an die Kapitalausstattung zu stellen sind und sich die Rentabilität einer Genossenschaft nicht unbedingt im Reingewinn niederschlagen muß, sondern auch nach dem Förderungszweck, z.B. der Schaffung von Arbeitsplätzen, zu bemessen ist.

Diese Prüfungsgrundsätze kommen selbstverwalteten Betrieben mit geringer Kapitalausstattung, die nach dem Kostendeckungsprinzip arbeiten wollen, entgegen. Die Ablehnung einer Genossenschaft z.B. wegen ihrer Ausrichtung nach dem Kostendeckungsprinzip wäre, wenn keine anderen Gründe dazukommen, ermessensmißbräuchlich. Gegen sie würde der abgelehnten Genossenschaft der Rechtsweg offenstehen. Wichtiger erscheint mir aber bei der Gründungsprüfung, die Genossenschaftsverbände auf ihre Aufnahmepflicht und die o.g. Prüfungsbedingungen hinzuweisen.

Ein weiterer häufiger Ablehnungsgrund bei selbstverwalteten Betrieben ist die mangelnde Qualifikation der Organmitglieder, wobei von den Prüfungsverbänden auf formale Qualifikationsmerkmale wie Berufsausbildung zurückgegriffen wird. Anstatt auf diese formalen Kriterien abzustellen, die über die Fähigkeiten zur Leitung einer Genossenschaft wenig aussagen, wäre es nutzbringender, Seminare für neugegründete Genossenschaften im Rahmen der Beratungspflicht anzubieten, um Qualifikationen, die oftmals in selbstverwalteten Betrieben in Sachen Buchhaltung etc. fehlen, zu vermitteln.

Gegen anders als aufgeführt begründete Ablehnungsentscheidungen steht der nicht eingetragenen Genossenschaft der Rechtsweg zur ordentlichen Gerichtsbarkeit offen. (Dies ist zwar umstritten, der Bundesgerichtshof hat dies aber zurecht bejaht, BGH MDR 60/109).

Der zweite Weg, den eine abgelehnte Genossenschaft wählen kann, ist die Antragstellung (§ 64) bei der staatlichen Aufsichtsbehörde der Prüfungsverbände – regelmäßig die Landeswirtschaftsministerien – damit diese den Verband veranlassen, die Genossenschaft aufzunehmen. In der Praxis kommt es sehr selten zu Rechtsstreitigkeiten; die Verbände ziehen es vor, ihre Bescheinigung über die Aufnahme der Genossenschaft in den Prüfungsverband zwar an das Amtsgericht weiterzuleiten, dem Amtsgericht jedoch ihre Bedenken mitzuteilen – sprich ihm den Schwarzen Peter einer möglichen Ablehnung zuzuschieben.

Verbandsbezogene Informationen

REAKTION EINES GENOSSENSCHAFTSVERBANDS AUF GRÜNDUNGSANFRAGEN

Badischer Genossenschaftsverband

Raiffeisen — Schulze-Delitzsch e.V.

Gründung einer Genossenschaft

Sehr geehrter Herr

Ihr Schreiben vom   haben wir mit Interesse zur Kenntnis genommen.

Voraussetzung für die Eintragung einer Genossenschaft in das Genossenschaftsregister und damit für deren Rechtswirksamkeit sind der Beitritt und die Aufnahme der Genossenschaft in einen gesetzlichen Prüfungsverband. Der Anmeldung zur Eintragung ist gemäß § 11 Abs. 2 Nr. 4 des Genossenschaftsgesetzes eine gutachtliche Äußerung des Prüfungsverbandes beizufügen, "... ob nach den persönlichen und wirtschaftlichen Verhältnissen, insbesondere der Vermögenslage der Genossenschaft, eine Gefährdung der Belange der Genossen oder der Gläubiger der Genossenschaft zu besorgen ist".

Zur Beurteilung dieser Kriterien sind detaillierte Kenntnisse über den Kreis der Gründungsmitglieder, zu den voraussichtlich weiter der Genossenschaft beitretenden Mitgliedern, zur Besetzung des Vorstandes und des Aufsichtsrates, zu dem voraussichtlichen Geschäftsumfang, zu dessen Finanzierung, zur organisatorischen Abwicklung der Geschäfte usw. erforderlich. Diese Angaben müßten durch geeignete Unterlagen nachgewiesen werden. Sicherlich haben Sie Verständnis dafür, daß wir an ein solches Gründungsgutachten sehr strenge Anforderungen stellen, um im Interesse der Mitglieder und der Gläubiger der Genossenschaft wie aber auch des Genossenschaftswesens allgemein Schäden möglichst von vornherein auszuschließen.

Weitere Voraussetzung sind die Erfüllung und Einhaltung des § 1 des Genossenschaftsgesetzes, insbesondere der Zusammenschluß mehrerer Personen zum Zwecke der Förderung des Erwerbes oder der Wirtschaft der Mitglieder mittels gemeinschaftlichen und wirtschaftlichen Geschäftsbetriebes im Rahmen eines eigenen, auf Dauer ausgelegten Unternehmens.

Zur Gründung einer Genossenschaft sind mindestens sieben Personen erforderlich; auch während der Dauer des Bestehens müssen der Genossenschaft immer mindestens sieben Personen angehören.

Die Genossenschaft muß ein Statut in schriftlicher Form haben, zu dessen Vereinbarkeit mit dem Genossenschaftsgesetz der Prüfungsverband im Rahmen seiner Gründungsprüfung ebenfalls Stellung zu nehmen hat.

Mit der Rechtswirksamkeit unterliegt eine Genossenschaft nach § 53 des Genossenschaftsgesetzes der gesetzlichen Prüfung durch einen Prüfungsverband. Für die Durchführung derartiger Prüfungen berechnen wir derzeit je Mitarbeiter und Tag DM 504,-- zuzüglich Fahrtkosten und Mehrwertsteuer. Darüber hinaus erheben wir einen jährlichen Verbandsbeitrag, der nach Umsatzhöhe gestaffelt mit einem Mindestbeitrag von DM 100,-- pro Jahr beginnt.

Die sehr strengen Bestimmungen des Genossenschaftsgesetzes

— zur Verantwortung der Verwaltungsorgane,
— zur gesetzlichen Prüfung,
— zum Verkehr mit dem Registergericht,
— zur Rechnungslegung und Veröffentlichung des Jahresabschlusses,
— zur Berufung der Generalversammlung

erfordern allein durch die Wahl der Rechtsform "Genossenschaft" gegenüber anderen Rechtsformen des Privatrechts zwangsläufig zusätzliche Kosten.

Die Genossenschaften unterliegen mit ihrem Gewinn und Vermögen voll

— der Körperschaftssteuer (Tarifbelastung 56 %, Gewinnausschüttungen sind mit 36 % belastet),
— der Gewerbesteuer (je nach Hebesatz der Gemeinde etwa 10 - 22 % des Gewerbeertrages und nach Abzug eines Freibetrages von DM 120 000,-- etwa 0,4 bis 0,9 % des Gewerbekapitals),
— der Vermögenssteuer (0,7 % des steuerpflichtigen Vermögens).

Demgegenüber genießen beispielsweise Gesellschafter von Personengesellschaften Vorteile, weil der Gewinn auf die Gesellschafter nach ihrer Gewinnbeteiligung aufgeteilt und bei den Gesellschaftern selbst der Einkommensteuer unterworfen wird.

Angesichts der strengen Formvorschriften des Genossenschaftsgesetzes, der zwangsläufig mit der Rechtsform verbundenen zusätzlichen Kosten und der Steuerbelastungen empfehlen wir Ihnen zu überdenken, ob die "eingetragene Genossenschaft" als optimale Rechtsform des von Ihnen geplanten Vorhabens anzusehen ist, oder ob nicht eine der übrigen Rechtsformen des Privatrechtes zur Verwirklichung Ihrer Vorstellungen besser geeignet ist.

Wir hoffen, Ihnen mit diesen Ausführungen gedient zu haben und verbleiben

mit freundlichen Grüßen

BADISCHER GENOSSENSCHAFTSVERBAND
Raiffeisen - Schulze-Delitzsch - e.V.

In Vertretung

VERZEICHNIS DER GENOSSENSCHAFTLICHEN VERBÄNDE

I. Spitzenverbände

Deutscher Genossenschafts- und Raiffeisenverband e.V., 53 Bonn
Bundesverband der Deutschen Volksbanken und Raiffeisenbanken e.V., 53
Bonn
Bundesverband der Raiffeisen-Warengenossenschaften e.V., 53 Bonn
Zentralverband der genossenschaftlichen Großhandels- und Dienstleistungsunternehmen e.V. (ZENTGENO), 53 Bonn

II. Regionale Prüfungsverbände

Badischer Genossenschaftsverband – Raiffeisen/Schulze-Delitzsch – e.V.,
75 Karlsruhe
Bayerischer Genossenschaftsverband (Schulze-Delitzsch) e.V., 8 München
Bayerischer Raiffeisenverband e.V., 8 München
Berliner Genossenschaftsverband (Schulze-Delitzsch) e.V., 1 Berlin
Genossenschaftsverband Niedersachsen e.V., 3 Hannover
Raiffeisenverband Kurhessen e.V., 35 Kassel
Nordwestdeutscher Genossenschaftsverband (Schulze-Delitzsch) e.V., 2 Hamburg
Genossenschaftsverband Rheinland e.V., 5 Köln
Raiffeisenverband Rhein-Main e.V., 6078 Zeppelinheim/Frankfurt
Saarländischer Genossenschaftsverband e.V., 66 Saarbrücken
Raiffeisenverband Schleswig-Holstein und Hamburg e.V., 23 Kiel
Verband südwestdeutscher Volksbanken und Warengenossenschaften e.V.,
6 Frankfurt/Main (Sitz) – 65 Mainz (Büro)
Raiffeisen-Genossenschaftsverband Weser-Ems e.V., 29 Oldenburg
Westfälischer Genossenschaftsverband e.V., 44 Münster
Württembergischer Genossenschaftsverband – Raiffeisen/Schulze-Delitzsch –
e.V., 7 Stuttgart

III. Zentrale Fachprüfungsverbände

BÄKO – Prüfungsverband Deutscher Bäcker und Konditorengenossenschaften
e.V., 6 Frankfurt
EDEKA Verband kaufmännischer Genossenschaften e.V., 2 Hamburg
Prüfungsverband der Deutschen Verkehrsgenossenschaften e.V., 2 Hamburg 70
REWE-Prüfungsverband e.V., 5 Köln
Verband der Eisenbahn-Spar- und Darlehnskassen e.V., 6 Frankfurt/Main
Verband der Post-Spar- und Darlehnsvereine e.V., 53 Bonn

IV. Konsumgenossenschaften

Die früheren Regionalverbände im Bereich der Konsumgenossenschaften sind durch geänderten Aufbau der Organisation weggefallen; s.Bund deutscher Konsumgenossenschaften GmbH, Hamburg 1

V. Wohnungsbaugenossenschaften

Gesamtverband gemeinnütziger Wohnungsunternehmen e.V., 5 Köln
Verband badischer Wohnungsunternehmen e.V., 75 Karlsruhe
Verband württembergischer Wohnungsunternehmen (Baugenossenschaften und -gesellschaften) e.V., 7 Stuttgart
Verband bayerischer Wohnungsunternehmen e.V., 8 München
Verband Berliner Wohnungsbaugenossenschaften und -gesellschaften e.V., 1 Berlin
Verband norddeutscher Wohnungsunternehmen e.V., 2 Hamburg
Verband südwestdeutscher Wohnungsunternehmen e.V., 6 Frankfurt
Verband niedersächsischer Wohnungsunternehmen e.V., 3 Hannover
Verband rheinischer Wohnungsunternehmen e.V., 4 Düsseldorf
Verband westfälischer und lippischer Wohnungsunternehmen e.V., 44 Münster

ALLGEMEINE AUFTRAGSBEDINGUNGEN

Genossenschaftsverband Hessen/Rheinland-Pfalz
(Raiffeisen/Schulze-Delitzsch) e.V. Frankfurt

1. Geltungsbereich

(1) Die nachstehenden Bedingungen gelten für alle Prüfungen, Beratungen und sonstigen Aufträge der dem Verband angeschlossenen Genossenschaften, soweit nicht etwas anderes ausdrücklich schriftlich vereinbart oder gesetzlich zwingend vorgeschrieben ist. Sie gelten sinngemäß für Aufträge von Unternehmen in anderer Rechtsform und von Vereinen.

(2) Werden im Einzelfalle ausnahmsweise vertragliche Beziehungen auch zwischen dem Verband und Dritten begründet, so gelten auch gegenüber solchen Dritten die Bestimmungen der nachstehenden Ziffer 6.

2. Umfang der Prüfung bzw. des Auftrages

(1) Die gesetzliche Prüfung erstreckt sich gemäß § 53 GenG auf die Einrichtungen, die Vermögenslage und die Geschäftsführung der Genossenschaft. Für die Prüfung von Kreditgenossenschaften gelten daneben die Vorschriften der §§ 27 und 29 KWG.

(2) Der Umfang einer sonstigen Prüfung oder eines anderen Auftrages richtet sich nach der getroffenen Vereinbarung. Der Auftrag wird nach den Grundsätzen ordnungsgemäßer Berufsausübung ausgeführt.

(3) Gegenstand der Prüfung ist in der Regel nicht die Vornahme von Einzeluntersuchungen zur Aufdeckung von Buchfälschungen und sonstigen Unregelmässigkeiten sowie hinsichtlich der Einhaltung der steuerrechtlichen und anderer Vorschriften, z.B. des Arbeits-, des Lebensmittel- und des Wettbewerbsrechtes sowie für die Feststellung, ob Subventionen, Zulagen oder sonstige Vergünstigungen in Anspruch genommen werden können, soweit sich nicht aus der Natur der Prüfung etwas anderes ergibt oder eine andere schriftliche Vereinbarung getroffen wird.

3. Aufklärungspflicht der Genossenschaft

(1) Die zu prüfende Genossenschaft hat dafür zu sorgen, daß dem Prüfer auch ohne dessen besondere Aufforderung alle für die Ausführung der Prüfung notwendigen Unterlagen vorgelegt werden und ihm von allen Vorgängen und Umständen Kenntnis gegeben wird, die für die Durchführung der Prüfung von Bedeutung sein können. Dies gilt auch für die Unterlagen, Vorgänge und Umstände, die erst während der Tätigkeit des Prüfers bekannt werden.

(2) Die Genossenschaft hat die Vollständigkeit der vorgelegten Unterlagen und der gegebenen Auskünfte und Erklärungen in einer vom Vorstand formulierten schriftlichen Erklärung (Vollständigkeitserklärung) zu bestätigen.

(3) Gutachten, Beratungen und sonstige Aufträge erfolgen unter Berücksichtigung vorgelegter Unterlagen und des unterbreiteten Sachverhalts.

4. Sicherheit der Unabhängigkeit

Die Genossenschaft steht dafür ein, daß alles unterlassen wird, was die Unabhängigkeit der Mitarbeiter des Verbandes gefährden könnte. Dies gilt insbesondere für Angebote auf Anstellung und für Angebote, Aufträge auf eigene Rechnung zu übernehmen.

5. Berichterstattung

(1) Faßt der Verband die Ergebnisse seiner Tätigkeit schriftlich zusammen, so sind von ihm oder seinen Mitarbeitern gegebene mündliche Erklärungen unverbindlich.

(2) Bei Prüfungsaufträgen wird der Bericht, soweit nichts anderes vereinbart ist, schriftlich erstattet.

6. Haftung

(1) Die Haftung des Verbandes richtet sich in jedem Falle, auch bei Sonderprüfungen im Auftrage der Genossenschaft, des Aufsichtsrats oder eines Dritten, nach § 62 GenG.

(2) Gegenüber Dritten haftet der Verband nur, wenn er der Weitergabe seines Prüfungsberichts bzw. Gutachtens an diese Personen schriftlich zugestimmt hatte.

7. Ergänzende Bestimmungen für Steuerberatungsaufträge

(1) Der Verband und seine Beauftragten sind berechtigt, sowohl bei der Beratung in steuerlichen Einzelfragen als auch im Falle der Dauerberatung die von der Genossenschaft genannten Tatsachen, insbesondere Zahlenangaben, als richtig zugrunde zu legen. Der Verband bzw. seine Beauftragten haben jedoch die Genossenschaft auf von ihnen festgestellte Unrichtigkeiten hinzuweisen.

(2) Die auftraggebende Genossenschaft hat dem Verband bzw. dem Beauftragten alle für die Wahrung von Fristen wesentlichen Unterlagen, insbesondere Steuerbescheide, so rechtzeitig vorzulegen, daß eine ordnungsgemäße Bearbeitung gewährleistet ist.

8. Schweigepflicht

Die Schweigepflicht des Verbandes und der Prüfer ergibt sich aus § 62 GenG. Sie gilt auch für sonstige Prüfungen und andere Aufträge sinngemäß.

9. Sonstiges

Der Verband bewahrt die im Zusammenhang mit der Durchführung der Prüfung und Erledigung sonstiger Aufträge ihm übergebenen und von ihm selbst angefertigten Unterlagen sieben Jahre auf.

10. Gerichtsstand

Der Gerichtsstand ist der Sitz des Verbandes.

BEITRAGSORDNUNG FÜR WAREN– UND BETRIEBSGENOSSENSCHAFTEN

2 %o der Gesamteinnahmen

Gewerbliche Warengenossenschaften

bis	3		Mio Umsatz		0,30 %o	Mindestbeitrag DM		500,--
von	3	bis 5	Mio Umsatz		0,29 %o	”	”	900,--
”	5	” 10	”	”	0,28 %o	”	”	1.450,-
”	10	” 20	”	”	0,27 %o	”	”	2.800,--
”	20	” 50	”	”	0,26 %o	”	”	5.400,--
”	50	” 100	”	”	0,25 %o	”	”	13.000,--
”	100	” 200	”	”	0,24 %o	”	”	25.000,--
”	200	” 300	”	”	0,23 %o	”	”	48.000,--
”	300	” 400	”	”	0,22 %0	”	”	69.000,--
über		400	”	”	0,21 %o	”	”	88.000,--

Umsätze aus dem Lager- und Streckengeschäft, aus der Produktion und dem Dienstleistungsgeschäft werden voll veranlagt.

Umsätze aus dem Vermittlungs-, Zentralregulierungs- und Delkrederegeschäft werden mit 30 % und die Gesamtumsätze von Tabakwarengenossenschaften mit 40 % zur Beitragsveranlagung herangezogen.

Zentralgenossenschaften, die Umsätze aus dem Lager- und Streckengeschäft sowie aus dem Vermittlungs-, Zentralregulierungs- und Delkrederegeschäft haben, werden mit 50 % des Gesamtumsatzes veranlagt.

Die beitragspflichtigen Umsätze verstehen sich ohne Mehrwertsteuer.

Mindestbeitrag

Der Mindestbeitrag wird auf DM 500,-- festgesetzt.

Sonderfälle

In Sonderfällen (z.B. Genossenschaften ohne eigenen Geschäftsbetrieb wie Anschlußgenossenschaften) und bei Genossenschaften, für die keine der obigen Bemessungsgrundlagen anwendbar ist, kann der Vorstand den Beitrag festlegen.

Beitragsveranlagung

Als Basis für die Beitragsveranlagung gilt jeweils das vorvergangene Geschäftsjahr.

Beitragserhebung

Die Beitragserhebung erfolgt in zwei Raten und zwar:

Im ersten Quartal eines jeden Jahres in Höhe von 2/3 des Vorjahresbeitrages bzw. bei Neuzugängen des voraussichtlichen Jahresbeitrages,

im dritten Quartal eines jeden Jahres durch endgültige Veranlagung unter Berücksichtigung der Vorauszahlung.

Neu-Isenburg/Zeppelinheim, den 09.12.1981

Prüfungs- und Dienstleistungsgebühren ab 1.1.1982

Wirtschaftsprüfer	DM 750,--
Verbandsoberprüfer	DM 550,--
Verbandsprüfer	DM 525,--
Prüfungs-Assistenten	DM 475,-- bis DM 500,--
Prüfungsdienstanwärter	DM 450,-- bis DM 475,--
Milchlieferungsgenossenschaften	DM 425,--.

Satzungsbeispiele

SATZUNGSBEISPIEL I

Angelehnt an Mustersatzung mit Korrekturen durch den
Genossenschaftsverband

Firma, Sitz, Zweck und Gegenstand des Unternehmens

§ 1

Name und Sitz

Die Firma lautet: Selbsthilfe Genossenschaft eG.
Der Sitz der Genossenschaft ist: Rohrlachstraße 51, 6700 Ludwigshafen/Rh.

§ 2

Zweck und Gegenstand

Zweck der Genossenschaft ist die wirtschaftliche Förderung und Betreuung der Mitglieder.
Gegenstand des Unternehmens ist die Reparatur, Verarbeitung, Recycling und Vertrieb
von Altmaterial
Die Ausdehnung des Geschäftsbetriebes auf Nichtmitglieder ist zugelassen.

Mitgliedschaft

§ 3

Erwerb der Mitgliedschaft

Die Mitgliedschaft können nur natürliche Personen erwerben.
Die Mitgliedschaft wird erworben durch den Beschluß der Generalversammlung über die
Zulassung als Mitglied.

§ 4

Ausscheidungsgründe

Ein Mitglied scheidet aus durch
— Kündigung (§ 5)
— Übertragung des Geschäftsguthabens (§ 6)
— Tod (§ 7)
—Ausschluß (§ 8)

§ 5

Kündigung

Jedes Mitglied kann seine Mitgliedschaft zum Schluß des Geschäftsjahres unter Einhaltung
einer Frist von zwei Jahren schriftlich kündigen.

§ 6

Ein Mitglied kann jederzeit, auch im Laufe des Geschäftsjahres, sein Geschäftsguthaben
durch schriftlichen Vertrag einem anderen übertragen und hierdurch aus der Genossenschaft ohne Auseinandersetzung ausscheiden, sofern der Erwerber an seiner Stelle Mitglied
wird. Ist der Erwerber bereits Mitglied, so ist die Übertragung des Geschäftsguthabens nur
zulässig, sofern sein bisheriges Geschäftsguthaben nach Zuschreibung des Geschäftsgutha-

bens des Veräußerers den zulässigen Gesamtbetrag der Geschäftsanteile, mit denen der Erwerber beteiligt ist oder sich beteiligt, nicht übersteigt.
Die Übertragung des Geschäftsguthabens bedarf der Zustimmung der Generalversammlung.

§ 7

Ausscheiden durch Tod

Mit dem Tod scheidet ein Mitglied aus. Seine Mitgliedschaft geht auf den Erben über. Sie endet mit dem Schluß des Geschäftsjahres, in dem der Erbfall eingetreten ist.

§ 8

Ausschluß

Ein Mitglied kann aus der Genossenschaft zum Schluß des Geschäftsjahres ausgeschlossen werden,
— wenn es trotz schriftlicher Aufforderung den satzungsmäßigen oder sonstigen der Genossenschaft gegenüber bestehenden Verpflichtungen nicht nachkommt;
— wenn sich sein Verhalten mit den Belangen der Genossenschaft nicht vereinbaren läßt.

Für den Ausschluß ist die Generalversammlung zuständig.
Vor der Beschlußfassung ist dem Auszuschließenden Gelegenheit zu geben, sich zu der beabsichtigten Ausschließung zu äußern.
Der Beschluß, durch den das Mitglied ausgeschlossen wird, hat die Tatsachen, auf denen der Ausschluß beruht, sowie den gesetzlichen oder satzungsmäßigen Ausschließungsgrund anzugeben.
Der Beschluß ist dem Ausgeschlossenen von dem Vorstand unverzüglich durch eingeschriebenen Brief mitzuteilen. Von der Absendung des Briefes an kann das Mitglied nicht mehr an der Generalversammlung teilnahmen, noch die Einrichtungen der Genossenschaft benutzen, sowie Mitglied des Vorstandes oder Aufsichtsrat sein.

§ 9

Auseinandersetzung

Die Auseinandersetzung des ausgeschiedenen Mitglieds mit der Genossenschaft erfolgt aufgrund der von der Generalversammlung genehmigten Jahresbilanz; Verlustvorträge sind nach dem Verhältnis der Geschäftsanteile zu berücksichtigen. In den Fällen des § 6 der Satzung findet eine Auseinandersetzung nicht statt.
Dem ausgeschiedenen Mitglied ist das Auseinandersetzungsguthaben binnen 6 Monaten nach dem Ausscheiden auszuzahlen. Die Genossenschaft ist berechtigt, bei der Auseinandersetzung die ihr gegen das ausgeschiedene Mitglied zustehenden fälligen Forderungen gegen das auszuzahlende Guthaben aufzurechnen. Auf die Rücklagen und das sonstige Vermögen der Genossenschaft hat das Mitglied keinen Anspruch.

§ 10

Rechte der Mitglieder

Jedes Mitglied hat das Recht,
— die Einrichtungen der Genossenschaft zu benutzen;
— an der Generalversammlung, an ihren Beratungen, Abstimmungen und Wahlen teilzunehmen.

§ 11

Pflichten der Mitglieder

Jedes Mitglied hat die Pflicht, den Bestimmungen des Genossenschaftsgesetzes, der Satzung und den Beschlüssen der Generalversammlung nachzukommen.

§ 12

Die Organe der Genossenschaft sind
A. Vorstand
B. Aufsichtsrat
C. Die Generalversammlung

§ 13

Der Vorstand

- Der Vorstand leitet die Genossenschaft nach den Beschlüssen der Generalversammlung
- Der Vorstand vertritt die Genossenschaft gerichtlich und außergerichtlich
- Der Vorstand besteht aus mindestens 2 Mitgliedern und wird von der Generalversammlung gewählt
- Die Amtszeit beträgt 6 Monate
- Eine Wiederwahl ist möglich

§ 14

Der Aufsichtsrat

- Der Aufsichtsrat besteht aus mindestens 3 Mitgliedern, die von der Generalversammlung zu wählen sind
- Die Amtszeit beträgt höchstens 6 Monate
- Eine Wiederwahl ist möglich

§ 15

Die Generalversammlung

- Die Mitglieder üben ihre Rechte in Angelegenheiten der Genossenschaft in der Generalversammlung aus (GV)
- Jedes Mitglied hat eine Stimme
- Die Mitglieder müssen ihre Rechte persönlich ausüben

§ 16

Die GV findet regelmäßig mindestens alle 4 Wochen statt

§ 17

- Die GV wird durch den Aufsichtsrat 14 Tage vor Termin einberufen
- Die Einberufung der GV muß durch die unmittelbare Benachrichtigung der Genossen erfolgen

§ 18

Gegenstände der Beschlußfassung

- Änderung der Satzung
- Erteilung von Vollmachten und Prokura
- Wahl von Vorstand und Aufsichtsrat
- Jahresabschluß, Verwendung der Gewinne oder des Verlustes
- Ausschluß von Genossenschaftsmitgliedern
- Auflösung der Genossenschaft
- Verträge von besonderer Bedeutung, insbesondere langfristige Miet- und andere Verträge, durch die wiederkehrende Verpflichtungen in erheblichem Umfang für die Genossenschaft begründet werden
- Verwendung der Rücklagen
- Erweiterung des Geschäftsbetriebes

§ 19

Mehrheitserfordernisse

Die Beschlüsse der GV benötigen eine Mehrheit von drei Vierteln der abgegebenen Stimmen

§ 20

Die Beschlüsse der GV sind zu Beweiszwecken zu protokollieren

§ 21

Geschäftsanteil und Geschäftsguthaben
— Der Geschäftsanteil beträgt 500,-- DM
— Jedes Mitglied hat einen Geschäftsanteil zu erwerben
— Der Geschäftsanteil ist sofort einzuzahlen
— Die GV kann auf Antrag eine Zahlung auf Raten zulassen.
In diesem Fall sind auf den Geschäftsanteil 100,-- DM einzuzahlen. Von dem Beginn des folgenden Monats sind monatlich weitere 100,-- DM einzuzahlen, bis der Geschäftsanteil erreicht ist.
— Ein Mitglied kann sich mit Zustimmung der GV mit weiteren Geschäftsanteilen beteiligen

§ 22

— Die gesetzliche Rücklage dient zur Deckung von Bilanzverlusten
— Sie wird gebildet durch jährliche Zuweisung von mindestens 10 Prozent des Reingewinns, sowie weiteren 5 Prozent, solange die Rücklage 25 Prozent der Bilanzsumme nicht erreicht

§ 23

— Es erfolgt keine Gewinnausschüttung
— Der Reingewinn abzüglich der gesetzlichen Rücklagen bildet eine Rücklage, über deren Verwendung die GV entscheidet

§ 24

Haftsumme

Die Nachschußpflicht der Mitglieder ist auf die Haftsumme beschränkt. Die Haftsumme beträgt für jeden Geschäftsanteil 1000,-- DM

§ 25

Das Geschäftsjahr ist das Kalenderjahr

§ 26

Jahresabschluß

— Unverzüglich nach Ablauf des Geschäftsjahres ist vom Vorstand ein Jahresabschluß zu erstellen
— Der Aufsichtsrat hat bei der Aufnahme und Prüfung der Bestände mitzuwirken und den Jahresabschluß zu prüfen
— Der Vorstand hat den Jahresabschluß sowie den Geschäftsbericht der GV vorzulegen

§ 27

Im Übrigen gilt das Genossenschaftsgesetz

§ 28

Die Bekanntmachungen der Genossenschaft werden unter ihrer Firma in
"Die Tageszeitung", Berlin und
"Rheinpfalz", Ludwigshafen/Rh.
veröffentlicht

Schreiben des Amtsgerichts —Registergericht— Ludwigshafen an die Genossenschaft

30.12.1981

Betr.: Selbsthilfegenossenschaft eG., Ludwigshafen

Sehr geehrter Herr ...

der Eintragung der Genossenschaft stehen folgende Hindernisse entgegen:

a) Die Anmeldung vom 15.7.81 ist unvollständig; es fehlt die Angabe, welche Vertretungsbefugnis die Vorstandsmitglieder haben, § 11 Abs. 3 GenG. Mangels einer Bestimmung in der Satzung ist die gesetzliche Vertretungsbefugnis anzumelden (in öffentlich beglaubigter Form).

b) Das Statut ist wie folgt zu beanstanden:

1) § 3 Abs. 2 des Statuts widerspricht § 15 GenG, wonach neben der Zulassung noch eine von dem Beitretenden zu unterzeichnenden, unbedingten Beitrittserklärung und die Eintragung in die Liste der Genossen des Gerichts erforderlich ist.
Das Statut ist dementsprechend zu ergänzen.

2) Das Statut enthält keine Bestimmung gemäß § 36 Abs. 1 Satz 2 GenG. Die zu einer Beschlußfassung des Aufsichtsrates erforderliche Zahl ist durch das Statut zu bestimmen.
Das Statut ist dementsprechend zu ergänzen.

3) § 17 Abs. 1 des Statuts verstößt gegen §§ 44 Abs. 1 und 18 Satz 2 GenG. Aus dem Gesetzeswortlaut folgt klar, daß der Vorstand stets zur Einberufung berechtigt ist; das Statut kann ihm dieses Recht nicht nehmen. Das Statut kann daneben lediglich *auch* andere Personen zur Einberufung berechtigen. Der Vorstand ist deshalb noch als Einberufungsorgan in diese Vorschrift aufzunehmen.

4) § 19 des Statuts widerspricht § 16 Abs. 3. Es ist deshalb noch folgender Halbsatz anzufügen: "..., soweit nicht das Gesetz eine größere Mehrheit vorschreibt".

5) Das Statut enthält keine Bestimmung über den Vorsitz in der Generalversammlung.
Das Statut ist dementsprechend zu ändern.

Das Statut ist gemäß den vorgenannten Beanstandspunkten zu ändern. Die erfolgten Abänderungen des Statuts sind von *sämtlichen* Genossen zu unterzeichnen.
Die am 19.11.1981 erfolgte Änderung des § 1 des Statuts ist ebenfalls von sämtlichen Genossen zu unterzeichnen (siehe Anlage).
Um Erledigung binnen zwei Monaten wird gebeten.
Hochachtungsvoll

Beglaubigt: ...

Statutenänderungen bzw. Statutenergänzungen zur Einreichung beim Registergericht.

Beschlossen auf der Generalvesammlung von 21.1.82. Unterzeichnet von allen Genossenschaftsmitgliedern.

— Ergänzung § 3 Abs. 2

Die Mitgliedschaft wird erworben durch Beschluß der GV über die Zulassung als Mitglied, sowie durch die Unterzeichnung einer unbedingten Beitrittserklärung durch den Beitretenden, sowie die Eintragung des neuen Mitglieds in die bei Gericht geführte Liste.

— Ergänzung § 14

Der Aufsichtsrat ist beschlußfähig bei mindestens 3 anwesenden Mitgliedern.

— Änderung und Ergänzung § 17

Die GV wird durch den Vorstand einberufen.
Der Vorsitz in der GV wird von einem Vorstandsmitglied wahrgenommen.

— Ergänzung § 19

Die Beschlüsse der GV benötigen eine Mehrheit von drei Vierteln der abgegebenen Stimmen, soweit nicht das Gesetz eine größere Mehrheit vorschreibt.

— Ergänzung § 13

Der Vorstand ist nur gemeinschaftlich zur Vertretung der Genossenschaft befugt.
(Es folgen die Unterschriften aller Genossen)

Schreiben der Industrie- und Handelskammer für die Pfalz, Ludwigshafen, an das Amtsgericht - Registergericht - in Ludwigshafen

9.Dezember 1981

Anmeldung zum Genossenschaftsregister;
Hier: Firma "Selbsthilfegenossenschaft für Recycling eG", Rohrlachstr. 51, Ludwigshafen am Rhein

Als Anlage geben wir die uns mit Verfügungen des Registergerichts vom 29. Oktober und 3. Dezember 1981 zur gutachtlichen Äußerung zugeleitete Eintragungs- bzw. Nachtragsanmeldung der im Betreff genannten Genossenschaft dankend zurück.

Nach unseren Feststellungen hat die Genossenschaft unter der oben genannten Geschäftsadresse ihre Tätigkeit im Innenverhältnis aufgenommen.

Die Kammer hat die Antragsteller auf namensrechtliche Bedenken hinsichtlich der ursprünglich angemeldeten Firmierung der Genossenschaft „Selbsthilfegenossenschaft eG" hingewiesen, da diese Firmenbezeichnung nicht der Vorschrift des §3 GenG entsprach und die Firma nicht dem Gegenstand des Unternehmens ausreichend entlehnt war. Die Antragsteller haben sich unseren Bedenken nicht verschlossen und mit der vorliegenden notariellen Nachtragsmeldung vom 23.November 1981 die Firma geändert in „Selbsthilfegenossenschaft für Recycling e.G.".

Diese Firma ist in Übereinstimmung mit §3 GenG korrekt gebildet. Unsererseits bestehen gegen die Eintragung der Firma im Genossenschaftsregister wie angemeldet, keine namensrechtlichen Bedenken.

Im Auftrag
· · · · · · · ·

Anlagen

Am 19.11.81 fand eine außerordentliche Mitgliederversammlung der Selbsthilfegenossenschaft e.G. i.G. statt.
Anwesend waren alle zehn Genossenschaftsmitglieder.
Einziger Tagesordnungspunkt:
Antrag auf Änderung des §1 der Satzung hinsichtlich der Firmierung, auf Vorschlag des Registergerichts, von Selbsthilfegenossenschaft e.G. in Selbsthilfegenossenschaft für Recycling e.G.
Der Antrag wurde einstimmig angenommen. Die Änderung wird der Satzung beigefügt.

Ludwigshafen am Rhein, den 19.11.1981

. . .
(Protokollführer)

(Es folgen die Unterschriften aller Genossen)

Protokoll der Generalversammlung der Selbsthilfegenossenschaft e.G. Ludwigshafen vom 21.12.1982

Die Generalversammlung beschließt einstimmig die Paragraphen 1 (Name und Sitz), 2 (Zweck und Gegenstand) und 24 (Haftsumme) wie folgt zu ändern:

§1 bisher:
„Die Firma Lautet: Selbsthilfe Genossenschaft für Recycling e.G. Der Sitz der Genossenschaft ist: Ludwigshafen/Rh"

in §1 neu:
„Die Firma lautet: Handwerkergenossenschaft, Tischlerei und Kfz Werkstatt e.G.
Der Sitz der Genossenschaft ist: Ludwigshafen/Rh"

§2 bisher:
Zweck und Gegenstand
Zweck der Genossenschaft ist die wirtschaftliche Förderung und Betreuung der Mitglieder;
Gegenstand des Unternehmens ist die Reparatur, Verarbeitung, Recycling und Vertrieb von Altmaterial.
Die Ausdehnung des Geschäftsbetriebes auf Nichtmitglieder ist zugelassen.
Dieser Paragraph soll erweitert werden um folgende Ergänzung:
„Gegenstand des Unternehmens ist die Reparatur, Verarbeitung, Recycling und Vertrieb von Altmaterial sowie der Betrieb einer Tischlerei und Kfz-Werkstatt."

§24 bisher
Haftsumme
Die Nachschußsumme der Mitglieder ist auf die Haftsumme beschränkt.
Die Haftsumme beträgt für jeden Geschäftsanteil 1.000,--DM.

in § 24 neu:
„Die Nachschußsumme der Mitglieder ist auf die Haftsumme beschränkt.
Die Haftsumme beläuft sich auf die beiden ersten Geschäftsanteile und beträgt 1.000,--DM."

Protokollant: . . .

SATZUNGSBEISPIEL II
mit von der Mustersatzung abweichendem Aufbau

§1
Firma, Sitz und Bekanntmachung

1. Die Genossenschaft führt die Firma „Blätterwald", Vertrieb von umweltfreundlichen Produkten, eingetragene Genossenschaft.

2. Die Genossenschaft hat ihren Sitz in Frankfurt am Main.

3. Bekanntmachungen der Genossenschaft werden in dem "Genossenschaftskurzier" erlassen, Jahresabschlüsse in der Zeitung "Genossenschaftskurier" bekannt gemacht.*

§2
Gegenstand der Genossenschaft

1. Gegenstand der Genossenschaft ist die gemeinschaftliche Produktion und Vertrieb von umweltfreundlichen Produkten auf gemeinschaftliche Rechnung.

§3
Ziele der Genossenschaft

1. Im Rahmen ihrer Geschäftstätigkeit setzt sich die Genossenschaft für die Anwendung menschen- und umweltgemäßer Techniken und Arbeitsbedingungen ein.

2. Die Genossenschaft fördert den Gedanken und die Praxis des sparsamen Umgangs und der Wiederverwertung von Materialien.

3. Die Genossenschaft fördert den Gedanken der Selbstverwaltung und unterstützt die Selbstbestimmung ihrer Angestellten über Arbeitsmittel und Arbeitsverhältnisse.

§4
Betriebskapital der Genossenschaft

1. Das Betriebskapital der Genossenschaft besteht aus dem Genossenschaftsvermögen, das aus den Einzahlungen auf die Geschäftsanteile sowie den Zuschreibungen vom Jahresgewinn zu den Geschäftsguthaben gebildet wird, und aus fremden Geldern, die nach den durch Umfang der Geschäfte gebotenen Bedürfnissen aufgenommen werden können. .

§ 5
Mitgliedschaft

1. Mitglied können juristische und natürliche Personen werden, die mit den Zielen der Genossenschaft übereinstimmen.

2. Mitglieder erhalten einen Rabatt auf die offizielle Preisliste beim Kauf von Produkten.

3. Die Mitgliedschaft ist nicht vererblich.

§6
Beitritt

1. Der Antrag auf Aufnahme in die Genossenschaft wird durch eine schriftliche Beitrittserklärung gestellt.

2. Über die Aufnahme entscheidet der Vorstand innerhalb von drei Monaten ab Antragstellung.

3. Bei positiver Entscheidung des Vorstands ist mindestens ein Anteil zu erwerben.

§7

Haftung

1. Die Genossen unterliegen keiner Nachschußpflicht.

§8

Geschäftsanteile

1. Ein Geschäftsanteil wird auf 500,- DM festgesetzt. Hierauf sind sofort 25o,- DM zu leisten. Die Restzahlung muß innerhalb von acht Wochen erfolgen.

2. Ein Genosse, der einen Geschäftsanteil voll eingezahlt hat, kann sich mit einem weiteren Anteil und in gleicher Weise nach Vollzahlung des früheren Anteils mit weiteren Geschäftsanteilen beteiligen. Jeder Genosse kann beliebig viele Geschäftsanteile übernehmen.

3. In einem Erbfall können die Erben einen Antrag auf Übernahme in die Genossenschaft stellen, ansonsten werden die Geschäftsanteile ausgezahlt.

§9

Beendigung der Mitgliedschaft

1. Die Mitgliedschaft endet durch eingeschriebenen Brief mit 3/4 jähriger Frist zum Jahresende

2. Die Mitgliedschaft endet durch Ausschluß.

§10

Ausschluß

1. Ein Genosse kann ausgeschlossen werden, wenn er
   a. seine Aufnahme durch Täuschung erlangt hat und die Voraussetzungen des §3 der Satzung bei der Aufnahme nicht vorgelegen haben,
   b. sich genossenschaftsschädigend verhält,
   c. gröblich gegen die Satzung oder Beschlüsse der Generalversammlung verstößt.

2. Den Antrag auf Ausschluß kann die Mehrheit des Vorstandes oder die Generalversammlung stellen.

3. Dem betroffenen Genossen ist Gelegenheit zu geben, sich zu dem beantragten Ausschluß zu äußern. Er kann mündliche Anhörung verlangen.

4. Über den Antrag auf Ausschluß endscheidet der Aufsichtsrat mit einfacher Mehrheit.

5. Die Entscheidung des Aufsichtsrats ist dem betroffenen Genossen durch Einschreiben mitzuteilen.

7. Über die Beschwerde entscheidet die Generalversammlung endgültig.

8. Von der auf Ausschluß lautenden Entscheidung des Aufsichtsrats an ruhen die Rechte des betroffenen Genossen.

§11

Organe der Genossenschaft

Organe der Genossenschaft sind
a. der Vorstand,

b. der Aufsichtsrat,
c. die Generalversammlung

§ 12

Der Vorstand

1. Der Vorstand besteht aus
   a. dem Vorsitzenden,
   b. dem stellvertretenden Vorsitzenden,
   c. drei weiteren Mitgliedern.
2. Der Vorstand regelt die Verteilung seiner Aufgaben durch eine Geschäftsordnung.
3. Alle Vorstandsmitglieder sind bei der Genossenschaft angestellt.

§ 13

Aufgaben des Vorstands

1. Der Vorstand vertritt die Genossenschaft gerichtlich und außergerichtlich.
2. Die Vorstandsmitglieder vertreten die Genossenschaft gemeinsam. Sie haben hierbei Satzung, die Geschäftsordnung des Vorstandes und die Beschlüsse der Generalversammlung und des Vorstandes einzuhalten.
3. Investitionen bis zu 1.000,--DM kann jedes Vorstandsmitglied allein tätigen.
   Bei allen weiteren Unternehmungen muß mit mindestens einem weiteren Vorstandsmitglied zusammengearbeitet werden.
4. Der Vorstand übernimmt die Aufgabe, Anstellungsverträge zu unterzeichnen.

§ 14

Der Aufsichtsrat

1. Der Aufsichtsrat besteht aus
   a. dem Vorsitzenden,
   b. dem stellvertretenden Vorsitzenden,
   c. drei weiteren Beisitzern.
2. Sämtliche Aufsichtsratsmitglieder sind ehrenamtlich tätig.
3. Der Aufsichtsrat ist beschlußfähig bei Anwesenheit von mindestens drei Mitgliedern*.

§ 15

Aufgaben des Aufsichtsrates

1. Der Aufsichtsrat überwacht die Geschäftsführung des Vorstandes.
2. Er kann jederzeit den Kassenstand überprüfen, Einsicht in die Bücher und Geschäftsunterlagen nehmen und von den Mitgliedern des Vorstandes Auskünfte verlangen.
3. Er hat die Jahresrechnungen, die Bilanzen und die Vorschläge zur Verteilung von Gewinn und Verlust zu prüfen, und hierüber der Generalversammlung vor deren Genehmigung Bericht zu erstatten.
4. Der Zustimmung des Aufsichtsrates bedürfen
   a. der Erwerb von Grundstücken und dinglichen Rechten an Grundstücken,
   b. der Abschluß von Pachtverträgen,
   c. die Erteilung von Prokura,
   d. die Aufnahme von Krediten über 1.000,- DM

§16

Die Generalversammlung

1. Die Generalversammlung ist das oberste Organ der Genossenschaft. Sie kann über alle Angelegenheiten der Genossenschaft beschließen.

2. Zu ihrer Zuständigkeit gehören insbesondere
   a. Die Wahl des Vorstandes und des Aufsichtsrates,
   b. Die Entscheidung über die Jahresrechnung, die Bilanzen und die Vorschläge über die Verteilung von Gewinn und Verlust,
   c. Die Entscheidung über die Entlastung des Vorstandes und des Aufsichtsrates.

3. Die Veräußerung von Grundstücken bedarf eines ermächtigenden Beschlusses der Generalversammlung.

§17

Einberufung der Generalversammlung

1. Die Generalversammlung findet mindestens einmal jährlich statt.

2. Der Vorstand oder der Aufsichtsrat kann jederzeit eine außerordentliche Generalversammlung einberufen.

3. Auf Antrag eines Viertels der Genossen muß der Vorstand binnen eines Monats eine außerordentliche Generalversammlung einberufen.

4. Die Einladung zur Generalversammlung erfolgt schriftlich durch die Post.
   Zwischen der Veröffentlichung des Termins und der Generalversammlung muß mindestens eine Frist von 20 Tagen liegen.

5. Anträge der Genossen sind mindestens 10 Tage vor der Generalversammlung beim Vorstand schriftlich einzureichen.

6. Die Genossen müssen mindestens 3 Tage vor der Generalversammlung über die zu beschließenden Anträge informiert sein.

§18

Verfahren der Generalversammlung

1. In der Generalversammlung hat jeder Genosse eine Stimme. Vertretung ist nur durch einen Genossen zulässig. Ein Vertreter kann nicht mehr als einen Genossen vertreten.

2. Die Leitung der Generalversammlung obliegt dem Vorsitzenden des Vorstandes.

3. Die Generalversammlung beschließt mit einfacher Stimmenmehrheit.
   Eine Abänderung der Satzung bedarf jedoch einer Mehrheit von drei Vierteln der abgegebenen Stimmen.

4. Wahlen erfolgen einzeln durch Akklamation. Erreicht kein Kandidat die absolute Mehrheit der abgegebenen Stimmen, so findet eine Stichwahl zwischen den beiden Kandidaten mit der höchsten Stimmenzahl statt. Bei Stimmengleichheit wird die Wahl wiederholt.

5. Eine geheime Abstimmung ist nicht vorgesehen.

6. Über die Beschlüsse der Generalversammlung ist durch einen vom Versammlungsleiter zu bestimmenden Schriftführer eine Niederschrift anzufertigen. Die Niederschrift ist von dem Schriftführer und den anwesenden Mitgliedern des Vorstandes zu unterschreiben. Ihr sind die Belege über die Einberufung der Generalversammlung beizufügen.

§19
Reservefonds

1. Es fließen jährlich 1/3 des erwirtschafteten Reingewinns in den Reservefonds und zwar bis zu einer Höhe von 20.000,--DM.

§20
Auflösung der Genossenschaft

1. Der Antrag auf Auflösung der Genossenschaft muß mindestens von zwei Dritteln der anwesenden Genossen einer hierzu einberufenen Generalversammlung gestellt werden. Der Beschluß bedarf einer Mehrheit von drei Vierteln der abgegebenen Stimmen.

§21
Ergänzende Bestimmungen

1. Geschäftsjahr ist das Kalenderjahr. Das erste Geschäftsjahr beginnt mit der Gründung der Genossenschaft und endet mit dem darauffolgenden Jahresende.

2. Die Ausdehnung des Geschäftsbetriebes auf Personen, die nicht Mitglieder der Genossenschaft sind, ist zugelassen.

3. Bei Austritt oder Ausschluß eines Genossen werden die eingezahlten Anteile zurückgezahlt.
   a. Verluste werden anteilig umgelegt.

§22
Jahresabschluß

Bei der Aufstellung des Jahresabschlusses sind die Vorschriften des Genossenschaftsgesetzes über Bilanzierungsgrundsätze, Bewertung, Gliederung, Ausweis rückständiger Einzahlungen (§§ 33 b - 33 g) zu beachten.

Geänderte Satzung vom 17. Dez. 1983

(Die Änderung der mit * gekennzeichneten §§ liegt dem Amtsgericht zur Eintragung vor)

Beispiel für die Prüfung einer Genossenschaft

Verband badischer Wohnungsunternehmen e.V.
Organ der staatlichen Wohnungspolitik, Karlsruhe

Bericht über die gesetzliche Prüfung der

LEBOS-Wohnbaugenossenschaft, Genossenschaft zur Errichtung, zum Erwerb und Nutzung von Wohn-, Arbeits- und Lebensraum, eG in Konstanz, zum 31. Dezember 1982.

Prüfungszeit: 3. und 4. Mai 1983

Anm.:
Wir geben hier nur den Hauptteil des Berichts wieder; weggelassen haben wir den Anhang (Erläuterungen des Jahresabschlusses, Bilanz, Gewinn- und Verlustrechnung) sowie die Anlagen (Jahresabschluß, Übersicht zu den rechtlichen Grundlagen der Genossenschaft).

Vorbemerkungen

1 Am 3. und 4. Mai 1983 haben wir bei dem unserem Verband als Mitglied angehörenden Wohnungsunternehmen

> LEBOS - Wohnungsbaugenossenschaft, Genossenschaft zur Errichtung,
> zum Erwerb und Nutzung von Wohn-, Arbeits- und Lebensraum, eG
> in K o n s t a n z
> (nachstehend kurz Genossenschaft genannt)

eine Prüfung nach § 53 Genossenschaftsgesetz (GenG) in den Geschäftsräumen der Genossenschaft in Konstanz, Obermarkt 14, durchgeführt.

2 Gegenstand der Prüfung waren die Ordnungsmässigkeit der Geschäftsführung sowie die wirtschaftlichen Verhältnisse und Einrichtungen der Genossenschaft unter Beachtung der genannten gesetzlichen Bestimmungen. Die Prüfung erfolgte in berufsüblichem Umfang, wobei wir der Prüfung die vom Gesamtverband gemeinnütziger Wohnungsunternehmen e.V. herausgegebenen Richtlinien zugrunde gelegt haben.
Diese Richtlinien gelten für unsere Verantwortlichkeit, auch im Verhältnis zu Dritten.

3 Als Unterlagen der Prüfung dienten neben den Akten, Büchern und Schriften der Genossenschaft insbesondere der Jahresabschluß zum 31.Dezember 1982, Inventarunterlagen und der Geschäftsbericht.

4 Die erforderlichen Auskünfte und Nachweise erteilten uns die Vorstandsmitglieder, Frau Kaiser und Herr Münst, mit denen wir auch Teilergebnisse der Prüfung besprochen haben.

5 Eine Vollständigkeitserklärung berufsüblichen Inhalts haben wir zu den Arbeitsunterlagen genommen,

A. GRUNDLAGEN DES WOHNUNGSUNTERNEHMENS

6 Zu den rechtlichen Grundlagen der Genossenschaft verweisen wir auf Anlage II des Berichtes. Die Genossenschaft wurde am 1.Mai 1981 gegründet. Die Eintragung beim Genossenschaftsregister erfolte am 22. Juni 1982.

7 Lohnsteuern und Sozialabgaben waren im Berichtszeitraum nicht abzuführen.

Steuererkärungen für das Geschäftsjahr 1982 wurden noch nicht abgegeben.

8 Über den Antrag der Genossenschaft vom 27. Februar 1982 auf Anerkennung als gemeinnütziges Wohnungsunternehmen war am Prüfungszeitpunkt noch nicht entschieden.

9 Ein Mitgliederverzeichnis wird in Übereinstimmung mit den Eintragungen beim Registergericht geführt. Zum 31. Dezember 1982 waren 51 Mitglieder mit 51 Anteilen im Genossenschaftsregister eingetragen. Der Gesamtbetrag der Haftsummen sowie die rückständigen fälligen Mindestzahlungen auf die Geschäftsanteile sind aus Anlage I des Berichtes ersichtlich. Zur Führung der Liste der Genossen haben wir während der Prüfung Hinweise gegeben.

10 Der Vorstand bestand zur Zeit der Prüfung aus 2 Mitgliedern. Frau Kaiser sowie Herr Münst und Böhm wurden am 23. April 1982 bestellt, s.hierzu Anlage II des Berichtes. Herr Böhm ist zum 31. Dezember 1982 aus dem Vorstand ausgeschieden. Der Eintrag beim Genossenschaftsregister ist am 28. April 1983 erfolgt.

11 Der Aufsichtsrat besteht aus 5 von der Generalversammlung am 23. April 1982 gewählten Mitgliedern. Seine Zusammensetzung ist aus Anlage II des Berichtes ersichtlich.

12 Für Vorstand und Aufsichtsrat sind Geschäftsordnungen beschlossen.

13 In 1982 haben mehrere Mitgliederversammlungen stattgefunden. Sie befassten sich mit den ihr satzungsgemäß obliegenden Aufgaben. In der Jahreshauptversammlung am 23. April 1982 wurden Vorstand und Aufsichtsrat entlastet.

14 Über die Sitzungen liegen ordnungsgemäß ausgefertigte und unterzeichnete Protokolle vor. Sie sollten durchnumeriert werden.

B. WOHNUNGSWIRTSCHAFTLICHE TÄTIGKEIT

15 Zur Aufnahme der wohnungswirtschaftlichen Tätigkeit hat die Genossenschaft ein Haus mit 3 Wohnungen, eine gewerblichen Einheit (Buchladen) und einen Clubraum in Konstanz, Obermarkt 14, erworben. Seitens der Genossenschaft wird dies auch aufgrund der Verzögerungen, die sich bei den geplanten Um- und Ausbauten von ehemaligen Kasernengebäuden in zu Wohnzwecken dienende Häuser ergeben haben, begründet.

16 Der Kaufpreis belief sich auf TDM 340,0, wobei den Verkäufern des Hauses das Dachgeschoß als Wohnraum auf 30 Jahre zur Nutzung überlassen wurde. Dieses Nutzungsrecht ist im Kaufvertrag mit TDM 30,0 veranschlagt worden. An Kosten sind zusätzlich noch TDM 0,4 entstanden.

17 Die Finanzierung erfolgte neben TDM 18,0 Bauspardarlehen mit einem bis zum 1.Januar 1985 gestundeten Kaufpreisteil von TDM 20,0, einem Zwischenkredit von TDM 55,0, Mitglieder- und Unterstützerdarlehen (TDM 73,5), Geschäftsguthaben und einem Girokredit, am 31. Dezember 1982 mit TDM 138,0 in Anspruch genommen war. Dieser Kredit wurde 1983 durch ein erstrangiges Hypothekendarlehen (TDM 150,0) ersetzt. Zwischenkredit bzw. Mitglieder- und Unterstützerdarlehen sollen sukzessive durch Eigenmittel ersetzt werden. Ein Teil dieser Eigenmittel kann durch Einzahlungen auf die Geschäftsanteile (Ende 1982 noch ausstehend: TDM 89,0) bereitgestellt werden. Danach verbleibt ein noch abzudeckender Fehlbetrag von TDM 39,5.

18 Abschließende Angaben zu den vorgesehenen Um- und Ausbauten von ehemaligen Kasernengebäuden konnten noch nicht gemacht werden.

19 Der Abschluß von Mietverträgen nach dem Muster für gemeinnützige Wohnungsunternehmen ist in Vorbereitung.

20 Der Versicherungsschutz für das Wohngebäude entspricht der branchenüblichen Risikoabdeckung

C. BETRIEBSORGANISATION UND RECHNUNGSWESEN

1. Organisation des Geschäftsbetriebes

21 Die Geschäfte der Genossenschaft werden von den nebenamtlich tätigen Vorstandsmitgliedern geführt.

22 Aktenführung und Registratur sind geordnet. Hinsichtlich des Zahlungsverkehrs ergaben sich bei unseren Sichproben keine Bedenken.

Rechnungswesen

23 Die Buchführung wird manuell gehandhabt. Sie befand sich zur Zeit der Prüfung 4 Monate im Rückstand. Dies ist auf eine vorgesehene Umstellung innerhalb des Rechnungswesens zurückzuführen. Die Belege für 1983 sind chronologisch abgeheftet, so daß ein jederzeitiger Rückgriff auf einzelne Geschäftsvorfälle möglich ist. Nach einer abschließenden Entscheidung, ob die Buchhaltung weiterhin über ein amerikanisches Journal oder als Durchschreibebuchführung abgewickelt wird, sollte der Rückstand baldmöglichst aufgearbeitet werden. Der Kontenplan genügt den betrieblichen Erfordernissen. Unsere Prüfungen führten zu keinen Zweifeln an der rechnerischen und sachlichen Richtigkeit der Eintragungen. Die Buchführung ist beweiskräftig. Das Belegwesen ist geordnet.

24 Der Jahresabschluß zum 31. Dezember 1982, im Anhang erläutert und als Anlage I dem Bericht beigefügt, wurde aus der Buchführung richtig entwickelt. Die gesetzlichen Gliederungs- und Bewertungsbestimmungen wurden beachtet. Ausreichende Inventare liegen vor.

25 Der Geschäftsbericht für das Geschäftsjahr 1982 entspricht den gesetzlichen Bestimmungen.

25a Geschäfte im Jahre 1981 waren nach unserer Kenntnis für die Genossenschaft nicht angefallen, so daß die Eröffnungsbilanz zum 1. Januar 1982 keine Aktiven und Passiven aufweist.

D. WIRTSCHAFTLICHE VERHÄLTNISSE

26 1. Vermögenslage

Vermögenswerte

	TDM	v.H.
Anlagevermögen	339,9	97,5
Umlaufvermögen		
Forderungen und Abgrenzungsposten	2,7	0,8
Liquide Mittel	5,8	1,7
	348,4	100,0

Schulden

	TDM	v.H.
Dauerfinanzierungsmittel	18,0	5,2
Zwischenkredite	128,5	36,9

Girokredit	138,0	39,6
Übrige Verbindlichkeiten	49,8	14,3
	334,3	96,0
Eigenkapital	*14,1*	*4,0*
und zwar		
Geschäftsguthaben	13,0	92 ,2
Reingewinn	1,1	7,8
	14,1	100,0

27 Die Vermögenslage wurde 1982 von dem Ankauf eines Wohngebäudes wesentlich beeinflußt. Den Zugängen im Anlagevermögen stehen entsprechende Zugänge bei den Dauerfinanzierungsmitteln, Zwischen- und Girokrediten gegenüber.

28 Ausweis, Nachweis und Bewertung der einzelnen Vermögensteile erfolgen zutreffend. Risikobehaftete Vermögenswerte wurden nicht festgestellt. Für noch zu erwartende Betriebskosten und Steuern hätte eine Rückstellung gebildet werden sollen.

29 Das bilanzielle Eigenkapital ist mit 4 v.H. an der Finanzierung der gesamten Vermögenswerte beteiligt. Für 1983 ist mit weiteren Einzahlungen auf die Geschäftsanteile zu rechnen.

2. Ertragslage

30 Die Zahlen der Gewinn- und Verlustrechnung wurden für 1982 wie folgt aufbereitet:

	TDM	v.H.
1. Wohnungswirtschaftliches Ergebnis		
Miethausbewirtschaftung		
Umsatzerlöse	5,0	100,0
Aufwendungen		
Betriebskosten	0,7	14,0
Abschreibungen	1,9	38,0
Kapitalkosten	3,7	74,0
Gemeinkosten (Verwaltungsaufwend.)	4,9	98,0
	11,2	224,0
Ergebnis ./.	6,2	124,0
2. Sonstiges Ergebnis		
Erträge	7,3	
3. Reingewinn	1,1	

31 Die Ertragslage war 1982 von den Aufwendungen in Zusammenhang mit der Gründung der Genossenschaft (Verwaltungsaufwendungen) im wohnungswirtschaftlichen Bereich und den Erträgen (Spenden) im sonstigen Bereich beeinflußt. Für 1983 ist anzunehmen, daß sich das wohnungswirtschaftliche Ergebnis ausgeglichen gestaltet.

3. Finanzlage

32 Auf der Grundlage der Bilanz zum 31. Dezember 1982 und unter Berücksichtigung der erkennbar kurzfristigen Einflüsse auf die Zahlungsbereitschaft läßt sich die Entwicklung der Liquidität wie folgt berechnen:

Liquiditätsstatus zum 31. Dezember 1982

a) Flüssige Mittel und kurzfristig realisierbare Forderungen

Kassenbestand, Guthaben bei Kreditinstituten		TDM 5,8	
Forderungen	TDM 2,2		
./. davon mittel- und langfristig	TDM -, -	TDM 2,2	TDM 8,0

b) Kurz- bis mittelfristige Verbindlichkeiten

Darlehen   TDM 73,5

33 Der Bedarf an disponiblen Mitteln von   TDM 65,5

ergibt sich aus der Finanzierung des Hauskaufes u.a. durch die Unterstützungsdarlehen. Der zum 31. Dezember 1982 bestehende Girokredit von TDM 138,0 wird 1983 durch ein langfristiges Darlehen (TDM 150,0) abgelöst, woraus weitere TDM 12,0 zufließen. Die Bedienung dieses Darlehens sowie eines Kredits über TDM 55,0 kann aus den Mietverträgen erfolgen. In der Finanzlage noch nicht angesetzt wurde der gestundete Kaufpreisteil von TDM 20,0, da dieser erst zum 1. Januar 1985 fällig wird. Die im Verlauf der nächsten Jahre fällig werdenden Mitgliederdarlehen müssen durch Geschäftsguthabenzugänge (rückständige fällige Mindestzahlungen auf Geschäftsanteile insgesamt TDM 89,0) ersetzt werden. Zur Rückzahlung des Zwischenkredites sind zusätzliche Mittel erforderlich, s. Tz. 17.

E. ZUSAMMENFASSENDES ERGEBNIS

Unsere prüfungsmäßigen Feststellungen fassen wir wie folgt zusammen:

1. Die rechtlichen Grundlagen der Genossenschaft sind geordnet.
2. Die Tätigkeit der Verwaltungsorgane - Vorstand und Aufsichtsrat - vollzog sich in dem durch Gesetz und Satzung gegebenem Rahmen.
3. Buchführung, Jahresabschluß und Geschäftsbericht für das Geschäftsjahr 1982 entsprechen den gesetzlichen Bestimmungen.
4. Die wirtschaftlichen Verhältnisse der Genossenschaft werden von der Entwicklung der Mitgliederbewegung und den damit verbundenen Geschäftsguthabenzugängen beeinflußt werden. Die Mieteinnahmen des in 1982 erworbenen Objektes reichen aus, um die laufenden Darlehensverbindlichkeiten zu bedienen.

Karlsruhe, den 27.Juli 1983

Schreiben des Prüfungsverbandes an die LEBOS-Genossenschaft

9.August 1983

Prüfungsbericht zum 31.Dezember 1982

Gemäß § 58 (2) GenG übersenden wir als Anlage den

Bericht über das Ergebnis der gesetzlichen Prüfung zum 31.Dezember 1982

in 2-facher Ausfertigung (einschl. der Fertigung für den Aufsichtsrat).

Die nach § 59 (1) GenG vorgeschriebene Prüfungsbescheinigung für das Registergericht fügen wir in doppelter Fertigung mit der Bitte bei, die erste Fertigung alsbald dem Registergericht gemäß § 59 (1) GenG einzureichen: die zweite Fertigung ist für Ihre Akten bestimmt.

Nach den Vorschriften des Genossenschaftsgesetzes ist für die Behandlung des Prüfungsberichtes durch die Organe folgendes zu beachten, worauf wir vorsorglich verweisen:

a) Vorstand und Aufsichtsrat müssen in gemeinsamer Sitzung über das Ergebnis der Prüfung unverzüglich nach Eingang des Berichtes beraten. Der Vorstand ist verpflichtet uns von dieser Sitzung in Kenntnis zu setzen -§ 58 (3) GenG -.

b) Der Prüfungsbericht ist bei der Berufung der nächsten Generalversammlung als Gegenstand der Beschlußfassung anzukündigen -§ 59 (2) GenG -.

c) Der Aufsichtsrat muß sich in der Generalversammlung über wesentliche Feststellungen oder Beanstandungen der Prüfung erklären -§ 59 (2) GenG -.

d) Der Vorstand ist verpflichtet, uns den Termin der Generalversammlung rechtzeitig anzuzeigen, um uns die Möglichkeit zu geben, an der Generalversammlung beratend teilzunehmen -§ 59 (3) GenG-.

Über die Behandlung des Prüfungsberichtes durch die Organe und die Maßnahmen, die aufgrund des Prüfungsergebnisses ergriffen wurden, bitten wir um Mitteilung bis spätestens

15. September 1983.

Dabei bitten wir, insbesondere zu den Tz. 23, A 8, A 12,

Stellung zu nehmen.

Den Aufsichtsratvorsitzenden Ihrer Genossenschaft haben wir gemäß § 58 (2) GenG unter Beifügung einer Durchschrift dieses Schreibens davon unterrichtet, daß der Prüfungsbericht dem Vorstand zugegangen ist

(Unterschrift)

Antwort der LEBOS-Genossenschaft

19.8.83

Prüfungsbericht zum 31.12.82

Sehr geehrte Damen und Herren,

gemäß den Vorschriften des Genossenschaftsgesetzes teilen wir Ihnen mit:

1. Vorstand und Aufsichtsrat der Lebos Wohnungsbaugenossenschaft werden am 26. 8.83 gemeinsam über das Ergebnis der Prüfung beraten.

2. Die Generalversammlung über die Beschlußfassung zum Prüfungsbericht wird am 9.9. 83 stattfinden. Der Prüfungsbericht als Gegenstand der Beschlußfassung wird mit der

Einladung zur Generalversammlung angekündigt.

Die Ergebnisse der Sitzungen sowie die Maßnahmen, die aufgrund des Prüfungsberichtes ergriffen werden, werden wir Ihnen in einem Schreiben nach dem 9.9.83 mitteilen.

Mit freundlichen Grüßen

(Unterschrift)

Weiteres Schreiben der LEBOS an den Prüfungsverband

10. Sept. 1983

Betr. Prüfungsbericht zum 31.13.82

Am 26. 8.83 haben Vorstand und Aufsichtsrat über Ihren Prüfungsbericht beraten, und die Generalversammlung hat am 9.9.83 die folgenden Maßnahmen und Ergebnisse beschlossen:

zu 14: Die Protokolle werden jetzt fortlaufend numeriert.

zu 15: Als Bestand im Haus Obermarkt 14 sind drei Wohnungen ausgewiesen. Davon sind allerdings nur zwei Wohnungen bewohnbar. Der Ausbau der 3.Wohnung ist geplant.

zu 18 Die Genossenschaft LEBOS arbeitet weiter am Projekt Jägerkaserne. Da aber die Gelder für experimentellen Wohn- und Städtebau nicht in Anspruch genommen werden können, müssen neue Finanzierungsmöglichkeiten gesucht werden. Dazu ist die Anerkennung der Gemeinnützigkeit unserer Genossenschaft ein wesentlicher Punkt.

zu 23: Die Buchführung ist aus Kostengründen eine Übertragungsbuchführung. Sie befindet sich nicht mehr im Rückstand, wurde aufgeholt und befindet sich auf dem Laufenden.

zu A1:Die Abschreibung ist auf Empfehlung des Prüfers hin zukünftig 2%, d.h. auf 58 Jahre. Das ist der ortsübliche Rahmen der Abschreibung für alte Häuser.

zu A8:Es handelt sich dabei um keinen Zwischenkredit, sondern um einen kurzfristigen Kredit, der jeweils problemlos verlängert werden kann. Eine Umwandlung ist derzeit nicht geplant, da die Konditionen sehr günstig sind (8,5% Zinsen).

Weiteres Ergebnis der Generalversammlung ist insbesondere, daß verstärkt auf die Dringlichkeit der Einzehlung der Genossenschaftsanteile hingewiesen wird. Mitglieder von Aufsichtsrat und Vorstand werden sich an die einzelnen Mitglieder wenden und die Zahlungen anmahnen und vorantreiben.

Teilen Sie uns auch bitte mit, welche Teile und in welcher Form der Jahresabschluß zu veröffentlichen ist.

Außerdem bitten wir Sie um Beantwortung der Anfrage des Regierungspräsidiums, da uns an einer baldigen Entscheidung über die Gemeinnützigkeit liegt, besonders im Interesse unseres Projekts Jägerkaserne.

Mit freundlichen Grüßen

(Unterschrift)

Hürde der Wirtschaftlichkeitsprüfung

Finanzierungsplan und Betriebskonzept einer nicht anerkannten Handwerker-genossenschaft (Schreiner- und Kfz-Handwerk)

AN DEN GENOSSENSCHAFTSVERBAND

27.2.1982

Betr.: Finanzierungsplan und Betriebskonzept

Sehr geehrter Herr

anbei finden Sie den gewünschten Finanzierungsplan und unser Betriebskonzept in Kurzfassung.

Gegenüber unserem letzten Gespräch hat sich einiges geändert, auf das ich Sie noch hinweisen möchte: Den Schreinereibetrieb in Reutlingen können wir inzwischen nicht mehr übernehmen, da das Gebäude in nächster Zeit einem Straßenbau zum Opfer fällt, und wir deshalb auch keinen Mietvertrag mehr bekommen haben. Stattdessen können wir nun einen Betrieb mit Maschinen günstig mieten. Da wir in diesem Fall von unserer Finanzausstattung und unseren räumlichen Möglichkeiten besser dastehen, wollen wir zusätzlich zur Schreinerei eine KFZ-Reparaturwerkstätte einrichten. Dies hätten wir auch im ersten Fall nach ein bis zwei Jahren vorgehabt, wenn es die Umstände erlaubt hätten. Dies zu Ihrer Information.

Mit freundlichen Grüßen

(Unterschrift)

Kostenaufstellung

	TDM	TDM
Gründungskosten (Notar, Einschreibungs-gebühren, Bürobedarf, Werbung usw.)		5
Betriebskosten		
Miete 1.800 DM/Monat	21,6	
Strom, Heizung, Wasser 400 DM/Mo.	4,8	
Fahrzeugpark	6	
Telefon und Bürokosten	2	
Steuerberater	2	
Versicherungen	1,6	
Gewerbesteuer, Berufsgenossenschaft	7	45
	———	
Investitionen		
Schreinerei	5	
KFZ-Werkstatt	5	

Umbauten	3	13

Lohnkosten
3 Beschäftigte in der Schreinerei Stundenlohn 10DM, 27000DM/J	81	
3 Beschäftigkte in der KFZ-Werkstatt dto	81	162

Wareneinkauf
Schreinerei (Durchschnittswert)	70	
KFZ-Werkstatt	40	110
		335

Umsatzerwartung

Durchschnittlicher Schreinereibetrieb mit einem Umsatz pro Beschäftigten und Jahr (Vergleichszahl)	80-100	TDM
bei 60% Auslastung Umsatz pro Besch. u. Jahr	60	TDM
pro Besch. und Monat	5	TDM

Rentabilitätsberechnung

	TDM	TDM
Umsatz netto		
Schreinerei	180	
KFZ	180	
./. Wareneinsatz		
Schreinerei	70	
KFZ (Richtwerte)	40	110
Rohgewinn I	250	250
./. Personalkosten		162
Rohgewinn II		83
./. sonst. Kosten		50
erw. cash flow		33
./. Zinsen		6
cash flow		27
./. AfA		13
Reingewinn		14

Vorfinanzierung

	TDM	TDM
Umsatz -Vorfinanzierung		
Schreinerei (3 Monate)	45	
KFZ (1Monat)	15	60
	–––	
Materialausstattung		
Schreinerei	15	
KFZ	5	20
	–––	–––
Einlagen der Genossen		45
Kontokorrentkredit (Grundschuldbürgschaft 20 TDM)		
Bürgschaft über Bürgschaftsbank noch 15 TDM		35
		–––

Stundensatz- / Gemeinkostenrechnung

Lohn-/ Lohnnebenkosten
  bei einem Beschäftigtem durchschnittlch
  1200 produktive Stunden pro Jahr sind
  7200 bei 6 Beschäftigten (162.000 : 7200)   22,5 DM/St

Gemeinkosten
  Gründungskosten   5.000
  Betriebskosten   45.000
  Investitionen   13.000
                        ––––––
  Insgesamt   63.000 (63.000 : 7200)   8,75DM/St
                                                           –––––––––
                                                           31,25DM/St

Soll-Gewinn   3,–

Stundensatz   34,25DM

ERWIDERUNG DES GENOSSENSCHAFTSVERBANDES AUF DEN FINANZIERUNGSPLAN

19.April 1982

Gründung einer Produktivgenossenschaft

Sehr geehrte . . .

in vorbezeichneter Sache bestätigen wir den Erhalt Ihres Schreibens vom 29. 3. 1982, dessen Erledigung sich feiertagsbedingt etwas verzögert hat. Gern kommen wir Ihrem Wunsch nach einer detaillierten Stellungnahme zu den wirtschaftlichen Erfolgsaussichten der geplanten Genossenschaft nach. Der Einfachheit halber fügen wir eine Rentabilitätsberechnung als Anlage bei.

Der von uns errechnete Betriebsverlust läßt die Gründung einer Genossenschaft schon aus wirtschaftlicher Sicht nicht angeraten erscheinen.

Mit freundlichen Grüßen

(Unterschrift)

ERGÄNZTE RENTABILITÄTSBERECHNUNG
Schreiner- und Kfz-Handwerk Produktionsgenossenschaft

Umsatz netto

Die Umsätze sind von der Handwerkskammer als Richtsätze vorgegeben worden; dabei ist allerdings zu berücksichtigen, daß bei den Richtsätzen von „normalen" Stundensätzen auszugehen ist.
Geht man davon aus, daß der Stundensatz um etwa ein Drittel unter den normalen Sätzen liegt und Lohnbestandteil bei der Schreinerei etwa die Hälfte und bei der Kfz-Werkstatt zwei Drittel ausmacht, ergibt sich folgender bereinigter Umsatz:

Schreiner bisher	TDM 180	
davon Lohnanteil 1/2	TDM 90	
gekürzt um 1/2	−TDM 30	
	TDM 60	
zuzügl.Material wie bish.	TDM 90	TDM 150
Kfz-Werkstatt bisher	TDM 180	
davon Lohnanteil 2/3	TDM 120	
gekürzt um 1/3	−TDM 40	
	TDM 80	
zuzügl.Material wie bish.	TDM 60	TDM 140
bereinigter Umsatz		TDM 290

Die Aufteilung zwischen Material und Lohn erfolgte in Anlehnung an die vorgegebenen Werte im Wareneinsatz
Der Materialeinsatz wird in der angegebenen Form zugrunde gelegt.

In den Lohnkosten sind von seiten des Verbandes bereits in den Gesprächen erhebliche Bedenken geäußert worden; da in der vorgesehenen Kostenaufstellung von einem Nettolohn von monatlich DM 1.000,– ausgegangen wurde, erscheinen diese Lohnkosten auf Dauer nicht zu realisieren. Unabhängig davon werden diese Zahlen übernommen, wobei insbesondere auch in diesem Bereich Unsicherheiten enthalten sind, die den Bestand der Genossenschaft in seiner Substanz gefährden können.

Zu den *Betriebskosten* ergeben sich in verschiedenen Teilbereichen Ergänzungen:

Miete DM 1.800,– pro Monat (unverändert)	TDM 21,6
Strom, Heizung, Wasser DM 400,– pro Monat bisher	TDM 4,8

Diese Werte wurden vom bisherigen Eigentümer des Anwesens übernommen; da in diesem Bereich derzeit ständig Kostensteigerungen angenommen werden müssen, erscheint ein Zuschlag von 10% angemessen. TDM 0,5

Fahrzeugpark bisher TDM 2,0

In diesem Bereich sind lediglich die laufenden Kosten erfasst. Da die Genossen die eigenen Fahrzeuge der Genossenschaft zur Verfügung stellen, wird eine Nutzungsgebühr angesetzt in Höhe von TDM 2,0

Telefon und Bürokosten bisher TDM 2,0

Da die Buchhaltung auch im eigenen Haus aufbereitet werden soll, und daneben auch sonst laufender Bedarf entsteht, ist dieser Betrag nicht ausreichend; angenommener Zuschlag TDM 2,0

Steuerberater (unverändert) TDM 2,0

Versicherungen bisher TDM 1,6

Da ins besondere auch zur Abdeckung von Gewährleistungen eine Haftpflichtversicherung abzuschließen ist, die schon alleine etwa TDM 2,5 bis TDM 3,0 ausmacht, wird ein Zuschlag angenommen von TDM 2,4

Gewerbesteuer, Berufsgenossenschaft (unverändert) TDM 7,0

Gründungskosten (unverändert) TDM 5,0

Sonstige nicht in den Betriebskosten bisher enthaltene Posten Prüfungsgebühren geschätzt TDM 3,0

Kleinwerkzeuge etc.
Die Kleinwerkzeuge sollen der Genossenschaft von den Genossen zur Verfügung gestellt werden. Da an die Genossen entsprechende Nutzungsgebühren zu bezahlen sind, bzw. notwen-

dige Ersatzbeschaffungen vorzunehmen sind, wird ein
Betrag angesetzt von   TDM   3,0
                                                         ───────
Betriebskosten insgesamt   TDM 62,9
                                                         ═══════

Investitionen und AfA

Die Investitionen in der Schreinerei mit   TDM   5,0
werden übernommen, da die Werkstatt nach Aus-
kunft in diesem Bereich vom bisherigen Eigentümer
gut ausgestattet ist und sich damit die notwendigen
Investitionen in diesem Rahmen halten dürften.

Dagegen erscheinen die Investitionen in der Kfz-
Werkstatt mit TDM 5 nicht ausreichend; da bisher keine
geeigneten Geräte vorhanden sind, müßte für eine Hebebühne , Wagenheber, Schweißgeräte, Druckluftanlage,
Schließwinkelgerät und ähnliches eine Mindestausstattung
erforderlich sein von   TDM 40,0

Nach Auskunft durch die Handwerkskammer Stuttgart
berücksichtigt dieser Betrag bereits einen Abschlag für
gebrauchte Geräte, da bei neuwertigen Geräten ein Wert
von TDM 50 - 60 anzusetzen ist.

Auch der vorgesehene Betrag in Höhe von TDM 3,0 erscheint wesentlich zu niedrig, da bereits jetzt aufgrund der
Begutachtung durch die Baubehörde erhebliche Investitionen getätigt werden. Insgesamt erscheint ein Betrag von TDM   6,0
angemessen.   ───────
Investitionen insgesamt   TDM 51,0

AfA bei einer Nutzungsdauer von durchschnittlich 5 Jahren   ca. TDM 10,0
                                                         ═══════

Zinsen

Aufgrund der vorgenannten Zahlen ergibt sich für die Genossenschaft folgender Kapitalbedarf:

Umsatzvorfinanzierung

Schreinerei für 3 Monate
25% aus TDM 150   TDM 37,5

Für die Kfz-Werkstatt ergibt sich keine
Vorfinanzierung, da im allgemeinen in
diesem Bereich lediglich Bargeschäfte
abgewickelt werden.

Investitionen wie oben   TDM 51,0

Vorfinanzierung laufender Kosten	TDM	5,0		

Miete, Bürobedarf etc., Werbekosten,
Gründungskosten
Materialausstattung

Hier werden insgesamt TDM 20 angegeben; da
markenunabhängig im Kfz-Bereich repariert
werden soll, erscheint dieser Betrag zu niedrig, da ansonsten die Materialbeschaffungs-
kosten überproportional ansteigen.

Geschätzter Betrag	TDM	30,0		
		‾‾‾‾‾‾‾‾		
Gesamt	TDM	123,5		
Davon Geschäftsguthaben	TDM	45,0		
		‾‾‾‾‾‾‾‾		
Fremdfinanzierung bei 10% aus	TDM	78,5	=	TDM 7,9

Dieser Betrag wird angesetzt, unabhängig davon, ob eine Fremdfinanzierung
überhaupt möglich ist.

Aufgrund der oben dargestellten Zahlen ergibt sich folgende Planrechnung
für das erste Jahr:

Umsatz		TDM 290
Materialeinsatz		TDM 110
		‾‾‾‾‾‾‾
Rohertrag		TDM 180
Personalkosten	TDM 162	
Betriebskosten	TDM 63	
AfA	TDM 10	
Zinsen	TDM 8	
	‾‾‾‾‾‾‾	
Gesamtkosten	TDM 243	TDM 243
		‾‾‾‾‾‾‾
Betriebsverlust		TDM 63

Stuttgart, den 19.4.1982

KORRIGIERTE FASSUNG DES FINANZIERUNGSPLANS DER
GENOSSENSCHAFT

Betr.: Gründung einer Produktionsgenossenschaft

Sehr geehrter . . .

Sie erhalten unsere Stellungnahme zu Ihrem Schreiben vom 19.4.82.
Wir hoffen damit Ihre Bedenken gegen unsere Betriebskalkulation ausräu—
men zu können. Wir haben der neuerlichen Berechnung weitestgehend die
Zahlen Ihrer ergänzten Rentabilitätsberechnung zugrunde gelegt. Wir bitten
Sie um freundliche Überprüfung und Stellungnahme.

Leider vermissen wir noch eine detaillierte Stellungnahme zu unserer Satzung.
Bitte teilen Sie uns Ihre Einwände mit, berücksichtigen Sie jedoch, daß es
sich bei der beabsichtigten Betriebsgründung um eine Produktionsgenossenschaft handelt, bei der die Mitglieder Beschäftigte im eigenen Betrieb sind,
die aber nicht ohne weiteres mit einer Einkaufs- und Verteilungsgenossenschaft
satzungsmäßig gleichzusetzen ist.

Wir bedanken uns für Ihre geschätzte Aufmerksamkeit und verbleiben

mit freundlichen Grüßen

Vorbemerkungen

Grundsätzlich ist nochmals darauf hinzuweisen, daß wir bei unserer Kalkulation bzw. Rentabilitätsvorschau durchaus von normalen Stundensätzen ausgehen. Der unserer Planrechnung zugrundegelegte Stundensatz beträgt DM
35.--. Er wurde Ihnen in unserem Finanzplan ausgewiesen. Er mag zwar für
Stuttgarter Verhältnisse zu niedrig sein, liegt aber für den Standort Bodelshausen durchaus noch im Bereich des Normalen.
Ihre gekürzten Umsätze zugrundegelegt, wäre das Betriebsergebnis mit diesem Stundensatz durchaus zu erreichen. Dies ergibt sich bei folgender Berechnung:

Lohnkosten (von Ihnen übernommen)	140 TDM
Vorfinanzierung (123,5 TDM - 45 TDM)	80 TDM
Zinsen	8 TDM
	—————
	228 TDM

7200 prod. Stunden p.a. zugrundegelegt = 31,66 DM

Zu Ihrer Befürchtung, daß die ausbezahlten Löhne sich als zu niedrig und damit als nicht haltbar erweisen könnten:

Der Stundenlohn von DM 10 liegt zwar unter Tarif, ist aber nicht unrealistisch niedrig. Der Stundenlohn ist von allen Berschäftigten per Arbeitsver-
trag akzeptiert. Da alle Beschäftigten gleichzeitig Gesellschafter sind, ist eine
den Betrieb gefährdende Klage auf höheren Lohn nicht zu befürchten.

Überdies gilt diese Regelung nur für das erste Geschäftsjahr.

Der Materialeinsatz für die Schreinerei von TDM 70 entspricht dem Vergleichswert, wie er von der Handwerkskammer Reutlingen angegeben wurde.
Der Materialeinsatz von TDM 40 für den KFZ-Bereich ist bewußt niedriger, als bei einem durchschnittlichen Betrieb angesetzt. Er ergibt sich aus einer speziellen Kundenzielgruppe und Auftragslage. Bei den Reparaturen handelt es sich vor allem um TÜV-Reparaturen älterer Fahrzeugt. Die erforderlichen Einstellarbeiten, Arbeiten an der Bremsanlage und insbesondere die Schweißarbeiten (einschließlich Bleche zurichten) sind sehr lohnintensiv. Infolgedessen empfiehlt es sich, ein anderes Verhältnis zwischen Material- und Lohneinsatz zugrundezulegen.

Dieser Umstand beeinflußt auch den Umfang und die Zusammensetzung des Ersatzteillagers, das sich im Wesentlichen auf die gängigen Verschleißteile beschränken läßt und deshalb kleiner gehalten werden kann. Überdies betreibt die Fa Henke Reutlingen für Bremsen, Auspuff und Antriebe einen täglichen Zulieferdienst, und die Fa AET ist im Begriff, einen solchen aufzubauen, der auch Karosseriebleche und Austauschteile aller Art umfaßt. Aufgrund der zentralen Lage Bodelshausens können Ersatzteile von Markenniederlassungen schnell und einfach besorgt werden. Ein überproportionaler Anstieg der Ersatzteilbeschaffungskosten ist von daher nicht zu befürchten. Diese Kosten dürften durchaus den Kosten für eine umfangreichere Lagerhaltung entsprechen, Da weiterhin die kalkulatorische Auslastung mit 60 % angenommen wird, ist der Zeitaufwand für die Ersatzteilbeschaffung in der Spanne zwischen den 173 Stunden/Monat (100% Auslastung) und 100 Stunden bereits als unproduktive Zeit enthalten.
Trotzdem übernehmen wir die von Ihnen 30 TDM in unsere Berechnungen.

Die Posten im Einzelnen

Betriebskosten

Die geänderte Betriebskostenaufstellung ist weitgehend zu akzeptieren.
Lediglich die zusätzlich eingesetzten TDM 2 für Buchhaltung können entfallen, da eine Genossin, die als Buchhalterin gearbeitet hat, die Bücher kostenlos führen will.
Außerdem kann der Zuschlag auf Strom, Heizung, Wasser entfallen, da diese Zahlen vom Vorbetrieb übernommen wurden, der mit 12 Beschäftigten arbeitete, also bereits großzügig angesetzt wurde,

Damit ergibt sich für die Betriebskosten insgesamt ein Betrag von rund
TDM 60

Investitionen und AfA

TDM

Investitionen Schreinerei wie bisher   5

Investitionen für Kfz:

Druckluftanlage ist im Betriebsgebäude vorhanden,
Hebebühne wurde für TDM 2 erworben,   2
Wagenheber, 2 Schweißgeräte u. Schließwinkelgerät
ist bereits vorhanden, so daß lediglich ein Betrag
für zusätzliches Kleinwerkzeug aufrechtzuerhalten ist   1

Der Umbau wurde bereits abgeschlossen zum angegebenen
Betrag. Zusätzliche Planungskosten entstanden nicht, da die
Umbauplanung Herr Wespel, Genosse und Architekt, besorgte.   __3__

Investitionen insgesamt   11

Der Betrag für AfA erscheint uns sinnvoll, da in der Schreinerei
längerfristig Ersatzanschaffungen notwendig werden dürften.   10

Vorfinanzierung / Zinsen

Umsatzvorfinanzierung Schreinerei 3 Mon. wie bisher   40
Kfz ohne Vorfinanzierung da Bargeschäfte   --

Investitionen
    Schreinerei   5
    Kfz   3
    Umbau   3

Vorfinanzierung laufender Kosten   5

Ersatzteillager Kfz, trotz Vorbehalte übernommen   __30__

Gesamt   86

davon Geschäftsguthaben   __−45__

Fremdfinanzierung bei 10 %   __41__

Eine Fremdfinanzierung ist durch eine Grundschuldbürgschaft über 20 TDM
und eine weitere Bürgschaft über den gleichen Betrag möglich.

Das monatliche Betriebsergebnis ist bei Zugrundelegung des Stundensatzes
von 35 DM und bei 7200 Std. p.a. $\hat{=}$ 600 Std. p.m. produktiven Stunden zu
erreichen:

Einnahmen:

Lohn (600 prod. Std. à 35 DM)   21

Warenverkauf   __9__

                                                                            30

Ausgaben:

Wareneinkauf   9

Personalkosten   13,5

Betriebskosten	5
Zinsen	0,5
AfA	1
	29

$$\underline{30 - 29 = 1}$$

Die Rentabilitätsrechnung ergibt sich wie folgt:

	p.a.	p.m.
Umsatz netto	360	30
./. Wareneinsatz	110	9
Rohgewinn I	250	21
./. Personalkosten	162	13,5
Rohgewinn II	88	7,5
./. Betriebskosten	60	5
erw. cash flow	28	2,5
./. Zinsen	6	0,5
Cash flow	22	2
./. AfA	10	1
Reingewinn	12	1

Michael Crozier, Erhard Friedberg

Selbstverwaltung ist ein Problem und keine Lösung

Aus: Crozier, Michael / Friedberg, Erhard; Macht und Organisation. Die Zwänge kollektiven Handelns. Königstein 1979 S. 281 - 286 (gekürzt)

Bis jetzt konnten wir zwei klare Schlußfolgerungen ziehen. Erstens, die unumgänglichen Entscheidungen zwischen den verschiedenen Zielen und Zwecken, die in jeder Gesellschaft gleichzeitig und in Konkurrenz zueinander verfolgt werden müssen, lassen sich am besten an der Basis treffen. Zweitens, hinter allen an der Basis und an der Spitze erlebten Zielsetzungen scheint sich ein und dieselbe tieferliegende Zielvorstellung herauszuschälen: zur Emanzipation der Menschen beizutragen. Müssen wir die Arbeiterselbstverwaltung unter diesen Bedingungen nicht als notwendige und ausreichende Lösung aller unserer Probleme des Wandels betrachten?

Man wird bereits bemerkt haben, daß das Problem leider kein Problem der Wahl von Werten oder der Übernahme eines globalen Gesellschaftsmodells ist, auch wenn es sich dabei um ein dezentralisiertes Modell handelt. Gewiß berufen sich die Fürsprecher der Selbstverwaltungsbewegung auf die auch von uns festgestellte Möglichkeit einer größeren Konvergenz der Werte an der Basis. Gewiß gelingt es ihnen, die auch von uns erkannte Notwendigkeit einer Intervention der Spitze mit dem Vorrang der Basis bei der Realisierung von Änderungsvorhaben zu verbinden und beides zu artikulieren. Gewiß sind sie in der Lage, all dies in einer überzeugenden, konsistenten und durch ein äußerst starkes ideologisches Engagement gestützten Gesamtsicht zu organisieren. Und dennoch stoßen sie auf zwei Schwierigkeiten, die unseres Erachtens unüberwindlich sind.

Erstens ist ihr Vorgehen zu ehrgeizig. Es integriert in ein zu rationales Programm ein Ziel; so vielen wie nur möglich Macht zu geben, und eine Methode: die zwingende politische Intervention, die von einem apriorischen Modell ausgehend eine synoptische Logik benutzt. Nun sind aber dieses Ziel und diese Methode in Wirklichkeit zutiefst widersprüchlich.

Was nämlich auf der konkreten Handlungsebene an der Basis wenn nicht schon einen Konsens über die zu verfolgenden Zielsetzungen, so doch wenigstens eine Öffnung in Richtung auf Erprobung und soziales Experiment sowie eine Fähigkeit für das Auf- und Erfinden von neuen, für das Erlernen neuer Verhaltensmuster geeigneter Lösungen darstellt, kann auf der Ebene der Gesellschaft keine Übereinstimmung erzeugen, weder über Zielsetzungen noch über Verfahren oder Strategien. Eine auf enthusiastischem Engagement aufbauende politische Bewegung kann zweifellos eine Kraft sein. Der von ihr ausgeübte Druck aber kann besonders gefährlich sein, weil sie Ängste ebenso schürt wie sie unbedachte Erwartungen und Illusionen weckt. Gelangt die Bewegung zum Erfolg und konkretisiert sie sich in wirklichen Änderungsvorhaben, dann werden durch die Bedeutung des von ihr hervorgerufenen ideologischen Engagementes derartige Starrheiten eingeführt, daß alle sich diesen Vorhaben in den Weg stellende Hindernisse, mögen sie auf dem Vorhandensein von Gegnern beruhen oder auf der einfachen Notwendigkeit, verschiedene Werte zugleich zu achten, den Druck in Richtung auf bürokratische Lösungen nur verstärken. Wie wir soeben festhielten, widersprechen sich Idealismus und Bürokratie, im Unterschied zu allen landläufigen Meinungen, in dieser Vorgehensweise keineswegs, ganz im Gegenteil. Eines führt unausweichlich zum anderen.

Man möge uns diese Kurzformel verzeihen: Ebensowenig wie jede andere Zielsetzung läßt sich Selbstverwaltung verordnen. Und noch weniger als jede andere läßt sie sich durch Zwang oder ideologische Indoktrination verwirklichen, auch wenn diese unter dem Namen der Erziehung auftaucht.

Erkannt man dies einmal an, dann wird deutlich, daß die Selbstverwaltung keine Lösung, sondern ein Problem ist, und zwar ein Problem, das es wohl wert ist, durchdacht zu werden, das uns jedoch mit den bisherigen programmatischen Aussagen zur Selbstverwaltung noch sehr schlecht gestellt scheint.

Wir sind in der Tat der Meinung, daß die gegenwärtigen Überlegungen zur Arbeiterselbstverwaltung nicht sehr gut geeignet sind, die Probleme des Wandels in Angriff zu nehmen. Sie haben nämlich im allgemeinen noch nicht den entscheidenden Charakter der Machtphänomene erkannt, und selbst ihre scharfsinnigsten Vertreter, die die Wichtigkeit dieser Phänomene zu ahnen beginnen, irren sich noch über deren wahre Bedeutung.

Im Grunde verbirgt sich hinter den programmatischen Aussagen zur Selbstverwaltung eine implizite großzügige, aber unmögliche Zielsetzung, deren Verwirklichung vergeblich oder gar gefährlich ist: die Unterdrückung aller Macht und Herrschaft. Wir rühren hier an die zweite, tiefliegendste Schwierigkeit, die übrigens — durch das Denken, das sie begründet — zumindest teilweise am Ursprung der ersten, weiter oben angesprochenen, steht.

Solange die Verfechter der Selbstverwaltungsidee nicht eingestehen wollen, daß Machtbeziehungen eine der wesentlichen Komponenten der Kooperation und der menschlichen Beziehungen im allgemeinen sind, und daß sie deshalb niemals zum Verschwinden gebracht werden können, laufen sie Gefahr, in ihren Interventionen das Gegenteil dessen hervorzurufen, was sie wollen. Es gibt nur einen Weg, Machtprobleme zu regulieren und zu "moralisieren". Man muß sie ans Tageslicht bringen, um die Konsolidierung von Kräfteverhältnissen und die Kristallisation von stabilen Abhängigkeitsbeziehungen im Umkreis dieser Kräfteverhältnisse zu verhindern. Will man, im Gegenteil, ein zu "demokratisches", d.h. egalitäres, Selbstverwaltungsschema durchsetzen, so wird es nur in ritueller Weise akzeptiert werden. Und es wird kaum gelingen, dem Aufblühen der verschiedenartigsten Manipulationen und ihrer Kristallisation in den Schlüsselpunkten des Systems entgegenzuwirken. Entschließt man sich, um dies zu verhindern, eine strikte Kontrolle einzuführen, dann wird man vielleicht ein Modell einsetzen können, innerhalb dessen dem Anschein nach die Entscheidungen kollektiver getroffen und umgesetzt werden. Aber die von der offiziellen Szene verjagten Machtbeziehungen werden durch alle Ritzen der Maschine wieder zum Vorschein kommen und die traditionellen Dysfunktionen der Bürokratie hervorrufen. Genauer gesagt: im Umkreis der Probleme, die der Zugang zu den Knotenpunkten des Systems notwendig darstellt, werden sich neue Abhängigkeitsstrukturen bilden, und um diese Abhängigkeitsstrukturen herum werden sich die klassischen circuli vitiosi ansiedeln und entwickeln.

Selbst ein so erfahrener und umsichtiger Fürsprecher der neuen Welle der Selbstverwaltungsidee wie P. Rosanvallon begeht denselben Fehler, wenn er die kollektive Aneignung der Machtmittel für ein umfassenderes und wirksameres Leitwort als die klassische kollektive Aneignung der Produktionsmittel hält. Er hat zwar bemerkt, daß Machtprobleme von zentraler Bedeutung sind. Aber dennoch versteht er nicht, daß Macht, weil sie eine Beziehung ist und sich folglich nicht besitzen läßt, genausowenig kollektiv aneigenbar oder verteilbar ist wie Vertrauen und Liebe. Sicher kann man sich eine Autorität aneignen, wenn diese eine legitime und formalisierte Funktion oder Rolle darstellt. Aber durch die Aneignung der Autorität und ihre "Verteilung" unter den Ausführenden können keine Machtbeziehungen eliminiert werden. Nachdem man diese "Revolution" vollzogen hat, wird man sich in genau derselben Situation wiederfinden, in der man sich befunden hätte, wenn man nichts von ihnen gewußt und sich mit den Schemata der formalen Demokratie zufriedengegeben hätte.

Auch hier geht es im Grunde noch immer um die Möglichkeit, eine *tugendhafte Gesellschaft* zu schaffen. Und der Mythos der Arbeiterselbstverwaltung erscheint uns deshalb gefährlich, weil seine Verfechter, selbstverständlich ohne alle Arglist, Werte, die in der alltäglichen Erfahrung eine große Rolle spielen, gewissermaßen "veruntreuen" und sie im Dienste eines neuen Chiriasmus verwenden.

Will man Selbstverwaltungsprobleme all die Probleme nennen, auf die jede Reform stößt, welche auf die weitgehendste Emanzipation aller Mitglieder einer intellektuell und durch kontrolliertes Handeln erfaßbaren menschlichen Gesamtheit abzielt, dann stellt die Selbstverwaltung gewiß ein Problem dar. Und sie erscheint dann als ein wesentliches, ja vielleicht als das wichtigste Problem unserer Zeit. Aber, dies sei noch einmal wiederholt, sie ist ein Problem und keine Lösung.

Auf den ersten Blick sieht es so aus, als ermöglichte es die von Rosanvallon vorgeschlagene Formel einer experimentellen Gesellschaft, die den Gedanken einer nie an ein Ende gelangenden, sich immer weiterentwickelnden Gesellschaft besonders hervorhebt, diesen Schwierigkeiten aus dem Wege zu gehen. Man entfernt sich deutlich von dem zu kohärenten Modell der präetablierten Gesellschaft, von der zwanghaften Tradition des Traums von der Revolution. Diese Formel scheint uns glücklicher und zukunftsträchtiger zu sein als zum Beispiel die von J. Attali vorgeschlagenen Formeln von der "Beziehungsgesellschaft", der "Informationsgesellschaft" oder der "anti-organisatorischen Gesellschaft".

Indessen bleibt zu fragen, ob sie sich nicht Illusionen über die Grenzen menschlicher Belastbarkeit durch Experimente macht. Diese ist nämlich viel geringer als man glaubt. Niemand scheint im Grunde bislang bemerkt zu haben, wie beeinträchtigend ein fortwährendes Experimentieren auf Menschen wirken kann. Je mehr sich die Initiativen der Gegenspieler in einem System häufen, desto häufiger und vielfältiger werden die Machtbeziehungen – was für die Emanzipation der Individuen nur von Vorteil sein kann –, aber desto komplizierter wird auch das Problem der Verwaltung des Ganzen. Man macht es sich zu einfach, wenn man sagt, daß die Betroffenen damit schon zurechtkommen werden; sie sind dazu nur dann in der Lage, wenn sie ein ganz beträchtliches Sozialkonstrukt entwickeln, dessen Schaffung im Augenblick ohne einen langen Lernprozeß kaum möglich erscheint. Man stelle sich nur vor, wie groß die Fähigkeiten zur Leitung, Betreuung und Verwaltung einer experimentellen Schule sein müssen, in der die Schüler unter anderem zwischen einer Reihe von Lehrinhalten wählen können, in der Lehrerteams je nach Sachgebieten und Unterrichtsebenen gebildet werden können und in der eine wirksame pädagogische Beratung gewährleistet ist sowie ein Angebot an alternativen individuellen und kollektiven Tätigkeiten bei einem Minimum an demokratischer Beteiligung der Schüler und Familien.

Wir wären einverstanden mit der Forderung nach so vielen Experimenten wie nur möglich. Aber damit kann keine Gesellschaft gemeint sein, die völlig oder zum größten Teil experimentell ist. Wenn wir ein Schlagwort gebrauchen sollten, würden wir eher vom Eintritt in die Lerngesellschaft sprechen. Dies bedeutet, daß der Mensch im Grunde an sich selbst experimentiert, und daß er niemals, um Malraux's Wort aufzugreifen, völlig erwachsen sein wird. Aber auch diese Formulierung stellt ein anderes Element des Problems nicht in Rechnung, nämlich die Freiheit des Individuums und sein Schutzbedürfnis. Nicht jeder kann, will oder muß immer experimentieren. Sicherlich kann und muß ein System immer in Bewegung sein, aber dies muß nicht für alle ihm angehörigen Individuen gelten. Die Größe des Menschen besteht darin, daß er ein Lebewesen ist, das Probleme lösen kann. Aber er ist nicht immer, und vor allen nicht immer im Bereich des sozialen Lernens, mit der Lösung von Problemen beschäftigt.

Unsere Analysen führen also wieder zurück auf den Akteur, auf seine Freiheit in den Systemen, in denen er mitwirkt, und auf seine Verantwortung im Gebrauch dieser Freiheit. Weder durch wissenschaftliche Analyse, noch durch ideologischen Entschluß ist zu bestimmen, was die absolut beste Entscheidung ist. Selbst wenn man jemals alle relevanten Daten kennte, so könnte man damit, wie wir sahen, weder das beste Ziel noch das beste Mittel zum Erreichen des einmal bestimmten Ziels angeben. Warum? Weil nur der Akteur, entsprechend der ihm eigenen Freiheit, durch *trial and error* in befriedigender Weise über Zielsetzungen entscheiden kann. Indem die wissenschaftliche Analyse es ihm ermöglicht, sich der Zwänge und Grenzen seines Handelns bewußt zu werden, mag sie eventuell seine Illusionen von vollständiger Freiheit zerstören. Sie bietet ihm dagegen aber die Möglichkeit, neue Ressourcen und Gelegenheiten zu entdecken und so seinen wirklichen Spielraum zu vergrößern. Seine Verantwortlichkeit beruht schließlich in der Entdeckung seiner Freiheit und seiner Autonomie sowie im Gebrauch, den er davon macht.

Diese Verantwortung ist umso größer, als wir im Grunde zwischen Intervention oder Nicht-Intervention in das Handlungsfeld unserer Mitmenschen keine Wahl haben. Ob wir es wollen oder nicht, immer und überall intervenieren wir, auch ohne uns dessen unbedingt bewußt zu sein. Indem wir die sich uns innerhalb unseres Freiraums bietenden Gelegenheiten nutzen, strukturieren wir durch unser Handeln das Feld vor, in dem unsere Mitmenschen operieren. Ist es nicht ein Fortschritt und ist es nicht auch unsere Pflicht, die Wirkungen, die davon ausgehen, zu kontrollieren zu versuchen, ernsthaft die damit hervorgerufenen Kosten und Folgen zu erwägen und die volle Verantwortung für die Konfrontation zu übernehmen, die wir unausweichlich mit ihnen haben.

Die tugendhafte Gesellschaft ist nicht möglich. Man kann die Ziele und Zwecke des Handelns nicht ein für allemal hierarchisieren und daraus das Modell einer idealen Gesellschaft ableiten. Also muß der Mensch selbst die erste Verantwortung für den Wandel tragen. Aber nicht der abstrakte oder der universelle, sondern der konkrete, und daher der begrenzte Mensch, der an seinem Platz und in seinem Kontext handelt. Da die wissenschaftliche Analyse den bequemen soziologischen Determinismus nicht bestätigt, der es dem Akteur ermöglicht, im System eine Entschuldigung für seine Fehler zu finden, lädt sie ihn ein, in diesem System seinen Freiraum und damit auch seine wahre Verantwortung zu entdecken.

informationszentrum dritte welt - iz3w

Schwerpunktthema:

Sowjetunion und Dritte Welt II. Teil

Nr. 116 · März 1984

Nachrichten und Berichte zu:
Westpapua, EG-Nahrungsmittelhilfe
Sowjetunion und Dritte Welt II. Teil:
Nationalitäten i. d. SU: Koloniales Erbe
oder Emanzipation? Sowjetische
Intervention in Afghanistan,
Rüstungspolitik, **Repression in der
BRD:** §§ 129/129a **Nestlé-Boykott,
UN-Menschenrechtskommission,
BRD-Entwicklungspolitik,
Libanon-Hilfeaufruf,
BUKO-Kampagnen...**

Einzelpreis DM 5,-; Jahresabo: DM 40,-
(DM 30,- für einkommensschwache
Gruppen) bei 8 Ausgaben im Jahr.
Informationszentrum Dritte Welt,
Postfach 5328, 7800 Freiburg

Alternative Ökonomie

AG SPAK BÜCHER

Rolf Schwendter (Hg)
MATERIALIEN ZUR ALTERNATIVEN ÖKONOMIE
Bd. 2, 261 Seiten, ISBN 3-88227-029-2 DM 13.--

Wesentliche Denkanstöße, Theorie- und Diskussionsbeiträge,
Darstellung von 15 alternativen Projekten aus der Gründer-
zeit von 1975 bis 1977.

Rolf Schwendter (Hg)
MATERIALIEN ZU ALTERNATIVEN ÖKONOMIE
Bd. 3 161 Seiten, ISBN 3-88227-035-7 DM 12.--

Zur Geschichte der Versuche alternativer Ökonomie
der ehemaligen deutschen Arbeiterbewegung.

Beim Kauf beider Bände liefern wir kostenlos eine Zusammenfassung des vergriffenen 1. Bandes mit. Die Zusammenfassung
allein kostet DM 1.--.

AG SPAK in Zusammenarbeit mit Stattwerk e.G.,Essen:

VORWÄRTS—BEFREIUNG
Genossenschaftliche Selbsthilfe im Bergischen Land,
Projektgruppe Geschichte Bergischer Genossenschaften
Gesammthochschule Wuppertal (Hg.)

ISBN 3-924379-00-9 DM 19.80